中国民族理论研究

2015

ZHONGGUO MINZU LILUN YANJIU

金炳镐 杨昌儒 主　编
刘吉昌 董　强 副主编

中央民族大学出版社
China Minzu University Press

图书在版编目（CIP）数据

中国民族理论研究. 2015/金炳镐，杨昌儒主编 — 北京：中央民族大学出版社，2019.1

ISBN 978-7-5660-1352-1

Ⅰ.①中… Ⅱ.①金… ②杨… Ⅲ.①民族学—中国—文集②民族工作—中国—文集 Ⅳ.①C955.2—53 ②D633—53

中国版本图书馆 CIP 数据核字（2017）第 101697 号

中国民族理论研究 2015

主　　编　金炳镐　杨昌儒
责任编辑　吴　云
责任校对　胡菁瑶　杜星宇　赵　静
封面设计　布拉格
出 版 者　中央民族大学出版社
　　　　　北京市海淀区中关村南大街 27 号　　邮编：100081
　　　　　电话：（010）68472815（发行部）　　传真：（010）68933757（发行部）
　　　　　　　　（010）68932218（总编室）　　　　　（010）68932447（办公室）
发 行 者　全国各地新华书店
印 刷 厂　北京建宏印刷有限公司
开　　本　880×1230　1/32　印张：17
字　　数　435 千字
版　　次　2019 年 1 月第 1 版　2019 年 1 月第 1 次印刷
书　　号　ISBN 978-7-5660-1352-1
定　　价　80.00 元

目　录

【民族关系前沿研究】

第十届全国民族理论研究生学术研讨会
"一带一路"倡议与民族理论新课题研究

【民族理论前沿研究】

【民族地区实证研究】

【少数民族文化研究】

【会议综述】

前言

2015年中国人类学民族学年会民族关系专题会议暨第四届全国民族关系学术研讨会（2015年10月9—10日，贵阳），由中国人类学民族学研究会民族关系专业委员会、中央民族大学中国民族理论与民族政策研究院、国家民委人文社会科学重点研究基地当代民族问题与中国特色民族理论研究基地联合主办。研讨会主题为"'一带一路'倡议与民族关系发展"。主要研讨"一带一路"倡议与政治互信建设中的民族关系、"一带一路"倡议与经济交往发展中的民族关系、"一带一路"倡议与文化交融发展中的民族关系、"一带一路"倡议与中华民族共有精神家园建设中的民族关系、"一带一路"倡议与各民族嵌入式社区建设中的民族关系、"一带一路"倡议与沿线地区城镇化发展中的民族关系。本次研讨会有来自中央民族大学、北方民族大学、河南大学、宁夏大学、西北政法大学、石河子大学、贵州民族大学、贵州师范大学、新疆师范大学、内蒙古农业大学、云南师范大学、佳木斯大学、西藏民族大学、甘肃政法学院、大理大学、唐山师范学院、中共广西壮族自治区区委党校、中共青海省委党校、吉林省民族干部学校、临沧市佤族文化研究院民族研究所、中国民族报社、中国友谊文化促进会22所高校和科研单位的46位专家学者参加。

2015年中国人类学民族学研究会年会民族理论专题会议暨

第十届全国民族理论研究生学术研讨会（2015年10月9—10日，贵阳），由中国人类学民族学研究会民族关系专业委员会、贵州民族大学马克思主义学院、贵州民族大学贵州世居少数民族研究基地、中央民族大学中国民族理论与民族政策研究院、国家民委重点研究基地中国特色民族理论研究基地等联合主办。研讨会主题为"'一带一路'倡议与民族理论新课题研究"，对"一带一路"倡议与各民族政治互信、经济交往、文化交融发展研究、中华民族共有精神家园建设研究、各民族嵌入式社区建设研究、城市少数民族流动人口研究等进行了研讨。全国民族理论研究生学术研讨会是为了推动民族理论专业研究生对民族理论新课题的研究，同时活跃民族理论研究生的学术活动、提高民族理论研究生的学术水平，每年以不同的主题召开一次。这次研讨会有来自中央民族大学、西北民族大学、中南民族大学、西南民族大学、北方民族大学、贵州民族大学、宁夏大学、新疆大学、石河子大学、新疆师范大学、内蒙古师范大学、内蒙古民族大学、内蒙古财经大学、云南民族大学、青海民族大学、西藏民族大学16所高校马克思主义民族理论与政策专业的73位硕士、博士研究生以及30位研究生导师参加。

上述两个不同主题的研讨会在贵州民族大学的精心安排和周全服务下，皆达到预期效果。本书选取了会上提交的论文53篇，会议综述1篇。

金炳镐 杨昌儒

2015年10月15日

第四届全国民族关系学术研讨会
“一带一路”倡议与民族关系发展

“一带一路”倡议与建设和谐民族关系

金炳镐*

2013年9月和10月，习近平总书记在出访中亚和东南亚国家期间，先后提出共建“丝绸之路经济带”和“21世纪海上丝绸之路”（以下简称“一带一路”）的重大倡议，得到国际社会高度关注。2014年两会期间，李克强总理在《政府工作报告》中指出，将“抓紧规划建设丝绸之路经济带、21世纪海上丝绸之路”。国务院批准授权由国家发展和改革委员会、外交部、商务部发布了《推动共建丝绸之路经济带和21世纪海上丝绸之路的愿景与行动》。我国实实在在地推进着“一带一路”倡议的实施。

我国“一带一路”倡议的实施，将带动国内“新丝绸之路经济带”沿线地区各民族参与“新丝绸之路经济带”的多种经济活动，经济交往和贸易交流将日益频繁；随着社会交往交流的增多，人口流动与混杂居住的现象也将增多，同时民族文化间的沟通和交流也会随之而来。国内各民族特别是“新丝绸之路经济带”沿线地区各民族都将面对“一带一路”的洪流。因而，“一带一路”倡议的实施，对国内的民族关系特别是“新丝绸之路经济带”沿线地区的民族关系将产生重要的影响。

---

* 金炳镐，国家级教学名师、国家民委决策咨询委员、教育部全国民族教育专家委员会委员，中央民族大学中国民族理论与民族政策研究院教授，国家民委人文社会科学重点基地当代民族问题与中国特色民族理论研究基地主任。

我国新疆地区是少数民族聚居地区，也是“一带一路”倡议的主要沿线地区。因此，“一带一路”倡议的推进，为新疆建设和谐民族关系创造了千载难逢的机会。我们要抓住这个机遇，促进新疆地区各民族在经济、政治、文化和社会各领域的交往交流，建设和谐民族关系。

习近平总书记指出，新疆的问题最长远的还是民族团结问题。民族团结是各族人民的生命线。加强新疆各族人民团结，建设和谐民族关系是紧迫任务。

一、我国的基本国情、新疆的基本区情，决定了国家统一、民族团结是各民族人民的最高利益

我国是一个拥有56个民族的统一的多民族国家。统一国家、多民族（56个民族组成中华民族）两个要素，决定了国家统一和民族团结是各族人民的最高利益、生命线。

新疆是一个有13个世居民族和50多个民族成分居住的边疆地区的民族自治地方，是中国领土不可分割的一部分。维护国家统一、民族团结是各民族人民的最高利益和生命线，是新疆各民族人民的责任和义务。

二、民族问题发展规律、民族工作规律，决定了民族经济发展和民生改善、民族关系和谐是各民族人民的最高意愿

推动民族工作，既要依靠物质力量，又要依靠精神力量；既要依靠人力、物力、财力等，又要依靠文化、教育、思想、意识等。

解决民族问题，既要解决物质方面的问题，又要解决精神

方面的问题。既要解决衣食住行及基础设施等问题，又要解决观念、文化、娱乐等问题。

因此，既要加速发展经济，加速改善民生，实现经济社会跨越式发展，也就是促进民族发展；又要加速推进民族间相互尊重，建设和谐民族关系，也就是协调民族关系。

三、民族团结的内涵，决定了建设和谐民族关系是各民族人民最迫切的追求

民族团结是指不同民族在社会生活和交往联系中的和睦、友好、协调和联合。

民族团结说到底是人与人之间的团结。人的力量在心上。民族团结重在交心，要将心比心，以心换心。

民族团结，要当事民族间相互尊重、相互信任；

民族团结，要当事民族间互觉公平公正，心理平衡；

民族团结，要当事民族间互觉权利平等、利益平等，权益平衡。

民族团结，尤其要加强中华民族大团结，其中长远和根本的是增强文化认同，建设各民族共有精神家园，积极培养中华民族共同体意识。

文化认同是最深层次的认同，是民族团结之根、民族和睦之魂。

认同中华文化和认同本民族文化并育而不相悖。

文化认同问题解决了，对祖国的认同、对中华民族的认同、对中国特色社会主义道路的认同才能巩固，民族间的和谐关系才能更牢固。

论“一带一路”倡议与通过协商民主建设西北和谐民族关系

马　进　王瑞萍*

2013年9月和10月，习近平总书记在出访中亚和东南亚国家期间，先后提出共建“丝绸之路经济带”和“21世纪海上丝绸之路”（以下简称“一带一路”）的倡议，得到国际社会的高度关注。国务院总理李克强在参加2013年中国—东盟博览会时强调，铺就面向东盟的海上丝绸之路，打造带动腹地发展的战略支点。2014年两会期间，李克强总理在《政府工作报告》中介绍今年重点工作时指出，将“抓紧规划建设丝绸之路经济带、21世纪海上丝绸之路，推进孟中印缅、中巴经济走廊建设，推出一批重大支撑项目，加快基础设施互联互通，拓展国际经济技术合作新空间”。推进“一带一路”建设，中国将充分发挥国内各地区比较优势，实行更加积极主动的开放战略，加强东中西互动合作，全面提升开放型经济水平。

一

在经过国务院批准授权由国家发展和改革委员会、外交部、商务部发布的《推动共建丝绸之路经济带和21世纪海上丝

*　马进，甘肃政法学院马克思主义学院西北少数民族研究中心。王瑞萍，女，甘肃政法学院马克思主义学院副教授。

绸之路的愿景与行动》中提出五条共建原则，明确指出：“坚持和谐包容。倡导文明宽容，尊重各国发展道路和模式的选择，加强不同文明之间的对话，求同存异、兼容并蓄、和平共处、共生共荣。坚持互利共赢。兼顾各方利益和关切，寻求利益契合点和合作最大公约数，体现各方智慧和创意，各施所长，各尽所能，把各方优势和潜力充分发挥出来。”五条共建原则中的这两条原则是针对“一带一路”周边国家所提倡的处理国家关系的原则。

多民族是我国的一大特色，也是我国发展的一大有利因素。中华民族和各民族的关系，相当于一个大家庭和家庭成员的关系，各民族间的关系，相当于一个大家庭里不同成员间的关系。处理好民族问题、做好民族工作，是关系祖国统一和边疆巩固的大事，是关系民族团结和社会稳定的大事，是关系国家长治久安和中华民族繁荣昌盛的大事。我们要牢记我国是统一的多民族国家这一基本国情，坚持把维护民族团结和国家统一作为各民族最高利益，把各族人民的智慧和力量最大限度地凝聚起来，同心同德为实现“两个一百年”奋斗目标、实现中华民族伟大复兴的中国梦而奋斗。民族团结是我国各族人民的生命线。做好民族工作，最关键的是搞好民族团结，最管用的是争取人心。要正确认识我国民族关系的主流，多看民族团结的光明面；善于团结群众、争取人心，全社会一起做交流、培养、融洽感情的工作；加强各民族交往交流交融，尊重差异、包容多样，让各民族在中华民族大家庭中手足相亲、守望相助；创新载体和方式，引导各族群众牢固树立正确的祖国观、历史观、民族观；用法律来保障民族团结，增强各族群众的法律意识；坚决反对大汉族主义和狭隘民族主义，自觉维护国家最高利益和民族团结大局。

增进各民族间的互信对于处理好民族关系、加强民族团结尤为重要。对于西北少数民族来说，各民族间的互信应该通过协商民主方式构建。在“丝绸之路经济带”中，新疆、甘肃等省区直接与之关联，青海、宁夏等省区则间接与之关联。新疆现有汉、维吾尔、哈萨克、回、柯尔克孜、蒙古、锡伯、塔吉克、乌孜别克、满、达斡尔、俄罗斯、塔塔尔13个历史悠久的民族，其余还有东乡、壮、撒拉、藏、彝、布依、朝鲜等34个民族。新疆自古以来就是多民族的聚居区，在166万平方千米的土地上聚居着维吾尔、汉、哈萨克、回、蒙古、柯尔克孜等47个民族。甘肃自古以来就是个多民族聚居的省份。甘肃省总人口为2617.16万人，其中民族地区总人口达328.22万人，占甘肃省总人口的15%左右，民族地区的少数民族人口为188.98万人，占民族地区总人口的57.6%。在少数民族中，人口在千人以上的有回、藏、东乡、土、裕固、保安、蒙古、撒拉、哈萨克、满等16个民族，另外还有39个少数民族成分。东乡、裕固、保安为3个特有少数民族。甘肃省地处青藏、内蒙古、黄土三大高原交会处，地域辽阔，资源丰富，自然条件复杂多样。

这么多民族在一起，如何建设和谐民族关系？显然，不能以某个民族为主、别的民族服从的方式去建设，也不能大家各行其是去建设。最好的办法就是各民族一起通过协商民主的方式解决彼此遇到的问题。

二

西北少数民族的协商民主应该围绕改革发展稳定的重大问题和涉及各民族群众切身利益的实际问题进行，这是党和政府决策之前和决策实施之中广泛协商、凝聚共识的重要民主形式。充分发挥协商民主重要渠道的作用，有利于广纳群言、广谋良策、广聚共识，有利于促进党和政府在民族工作方面的决策科学化、民主化，有利于更好地实现各民族人民当家做主，有利于化解矛盾、促进社会和谐稳定，有利于推进国家治理体系和治理能力现代化。加强各民族的协商民主建设，必须贯彻落实党的十八大和十八届三中、四中全会精神，高举中国特色社会主义伟大旗帜，以马克思列宁主义、毛泽东思想、邓小平理论、“三个代表”重要思想、科学发展观为指导，深入贯彻落实习近平总书记系列重要讲话精神，坚持围绕协调推进“四个全面”战略布局，坚持团结和民主两大主题，把协商民主贯穿于民族关系的全过程。重点推进政治协商、民主监督、参政议政的制度化、规范化、程序化，拓展协商内容、丰富协商形式、规范协商程序、增加协商密度、提高协商成效，广泛凝聚各族人民的智慧和力量，为实现“两个一百年”奋斗目标、实现中华民族伟大复兴的中国梦做出更大贡献。加强西北少数民族的协商民主建设，必须坚持党的领导，坚定不移地走中国特色社会主义政治发展道路；坚持宪法确定的各民族关系的性质定位，始终围绕中心、服务大局；坚持协商于党和政府决策之前和决策实施之中，切实提高协商实效；坚持民主协商、平等议事、求同存异、体谅包容，努力营造良好的协商氛围。

协商民主中的一种重要表现形式是政治协商，即对国家大政方针和地方的重要举措以及政治、经济、文化和社会生活中的重要问题在决策之前进行协商并对决策执行过程中的重要问题进行协商。各级党委和政府应该制订年度协商计划，对明确规定需要协商的事项必须经协商后提交决策实施。专题议题、专题协商议题及其他协商形式的重要议题，应列入各级党委和政府的年度协商计划，做到协商议题和协商形式相匹配。

各级党委和政府应该完善协商座谈会制度，应选择内容具体、针对性强的问题作为协商座谈会的议题，部分重要议题列入党和政府年度协商计划。视情况每年召开若干次双周协商座谈会。根据议题需要，邀请各民族代表人士参加并介绍情况。会前，有关方面应深入开展调研。会后，及时将会议主要内容、形成的共识和重要意见建议，以信息专报等形式报送党委和政府及有关部门参阅。推动协商过程和协商成果公开，增加影响力和共识度。开展对口协商和界别协商。各级党委和政府应该要求与对口联系的有关部门以议题为纽带建立健全对口联系工作机制，开展对口协商。加强走访交流，建立信息共享机制，确定对口协商议题。对口部门根据情况邀请各民族代表人士参加重要工作会议或重要活动，视察和调研活动可邀请各民族人士代表参加。在党委和政府重大决策形成过程中及时召开各民族代表专题座谈会，有关方面负责同志到会听取意见建议。在视察、考察、专题调研等活动中开展与各民族的协商。各民族应该通过调研报告、提案、建议案等形式开展协商，整合现有网络资源，探索网络议政、远程协商等新形式。各民族应该充分利用现有的提案办理协商制度，严格立案标准，加大提交提案力度，增加集体提案比重，提高提案质量。各级党委和政府应该建立各民族交办、办理、督办提案协商机制。在提案交办环节，建立共同交办机制，在召开提案交办会方面，做好落实责任的协商；在提案办理环节，应该建立健全联系沟通、办理询问、研讨交流机制，把沟通协商作为提案办理的必经环节；在提案督办环节，应该建立健全跟踪督查和成果反馈机制，做好成果转化的协商。建立和完善台账制度，把各民族提案办理纳入政府年度督查计划。完善各民族提案办理考核评价机制，逐步将各民族提案办理工作纳入绩效考核体系。落实提案及办理结果公开的有关规定。制定提案办理协商办法。完善协商成果采纳、落实和反馈机制。

三

西北少数民族要建立和谐的民族关系，不能仅仅依靠党和政府的单方面努力，自身也应该加强四个方面的建设，提高促进民族关系和谐发展的基本能力。

提高政治把握能力。加强党的路线方针政策和宪法、法律的学习，各民族在履行职责的实践中，提高运用科学理论分析、判断形势以及运用法治思维和法治方式研究解决问题的能力和水平，坚定理想信念，增进政治认同。

提高调查研究能力。坚持问题导向，重视调查研究，制定加强和改进调研工作办法。专题调研课题应与党和国家的重点工作相衔接，采取集中调研、分散调研、蹲点调研等形式，摸清真实情况，加强对调研成果的研究论证。

提高联系群众能力。坚持党的群众路线，建立健全社情民意表达和汇集分析机制，畅通和拓宽各界群众的利益诉求表达渠道，积极反映社情民意。密切与各民族群众的联系，及时向有关部门反映其提供的相关信息和意见建议。另外，主动向群众宣传党的路线方针政策，解疑释惑，引导群众理性、有序、合法地表达诉求。

提高合作共事能力。各民族友好相处、合作共事乃是和谐民族关系建设的前提，西北各民族都有各自的历史文化、风俗习惯、宗教信仰，谁也不能说谁比谁优、谁比谁劣。各民族在经济、政治、文化方面的权利是平等的。所以，协商民主的一个重要条件就是合作共事。

营造全党全社会重视西北少数民族协商民主建设的良好氛围。营造畅所欲言、各抒己见、理性有度、合法依章的良好协商氛围。大力推动各民族平等、团结、互助、和谐关系的理论研究，将其列入各级党校、行政学院、干部学院、社会主义学院的教学计划。积极宣传各民族平等、团结、互助、和谐发展的生动实例，形成各民族和谐发展的良好环境。

"一带一路"倡议对我国民族关系的影响

——基于马克思主义民族交往理论的分析

田　烨*

"一带一路"指的是丝绸之路经济带和21世纪海上丝绸之路，"一带一路"倡议的提出，既是我国扩大和深化对外开放的需要，也是加强和亚欧非及世界各国互利合作的需要。随着《推动共建丝绸之路经济带和21世纪海上丝绸之路的愿景与行动》的发布和亚洲基础设施投资银行的成立，"一带一路"已经步入发展的快车道。

"一带一路"将对我国民族地区经济和社会发展产生重要的影响。丝绸之路经济带目前包括新疆、陕西、甘肃、宁夏、青海、内蒙古、黑龙江、吉林、辽宁、广西、云南、西藏、重庆13个省市，覆盖了我国少数民族相对集中的八省区（内蒙古、宁夏、新疆、西藏、广西、贵州、云南、青海），基本囊括了东北、西南、西北的民族聚居地区。[①]2014年，习近平总书记在中央民族工作会议上也曾指出，建设"一带一路"对民族地区特别

---

*　田烨，河南大学马克思主义学院副教授，河南省高校人文社会科学重点研究基地河南大学犹太—以色列研究中心博士后。

基金项目：国家社会科学基金一般项目"城镇化背景下各民族跨区域大流动及其影响研究"（15BMZ084）。

①　推动共建丝绸之路经济带和21世纪海上丝绸之路的愿景与行动（http://news.xinhuanet.com/gangao/2015-06/08/c_127890670.htm，2015-06-08/2015-07-09）。

是边疆地区是个大利好，要加快边疆开放开发步伐，拓展支撑国家发展的新空间。①

“一带一路”倡议不仅使我国民族地区经济领域迎来重大机遇，而且将进一步促进区域合作，推动东北、西北、西南少数民族聚居地区与中原腹地、东部发达地区的交流交往。基于马克思主义民族交往理论的分析，这种地缘经济交往的扩大必将带动东、西部各民族间的交往，从而促进我国汉族与少数民族以及少数民族之间交往的提升，这将对我国民族关系产生一定的影响。

一

在人类的发展过程中，交往是一种非常普遍的社会现象和行为。民族交往即各民族之间的交流往来，表现在政治、经济、文化、宗教信仰、风俗习惯等诸多方面，贯穿于民族的存在与发展的整个过程之中。马克思主义经典作家曾对民族交往有过许多论述，马克思用历史唯物主义理论论证了人类社会将由民族交往发展到世界交往的观点；恩格斯在《家庭、私有制和国家的起源》一书中论述了部落交往是形成单一的民族的先决条件；列宁在阐述资本主义时期民族关系的发展趋势时提出，民族交往将日益频繁，从而促进了国际统一的形成；斯大林在阐述民族的形成过程中也强调了交往的意义，提出只有经过长期不断的交往，才能形成民族。马克思主义民族理论传入我国后，中国共产党把马克思主义经典作家有关民族交往的理论与中国民族问题的实际相结合，提出了“促进民族交往交流交融”“加强民族交往交流交融”等相关意见。综合而言，马克思主义民族交往理论主要涵盖以下几个方面的内容。

① 王正伟:《民族地区要在服务“一带一路”倡议大局中大有作为》,载《求是》,2015年第14期。

（一）交往是形成单一民族的先决条件

恩格斯曾在《家庭、私有制和国家的起源》一书中提出：“亲属部落间的联盟，常因暂时的紧急需要而结成，随着这一需要的消失即告解散。但在个别地方，最初本是亲属部落的一些部落从分散状态中又重新团结为永久的联盟，这样就朝民族的形成跨出了第一步。”①恩格斯认为，交往是民族形成的先决条件，在部落交往的促进中形成了部落联盟，并在此基础上最终形成民族。正如他在《家庭、私有制和国家的起源》中所写：“住得日益稠密的居民，对内和对外都不得不更紧密地团结起来。亲属部落的联盟，到处都成为必要的了；不久，各亲属部落的融合，从而分开的各个部落领土融合为一个民族的整个领土，也成为必要的了。”②斯大林也提出了类似的观点，他在《马克思主义与民族问题》中提出：“首先因为他们不是生活在一起，而是生活在不同的地域。只有经过长期不断的交往，经过人们世世代代的共同生活，民族才能形成起来。”③

（二）民族交往是加快民族发展的重要前提

马克思、恩格斯认为，通过促进各民族间的交流往来，可以学习其他民族的先进技术和生产经验，从而提高本民族的社会生产力水平，加快本民族的发展。马克思、恩格斯在《德意志意识形态》中提出：“某一个地方创造出来的生产力，特别是发明，在往后的发展中是否会失传，取决于交往扩展的情况。…… 工场手工业的初次繁荣（先是在意大利，然后是在法兰德斯）的历史前提，乃是同外国各民族的交往。”④广泛的民族交往，不仅为工厂手工业的初次繁荣创造了条件，并促进了工厂手工业生产模

① 《马克思恩格斯选集》第 4 卷，人民出版社，1995 年，第 89 页。

② 《马克思恩格斯选集》第 4 卷，人民出版社，1995 年，第 164 页。

③ 《斯大林选集》上卷，人民出版社，1979 年，第 64 页。

④ 《马克思恩格斯全集》第 3 卷，人民出版社，1995 年，第 61—62 页。

式的传播与发展，从而带动了相关地区生产力的发展。因此，马克思、恩格斯在《德意志意识形态》中进一步指出："美洲和东印度航路的发现扩大了交往，从而使工场手工业和整个生产的发展有了巨大的高涨。"[①]从这个意义上来看，"一带一路"将使我国生产力发展相对落后的民族地区迎来新的历史机遇。

（三）民族交往是推动社会进步的重要力量

马克思、恩格斯认为，民族交往可以打破狭隘的内部交往关系，实现人类更大范围内的交往，通过交往相互学习，从而可以推动社会的进步。例如，马克思曾在《不列颠在印度统治的未来结果》中谈到民族交往时提出："野蛮的征服者总是被那些他们所征服的民族的较高文明所征服，这是一条永恒的历史规律。不列颠人是第一批发展程度高于印度的征服者，因此印度的文明就影响不了他们。"[②]马克思认为，即便是民族之间的战争，也在客观上推动了社会的发展。相对于民族之间的战争，"一带一路"以和平相处、互利互惠的模式，把整个欧、亚、非紧密地联系在一起，亚、欧、非各国可以在这条利益一致的纽带上共同发展，因此赢得了欧、亚、非大多数国家的广泛响应和积极支持。

（四）民族交往是促进民族关系良性发展的重要因素

马克思、恩格斯认为，生产力发展水平越高，民族交往越频繁，民族交往程度越高，彼此之间的依赖性越强，民族关系也将因此而得到改善与发展。马克思、恩格斯在《德意志意识形态》中提出："各民族之间的相互关系取决于每一个民族的生产力、分工和内部交往的发展程度。这个原理是公认的。然而不仅一个民族与其他民族的关系，而且一个民族本身的整个内部结构都取决于它的生产以及内部和外部的交往的发展程度。"[③]这说明民族

① 《马克思恩格斯全集》第 3 卷，人民出版社，1995 年，第 64 页。

② 《马克思恩格斯全集》第 9 卷，人民出版社，1960 年，第 247 页。

③ 《马克思恩格斯选集》第 1 卷，人民出版社，1995 年，第 68 页。

关系的发展与民族交往程度有着直接的联系，民族交往的扩大有利于民族关系的良好发展。因此，"一带一路"的实施不仅有利于加快各民族的经济发展，推动民族间的交往，而且有利于促进民族关系的良性发展。

（五）民族交往是实现民族融合的前提

马克思、恩格斯认为，生产力发展水平较低的民族一般会融合于生产力发展水平较高的民族，不论哪一方在民族之间的战争中取胜，其结果都是如此，这是一条永恒的历史规律。恩格斯曾于《反杜林论》中提出："每一次由比较野蛮的民族所进行的征服，不言而喻地都阻碍了经济的发展，摧毁了大批的生产力，但在长期的征服中，比较野蛮的征服者，在绝大多数情况下，都不得不适应征服后存在的比较高的经济情况，他们为被征服者所同化，而且大部分甚至还不得不采用被征服者的语言。"①此外，马克思和恩格斯在《德意志意识形态》中也写道："民族大迁移后的时期中到处都可见到的一件事实，即奴隶成了主人，征服者很快就学会了被征服民族的语言，接受了他们的教育和风俗。"②这种现象普遍存在于世界各民族的发展过程之中，民族交往有助于消除民族差别，从而为民族融合创造条件。列宁也认为，民族交往的最终目的不仅仅是消除民族隔阂，而且是为民族融合创造条件。1916年，列宁在《社会主义革命和民族自决权》中提出："社会主义的目的不只是要消灭人类分为许多小国家的现象和各民族间的任何隔离状态，不只是要使各民族接近，而且要使各民族融合。"③列宁认为民族终将消亡，实现民族消亡的途径是民族融合，而实现民族融合的途径则是消除民族差别和民族隔阂，只有促进民族交往才能为消除民族差别和民族隔阂创造条件。因此，

① 《反杜林论》，人民出版社，1970年，第180页。

② 《马克思恩格斯全集》第3卷，人民出版社，1960年，第83页。

③ 《列宁选集》第2卷，人民出版社，1992年，第564页。

列宁提出，无产阶级应该“支持一切有助于消灭民族差别、消除民族隔阂的措施，支持一切促进各民族间日益紧密的联系和促进各民族打成一片的措施”[①]。从这个意义上来看，“一带一路”倡议通过促进民族交往，能为消除民族差别和民族隔阂创造条件，因此符合马克思主义的基本精神。

二

“一带一路”倡议对我国民族关系的发展具有重要的影响，但这种影响是一种间接的影响。首先将进一步扩大我国各民族间的交往，而伴随着民族交往的扩大，我国民族关系将面临新的挑战。以马克思主义民族交往理论分析，“一带一路”对我国民族关系主要有以下两方面的影响。

（一）从短期看，“一带一路”将加快民族交往，从而使民族关系面临新情况

民族关系是各民族成员在交往中发生的不仅具有社会性，而且具有民族性的社会关系，是一个动态发展的过程，受到外在环境的影响和制约。当外界环境发生变化时，民族关系势必受到影响。“一带一路”将对民族地区经济和社会发展产生重要的影响，使民族地区成为对外开放的前沿地带，极大地促进民族地区开放型经济发展。民族地区是“一带一路”的重要节点，我国共有2.2万千米的陆地边界线，其中近1.9万千米在民族地区，占所有陆地边界线的86%。我国共有138个边境县（区、市），其中109个在民族地区，占所有边境县（区、市）的80%。我国与“一带一路”周边邻国如蒙古国、巴基斯坦、塔吉克斯坦、孟加拉国、老挝、缅甸、柬埔寨等已有或正在规划的铁路、公路互联互通项

① 《列宁全集》第24卷，人民出版社，1990年，第138页。

目，大多从民族地区出境。因此，“一带一路”不仅将进一步促进区域合作，而且必然带来民族交往的扩大，这种民族交往既包括了国内各民族之间的交往，也包括了我国各民族和其他国家的民族之间的交往。

马克思主义民族交往理论认为，民族交往是加快民族发展的重要前提，受“一带一路”的影响，未来我国境内各民族之间的交往将进一步扩大，各民族间人口流动的规模和频率也将进一步提升，这对我国民族关系提出了新的挑战。民族关系是一个动态发展的过程，如果在短时间内出现民族交往的迅速扩大，在相关准备工作还未到位的情况下，有可能会出现因为不同民族间的不同文化、不同观念的冲突而产生一些民族纠纷。在民族交往过程中，部分汉族群众由于对少数民族传统文化、风俗习惯和宗教信仰缺乏了解，以及少数民族群众之间也因为缺乏彼此的相互了解，一些人习惯以本民族的文化传统和风俗习惯来衡量、评价其他民族的文化传统，容易产生对其他民族的偏见和歧视。[①]如果处理不当，这些民族偏见和歧视容易诱发民族矛盾和纠纷。此外，“一带一路”将促进民族地区的现代化和国际化的发展，带来外来文化，从而与民族地区的传统文化产生碰撞，少数民族传统文化中的核心价值观念会受到新的挑战，从而在一定程度上使民族成员发生心理失衡而动摇原有的民族关系格局的心理基础。另外，“丝绸之路经济带”所覆盖的中亚地区存在“三股势力”（宗教极端势力、民族分裂势力和国际恐怖势力），可能会在“一带一路”中加大对我国的渗透，也将对我国的民族关系产生一定的影响。

（二）从长期看，“一带一路”为各民族成员的交流交融提供了契机，有利于民族关系的良性发展

马克思主义民族交往理论认为，民族交往是促进民族关系良

① 郑信哲：《略论我国少数民族人口流动及其影响》，载《满族研究》，2001年第1期。

性发展的重要因素。在各民族频繁的交往中，不同民族的成员对彼此民族有了更深入的了解和认识，在相互尊重的基础上增进了民族间的友谊与团结。马克思主义认为，科技的进步和生产力的发展为各民族之间的交往创造了有利条件，世界上各个民族之间的联系也越来越紧密。在全球化的过程中，任何一个民族都无法保持完全封闭的状态，每个民族最终将融入世界一体化过程中。马克思、恩格斯在《德意志意识形态》中提出："各个相互影响的活动范围在这个发展进程中越是扩大，各民族的原始封闭状态由于日益完善的生产方式、交往以及因交往而自然形成的不同民族之间的分工消灭得越是彻底，历史也就越是成为世界历史。"①

从长远来看，"一带一路"倡议的实施，将进一步促进民族地区的对外开放，为各民族的扩大交往和相互了解创造条件，加强我国各民族之间的联系。我国党和政府多次提出，通过促进民族交往来推动民族关系的和谐发展。2010年，胡锦涛在第五次西藏工作座谈会上提出："要毫不动摇地坚持和完善党的民族理论和民族政策，坚持和完善民族区域自治制度，把有利于民族平等团结进步、有利于各民族共同繁荣发展、有利于民族交往交流交融、有利于国家统一和社会稳定作为衡量民族工作成效的重要标准，推动各民族和睦相处、和衷共济、和谐发展。"②党和政府首次提出把有利于民族交往交流交融作为衡量民族工作成效的重要标准，并以此推动各民族和睦相处。2014年，习近平在第二次中央新疆工作座谈会上进一步提出："要加强民族交往交流交融，部署和开展多种形式的共建工作，推进'双语'教育，推动建立各民族相互嵌入式的社会结构和社区环境，有序扩大新疆少数民族群众到内地接受教育、就业、居住的规模，促进各族群众在

① 《马克思恩格斯选集》第1卷，人民出版社，1995年，第88—89页。

② 中共中央、国务院召开第五次西藏工作座谈会，载《人民日报》，2010年1月23日。

共同生产生活和工作学习中加深了解、增进感情。”①习近平不仅提出了要加强民族交往交流交融的观点，而且提出了加强民族交往交流交融的相关措施，如建立各民族相互嵌入式的社会结构和社区环境，扩大新疆少数民族群众到内地居住，等等。通过这些措施进一步促进各民族的交往，从而增进各民族之间的感情。因此，从长期看，“一带一路”为各民族成员的交流交融提供了契机，有利于民族关系的良性发展。

三

“一带一路”为民族地区实现经济社会跨越式发展，缩小与东部发达地区的差距提供了新机遇，将进一步带动民族地区城镇化发展，在一定程度上改变我国各民族的分布格局，从而对我国民族关系产生影响。针对“一带一路”对我国民族交往以及民族关系产生的影响，提出以下相关建议：

（一）广泛开展马克思主义民族观宣传教育，增进各族群众的相互了解

尽管我国长期以来就是一个统一的多民族国家，但许多汉族群众对少数民族的了解并不多，一是因为少数民族主要聚居于边陲地带，天然的地理屏障对民族间的相互交流具有一定的影响；二是因为我国长期以来是一个自给自足的农业社会，民族间相互交往的经济纽带并不紧密。同时，由于汉族多居于中原，相对先进的生产力和较为封闭的儒家文化圈使其产生了“非我族类，其心必异”“尊王攘夷”“汉族中心，夷夏大防”等心理，这种不正确的民族观对民族交往也产生了负面影响。因此，广泛开展马克

① 习近平在第二次中央新疆工作座谈会上强调，坚持依法治疆、团结稳疆、长期建疆，团结各族人民建设社会主义新疆，载《人民日报》，2014 年 5 月 30 日 01 版。

思主义民族观宣传教育是开展“一带一路”的首要工作，如果这方面的工作没做到位，随着“一带一路”建设带来的民族交往范围的扩大，容易发生因相互不了解或民族歧视而导致的民族矛盾纠纷。目前，我国开展的马克思主义民族观教育多集中于民族地区，应该在此基础上进一步扩大范围，在非民族地区也积极开展马克思主义民族观的宣传教育，增进各族群众的相互了解，从而为“一带一路”建设做好准备。

（二）在民族地区大力开展城镇化建设，为促进民族交往和民族关系的和谐发展创造条件

“一带一路”建设的推进将使西部民族地区的产业集聚，与东部地区相比，民族地区的地域优势将得到凸显。相对于全国平均水平而言，由于我国民族地区经济社会发展相对滞后，加之民族地区的城镇化起步较晚，其城镇化发展相对缓慢。虽然整个民族地区平均城镇化发展水平较低，但在一些城镇化发展程度相对较高的民族地区，民族交往程度也较高，这一点可以从人口统计数据中表现出来。例如：鄂尔多斯市第六次人口普查数据显示，鄂尔多斯市常住人口中有49个少数民族，与2000年第五次人口普查相比，少数民族数增加14个，除蒙古族以外的其他少数民族人口为15192人，占常住人口的0.78%，与2000年第五次人口普查相比增长了178.39%[①]；银川市第六次人口普查数据显示，银川市汉族人口占75.48%，各少数民族人口占24.52%，其中回族人口占23.06%。同2000年第五次全国人口普查相比，汉族人口增长44.74%，各少数民族人口增长35.71%，其中回族人口增长

① 鄂尔多斯市统计局，人口普查数据显示：鄂尔多斯市共有49个少数民族，[EB/OL].http: //www.nmgtj.gov.cn/Html/msxx/2012-1/11/1211110565820216.shtml，2012.01.11/2014.06.20。

34.88%[①]。“一带一路”为民族地区城镇化发展提供了重要历史机遇，民族地区应该充分利用这个契机，大力开展城镇化建设。城镇化将改变各民族现有的社会分工格局，从而对民族关系产生影响。来到城镇的少数民族成员大都依据地域和人缘纽带进入相关行业，形成了局部集中、总体分散的分工格局，各民族成员也积极改善与其他民族之间的关系，为自己争取更大的发展空间。[②]这种情况有利于民族关系的和谐发展。

（三）在民族地区建设中心城市，推动建立各民族相互嵌入式居住格局

国家“向西开放”的战略将使西北地区偏僻的地理区位劣势得以改变，西部民族地区可依托“一带一路”在核心节点城市开展中心城市建设，带动各族人口的集聚，推动建立各民族相互嵌入式居住格局。通过国家政策的扶持，在民族地区建设具有全国性影响的特大城市或大城市，进一步推动民族交往。从目前民族地区城市格局分析，可以在内蒙古自治区重点发展呼和浩特市、包头市、鄂尔多斯市和赤峰市，在西部形成呼包鄂城市群，在东部建设中心城市赤峰市；可以在宁夏重点建设银川市；在新疆重点发展乌鲁木齐市和喀什市，大力推进乌昌一体化，在北部建设政治经济中心，南部则以喀什为经济中心，重点发展喀什市；可以在西藏重点建设拉萨市；在广西重点发展南宁市和柳州市，建设以南宁为核心的北部湾城市群和以柳州为核心的桂中、桂东南城镇群；在云南重点建设昆明市；在贵州重点建设贵阳市；在青海重点建设西宁市。在“一带一路”建设中，通过在民族地区建设中心城市，一方面可以造就更多的就业机会，扩宽就业容量，

---

① 银川市统计局，银川市2010年第六次全国人口普查主要数据公报，[EB/OL].http: //www.yctjj.gov.cn/tjgb/284992.shtml，2011.12.29/2014.06.20。

② 贾东海、敏生兰：《城市化进程中影响民族关系的因素》，载《西北民族大学学报》，2008年第4期。

吸引周边乃至全国各族人民到中心城市工作和生活；另一方面也可以打破民族地区较为闭塞的民族分布格局，推动建立各民族相互嵌入式居住格局，为民族交流、民族交往、民族交融创造条件。

（四）加强管理和监督，严防“三股势力”的渗透

随着“一带一路”建设的逐步推进，我国边疆民族地区对外开放程度将得到进一步提升，从而使我国与周边国家在经济、政治、文化等方面的交流不断增加。我国周边国家特别是中亚地区是“三股势力”的集中地区，在“一带一路”建设的过程中，“三股势力”的渗透和威胁可能会进一步加剧。“三股势力”在进行活动时，总是打着民族和宗教旗号，以此掩盖其制造民族矛盾、分裂国家的目的。严防“三股势力”在“一带一路”建设中的渗透，不仅关系到我国民族关系的和谐发展，还关系到国家的统一和社会的稳定。针对“一带一路”建设过程中的“三股势力”渗透问题，一方面，需要我国政府积极与周边国家签订或完善打击防范“三股势力”的双边或多边合作协议，建立跨国打击“三股势力”的联合机制；另一方面，也需要在民族地区加强民族团结教育，引导各族群众树立正确的祖国观、民族观、宗教观，增强各族群众对伟大祖国的认同、对中华民族的认同、对中国特色社会主义道路的认同，着力铲除“三股势力”滋生的土壤，为“一带一路”建设扫清障碍。

从马克思主义民族交往理论分析，交往不仅对人类社会的存在和发展具有重要的影响，对民族的形成和民族的发展也有着重要的作用。民族的形成与部落之间的交往有关，民族的发展也需要通过民族间的交往互通有无、相互学习、共同发展。同时，民族交往也是消除民族隔阂，减少民族差别，走向民族融合的必然选择。正如列宁所说，无产阶级应该“支持一切有助于消灭民族差别、消除民族隔阂的措施，支持一切促进各民族间日益紧密的

联系和促进各民族打成一片的措施”。虽然我国仍处于社会主义初级阶段，民族差别将在一定时期内长期存在，但我国可以通过多种途径，为扩大民族交往交流交融创造条件。目前，“一带一路”倡议的实施，不仅仅为民族地区的经济和社会发展提供了历史契机，还为我国民族交往的扩大创造了有利条件。因此，从长远看，“一带一路”建设将进一步推动我国民族关系的和谐发展。

论“一带一路”与中华民族凝聚力

孙振玉*

2013年9月和10月，习近平主席在出访中亚和东南亚国家期间，先后提出共建“丝绸之路经济带”和“21世纪海上丝绸之路”即“一带一路”重大倡议。李克强总理在参加2013年中国—东盟博览会期间也强调，铺就面向东盟的海上丝绸之路，打造带动腹地发展的战略支点。1999年，中央部署“西部大开发”战略，目标是经过几代人的艰苦奋斗，到21世纪中叶全国基本实现现代化时，从根本上改变西部地区相对落后的面貌，建成一个经济繁荣、社会进步、生活安定、民族团结、山川秀美、人民富裕的新西部。“西部大开发”是我国改革开放后的一次重要战略转折，但其意义在当时发展条件下还只限于国内。“一带一路”在新的发展形势下具有广泛国际影响力，其实施有利于促进沿线各国经济繁荣与区域经济合作，加强不同文明交流互鉴，促进世界和平发展，是一项造福世界各国人民的伟大事业。“一带一路”建设的基本目标是沿线各国经济发展与区域合作，将带动我国人民与沿线各国人民进入一个全面互动的时代，这就要求我国各族人民作为一个整体在其中承担引领性、创造性的角色。正是这一情况，为进一步增强中华民族凝聚力又提出了新的时代课题，这是一个进一步构建中华民族一体性的时代课题。

中华民族有着悠久的发展传统，但从自发演变到自觉存在，

---

* 孙振玉，宁夏大学政法学院教授，民族研究所所长。

从自觉存在到自觉认知，这是一个发展过程。“中华民族多元一体”的提出即是自觉认知与探索的重要结果。“中华民族多元一体”这个概念是直到1988年才由费孝通在香港中文大学发表Tanner演讲时提出来。所谓“多元”是指56个民族，所谓“一体”是指中华民族。“它所包括的五十多个民族单元是多元，中华民族是一体，它们虽则都称‘民族’，但层次不同。”[①]费孝通讲的是政治意义上的中华民族，这是一个由全体中国人组成的人们共同体，与民国时期的“国族”同义。追溯起来，早在民国时期，“国族”一词就曾作为热门话题被讨论，当时人们关心的是国族的整体性与国家的统一性，提出的口号有“中华民族是整个”（傅斯年，1935）、“中华民族是一个”（顾颉刚，1939）。所不同者，民国时期从蒋介石到某些学者中表现出了一种倾向，即强调一体而抹杀多元。蒋介石把国内各民族都视为宗族已是人所周知，即使某些著名学者如顾颉刚也有类似思想。顾颉刚出于维护国家政治统一考虑，反对“民族自决”、“中国本部”与民族划分等主张或提法，认为“中国之内绝没有五大民族和许多小民族，中国也没有分为若干种族的必要”，他还建议用“文化集团”来取代“民族”，“逐渐消除国内各种各族的界限”，“绝对郑重使用‘民族’二字”，“对外只有一个中华民族”。[②]费孝通提出的“中华民族多元一体”概念，既强调中华民族的一体性，也承认56个民族的独立性，从根本上体现了我国党和政府认真贯彻落实民族平等原则的精神。

民国时期在实现国族整体化与一体化的途径上，基本的选择是民族融合，暗含的意思是要用汉族融合其他各民族。中华民族在历史上长期以来曾指汉族，梁启超当年就抱有这一根深蒂固

① 费孝通：《中华民族的多元一体格局》，载费孝通等：《中华民族多元一体格局》，中央民族学院出版社，1989年，第1页。

② 顾颉刚：《中华民族是一个》，载《益世报·边疆周刊》，1939年第9期。

的认识。他以史实为据，认为战国时期的楚人、魏晋以后的粤人，以及后来的“满洲”人都先后“自觉”并加入了“中华民族”（华夏或汉族），相反，蒙古人则自始至终都“自觉彼为蒙人而我为汉人”，所以未加入“中华民族”。[①]民国时期的“融合说”，来源于他们对于国内各族同祖同源、婚姻融合（蒋介石的思想）的历史认知。孙中山在上海中国国民党本部演讲时曾讲道：“现在说五族共和，实在这五族的名词很不恰当。我们国内何止五族呢？我的意思应该把我们中国所有各民族融合成一个中华民族；并且要把中华民族造成一个很文明的民族，现在实还没有做到。”[②]孙中山提出“先有家族，再有宗族，再有国族”的实现路径。费孝通有关中华民族多元一体格局之形成的思想，强调各民族长期的必然的交往融合，强调对抗列强压迫的促成作用，他讲道：“中华民族作为一个自觉的民族实体，是近百年来中国和西方列强对抗中出现的，但作为一个自在的民族实体则是几千年的历史过程所形成的……它的主流是由许许多多分散孤立存在的民族单位，经过接触、混杂、联结和融合，同时也有分裂和消亡，形成一个你来我往、我来你往，我中有你、你中有我，而又各具个性的多元统一体。这也许是世界各地民族形成的共同过程。”[③]

费孝通强调，早在新石器时期，我国黄河与长江中下游就出现了多元文化存在，这是中国古代不同群体创造的“他们具有特色的文化。这是中华民族格局中多元的起点”[④]。在此基础上，汉

① 梁启超：《中国历史上民族之研究》，载《饮冰室合集》，中华书局，1989 年，专集之四十二。

② 《孙中山全集》，中华书局，1981 年，第 392—394 页。

③ 费孝通：《中华民族的多元一体格局》，载费孝通等：《中华民族多元一体格局》，中央民族学院出版社，1989 年，第 1 页。

④ 费孝通：《中华民族的多元一体格局》，载费孝通等：《中华民族多元一体格局》，中央民族学院出版社，1989 年，第 5 页。

族的出现是“中华民族形成中的一个重要阶段，在多元一体的格局中产生了一个凝聚核心”，并经过地区性的多元统一，中原地区民族的大混杂大融合，北方民族不断为汉族输入新鲜血液，汉族补充其他民族并南向扩张，以及西部的民族流动等，这就构成了一幅中华民族多元一体格局之形成的动态而生动的历史画面。对于汉族这个起凝聚作用的核心，费孝通讲道：“汉族主要聚居在农业地区，除了西北和西南外，可以说凡是宜耕的平原几乎全是汉族的聚居区。同时在少数民族地区的交通要道和商业据点一般都有汉人长期定居。这样汉人就大量深入到少数民族聚居地区，形成一个点线结合，东密西疏的网络，这个网络正是多元一体格局的骨架。”①关于中华民族多元一体格局的特点，费孝通总结道：汉族是这个格局的凝聚核心，少数民族聚居区在这个格局中占全国一半以上国土且从事与汉族农业不同的牧业（还有其他不发达的各种经济形态），少数民族有自己的语言但通用汉语，民族融合的条件复杂但社会经济需要是主要的因素，组成中华民族的成员众多因而结构多元，以及形成多元一体格局的过程是逐步完成的，等等。②

目前，中华民族无疑是世界上人口最多的政治与文化共同体，如何将这么多的人口团结在一起，形成一个稳固的具有向心力的人们共同体，其凝聚力是什么呢？这是一个非常值得探讨的课题。必须指出，民族凝聚力属于历史范畴，不同时空条件下表现不同，不能仅仅从历史中去寻找，还要更多地关注现实，这是因为，中华民族（政治意义的）作为一个稳固的人们共同体，虽经历了长期的历史发展过程，但中华人民共和国成立却是关键环

① 费孝通：《中华民族的多元一体格局》，载费孝通等：《中华民族多元一体格局》，中央民族学院出版社，1989 年，第 29 页。

② 费孝通：《中华民族的多元一体格局》，载费孝通等：《中华民族多元一体格局》，中央民族学院出版社，1989 年，第 29—33 页。

节，而改革开放又使这个共同体变得越来越稳固，越来越具有向心力。因此，结合历史与现实因素进行分析，我们认为，中华民族的凝聚力主要表现在：

第一，各民族在特定的地域空间中长期亲密交往联系是强有力的社会纽带。

中国的政治版图是在历史的发展过程中固定下来的，随着主政中国的王朝或国家实力的强弱变化，所辖疆域的大小也在变化，总的看来，近代以前大体上是一步步地在扩大，之后又减少到了今天的大小。变化都发生在边疆地区，广阔的内陆虽然也不断上演政治的统一与割据，但从未被今天中国之外的人所割占，这就是我们中华民族基本的生存空间。毛泽东讲道："在这个广大的领土之上，有广大的肥田沃地，给我们以衣食之源；有纵横全国的大小山脉，给我们生长了广大的森林，贮藏了丰富的矿产；有很多的江河湖泽，给我们以舟楫和灌溉之利；有很长的海岸线，给我们以交通海外各民族的方便。从很早的古代起，我们中华民族的祖先就劳动、生息、繁殖在这块广大的土地之上。"① 这块大地也是中国古今各民族人民长期亲密交往的地域空间，经济开发、商业贸易、工程建设、移民流民、学习交流、观光旅行、族际通婚、政治斗争、军事战争、自然灾害，等等，恒久地为人们创造着各式各样的亲密交往联系的机会，由此形成了各民族中你中有我、我中有你的血浓于水的情谊。历史与现实中的各民族之间的交往联系植根于人们的生产生活与生存、发展需要，是必然的、客观的、深刻的，由此而筑就的联结他们的社会纽带也是强有力的。

第二，各民族均致力于开发各自的和共有的家园是强有力的经济纽带。

---

① 《毛泽东选集》，中国人民解放军战士出版社，1966 年，第 584 页。

中华民族是一个勤劳的民族，各组成民族也都是勤劳的民族。我国地域辽阔，地形地貌复杂多样，有高山、高原、山地、河谷、盆地、平原，有草原、森林、海洋、河流、湖泊，各民族的家园分布其间，人们适应环境，因地制宜，以自己的勤劳智慧，发展出了多种多样的经济形态。总的看来，包括黄河与长江流域在内的广大平原，由汉族开发了灌溉农业，少数民族分布在草原的开发了牧业，分布在高山峡谷、森林湖泊地区的开发了各具特色的民族家园经济。在传统经济开发过程中，包括农牧渔林业在内的各民族经济具有互补性，再加上直至中华人民共和国成立初期各民族尚处在不同的社会发展形态中，便以此为基础在各民族间建立了如下联系：一是发展商贸互通有无，如中原汉族为包括牧民在内的各少数民族提供粮食、茶叶和相对先进的手工业产品，少数民族为中原汉族提供牲畜和各色土特产品；二是各民族间相互学习适用的生产知识和技术，少数民族向汉族学习先进的农业和手工业技术，汉族尤其是分布在民族聚居区内的汉族也向少数民族学习放牧、纺织技术。各民族家园经济的开发，是伟大祖国这一各民族共有家园开发的前提与基础，也是他们共有家园开发的不竭的动力源泉。中华人民共和国成立后，尤其是改革开放以来，各民族均又全面致力于发展现代经济，在此过程中，少数民族不仅得到了国家的大力帮助，也得到了发达地区汉族的无私支援，以往联结各族的经济纽带也因此变得更加强而有力。

第三，各民族努力繁荣自己的文化但又相互学习是强有力的文化纽带。

在传统经济时代，民族文化与所处自然地理和生态环境有着直接的联系，各民族赖以生存的生产方式对于民族文化起到了首要的决定作用。我国地理和生态环境的多样性，也决定了民族文化的多元性。当然，民族文化的多元性，与各民族的历史发展过程也有着紧密的联系，如信仰藏地佛教的藏族以及信仰伊斯兰教的各民族，其文化就与他们在历史上皈依佛教和伊斯兰教有关。相互学习和采借也是文化传播的重要途径，不仅汉族与少数民族杂居地区的人们在相互学习，建立过地方或全国政权的少数民族也积极主动地学习汉族文化，并为汉族文化的传播和发展做出了贡献，这样的例子在历史上绝不是少数。汉族文化是“有融乃大”，少数民族文化也同样是“有融乃大”。现代经济时代，传统文化不可避免地面临着巨大冲击，现代文化也不可阻挡地要大发展、大繁荣，这对于各少数民族而言，发展各民族现代文化，不仅需要国家的帮助，也需要相对发达地区广大汉族的支持，而这一切亦都在进行中。不仅有广大汉族的科技工作者和知识分子到民族地区去参与发展建设，直接提供智力资源，而且内地的各级各类民族院校、预科教育、民族班等，也正在为少数民族培养着所需的各类现代化建设人才，这对于推动各少数民族现代文化的大发展、大繁荣，贡献是不可以低估的。值得我们关注的是，当今时代的中华文化必然融合中国特色社会主义文化、现代科技文化与民族传统文化于一体，大发展、大繁荣还将使之获得空前整合。文化是民族的血脉与精神家园，我国各民族长期以来文化上的密切联系，更加彰显了你中有我、我中有你的密切关系，作为联结各民族的精神纽带无疑是更强有力的。

第四，各民族跟着中国共产党共同团结奋斗、共同繁荣发展是强有力的政治纽带。

经验告诉我们，中华民族的凝聚力和向心力，将在极大的程度上取决于各族人民对他们在中国的美好未来是否抱有坚定信念，在中国共产党的领导下答案是肯定的。这是因为，事实充分证明，中国共产党能够拯救民族于危难，也能带领中国人民迅速崛起。“经过九十多年艰苦奋斗，我们党团结带领全国各族人民，把贫穷落后的旧中国变成日益走向繁荣富强的新中国，中华民族伟大复兴展现出光明前景。”[①]中国共产党之所以会带领各族人民走向光明的未来，关键在于中国共产党在长期的社会主义革命、建设与改革实践中确立了适合中国国情并能有效推动发展的中国特色社会主义道路、中国特色社会主义理论体系与中国特色社会主义制度。“中国特色社会主义道路，就是在中国共产党的领导下，立足基本国情，以经济建设为中心，坚持四项基本原则，坚持改革开放，解放和发展社会生产力，建设社会主义市场经济、社会主义民主政治、社会主义先进文化、社会主义和谐社会、社会主义生态文明，促进人的全面发展，逐步实现全体人民共同富裕，建设富强民主文明和谐的社会主义现代化国家。中国特色社会主义理论体系，就是包括邓小平理论、‘三个代表’重要思想、科学发展观在内的科学理论体系，是对马克思列宁主义、毛泽东思想的坚持和发展。中国特色社会主义制度，就是人民代表大会制度的根本政治制度，中国共产党领导的多党合作和政治协商制度、民族区域自治制度以及基层群众自治制度等基本制度，中国特色社会主义法律体系，公有制为主体、多种所有制经济共同发展的基本经济制度，以及建立在这些制度基础上的经济体制、政治体制、文化体制、社会体制等各项具体制度。”[②]从民族方面看，中国特色社会主义民族区域自治制度使我国少数民族享有充分的自治权，中国特色社会主义道路是解决中国民族问题的根本道路，所以，各民族只要坚定不移地沿着中国共产党领导的道路前进，团结奋斗，共同繁荣发展的美好未来就一定会实现，这作为联结各民族的政治纽带未来将会证明是强有力的，这是我们必

---

① 民族于危难，也能带领中国人民迅速崛起。“经过九十多年艰苦奋斗，我们党团结带领全国各族人民，把贫穷落后的旧中国变成日益走向繁荣富强的新中国，中华民族伟大复兴展现出光明前景。”

② 胡锦涛：《坚定不移沿着中国特色社会主义道路前进，为全面建成小康社会而奋斗》，在中国共产党十八次全国代表大会上的报告，载《中共中央办公厅通讯》，2012 年第 11 期。

然应有的自信!

总之,“一带一路”的行动号角已经响起，为实现其具有广泛国际影响力的目标，作为首创者和引领者的中国人民，一定要在中国中产党的领导下，团结一致，齐心协力，为全面实现中国梦这一伟大的构想而努力奋斗。中华民族要以实际行动昭告世人，我们不仅在先进思想上敢为人先、能为人先，还要在伟大实践上，敢为人先、能为人先。

“一带一路”与跨境民族的中华民族认同

崔海亮*

2013年9月，中国国家主席习近平在访问中亚国家哈萨克斯坦时首次提出构建“丝绸之路经济带”的设想。同年10月，习近平在印度尼西亚举办的APEC领导人非正式会议上提出了同东盟国家共同建设“21世纪海上丝绸之路”的倡议。其后，中国国家领导人习近平与李克强在国外访问时，深入阐释了“一带一路”的深刻内涵和积极意义，得到了国际社会的积极响应和广泛认同。2014年10月，由中国、印度、新加坡等21个创始国签约的亚洲基础设施投资银行成立，为“一带一路”建设提供了资金支持，推进了亚洲贸易的一体化，也带动了俄罗斯、英、法、德等国的发展。2015年3月，中国国家发展和改革委员会、外交部、商务部联合发布了《推动共建丝绸之路经济带和21世纪海上丝绸之路的愿景与行动》，“一带一路”正式成为中国经济社会发展的一项重要任务。“一带一路”秉承和谐包容、开放合作、互利共赢的原则，积极发展沿线国家的经济文化交流，努力将沿线国家建设成为政治互信、经济融合、文化包容的利益共同体。沿线各国的合作以政策沟通、设施联通、贸易畅通、资金融通、民心相通为主要内容。对于中国政府来说，“民心相通”不仅是“一

* 崔海亮，西藏民族大学副教授，西北大学马克思主义学院博士后流动站研究人员。

带一路”建设的主要内容，也是推进这一建设的群众基础和措施保障。“一带一路”沿线涉及许多跨境民族，这些跨境民族虽然分属不同的国家和地区，但文化风俗相同，血脉精神相连，“一带一路”的实施对于促进我国与周边国家的经济、政治、文化交流，对于边境的稳定与民族关系的和谐都发挥着重要作用。以中华文化为精神纽带，增强跨境民族的中华民族认同，用经济文化纽带将跨境民族与整个中华民族连为一体，培养他们树立中华民族共同体意识，对于改善周边关系，保证“一带一路”的顺利实施，打破西方国家的经济封锁与政治孤立都将发挥决定性的作用。

一、“一带一路”沿线所涉及的跨境民族问题

历史上，由中国出发的传统的丝绸之路有多条，其促进了亚欧非三大洲的经济贸易与文化交流。“一带一路”所指涉的“陆上丝绸之路”有中、南、北“三线”。“中线”，从郑州、西安出发，往西经中亚、西亚至波斯湾和地中海；“南线”，自西安、郑州出发，往东南至东南亚、南亚；“北线”，从郑州、西安出发，往西经中亚、俄罗斯至欧洲波罗的海沿岸。“海上丝绸之路”有“南线”和“北线”之分。“南线”，从中国南方的沿海港口城市出发，自南海到阿拉伯海、印度洋，延伸至欧洲及非洲东海岸；“北线”，从中国北方沿海港口城市出发，经日本、韩国、俄罗斯、北太平洋至北美洲西海岸。由此可见，“一带一路”以我国中西部腹地为核心，向四周辐射到邻境和周边的许多国家，涉及我国西北、西南、东北以及东南沿海的广大区域。我国跨境民族所在区域几乎都在“一带一路”的覆盖之下。

虽然学术界对“跨境民族”“跨界民族”“跨国民族”[①]内涵的界定还存在一定的分歧，但对其基本指向仍然可以达成共识。一般而言，跨境民族的地理分布较“跨界民族”“跨国民族”广泛，本文倾向采用“跨境民族”这一概念。其内涵指的是：“分别在两个或两个以上的国家里长期居住，但又保留了原来共同的某些民族特色，彼此有着同一民族的认同感的民族。他们虽然长期分居于不同的国家，受当地的主体民族或其他民族的不同影响，在语言、服饰、物质文化与精神文化等各方面有了不同程度的变化，但是在他们的传统文化的底层，以及日常生活的深处，与原来的民族传统又有着千丝万缕的关系。”[②]根据这个定义，跨境民族有两个显著的特征：一是跨居于两个以上不同的国家，其居住地可以连成一片，也可以迁入其他国，甚至成为跨海洋而居的民族；二是传统文化成为维系民族认同感的精神纽带。其中第二个特征更为根本。按照这样的理解，那些散居于世界各地的汉族和其他少数民族也可以称为跨境民族。在中国2.2万千米的陆地边界线上，与15个国家接壤，有31个民族跨境居住。我国跨境民族总人口约为6600万人，占我国少数民族总人口的57.9%。[③]可见，跨境民族人口成为我国少数民族人口的主体。跨境民族跨居于不同国家和地区，不仅存在密切的经济文化交流，而且其国家认同与民族认同不一致的问题往往成为影响国

---

① 这三个概念的侧重点各不相同，其内涵也有交叉的地方。但其基本指向仍然是一致的，都指的是跨居不同国家或地区的同一民族。关于这三个概念内涵的讨论，可参考马曼丽、张树青：《跨国民族理论问题综论》，民族出版社，2009年；王清华、彭朝荣：《“跨国界民族”概念与内涵的界定》，载《云南社会科学》，2008年第4期；曹兴：《论跨界民族问题与跨境民族问题的区别》，载《中南民族大学学报》，2004年第2期。

② 胡起望：《跨境民族探讨》，载《中南民族学院学报》，1994年第4期，第49页。

③ 于凤静：《我国跨境民族语境中的跨境传播策略研究》，载《甘肃社会科学》，2014年第2期，第224页。

际关系及民族关系的重要因素，跨境民族地区也成为我国民族问题较集中的地区。

西北地区是我国传统丝绸之路的重要通道，也是当今我国民族问题较突出的地区。西北边疆与俄罗斯、哈萨克斯坦、吉尔吉斯斯坦、塔吉克斯坦、阿富汗和巴基斯坦接壤，分布着哈萨克族、柯尔克孜族、塔吉克族、乌孜别克族、俄罗斯族、塔塔尔族、回族等跨界民族，除回族外，其他各族主体均在境外，且多建有主权民族国家。[①]从历史上看，这些民族同中国既有经济文化的密切交流，也有战争与冲突。“冷战”结束后，第三次民族主义浪潮兴起，民族分离主义思潮极大地影响了这一地区，除回族外，这些民族都建立了主权国家。这也是这一地区民族问题复杂的原因之一。其中最突出的表现就是“东突厥斯坦”民族分裂主义与国际恐怖主义。20世纪90年代以来，该组织活动猖狂，在我国新疆地区煽动民族分裂主义情绪，策划了一系列的恐怖事件，使新疆成为我国“三股势力”最集中的地区，严重影响了社会稳定与国家统一。此外，该地区还存在哈萨克族跨国移民问题、跨国贩毒走私问题等，这些也成为实施“一带一路”的重要障碍。

西南地区是我国跨境民族较集中的地区，仅云南省就有16个少数民族跨境而居，此外，还有藏族、门巴族等民族跨境分布，与印度、尼泊尔、巴基斯坦、泰国、越南、老挝等南亚、东南亚国家接壤，使这一地区成为我国民族关系与民族问题较复杂的地区。藏族与汉族等其他民族世代友好，所谓的“西藏问题”是由近代帝国主义国家一手策划所形成的。目前，西方国家仍然支持达赖集团的分裂活动，近年来也策划了一系列的动乱、骚乱事件，影响着民族团结与国家统一。云南、广西地区的跨境民族

① 金炳镐主编：《跨界民族与民族问题》，中央民族大学出版社，2010年，第176页。

在历史上受中国传统朝贡制度的影响，没有建立较大的独立民族国家，受儒家文化影响较大，民族问题不太突出。但是受第三次民族主义浪潮的影响，境外民族分裂主义对该地区的影响也不容忽视。如活跃在中国、老挝、泰国边境的“民族联合阵线”图谋建立“寮蒙王国”（苗族独立王国），越南的“福尔罗”（FULRO）分离组织一直在争取建立独立的“德加自治国”，“泛泰族主义”（Pan-Thaism）认为越南、泰国的泰族，老挝的老族，缅甸的掸族和中国的傣族、壮族、布依族同属“泛泰民族”，要建立包括中国的广东、广西、海南、云南、贵州、四川在内的“大东亚泰族联邦”。[①]此外，该地区还存在西方敌对势力渗透问题、“金三角”贩毒问题、跨国婚姻与跨境人口流动等问题。这些也都是实施“一带一路”需要认真考虑、妥善解决的问题。

东北地区与俄罗斯、蒙古、朝鲜接壤，有鄂伦春族、鄂温克族、朝鲜族、蒙古族等民族跨境而居。这些民族都是中华民族的组成部分。近代以来，俄、日等帝国主义国家插手该地区的政治事务，阴谋分裂中国。民国以来有“蒙古国”的独立，有“伪满洲国”，有内蒙古德王傀儡政府。20世纪90年代以来，该地区又兴起了“三蒙统一”的民族分裂主义思潮，图谋将中国内蒙古、蒙古国、俄罗斯的布里亚特共和国统一为“大蒙古国”。[②]此外，该地区还存在中朝、中韩跨国婚姻与人口流动问题。

① 杨焰婵、陈发翠、鱼海波：《云南跨境民族与中国国家安全》，载《广西民族师范学院学报》，2015年第1期，第55页。

② 金炳镐主编：《跨界民族与民族问题》，中央民族大学出版社，2010年，第170页。

二、"一带一路"的实施需要增强跨境民族的中华民族认同

"一带一路"的实施将会搁置意识形态的分歧，以包容开放、合作共赢为原则，面向第三世界充分开放中国的市场，将中国自身的产能优势与资金技术优势转化为市场合作优势，以经济利益为纽带打造亚洲命运共同体，为中国重返世界第一、实现中华民族的伟大复兴提供新的机遇，也为带动第三世界国家经济的快速发展注入了新活力，有利于改变东方从属于西方的不合理的国际经济政治旧秩序，推动国际关系的良性发展。"一带一路"是中国和平外交理念的充分体现，它秉承了中国传统文化中"和而不同""和气生财""和谐共生"等价值理念，打破了西方"文化冲突"、两极对立的冷战思维模式，在西方的军事包围、政治孤立和经济封锁中实现了战略突围，体现当今中国国家领导人高超的政治智慧，为中国更好更快地发展和世界格局的转换开创了新局面。但是，我们还要看到跨境民族问题的存在对"一带一路"的顺利实施所形成的障碍，正威胁着中国的政治安全与经济合作。加强跨境民族的经济文化交流，增强其对中华民族的认同，是顺利推进"一带一路"的必要条件。

（一）增强跨境民族的中华民族认同的必要性

由上文叙述可以看出，我国跨境民族都处于"一带一路"范围之内，存在不同程度的跨境民族问题。这些问题主要表现为三个方面：第一，由民族认同与国家认同不一致而导致的民族分裂主义和国际恐怖主义倾向；第二，跨境人口流动问题；第三，跨境犯罪问题。其中第三个问题可以通过加强国际合作而得以解决。但是，前两个问题从根本上讲是国家认同和民族认同问题，很难用暴力和强制的手段来解决。

比如，西北边境的哈萨克族跨国移民问题。我国的哈萨克

族与哈萨克斯坦的哈萨克族为同一族源，宗教信仰、风俗习惯相同。哈萨克斯坦共和国制定了“优惠”的移民政策，号召境外所有哈萨克族“回归故乡”。这一政策曾一度造成了我国边境地区部分哈萨克族群众思想的混乱与社会稳定，也影响了我国同哈萨克斯坦的正常关系。再比如，我国西藏和新疆的民族分裂主义活动，显然有国外敌对势力的支持与煽动。另外，东南亚国家的民族独立思潮也会影响到我国西南地区。这些问题的存在，都不利于“一带一路”的顺利实施。要想解决好这些问题，从根本上讲，需要提高我国跨境民族的中华民族共同体意识，增强他们对中华民族的认同。

（二）增强跨境民族的中华民族认同的意义

1.增强跨境民族的中华民族认同，有利于解决民族团结与国家统一问题，为“一带一路”的实施创造一个稳定的国内环境。

在我国民族分裂势力、极端宗教势力和国际恐怖势力活动比较猖獗的地区，如新疆、西藏等，基本都在跨境民族地区。增强跨境民族的中华民族认同，有利于削除“三股势力”的破坏活动，保持边境地区社会秩序的稳定，实现民族关系的和谐，为“一带一路”的实施创造一个良好的国内环境。

2.增强跨境民族的中华民族认同，增进跨境民族境外部分与境内部分的文化交流与情感维系，有利于双边增强政治互信和政治安全。

跨境民族境外部分与境内部分民族同源、文化同根，历史上与中华民族都有着密切的经济文化交流，绝大多数跨境民族对中华文化有亲近感与认同感。以中华文化为纽带，加强双边的经济文化交流，可以唤起共同的历史记忆，增进了解、增强情感、增加互信，为“一带一路”的实施创造一个和谐的周边环境。

3.增强跨境民族的中华民族认同，获得境外少数民族的情感文化认同和道义支持，有利于向世界传播中国正面的文化价值，提高中国的影响力。

中国不仅是一个具有悠久文明的国家，也是一个爱好和平的国家。中国传统文化中“和而不同”的多元文化观念和“和谐世界”的理念有利于推动世界的和平与发展。西方媒体无视中国近年来民主政治建设的巨大成就，肆意歪曲事实，甚至颠倒黑白，垄断了新闻传播的话语权。在西方新闻传播镜像中的中国，是一个愚昧、落后、践踏人权、专制独断的国家，美国甚至把中国划入“邪恶国家”的行列。要改变西方社会对中国的负面印象，不仅需要国际社会的“中国声音”，也需要发挥跨境民族的作用。跨境民族的境外部分散居于世界各地，绝大多数加入了居住国的国籍，但他们认同中华文化，关心中国发展，他们对中国正面宣传的作用比国内对外宣传的影响更大，也容易获得西方的认同。通过发挥跨境民族境外部分在国际传媒方面的作用，客观、全面地宣传中国文化，有利于向世界展示中国的良好形象。

4.增强跨境民族的中华民族认同，团结境外的华裔华侨，可以提高中华民族的凝聚力，有利于打破现有的战略格局，建立公平、合理的国际新秩序。

20世纪90年代以来，随着中国经济的快速发展和综合国力的提高，“中国威胁论”被一些西方媒体大肆宣扬。受“中国威胁论”的影响，不仅许多西方大国采取了遏制中国的政策，而且我国周边一些东亚、东南亚、南亚国家也加强了对中国的对抗，在经济、领土争端等问题上摩擦不断，周边关系紧张。在西方国家的经济围剿与政治孤立中，团结跨境民族，争取他们在政治上和道义上的支持，发挥他们在民间外交方面的特殊作用，有利于打破现有的战略格局，建立公平、合理的国际新秩序。

5.增强跨境民族的中华民族认同，形成共同的文化信仰，有利于构建中华民族共有的精神家园，提高中国的文化软实力，实现中华民族的伟大复兴。

构建中华民族文化的精神家园，对中华民族屹立于世界民族之林，具有现实而重大的意义。绝大部分跨境民族都认同中华文化，他们关注中国发展，盼望中国富强。中华文化是中华民族之根。境内外的跨境民族拥有共同的文化心理结构、思维方式和价值观念。源远流长的中华文化是维系境外跨境民族与祖国人民血肉联系的精神纽带。“文化中国”成为超越地域、政治、阶层、宗教限定的全球华人的精神家园，为中华民族的伟大复兴提供了思想资源与精神支持。

（三）增强跨境民族的中华民族认同的可能性

目前，我国的跨境民族多数分布于西北、西南边境，处于传统丝绸之路范围之内，而散居于世界各地的跨境民族也是由近代才移居国外的，在历史上受中国传统文化影响较深。比如，历史上西北地区的跨境民族通过丝绸之路与中原内地各民族的经济文化联系十分密切，伊斯兰教和西域文化经过跨境民族区域传入中原地区，同样，通过丝绸、瓷器贸易，中原地区的文化也影响了跨境民族地区。汉、唐、元、明、清时期，中国政府在这一地区的行政管辖大大加强了跨境民族地区对中原文化的认同。先进的中原文化一直是当时少数民族学习的榜样。西南跨境民族地区是印度佛教传入中国的通道，也是中原文化教化推广的地区。历史上，云南以南的东南亚地区经济文化非常落后，这一区域的国家长期隶属于中国，成为中国的藩属国，受儒家文化的深刻影响，至今仍保持中国传统的风俗习惯。东南亚是海上丝绸之路的必经地区，也是华侨华人集中的地区，对中国传统文化有亲和感和认同感。

今天，中国实施“一带一路”倡议，可以重新唤醒历史上中原民族与跨境民族友好交往的历史记忆，增强跨境民族对中华民族的认同。

三、“一带一路”背景下跨境民族的中华民族认同构建途径

随着“一带一路”的实施，一些中外媒体称中国的“一带一路”为“中国版的马歇尔计划”。从表面上看，两者有某些共同之处。但是，就其实质来看，二者在实施目的、秉持原则、合作方式、实施后果方面都有着本质的不同。

“马歇尔计划”以援助欧洲、遏制苏联、谋求美国的世界霸权为目的，而“一带一路”以优势互补、共同发展，谋求建立亚洲经济利益共同体为目的。“马歇尔计划”以意识形态的一致性为基础，是建立在意识形态基础上的政治安全战略。“一带一路”遵循平等互利、开放包容的原则，不搞集团对抗。“马歇尔计划”在援助中附加了许多不平等条件，借以达到干预和控制西欧国家的目的，使欧洲依附于美国。“一带一路”秉承自愿互利、合作共赢的理念，援助不附加任何条件，不干涉其他国家内部事务。[①]“马歇尔计划”在促使欧洲经济复兴的同时，也造成了欧洲依附于美国、美苏两大集团对抗的后果，给世界和平造成威胁。“一带一路”从实施开始，已经有50多个沿线国家表示支持。其中既有发展中国家，也有发达国家；有大国、强国，也有小国、弱国。“一带一路”秉承的平等互利、开放包容、合作共赢的理念有利于世界的和平发展，必将得到更多国家的认同。

“一带一路”的实施，为中国走向世界，实现中华民族的伟大复兴提供了新的契机。积极探索跨境民族的中华民族认同构建途径，是顺利推进“一带一路”的必要条件。

第一，政治上坚持睦邻友好的外交政策，加强与周边国家在

---

① 金玲：《“一带一路”：中国的马歇尔计划》，载《国际问题研究》，2015年第1期，第91—97页。

政治、军事方面的合作。“跨境民族是主权国家建构起来的，自从主权国家的出现才有了‘国家’的归属感，主权国家对所属国家是一种强控制；传统社会只有边陲与中心之分，国家对边陲是一种弱控制。”[①]因此，要坚持主权平等的原则，“与邻为善、以邻为伴”，尊重周边国家的主权利益，增强政治互信，建立和完善与周边国家的多边合作机制，在打击国际恐怖主义与跨国犯罪方面加强与跨境民族所在国的合作，维护跨境民族境外部分群众的公民权益，至少在国际舆论方面提供道义上的支持，实现跨境民族地区民族关系的和谐与政治秩序的稳定。

要从维护国家政治安全的高度来看待“一带一路”建设，谋大局、算大账。继续对跨境民族地区实施优惠政策，坚持和完善“民族平等、民族团结和各民族共同繁荣”的民族政策，坚持和完善民族区域自治制度。让跨境民族群众切实感受到中央的关怀、国家的保护和社会主义制度的优越性，增强跨境民族群众的公民意识与国家认同。

第二，经济上坚持优势互补、互惠互利、合作共赢，对外经济合作不附加任何政治条件。在这个方面，我们要吸取以前与其他国家经济援助与合作的经验教训。1950年，《中苏友好同盟互助条约》签订，苏联在对我国提供援助的同时，附加了一些政治条件，实际上损害了中国主权。到了1958年，苏联提出在中国领土建立长波电台和海军联合舰队，这一损害中国主权的无理要求，遭到中国方面的断然拒绝。苏方因此中止合同，撤走专家，中苏关系恶化。同属社会主义阵营的中苏两国因不平等的合作而反目成仇。1965—1976年，中国无私援助坦桑尼亚和赞比亚修建了坦赞铁路，赢得了非洲兄弟国家延续至今的真诚友谊，也得到第三世界国家的认同与支持。今天实施“一带一路”，要抛开

① 李树燕：《国家建构与跨境民族国家认同——基于云南跨境民族的实证研究》，载《理论月刊》，2011年第6期，第119页。

意识形态方面的分歧，以平等、包容、互利的立场加强同沿线国家的合作，这样才能得到周边国家的支持和认同。

发展文化旅游业是跨境民族与其他民族加深了解、增进互信、加快交融的好途径。与我国相邻的东北亚、东南亚地区都属于“儒家文化圈”，这些地区的跨境民族与中国其他民族文化同根、血脉相连，对中国传统儒家文化有着高度的认同感。[①]通过发展认祖寻根、探亲访友的文化旅游有利于加强了解、增进民族情感、弘扬中华民族精神、增强跨境民族对中华文化和中华民族的认同。

经济因素是影响跨境民族国家认同的重要因素。一般而言，边境地区人员的流动是从经济发展水平低的国家迁移到经济发展水平高的国家。加快我国跨境民族地区的经济社会的快速发展，切实改善民生，不仅可以增强国家对跨境民族境内群众的吸引力、凝聚力与认同感，而且有利于吸引境外群众进行劳务输出与经济合作，进一步促进跨境民族地区的发展，实现经济发展的良性循环。

第三，文化上要尊重跨境民族地区的宗教信仰与风俗习惯，保护和发展跨境民族的文化，鼓励官方与民间的民族文化交流，传承与弘扬中华民族的文化。

本尼迪克特·安德森把民族理解为“想象的共同体”，有着共同地域、共同语言的族群未必自我认同为同一民族，共同文化才是民族认同的决定性因素。民族认同从根本上讲就是文化认同。亨廷顿认为，民族国家的冲突主要是由民族文化的冲突而引起的。因此，我们必须尊重民族文化的差异性和多样性，尊重跨境民族地区的宗教信仰与风俗习惯，这样才能赢得他们的支持和认同。

---

① 闫红霞：《跨界旅游：文化共生视野下的中国与东南亚》，载《社会科学家》，2012 年第 8 期，第 72—75 页。

加强官方与民间的民族文化交流，利用春节、清明节、中秋节等中华民族传统节日和古尔邦节、泼水节、火把节、雪顿节等少数民族节日进行庆典与演出活动，政府组织要积极参与这些活动，并举行升国旗、领导发表贺词等仪式。在跨境民族地区，举办这些官方与民间共同参与的欢庆活动，其意义十分重大，容易增进民族情感，加强国家认同。

国家要通过教育来引导跨境民族地区的主流文化认同。通过发展双语教学、推广普通话、宣传社会主义核心价值观、加强民族政策教育与公民意识教育、弘扬中华传统文化来增强跨境民族的国家认同与中华民族认同。

第四，在社会生活方面积极探索和平跨居模式。如何实现跨境民族地区的和谐与稳定，学者们进行了卓有成效的研究工作，近年来，有学者提出“和平跨居模式”，对解决跨境民族问题很有启发意义。

何谓“和平跨居模式”？周建新教授的理解很有代表性。他认为，“同一跨国的文化民族，长期往来互动，彼此相安，不因为内部有着不同的国家认同而相互仇视，也不因为内部有着相同或相似的文化联系而诉求联合，进而向国家权威挑战，他们彼此与周边各民族友好往来共生互助，这就是‘和平跨居’的基本模式”①。这当然是一种比较理想的“跨居模式”。这一模式的实现需要具备以下条件：缺乏民族精神偶像或民族英雄，参与现代民族国家构建历程，历史上没有产生过民族性高级社会组织，中央集权国家的有效控制，相关国家之间总体关系良好，跨国民族内部不存在极端势力等。②由此可见，实现“和

---

① 周建新：《跨国民族类型与和平跨居模式讨论》，载《广西民族学院学报》，2002年第4期，第64页。

② 周建新：《和平跨居论——中国南方与大陆东南亚跨国民族“和平跨居”模式研究》，民族出版社，2008年，第396—400页。

平跨居”并不是容易实现的。周建新教授认为，中国南方与东南亚跨国民族基本达到了“和平跨居”的状态。

跨境民族有不同的类型，从其内部的文化差异性来看，可以分为两种：一种是内部文化认同向异质化方向发展。这些跨境民族被不同国家分割的部分，都向所在国的主流文化靠拢，其国家认同高于民族认同，属于向心型跨境民族。另一种是内部文化认同向同质化的方向发展。这些跨境民族被不同国家分割的部分，其文化相互靠拢，与所在国的主流文化不断分离，其民族认同高于国家认同，属于离心型跨境民族。[①]前一种有利于形成“和平跨居”，而后一种往往出现极端民族主义与民族冲突。

有学者对前一种类型的跨境民族进行实证研究，并得出了肯定的结论。梁茂春对中越边境的壮族进行田野调查，结果发现，被认为是同源民族的中越边境两侧的壮族却具有各不相同的民族认同，中国境内的壮族倾向以公民身份的国家认同来区别与自己不同的越南壮族，其国家认同高于民族认同。[②]被认为同属壮族的一个跨境民族正逐步分化为两个不同的族群。梁茂春的研究结果证实了周建新“和平跨居模式”理论具有一定的合理性。

不过，我国跨境民族的情况是复杂的，广西壮族的情况不同于新疆维吾尔族的情况，西南的跨境民族不同于西北的跨境民族。因此“和平跨居模式”未必适合我国所有的跨境民族地区。但是“和平跨居模式”理论的提出为我们解决跨境民族问题提供了新的思路。在当今多元文化共存的背景下，文化交流的结果并非是“文明冲突”，而是“和平共处”。抛弃西方僵化的二元对

① 周建新：《跨国民族类型与和平跨居模式讨论》，载《广西民族学院学报》，2002年第4期，第62页。

② 梁茂春：《“跨界民族”的族群认同与国家认同——以中越边境的壮族为例》，载《西北民族研究》，2012年第2期，第40—52页。

立的思维模式，从中国传统文化中吸取“和而不同”“和谐共生”的思想资源，建立内部文化调适与平衡机制，完全可以通过和平的方式来解决民族问题。

和平与发展是时代的主题，通过和平手段解决地区争端与民族冲突是世界各国人民共同的愿望。随着全球化进程的加快，经济一体化、政治多极化、文化多元化的趋势进一步明显，边远的跨境民族地区也会加快从传统社会转向现代社会，其内部文化异质性的特征将会进一步明显。随着现代化进程的加快，实现“和平跨居”的条件会越来越有利。

中国正在实施的“一带一路”倡议顺应了当今和平与发展的时代潮流，坚持和平共处、平等互利、和谐包容、互利共赢的发展理念，吸收了中国传统“和合”文化的思想资源，与沿线国家和人民共同打造政治互信、经济融合和文化包容的利益共同体、命运共同体、责任共同体，为亚洲和世界经济文化发展注入新活力。在越来越多国家和人民的支持下，“一带一路”必将可以解决分歧，带来共同发展，实现世界民族的“和平跨居”。

我国各民族的交往交流交融及其促进

——以“一带一路”为背景

曹水群　张大卫*

在2015年8月召开的中央第六次西藏工作座谈会上，习近平总书记提出了四个坚定不移，即“坚定不移开展反分裂斗争，坚定不移促进经济社会发展，坚定不移保障和改善民生，坚定不移促进各民族交往交流交融”①。促进各民族交往交流交融是我国民族工作的主要任务，也是衡量民族工作成效的标准之一。为此，我们必须制定科学的决策、制度体系以推动各民族的交往交流交融。“一带一路”倡议，是中央在全球形势深刻变化的情况下，为了统筹国内国际两个大局而做出的重大战略决策，它必将有力促进我国各民族的交往交流交融。面对这个伟大的历史机遇，我们必须分析形势、把握机会、积极应对。

一、民族交往交流交融的相关理论

（一）民族交往、交流、交融及其相互关系

2010年1月，在中央第五次西藏工作座谈会上，胡锦涛同志指出：“要毫不动摇地坚持和完善党的民族理论和民族政策，坚

---

* 曹水群，西藏民族大学马克思主义学院教授，研究方向为马克思主义理论与民族地区发展；张大卫，西藏民族大学马克思主义学院副教授，研究方向为马克思主义理论与高校思想政治教育。

① 《依法治藏 富民兴藏 长期建藏，加快西藏全面建设小康社会步伐》，载《人民日报》，2015年8月26日。

持和完善民族区域自治制度，把有利于民族平等团结进步，有利于各民族共同繁荣发展，有利于民族交往交流交融，有利于国家统一和社会稳定作为衡量民族工作成效的重要标准，推动各民族和睦相处、和衷共济、和谐发展。”①这是中央领导人第一次提出“民族交往交流交融”理念。自此之后，理论界掀起了研究“民族交往交流交融”的热潮。

纵观相关研究成果，笔者发现，大家基本上都持以下观点：“交往、交流、交融”，这三个词是递进关系，而不是并列关系。笔者同意“递进关系”这一界定。关键是，它们呈现着什么样的递进关系？有相当多的观点认为：民族交往是民族关系的具体形式，民族交流是民族关系的具体内容，民族交融是社会主义初级阶段民族交往交流的本质。

“形式、内容、本质”这三个词确实是递进关系。但是，为什么交往是形式，而交流是内容？

辩证唯物主义认为，内容是事物的内在诸要素的总和，形式是内容的存在方式。内容和形式是辩证统一的。内容决定形式，形式依赖于内容，并随着内容的发展而改变。同时，形式反作用于内容，当形式适合于内容时，它对内容的发展起促进作用，反之，则起阻碍作用。从内容与形式的辩证关系来分析，交往作为民族关系的形式，交流作为民族关系的内容，似乎难以讲通。

在《汉语大辞典》中，对“交往”一词的解释只有一个，即“互相来往”。而《汉语大辞典》对“交流”一词的解释有以下几个：“（1）指江河之水汇合而流；（2）指水渠纵横交错而流；（3）同时流出；（4）来往；（5）相互传播，交换。”对“交流”一词的前三个解释，都是在描述水的运动状态，主体是水，这与我们所说的民族交流没有关系。根据“交流”的后两个释义来界定

① 《中共中央国务院召开第五次西藏工作座谈会》，载《人民日报》，2010年1月23日。

民族交流，可得出三种解释：一是所属不同民族的个人、组织、群体之间的相互来往；二是所属不同民族的个人、组织、群体之间的相互传播（一般指的是信息传播，精神文化层面的传播）；三是所属不同民族的个人、组织、群体之间的相互交换（物质交换、信息交换等）。由以上分析，交流的含义更为宽泛，囊括的领域更多，它有多重含义，交往只是其中之一。据此解释，笔者以为，要说清楚交往、交流、交融的递进关系，可做如下尝试：

1. 民族交往，是指所属不同民族的个人、组织、群体之间的相互来往。民族交往是民族之间初级阶段的来往，交往的频率低，交往波及面小、领域狭窄，交往内容比较单一，主要以物质产品以及服务的交换与合作为主。

2. 民族交流，也是一种民族交往，但它是较高阶段的交往，交往的频率高，交往波及面广、领域广泛，交往内容比较丰富，不仅包括物质产品以及服务的交换与合作，也包括精神文化、思想艺术的交流与相互传播等。

3. 民族交融，是在民族交往交流的基础上，各民族相互接近、相互了解、相互学习、相互认同，民族特征不断趋同，民族边界渐趋模糊，逐渐形成一个更大的相互包容的民族共同体的过程。也就是说，"我学习你的，你学习我的，我中有你，你中有我。你进步了，我也发展了，你是进步了的你，我是发展了的我。但是，你还是你，我还是我，各民族共存共荣，民族交融了"①。

（二）民族交往、交流、交融需要好的政策推动

近几年来，学者们对于"去标签化"和"非政治化"的观点，以及"改革调整不合时宜地强化族群意识、族群身份"的思想观念和制度设计给予了反思和批评。认为太急躁冒进、急于求成了，犯了左的错误。

---

① 金炳镐、肖锐、毕跃光：《论民族交往交流交融》，载《新疆师范大学学报》，2011年第1期。

与此同时，有些学者在撰文中，着重强调“尊重民族发展的客观规律”，民族交融是一种自然的过程，坚决反对“人为推动交融一体”，反对“推进族际通婚”和“推进民族互嵌式社区”，认为此举有人为干预“民族发展的自然过程”之嫌，属急躁冒进的“左倾”错误。提倡“不推不阻、顺其自然”。

对以上观点，笔者的认识是：一方面，我们不能急躁冒进，超越历史阶段，“去标签化”和“去政治化”，犯“左”的错误；另一方面，我们也不能消极等待，一味强调顺其自然，反对人为推动，忽视人的主观能动性，犯“右”的错误。一方面，民族发展有其客观规律，我们必须遵循。在社会主义初级阶段的历史条件下，民族交融是民族交往发展的本质要求。我们不能超越这一阶段，乐观地认为，只要我们工作努力推进，民族融合的时代就会到来。另一方面，在遵循客观规律的同时，还要发挥主观能动性。不能因为强调客观规律性而忽视或轻视人的主观能动性。社会向成熟阶段推进的过程就是一个合目的性与合规律性相统一的过程。民族发展有客观规律，但我们不能静待客观规律自己发生作用，我们应该充分发挥主观能动性，在遵循客观规律的前提下，开拓思想，创新机制，推出新决策，想出新办法，创造条件，不断促进民族交往交流交融。

正如胡锦涛同志在第一次中央新疆工作座谈会上强调的：“要从有利于各民族交往交流交融出发，完善各项政策和措施。”①在2014年中央民族工作会议上，习近平总书记指出：“要正确认识我国民族关系的主流，善于团结群众、争取人心，加强各民族交往交流交融，创新载体和方式……让各民族在中华民族大家庭中手足相亲、守望相助。”②两位领导人的讲话明确要求民

① 金炳镐：《民族理论通论》，北京：中央民族大学出版社，1994年。

② 列宁：《关于民族问题的批评意见》，见中国社会科学院民族研究所：《列宁论民族问题》上册，北京：民族出版社，1987年。

族工作者需创新载体和方式，完善政策和措施，以促进各民族交往交流交融。换句话说，各民族交往交流交融不能消极等待，需顺应规律，创造条件，积极争取。

是否倡导族际通婚和建立民族互嵌式社区？笔者认为，此种探索是有益的。可以先搞试点，在试点中总结经验教训，评价其效果。什么是民族互嵌式社区？怎么建？建好后怎么样发展？它对民族的交往交流交融有什么样的作用？它对民族心理、民族认同以及民族地区的经济社会发展将有什么样的影响？如何优化？这些问题都需要在民族互嵌式社区试点的过程中不断研究并形成理论体系，好的做法我们发扬光大，不好的做法我们吸取教训，并予以叫停。倡导族际通婚也是一样，需先迈出第一步，然后在政策推行的实践基础上形成理论，再在理论的指导下进一步优化实践成效。

应该注意的是，基于促进民族交往交流交融目的而创新的措施，需把握一个原则，即政令需是指导性的，而非指令性；是倡导和引导，而非强制。可用优惠政策吸引各民族群众参与其中，而不能搞一刀切，无视主观条件和客观条件，不考虑群众的心理接受能力，一竿子全上。否则，群众的不满心理容易滋生，从而加大社会矛盾复杂化的可能性。

二、“一带一路”将有力推动我国各民族的交往交流交融

（一）我国少数民族地区成了“五通三同”的重点地区

“一带一路”沿线囊括了内蒙古、宁夏、新疆、青海、甘肃、云南、广西等多民族省份，这些民族地区将成为重要的战略支点，成为能源基地建设、基础设施互联互通的重点地区，成为政策沟通、道路联通、贸易畅通、货币流通和民心相通的前沿阵

地。在“五通”的基础上，各民族地区逐渐形成利益共同体、命运共同体和责任共同体，最终实现共赢。丝绸之路经济带的建设，将把陕西、甘肃、宁夏、青海、新疆等地处大西北的省区与中原腹地链接起来，这些省区将成为欧亚区域发展的核心地带。内蒙古联通俄蒙的区位优势将逐渐显露；新疆丝绸之路经济带核心区建设、宁夏内陆开放型经济试验区建设，都将迎来重大发展机遇。21 世纪海上丝绸之路的建设，将使广西、云南、贵州等西南民族省区与东南经济发达地区协同，并成为与南亚、东南亚区域合作的桥头堡，也将为西藏与尼泊尔等周边国家往来合作带来良机。①

（二）国际、国内市场资源要素将加速流入民族地区

“一带一路”沿线的交通、油气管道、信息等互联互通的大通道建设必然促进民族地区交通、物流等基础设施的极大改善，基础设施的改善将为市场资源要素的加速流动创造条件。可以预见的是：在未来的几年内，随着国际、国内市场的不断拓展、联结，民族地区急需的资金、信息、人才等资源要素将加速流入。同时，民族地区富含的煤炭、石油、金属矿产等传统能源以及水电、风电、太阳能等新能源，在“一带一路”倡议的推进中，将从潜在的发展优势变成现实的增长驱动，国家在“一带一路”沿线重点开发的能源项目将为民族地区发挥资源富集优势提供契机。

（三）为民族文化交流合作提供更好的平台

文化具有极强的影响力，它会超越时空、跨越国界。古丝绸之路就是一条文化交往交流之路。中国古代的科学文化成果通过丝绸之路传播到西方世界，而西方世界的近现代科学技术和发展理念也是通过丝绸之路传递到中国的。“一带一路”的推进，必

---

① 王正伟：《民族地区要在服务“一带一路”战略大局中大有所为》，载《民族论坛》，2015 年第 7 期。

将提升沿线地区文化交流的程度、层次和领域。民族之间的交融在于民相亲，民相亲的前提是心相通，心相通的途径主要是文化交流。"一带一路"沿线各地历史文化迥然不同，通过文化交流与合作，可增强相互信任、加深彼此感情。

（四）人员流动的量和走向都将发生变化

"一带一路"倡议对于民族地区的意义，相当于改革开放初期东南沿海地区的对外开放。它将进一步加快我国向西开放、沿边开放的步伐，民族地区参与区域合作的频率、领域、层次都将大幅度提升。随着"互联互通"的实现，民族地区与我国其他地区经济往来的交易费用将明显降低，有利于推进民族地区的新型工业化以及金融、贸易、物流等现代服务业跨越式发展，这将大大增加民族地区对于人力资源的吸引力。可以预见，随着"一带一路"的不断推进，"一带一路"沿线劳动力的流动量将大幅度增加，其流动走向也将发生变化，即从我国西部民族地区向东部沿海、农村向城市的单向流动，逐步向东西部、边疆与内陆之间的双向流动转变。

三、抓住"一带一路"机遇，促进各民族交往交流交融

（一）民族地区应牢牢抓住战略机遇，发挥地缘优势，主动谋划和融入

"一带一路"推出后，相关省区已经做出融入其中的谋划和部署。例如，广西壮族自治区表示，将积极参与"一带一路"、中国—东盟自贸区升级版建设，充分利用泛北部湾、大湄公河次区域等合作平台，争取亚洲基础设施投资银行和丝路基金等投资，加快南宁—新加坡经济走廊建设，推进与周边国家互联互通。新疆维吾尔自治区主席雪克来提·扎克尔说，新疆地处亚欧大陆地理中

心，是我国向西开放的桥头堡，是丝绸之路经济带上的重要节点、核心地区，周边同8个国家接壤，有17个国家一类口岸以及喀什、霍尔果斯2个国家级经济技术开发区。新疆将积极跟踪国家“一带一路”重点互联互通和基础设施建设项目，参与非洲、周边国家高速公路、铁路、港口等基础设施以及农业综合开发项目建设。[①]面对“一带一路”带来的良好机遇，各民族地区应充分发挥主观能动性，组织专家研究本地区融入“一带一路”的优势条件和不足，分析“一带一路”将给本地区带来的发展机遇及挑战，在此基础上，制定本地区发展的战略决策。当然，一个地区的发展，光有战略决策是不够的，还需要制定更为具体的分领域、分阶段的规划，以更好地融入“一带一路”，扬长避短，抓住机遇，迎接挑战。

（二）加强基础设施建设，提升区域合作层次，拓宽合作领域

制约民族地区发展的瓶颈之一就是基础设施落后。面对“一带一路”机遇，各民族地区应全力投入国际大通道建设，重点建设一批机场、铁路、高等级公路及能源通道、水利、通信设施项目，着力推进航空、铁路、公路、水运一体化联运的标准化建设和物流中心建设，逐渐打通各省区间的“路障”，最终实现对内、对外通达无阻的目标。

各民族地区应积极参与建立多层次、高频度的与亚洲各国、与阿拉伯国家的合作机制，尽力消除互联互通的非物理性障碍。近年来，在新疆举办的中国 — 亚欧博览会、在广西举办的中国 — 东盟博览会、在云南举办的中国 — 南亚博览会、在宁夏举办的中阿博览会等，都在区域和跨区域合作中扮演着越来越重要的角色。随着“一带一路”的不断推进，区域间合作的层次和水平必定不断加强，领域也随之不断拓宽。各地区可联合打造具有丝路特色的国际

① 张学栋：《“一带一路”文化创意产业大跨越的新机遇》，新华网，2015 年 3 月 30 日。

精品旅游线路和旅游产品，进一步发挥民族生态旅游资源优势；也可加强跨区域生态环境保护合作，以形成生态保护的联动机制。

（三）以相互尊重为前提，以加强民族团结为基石，促进文化交往交流

“一带一路”沿线地区，民族人口有多有少，文化也是各种各样。不同文化之间的交往交流，必须以相互尊重为前提，唯有如此，各少数民族文化圈才能以开放的姿态、包容的胸襟接纳其他文化，取他人之长、扬自身之短。这样，各个文化实体在相互交往、交流的基础上才能不断发展壮大。

应重视做好民族工作，大力开展民族团结宣传教育，坚决防范和依法打击境内外敌对势力的渗透、破坏、分裂和颠覆活动，维护各民族和睦相处、和衷共济、和谐发展的良好局面；支持不同文明和宗教之间的对话，防止极端思想及势力在不同文明之间制造隔阂、矛盾、纷争；共同打击消除走私贩毒、跨国犯罪、恐怖主义等非传统安全因素，营造良好的民族文化交往交流环境。

“一带一路”沿线地区的文化交往交流，需要打造新机制、探索新模式，深入开展文化艺术、科学教育、体育旅游、地方合作等友好交往，密切不同民族群众的感情，夯实地区间开展经济、社会、文化合作的民意基础和社会基础。要充分挖掘沿线地区深厚的文化底蕴，积极发挥文化交往交流的作用，加强文化项目及活动的合作，促进各地文化的共同发展。可充分发挥民族院校的作用，创造条件使其与沿线地区的院校、科研院所共同组织开展学术研讨、联合考察调研、课题攻关等活动，开展学术交流与合作。

（四）完善制度，使各民族在交往交流的基础上不断交融

民族交往交流的领域不断扩大，层次不断提高，频率不断增加，是否一定会促使民族交融的程度提高？依据群际接触理论的研究成果，对此问题的回答是：不一定。

对群际接触理论的研究起始于“二战”后，是美国心理学家

为了削弱美国的种族偏见而进行的理论探索。群际接触理论的基本观点是:（1）如果一个群体（或者种族）对另一群体（或者种族）缺乏充分信息，或者不同群体之间存在着错误信息和误解，就会造成群际刻板印象和不友好的态度。（2）种族接触与种族冲突之间存在负相关。不同种族的个人接触越多，双方的交往交流越多，冲突（偏见、歧视、敌意等）就越少，双方就越有可能持有更加开放、友好的态度。（3）不同群体的文化、宗教、伦理、历史等方面的差异越大，就越需要更多的接触。

对以上研究结论，心理学家谢里夫提出了不同的看法。他认为：群体之间的一般性接触，不仅不会消减彼此的误解和不友好的态度，甚至可能加剧群体之间的偏见。在前人研究的基础上，奥尔波特提出了群际接触理论的核心观点，即对立群体的成员只有在“最佳条件”下进行接触，才有可能减少群体间的敌意并形成积极的外群体态度。有效群际接触所需要的“最佳条件”如下：（1）平等的地位。两群体要在地位平等的基础上进行接触。（2）具有相同目的。两群体追求的目标相同，彼此之间不是此消彼长的关系。（3）得到资深权威、法律或风气民俗的支持。两群体的接触应得到制度的支持、法律的保护、民意的肯定甚至赞许。（4）合作的群际关系。群体之间须加强合作，敌意和偏见将随着合作频率的增加以及合作领域的拓宽而不断削弱。[①]

综上所述，要想促进民族交融，加强民族团结，仅仅创造条件加强民族间的交往交流是不行的，相关部门还需要完善制度，创造各民族有效接触的“最佳条件”，保证各民族成员在“最佳条件”下进行平等交往、相互协作，追求共同目标，最终使各民族实现利益共赢，营造和谐的民族关系。

---

① 洪颟、刘邦春：《接触理论在民族教育中的发展及运用》，载《东北师大学报》，2012 年第 4 期。

“新丝绸之路经济带”中的青海民族关系
——以构筑各民族共有精神家园为视角

赵 英*

2013年，习近平总书记在哈萨克斯坦纳扎尔巴耶夫大学做重要演讲，提出共同建设“丝绸之路经济带”，之后陆续与印尼、俄罗斯等国家就此构想达成战略共识。这对于力推西部大开发、营造丝绸之路沿线的民族环境提供了难得的环境与空间。青海作为古丝绸之路的重要辅助通道，其民族关系的建构，历来为各级政府所高度关注。

丝绸之路青海道的诞生和出现，与早期人类为求生存、图发展而不断迁移不无关系。鉴于历史上地理位置较差，远离政治、经济中心，对曾经过兰州后转向湟水谷地，经过今西宁、青海湖北岸，穿过柴达木盆地去西域的“青海西宁路”，鲜有研究著述。由于自魏晋以来，西域各地方政权纷纷脱离中原王朝的控制，魏晋南北朝时期河西走廊也政权割据，先后出现了前凉、后凉、南凉、西凉、北凉等地方政权，战祸频仍，河西干道受梗阻；而青海地区相对稳定，当时在今甘肃西南部及青海草原由鲜卑慕容部建立的吐谷浑国，经过几代人的开拓经营，已经成为地跨东西数千里，包括鄯善、于阗在内的中国西部地方政权。吐谷浑立国350年，而且始终与中原王朝以及南北朝都保持着密切的关系。这一切为丝绸之路青海道的兴盛提供了时间、空间上的条件和必

* 赵英，中共青海省委党校副教授。

要的政治保障。青海道一度取代“阳关道”成为联系中西方的主干道。隋以来，随着大一统局面的实现，河西走廊恢复了它作为东西丝路干线的重要地位，但是横贯青海高原的中西通道也并没有因此而中衰。特别是唐朝文成、金城二公主先后进藏和亲是汉藏关系史上的盛事。唐蕃古道的开辟，藏史称之为沟通汉藏间友谊的黄金桥。唐蕃古道开辟以后，它不仅是唐蕃之间的驿道，而且还延长至今中尼、中印边境，成为一条新的国际通道。隋唐以后，丝绸南路青海道仍经久不衰。青海道的历史和文化作用可见一斑。

在“新丝绸之路经济带”主旋律唱响的今天，青海民族工作与民族关系的建构依然是一个重要话题。青海民族关系的构建问题，与全国其他民族地区相比，既有相通之处，又有其相异之处。青海历来是一个多民族聚居、多宗教并存、多元文化交融的省份。目前，全省总人口562.67万人，少数民族人口264.32万人，占全省总人口46.98%，少数民族成分达54种之多。实行民族区域自治的少数民族占全省少数民族人口的81.55%，民族自治地方面积占全省总面积的98%以上。青海是全国少数民族人口比例最高、民族区域自治面积比重最大的省份。全省佛教、伊斯兰教、道教、基督教、天主教五大宗教齐全，寺观教堂遍布全省各地，历史上世居少数民族基本为全民信教，其中藏传佛教和伊斯兰教影响较为深广。青海又是藏传佛教格鲁派的发祥地，对其他藏区的宗教活动具有特殊影响。目前，全省拥有信教群众292多万，占全省总人口的52%，宗教活动场所2200多座（所），教职人员4.9万人。全省兼具汉羌文化、汉藏文化、鲜卑文化、农耕文化、游牧文化、移民文化、河湟文化、环湖文化、柴达木文化、三江源文化等多种文化形态，各文化间又互联互通，交汇融合。全国共有10个藏族自治州，其中有6个在青海，青海藏区面积69.7万平方千米，占全省总面积的95%，占全国藏区总面积的31.7%；全省藏族人口118万，占青海总人口的22%，占全国藏区总人口的23%，是全国除西藏以外最大的藏区。这里自古以来就是连接祖国内地与新疆、西藏及甘川藏区的重要纽带。在制度传承、文化承载、地理延伸等方面，与西藏一脉相承，历代中央政府一贯采取“安藏必先安青”的策略。从当前看，民族关系多元一体、宗教关系多元通和，是青海社会的主流。近年来，青海省委提出创建民族团结进步先进区的战略目标，到2020年，不仅全面总体建成小康社会，而且在民族团结进步事业方面走在全国前列。这是一个涉及全省政治、经济、文化、社会、生态发展的方方面面的系统工程。建设至今，各项事业稳步推进，民生改善力度显著增强，民族和谐因子不断彰显，尤其在维护藏区社会稳定及宗教事务社会管理方面，不断探索实践，积累经验，走在了全国前列。但依然面临前所未有的挑战，特别是2008年拉萨“3·14”事件、2009年乌鲁木齐“7·5”事件以及近年来“三股势力”暴力恐怖事件的多次发生，都不同程度地影响着青海稳定与发展以及族际间信任与和谐。

进入21世纪以来，中国共产党提出“建设中华民族共有精神家园”的努力目标，在2014年中央民族工作会议再次重申了构筑各民族共有精神家园的重要性。这一思路对青海这样的多民族地区，如何处理好全球化时代的民族和平共生与共处问题无疑是一个创造性回应。本文基于对青海民族地区的审视，提出民族关系与和谐发展需关注如下几个问题。

一、构筑各民族共有精神家园

长期以来，我们将民族地区问题的解决一概简单诉诸经济发展，认为只要经济搞上去了，民众脱贫了，民族团结与稳定自然会迎刃而解。但多年实践证明，这种唯经济至上的“经济利益论”并不可取。发展的确是基础，但单纯靠发展经济不是灵丹妙药，它不能解决所有的问题。[①]民族事务治理作为社会治理的重要组成部分，既要将加快少数民族和民族地区经济发展作为民族事务治理的重心，更要看到民族地区干部和群众中越来越多元的精神与文化需求，而且在某种程度上，共同的精神利益在当代社会的价值要远远高于物质利益。反观青海民族工作，多民族聚居、多宗教并存、多元文化交融始终是青海特色，但和全国其他民族地区一样，依然面临究竟如何正确对待民族共性和文化特性，以及价值认同与社会共识等重大社会命题。基于此，笔者谈以下两个话题：

（一）关于文化认同

习近平同志在中央民族工作会议中强调：“加强中华民族大团结，长远和根本的是增强文化认同，建设各民族共有精神家园，积极培养中华民族共同体意识。文化认同是最深层次的认同，是民族团结之根、民族和睦之魂。”目前，全体公民对现代化主流文化不断认同的同时，各民族成员对自身民族文化的异质感也在不断强化。但尽管如此，民族文化特别是少数民族文化仍然面临在现代化主流文化强势冲击下何去何从的境遇。从文化变迁的角度看，现代化的过程实质上也是一个文化形态的变迁过程，该过程也是多元文化交流和整合的过程，尽管文化变迁相对于其他经济社会形态要缓慢得多。不可否认，近年来少数民族文化在政府保护和各民族坚守下的确出现了许多复兴或繁荣景象，但总体来看，民族文化面临的危机仍然大于繁荣景象，最大的危机就是被边缘化、趋同化、散失化的问题。[②]以青海三江源生态

① 《中共理性审视民族工作 提升国家治理能力》http: //news.ifeng.com/a/20141023/42280037_0.shtml。

② 徐晓萍等：《中国民族问题报告》，中国社会科学出版社，2008年，第95—96页。

扶贫搬迁为例，国家政策导向是为了保护与修复三江源绿色生态，但腹地移民在急促地被“城镇化”后，其祖辈千百年承袭下来的草原游牧文化随之发生变化，社会适应、文化适应旋即成为其艰难的“选择疑虑”，其所带来的一系列社会问题也成为影响地方社会稳定族际和谐的潜在因素之一。实践证明，或忽视民族文化的存在，或用强制的方式、行政命令的手段将民族个性与文化特性加以改变，都只会有损民族情感。我们经常讲，要建设美好家园，但这是空间家园和精神家园的共建，如若精神方面的认同工作没有做好，在空间物质层面投入再多，各民族依旧不会有对家园的幸福感、归属感和荣誉感，也就谈不上自觉造血的能力了。因此，在政府顶层设计与保护民族民间文化方面，究竟应秉持何种文化操守？这是一个非常值得思考的话题。著名社会学家费孝通提出的“各美其美、美人之美、美美与共、天下大同”之文化理念无疑可以成为借鉴。只有在平等、团结、和谐、交融的文化交往与认同中，才能克服把他民族和异群体看作“威胁”或者“累赘”的心态，才能学会在差异和矛盾中寻求精神层面的大同和价值层面的共生。

（二）关于社会主义核心价值观的引领

党的十八大报告强调，要“牢牢掌握意识形态工作领导权和主导权，坚持正确导向，提高引导能力，壮大主流思想舆论”。我国自古以来，无论汉族当政，还是少数民族当权，都将各民族主流价值观的塑造，作为一项重要的治理方略和手段，我国之所以数千年保持统一多民族国家的政治文化形态，与各民族一致尊崇主流价值观有密切关系。社会主义核心价值观作为当代中国主流价值体系，其培育建构始终与国家、中华民族和公民认同意识呈正相关，对社会主义核心价值观越尊崇，民众心中的国家认同、公民身份认同、中华民族认同意识就越强。进入新世纪，青海民族地区经济快速发展，综合实力显著增强，民族和睦，社会和谐。然而，民众虽植根于青海地区固有的人文和历史生态，但在社会现代性的进程中，其生活、思想体系也被不自觉地卷入现代化急速生成的国家政治体系中，在民众还没有来得及进行身份转换、角色转换、思想转换的生境下，团结失律、道德失范、诚信失序、民族利己主义、地方保护主义等一系列挑战价值认同的问题开始逐渐浮出，给民族地区以往的社会价值认同思路提出了新的拷问。从境内外大环境看，青海民族地区尤其是青海藏区作为连接祖国内地与西藏及甘川藏区的重要纽带，历代中央政府都将这里作为经略整个藏区的桥头堡。新时期，西方敌对势力和境内外“三股势力”对青海藏区的觊觎始终不减，利用境内日益宽松的宗教环境，“藏独”与“东突”势力利用少数民族青年强烈的民族认同意识、宗教信仰诉求和社会转型中贫富分化等，不断煽动民族情绪。如何强化公民意识，培育和践行社会主义核心价值观，关乎共有精神家园的构筑。值得注意的是，培育和践行社会主义核心价值观从来都不拒斥有助于民族发展进步的文化个性与民族特性，甚至可以说，社会主义核心价值体系若不能根植于民族民间大众文化，不能在民众层面培植起生根开花的土壤，那它只会成为“阳春白雪”，让普通民族民众感觉“遥不可及”“与己无关”。实际上，在群众身边，有很多有益的文化和思想元素，都可以用来融会贯通到主流价值的引领中，从而成为各民族一致的价值观念和行为规范。如被各民族虔诚信仰的宗教，包括佛教主张的“庄严国土，利乐有情”，伊斯兰教主张的“两世吉庆”，道教主张的“慈爱合同，济世渡人”，基督教主张的“荣神益人”等，都与我国传统文化之“和合”理念契合，充分发挥传统文化的当代价值，发挥其积极的社会德育和教化功能，也是构筑各民族共有精神家园的本质诉求。

二、民族团结进步教育

党的十八大报告明确指出，要全面贯彻落实党的民族政策，坚持和完善民族区域自治制度，牢牢把握各民族共同团结奋斗、共同繁荣发展的主题，深入开展民族团结进步教育，加快民族地区发展，保障少数民族合法权益，巩固和发展平等、团结、互助、和谐的社会主义民族关系，促进各民族和睦相处、和衷共济、和谐发展。做民族工作，说到底是做人的工作；民族团结，说到底是人与人的团结。筑牢中华民族共同体的思想基础，既要着手做好民族团结各项具体工作、不断创新载体和方法，又要着眼构筑各民族共有精神家园、培育各族公民的民族团结意识、增强中华民族的凝聚力和向心力。解决民族问题，不能只见物不见人，不仅要解决好物质方面的问题，也要解决好精神方面的问题。一把钥匙开一把锁，在继续用好发展这把钥匙的同时，必须把思想教育这把钥匙用得更好。民族团结进步教育以民族团结理论为基础，旨在培育各民族成员正确的国家观、民族观、民族团结观，在社会与学校等领域展开的有关马克思主义民族观、民族理论、民族政策以及民族工作等方面的各种教育，最终目的是使56个民族在尊重差异、包容多样的基础上，促进民族关系的和谐发展和对统一国家的高度认同。民族团结进步教育作为现代国民教育的重要组成部分，历来为党中央和各级党委、政府所高度重视，客观来讲，多年来，尽管民族团结进步教育方式、手段不断更新，但基本还是囿于各级政府的政治层面。谈起民族团结进步，部分汉族民众都习惯将其定格于少数民族或民族地区。某些社会领域和学校领域的这项教育，基本都停留在特定时间段内做集中表彰宣讲，而表彰大会和民族团结宣传月一经结束，相关活动便相继消失在公众视野中，对教育成效的客观考量与评价也就无从谈起。在实践中，民族团结进步教育仍存在社会动员力不强、民众参与度不高乃至“重学校、轻社会”现象。一些社区组织的相关活动大多也是蜻蜓点水。这种重过场、轻实效的教育方式，其“短视效应”可想而知。基于此，在建构常态化教育模式基础上，回归对不同受众对象的人本关怀与文化渗染才是此项教育的终极目标。对不同受众对象究竟应采取哪些行之有效、言之有理的教育方式和内容，除了主流意识的宣传教育外，挖掘本土资源，量体裁衣，才能取得教育的应有成效。[①]此外，从教育惯性来看，当前在对各族干部群众日常生活中存在的各种不利于团结的言行教育方面，存在“一刀切”“两边倒”倾向，要么严加批评，要么熟视无睹地任其泛滥成灾，要么大肆渲染民族地区开展各项工作之难度，企图为自身在民族团结中应负的责任或职责做开脱。其结果，不是在各族干群之间屡屡引起误解，就是在各族干群思想意识当中埋下发生裂痕的隐患，最终成效只能是民族团结进步教育年年抓、月月讲，却不但收不到治本的效果，反而为一些别有用心之人提供了一些特有的心理土壤和特定的人际气候。而真正做到政府政治主导的民族团结进步和基于民间社会理解的民族团结进步相结合，需要每一成员的共同担当。在宣传教育方面，首先，“要改变单一的‘大水漫灌式’宣传教育方式，针对不同对象和受众特点，多做‘滴灌’，精耕细作，润物细无声”。其次，要格外注重对青年学生的教育。教育应该从娃娃抓起，贯穿其整个成长过程，通过通识教育的传送，让民族团结就像DNA一样，“融入血液，透入灵魂”。

---

① 赵英：《加强民族团结教育 促进社会和谐发展——以青海藏区为例》，载《民族教育研究》，2013 年第 3 期。

三、依法治理与维护社会稳定

（一）依法治理的总体要求

党的十八届四中全会全面提出“依法治国”的理政方略，这是对社会治理手段和路径的必然回应。提高社会治理现代化水平，必然要将法治作为化解社会矛盾和维护社会稳定的长效制度化路径依赖。美国学者埃尔说过：“法律乃是改革的主要力量，是解决冲突的首要渠道。”没有健全的法制，没有建筑在法治基础上的社会规则和秩序，社会治理就如同无源之水、无本之木。社会治理与以往社会管理相比，其飞跃在于治理方式由“人治”向“法治”的转变，这意味着我们不仅于思想观念上不再走人治的老路，而且于政治生态上铲除了人治隐形存在的可能，最终使那种仅停留在口头上的法治有所依凭。[①]其飞跃还在于治理主体由“一元”向“多元”转变，从强调过去单一的政府主体向包括政府、社会、民众等多元主体的转变，更加强调治理主体与客体间的互动关系。2014年，中央民族工作会议提出“用法律来保障民族团结”，首次将循法与民族事务治理有机联系在一起，这也是对民族地区执政理念和执政能力的全新考量。

（二）当前影响青海社会治理与稳定的因素

1.发展差距不断拉大，部分民众心理失衡。青海民族地区自然地理条件艰苦，基础薄弱，经济发展滞后，区域间、城乡间、族际发展差距不断拉大，尤其与东南沿海地区差距显著，造成部分群众巨大的心理落差，社会治理缺乏优厚的物质环境。

2.民族间交流交往交融，利益诉求多元。各民族间在“谁也离不开谁”的同时，关注自身民族发展、民族权益的民族意识显著增强。因民众间宗教信仰、风俗习惯、文化背景、价值取向不

---

① 《中共中央关于全面深化改革若干问题的决定辅导读本》，人民出版社，2013年。

同导致的矛盾纠纷与冲突增多，有的甚至酿成群体性事件。个别人将带有极端思想的个人观点通过网络放大和传播。部分汉族成员表现出盲目的民族自大心理，对党的民族宗教政策和民族宗教知识缺乏认知。一些少数民族成员产生自我保护心理，不能正确看待和评价外来人群对当地经济社会发展的作用，排外倾向明显。社会治理尚需良好的人际环境。

3. 从目前青海民族地区维稳中采用的各种手段路径以及成效来看，总体上讲，政府独自“挑大梁”的思维和手段还在为继，在较大程度上依然带有行政命令式的强制色彩。“自上而下”与“自下而上”间的上下互动、平等协作尚未成为社会共识。如何走出当前的治理困境，建立起从“管理”走向“治理”，从一味强调“一元”主体的机械管理走向“多元”主体的参与合作，充分调动民间力量，赢得社会积极回应，是当前青海民族地区维稳亟须解决的问题。进一步讲，如何在法治框架下凝聚社会共识，不断整合社会力量并作为主动参与社会治理的多元主体，从而建构起共同化解矛盾风险的信任机制与治理模式，是青海民族地区社会治理与维护稳定的关键，也是全国其他民族地区维稳与治理的关键之举。①

（三）基于依法治理的维稳思考

首先，在价值层面，应当将“法律”置于较高的地位，引导民众尊法、守法。不断提高领导干部运用法治思维和方式化解矛盾、维护稳定的能力与水平，努力营造“谋事依法、办事凭法、遇事找法、解决问题用法、化解矛盾靠法”②的法治环境，改变传统行政命令式的管理思维。

---

① 青海省委党校民族宗教问题研究中心：《我省藏区社会治理的几个问题》，载《青海省委党校研究报告》，2014 年 4 月。

② 徐猛：《社会治理现代化的科学内涵、价值取向及实现路径》，载《学术探索》，2014 年第 5 期。

其次，应坚持在法治轨道上处理涉及民族与宗教因素的问题，既不能将涉及个别民族成员的民事和刑事纠纷归结为一个民族的整体行为，也不能简单地将发生在民族地区的一般矛盾纠纷上升为民族、宗教问题。对涉及民族、宗教因素的人民内部矛盾，应当综合运用政策、法律、经济、行政等手段和教育、协商、调解等方法化解，防止事态扩大和矛盾激化。当然，属于违法犯罪的行为，不论涉及哪个民族、来自哪个地区、信仰哪类宗教，都要依法处理，不能以民族、宗教画线，搞选择性执法。

最后，在利益诉求多样、思想观念多元的当下，社会治理既要确保公共利益和主流价值不受侵害，也要本着尊重差异、包容多样的原则，尊重公民个体合理合法的个性化追求，依法引导不同利益主体追求和实现自身利益最大化。这同样是社会治理的本质诉求。

“一带一路”背景下的内蒙古边境城市跨界民族关系

王　烨*

2013年9月和10月，习近平主席在出访中亚及东南亚地区和国家时提出了“丝绸之路经济带”和“21世纪海上丝绸之路”建设的倡议，“一带一路”建设成为国家重要的发展战略，并形成了全方位开放新格局的战略部署。“一带一路”倡议是一项融合了经济贸易、政治外交、人文交流等诸多领域的复合型国家倡议，国家政策规划虽然至关重要，但同样离不开周边地区的积极参与。作为我国新时期对外开放重要任务，“一带一路”构想与实施的一个重要依托就是我国沿线少数民族地区与周边国家所具有的千百年来的民族交往。

跨界民族是以地缘纽带为基础，系指那些因传统聚居地被现代疆界分割而居于不同国家版图，在国与国交界地区生活的相对稳定的同根同源，并具有语言文化共同性的民族群体。[①]由于共同的民族情感、文化特征、宗教基础、地缘环境、历史渊源等因素，在政治、经济、文化上，跨界民族之间更容易产生交往；而在交往中的跨界民族，更因其特质，产生出不同于一般民族关系的特性，不仅关系到国家内部的各个领域，而且涉及与周边邻国

* 王烨，西北政法大学民族宗教研究院教师。

① 李琪：《地缘安全视阈下的我国西部跨界民族关系》，载《陕西师范大学学报》（哲学社会科学版），2012年第3期。

的关系和地缘安全。

一、"一带一路"中内蒙古边境城市发展机遇

"一带一路"作为以古丝绸之路为基础，结合当今时代背景所形成的一个新的经济发展区域，其范围包含了历史上的丝绸之路经济带的四条古通道：一为沙漠丝绸之路；二为北方草原地带的草原丝绸之路；三为东南沿海的海上丝绸之路；四为西南地区通往印度的丝绸之路。位于"一带一路"北端的草原丝绸之路经济带是"一带一路"的重要组成部分，是连接中国内地和俄罗斯、蒙古及欧洲腹地的重要节点。内蒙古地处我国正北方，历史上是自中国中原地区向北越过长城入塞外，然后穿越蒙古高原、南俄草原、中西亚北部，西去欧洲的陆路商道，今天是打造中国、蒙古国、俄罗斯经济走廊的起点，因此内蒙古在"一带一路"以及中国、俄罗斯、蒙古国经济走廊建设中占据特殊重要地位。内蒙古北与俄罗斯和蒙古国山水相连，拥有4200多千米的边境线，独特的地理位置使内蒙古在"草原丝绸之路经济带"的建设中具有天然的地缘优势。正是依托这种区位优势，分布在内蒙古境内与俄罗斯、蒙古国毗邻的大小边境城市，成为"一带一路"建设中我国北部边疆对外经济交往、文化交流的国际通道与桥头堡。

纵观整个历史发展，属于内陆边境地区的内蒙古，由于处于国土政治、经济和文化地理扩展格局的边缘民族交汇地带，历史上，中央政府与少数民族关系紧张，战争频繁，历朝历代除重点关注军事需要外，对当地城市建设、经济发展关注极少，阻碍了边境城市发展。中华人民共和国初期，由于政治影响、地区经济基础薄弱等因素，边境城市即使发生密集的商业活动，但也大都以过境流为主，不能成为与地方经济发生密切关系的"内化成分"。满洲里口岸、二连口岸虽然分别是全国第一和第四大陆路

口岸，每年对外贸易量非常大。但由于封闭的地理位置，交通往来不便、信息沟通不畅，直接影响了边境地区所需生产要素和产品与中心城市及东南发达地区的流动，增加了当地生产部门生产资料转移成本，难以建立起与发达地区相连的经济技术优势。因此，边境地区民间的贸易往来，由于没有制造业的支持，不可能成为地区工业化的支持力量。因而，也就不能成为城市化发展的最大动力，这种不利的经济地理区位，阻碍了依托口岸建设和发展的两个边境城市的城市化进程。

随着“一带一路”倡议的实施，尤其是2014年9月11日，习近平主席在出席中国、俄罗斯、蒙古国三国元首会晤时，提出共建丝绸之路经济带倡议，获得俄方和蒙方积极响应，对务实合作共同推进该东北亚区域经济一体化达成共识。内蒙古所在的中国、蒙古国、俄罗斯经济走廊恰好处于“一带一路”向北和向西开放推进的国际经贸走廊连接点上，从这个独特的区位角度看，边境城市依靠“具有国界线和毗连邻邦的地缘特征，是国家对外开放的门户和通道”[①]的特性，成为建设内蒙古连接欧亚经贸过境大通道战略实施必不可少的一环，在利好政策的影响下，这些边境城市进入了新的城市化发展阶段。

首先，对当代边境城市的建设主要趋向于建设跨边境的两国经济合作区。对跨境经济合作区的建设有利于凸显边境城市的枢纽功能，增加在国际环境中的竞争力，进而促使边境的社会经济更快地发展，带来更大的变化。“一带一路”建设的出发点就是区域经济协调发展和区域对外开放，打破地方行政保护主义，实现区域经济一体化和全方位对外开放的格局。中国、蒙古国、俄罗斯经济走廊的提出打破了内蒙古边境城市原有的点状、块状发展模式，转而向纵横方向延伸，特别是中蒙俄、中国 — 中亚 —

① 李琪：《中国与中亚：边境口岸经济的涉外性特点》，载《新疆师范大学学报》，2010年第12期。

西亚两个经济走廊将形成“西出北上”两翼核心圈层，贯穿欧亚大陆，将全球性的信息资源、技术资源、物质资源、大量资金和人才资源汇聚于此，从而推动边境城市经济的发展。近年来，我国增强对俄罗斯、蒙古国毗邻区域“亲诚惠容”政策的实施，推进中俄、中蒙贸易投资便利化制度安排和边境自贸区建设。以满洲里、二连浩特和策克、甘其毛都等口岸为基础，共同商建跨蒙古、俄境自由贸易区或跨境经济合作区。借助国家在贸易、投资、财政收入和其他相关产业上的特殊照顾，进一步利用其相关产业的带动作用，促进边境城市区域的经济发展。依托经济发展与城市化之间始终存在着的“双向互动共进关系”，加强经济发展作为加快城市化的内在力量，加快城市化发展水平的提高。

其次，中蒙俄经济走廊是“一带一路”西出北上的重要一翼，内蒙古恰好处于“一带一路”向北和向西开放推进的国际经贸走廊连接点上。国家发展和改革委员会、外交部和商务部于2015年3月发布的《推进共建丝绸之路经济带和21世纪海上丝绸之路的愿景与行动》在中蒙俄经济走廊建设方面指出:“发挥内蒙古联通俄蒙的区位优势，完善对俄铁路通道和区域铁路网，推进构建北京——莫斯科欧亚高速运输走廊，建设向北开放的重要窗口。”可见，中蒙俄经济走廊战略顺利实施的前提之一是畅通三国贸易往来渠道、实施过境货物通关便利化，依托口岸建设连接欧亚经贸过境大通道势在必行。目前，内蒙古边境城市是以增长点的发展形式来促进其物资流动的，但是根据“一带一路”部署，依托口岸而发展的边境城市，将在随后逐渐向沿轴发展形式和环绕发展圈的发展形式上靠拢，换言之，就是将边境城市功能由边境贸易流通中心向陆疆国际转口贸易流通中心转变，最终依靠外向型工业的发展，增加边境加工贸易功能。内蒙古边境城市在“一带一路”新机遇下，以国家的政策支持为契机，依托口岸优势，发展对外贸易，逐步形成完善的功能齐全的城市结构，城市建设与基础设施建设日趋完善。

二、内蒙古边境城市中的跨界民族关系

跨界民族的地理分布基本连成一片，因国界划分使同一民族在相邻的两国或几国沿边跨居，而且具有不同国籍。从政治层面看，“边境”在国家版图中又是一个特殊单元，具有“安全战略屏障”和“周边信息传感器”的作用，因此，中国跨界民族居住地具有国防前沿、边防地带的重要地缘战略意义。所以，跨界民族关系既体现出与国家关系的相关联性，又体现出在保持“文化民族”认同的同时，还具有建立在国家维度的历史和政治认同的特性。

内蒙古地区人口数量较多的两大跨界民族，是蒙古族与俄罗斯族。两大跨界民族所处地区，均对应以主体民族组成的民族国家。由于跨界民族与周边国家的同源民族有着共同的历史渊源、相同的民族传统和宗教信仰、相似的文化心理特征，因此，极易受到邻国同源民族情感、文化与主体民族国家政治、外交手段的影响。所以，“跨国民族也就成为爱国主义危机出现的最重要的社会场合”①。党的十一届三中全会之后，我国把经济建设作为国家发展的重心，特别是伴随着“一带一路”的实施，位于中蒙俄经济带、具有“桥头堡”地位的边境城市成为对外开放的前沿，边境贸易、文化交流、边民互市等活动更为频繁。我国与周边国家经济文化往来愈加密切，尤其是在中外一些基于共同语言与文化的同源跨界民族之间，交往更为广泛与频繁，他们之间的经济、文化交流已成为我国与邻国交流的重要渠道。目前，内蒙古边境地区跨界民族关系融洽，社会生活安定，边境地区安全形势

① Arjun Apaadural, *Modernity at large : Cultural Dimen-sions of Globalization*, Minn : University of Minnesotapress, 1996, P.13.

良好。但近年来随着俄罗斯、蒙古国两国推行的一系列强化民族意识、扩大影响的若干措施，对生活在内蒙古地区的同源民族的心理造成了较大的干预，使其在政治归属感和民族身份认同的认知过程中受到一些负面影响。因而，内蒙古边境城市跨界民族关系呈现出以下几个特点。

（一）跨界民族和平跨居，经济、文化交流频繁

在全球化浪潮下，世界各国不再独立于其他国家之外，都不可避免地融入全球一体化之中。中国在"一带一路"带动下，不仅对亚太地区，乃至世界格局发展都起着日益增强的牵引作用，对周边国家的影响力和辐射力日益增大。首先，随着我国改革开放的扩大和深入，沿边双向全方位开放格局的形成、对外贸易的扩大及依存度的提高，边境城市作为边境对外贸易最为活跃的地区，成为我国开展和加强同周边国家的经济交往、形成周边共赢机制的重要场所。内蒙古不仅仅是与俄罗斯、蒙古国对外经济交往的通道，还是联系欧亚陆路运输与贸易的中转站，在我国全方位开放特别是"一带一路"东北亚区域经济的发展格局中，必然成为我国构筑对外开放和与东北亚交流的重要平台。其次，在我国与周边国家关系迅速发展的背景下，作为跨居于边境地区的跨界民族，在共同的历史认同和共享的文化传统的帮助下，成为国家间深入发展关系的重要内在资源。

我国以"睦邻、安邦、兴边"为指导，办求实现与蒙古、俄两国经济的共同繁荣。我国与蒙古、俄经济具有很大的互补性，也具有发展经贸合作的地缘优势，为推动国家间经贸发展，中国相继与两国签署了一系列政府间经济、贸易、能源和科技领域的合作协定。目前，中国是蒙古国第一大贸易伙伴和投资国。在蒙古国的中国企业有1601家，累计投资5.2338亿美元，占外国在

蒙古国投资总额的40.7%。[①]在历经十余年的经济危机后，俄罗斯经济开始复苏，资本市场稳定，失业率明显下降。[②]中俄经贸领域合作进入快速发展期，2014年两国贸易额又创新高。此外，我国非常重视边境城市在周边国家经济联系中的地位，在对传统互市贸易的重新考量中，大力建设经济合作区，陆续开辟满洲里与俄罗斯后贝加尔斯克、额尔古纳右旗黑山头与俄罗斯对应城镇、二连浩特与蒙扎门乌德等三个互市贸易区，并出台一系列对外经济措施。内蒙古地区现已成为以呼伦贝尔和二连浩特两个实验区为代表，边境城市和口岸为窗口，沿边、沿线及资源密集区协同配合，多层次、全方位对外开放的新格局。

中俄两国积极推动科技、文化、教育各领域的交流，扩大地区和边境联系。两国文化年活动，成为两国交流的重要平台，几乎涵盖国家间联系的各领域。在中俄文化交流升温的背景下，内蒙古地区也加大与俄罗斯相邻城市的文化交流，满洲里与赤塔市结为友好城市，除经济交往外，教育交流频繁，近年来互派留学生数量逐年增加。为迎合两地文化、教育交流的发展，内蒙古大学于2009年在满洲里设立学院，接纳大批俄罗斯留学生来华就读，同时也吸引大批国内俄罗斯族青少年进入高校进修语言。中蒙由于同源跨界民族共同的文化基础与中国高速的发展，自恢复正常关系后，在教育领域的交流与合作发展顺利，两国留学生数量增加；两国中断20多年的科学技术交流日益恢复，二连浩特与蒙古国东戈壁省政府就加强防沙治沙举行会谈，联合成立防沙治沙委员会。此外，边境城市地处两国交接处，人口构成复杂和文化上跨国家、跨民族的多元化性是边境城市普遍具有的特点。

---

① [蒙]Э.阿迪雅苏荣：《在矿山领域中国投资现状》，载《蒙古消息报》，2005年5月24日。

② Индексы и индикаторы фондового рынка：Индексы акций（Индекс ММВБ），http://www.mictx.ru/marketdata/indices/today.

城市建设在继承本国文化的同时，不可避免地吸收了周边国家文化，满洲里与二连浩特等边境城市在城市的建筑风格、城市居民的生活方式和习惯等方面忠实地反映了异国风情与本国传统文化融合的特性。

由此可见，利用稳定的政治环境、良好的社会发展、优越的地理位置，达到资源共享、经济共赢，使内蒙古跨界民族都受惠于其中，都处于相互联系、相互依赖之中，这成为促进和睦融洽的跨界民族关系的关键。

（二）"极端民族主义"思想抬头

我国北部边疆跨界蒙古族与俄罗斯族，同境外同源民族保持着密切的联系，有着明显的同一原生形态民族特征和稳定的沟通途径。经济、文化、政治、宗教频繁的交往，极易使跨界民族在自身政治、经济地位上，与所在国主体民族和境外同源民族相比较。国家民族政策的偏差极易造成跨界民族的民族自我意识增强，从而形成民族向心力和国家离心力，跨界民族对国家认同和民族认同关系的认知对我国边境地区的社会稳定和边疆安全影响深远。

首先，"三蒙统一"分裂思潮入侵。蒙古国长期处于苏联的影响之下，国家自主意识长期压抑。20世纪90年代后，苏联解体，蒙古国脱离原来苏联社会主义体系的约束，压制已久的民族情绪快速爆发，这在一定程度上促成民族主义在蒙古国内的蔓延。同时，蒙古国长期生存于中国、俄罗斯的夹缝之中，经济、文化、政治等方面都处于劣势，"民族主义"的滋生更多地被解读为，在思想层面与实践活动中，对国家独立、国家安全的极大重视。并且，"冷战"结束后，蒙古国力图在国际舞台上获得新的国际形象，并期望在国际关系新秩序中占据有利位置，政府出于此种目的，对"民族主义"的思潮并不极力打击，使一些别有用心的人在西方国家的暗中支持下，兴起了"泛蒙古主义"思潮。

自20世纪90年代以来，各个极端民族主义组织开始大肆向我国内蒙古地区兜售“泛蒙古主义”，与邻国紧密相连的边境地区成为“三蒙统一”思想的主要影响区，对当地民族关系造成了一定程度的恶劣影响。随着两国经济发展差距加大，国内人民生活水平的提高，从我国广大蒙古族人民民意来看，“三蒙统一”并不具有广泛的群众基础。尽管这一思想不会得逞，但随着“一带一路”倡议的实施，中蒙两国同源跨界民族无论民间还是官方的经济、文化交流活动将更为频繁，人员流动将更为密集，因此在对待这类问题上应保持高度警惕，以防止其对我国边境城市稳定与安全的破坏。

其次，俄罗斯族国家认同与民族认同关系呈现出边缘性特点。最初迁入中国的俄罗斯人，多数是于18—19世纪从沙皇俄国迁移而来，十月革命前后，更多的俄罗斯人进入中国。国家封闭时期，国与国之间交往不畅。封闭的生活使其对周边世居民族具有感情投射，对所在国具有极大“忠诚”。全球一体化大背景下，俄罗斯族出现了频繁的跨国流动。生活在两国毗邻的边境城市中的跨界俄罗斯族出于对主体民族国家经济、文化方面的向往，加之自身语言优势与地缘优势，以探亲访友、工作等方式频繁进入俄罗斯。由于视野的开阔、生活环境的变迁，以及俄罗斯对境外俄罗斯人问题的提出和政策的影响，使一部分人对中国的国家认同产生了不确定性。

跨界民族的国家认同与民族认同之间的关系及其影响是多方面的，跨界民族交往关系中所产生的认同问题不仅会影响该国的民族关系和社会稳定，还会涉及一国对外关系。“它要求除了协调国内族际关系外，还要妥善处理国际关系，尤其是与周边国家的地缘关系以及不同属性文明间的关系，建立一种国际地缘综合安全体系。”[①]因此，跨界民族回归主体民族国家、民族认同与国家认同等问题，不仅涉及跨界民族关系问题，还与国家政治、军事、外交相关。

位于北部边疆的内蒙古地区边境城市处于中、俄、蒙古三国复杂的国际环境中，同时城市内部的蒙古族与俄罗斯族跨国特征明显，跨界民族关系、地缘关系与边境城市发展息息相关。“泛蒙古主义”思潮以及俄罗斯族民族认同与国家认同意识的重叠对北部边疆地区地缘安全影响较大，因此内蒙古边境城市化发展对构建“和谐周边”战略具有重要意义。

三、边境城市发展是维护跨界民族关系的基石

一切社会问题的根源主要来自利益纷争，跨界民族关系问题也不例外，民族利益问题是影响跨界民族关系的重要原因。作为非主体的跨界民族，在应对涉及自身的问题上，不仅会与所在国主体民族相比，也会与居于他国的同源民族相比较。任何政治地位、经济生活上的差异都可能引起民族情绪不满，进而上升至民族问题。边疆地区边境城市，位于两国交界之地，国内外各类信息传递迅速，最先受到民族主义思潮影响；同时，边境城市的跨界民族人数众多，作为跨界民族交流的前沿，两国民众交往频繁，差异对比直观，较容易因消极因素产生认同问题。位于“国家疆域边缘地带”的边境城市，是与周边国家交往的前沿，是不同国家、民族间政治、经济、文化、宗教等事务频繁往来的场所。社会整体是否稳定与发展，将直接影响到生活在我国边境地区的民族的心理，对我国跨国民族关系有着牵一发而动全局的作用。

① 马曼丽:《中国西北跨国民族文化变异研究》，民族出版社，2003年，第24页。

首先，城市既是民族地区社会发展的空间依托，也是影响民族地区社会发展的关键要素。边境城市作为区域经济、政治、文化中心，最直观地展现了国家对待跨界民族的关注度。加快边境城市的建设，对民族地区各个方面都有较大的促进作用。这有利于民族地区城市及周边乡镇社会、经济、文化一体化发展；有利于扩大人口消费需求、刺激投资增长和国民经济增长；有利于社会结构转型，促进生产要素和资源合理配置，提高社会经济增长速度；有利于人民生活水平与质量的提高，促进社会进步。①边境城市建设，提高了跨界民族的群众生活的综合水平，提升了边境居民生活幸福感。

其次，边境地区城市发展有利于加强民族地区与内地中心地区区域社会联系。无论是城市化规模向外延伸还是城市化对外扩大吸引力，都会产生劳动力与生产资料循环往复的流动与交易。城市发展意味着人力资源、物力资源的流动与聚集加快，为加强区域社会联系提供了稳固、有效的平台。其中，“人口的双向流动，有利于不同民族间克服狭隘的民族偏见和防备心理，有力地促进了民族之间相互学习、互相帮助、取长补短、互通有无，真实地体现了平等、团结、互助的社会主义民族关系，增强了中华民族的凝聚力和向心力。”②

边境地区的特殊性决定了其城市化与内地城市化不同。“一带一路”倡议，为促进边境城市发展带来了良好契机，边境地区城市化与经济、文化发展形成了强有力的互动，城市基础设施的完善，为工业生产创造了良好的外部环境，并加大了周边人口的就业，促进了地区经济发展。同时，边境地区城市化有利于

① 傅淑丽、韦承二：《加快云南城镇化进程与西部大开发》，载《经济问题探索》，2011 年第 4 期。

② 杨荆楚：《社会主义市场经济与民族关系的几个问题》，载《民族研究》，1994 年第 5 期。

加强国内外、各民族区域的社会联系，加强文化交流。跨界民族主要聚居的边境城市以城市化为共同载体，实现有效的“社会整合”，与周边国家合作互补、共容性发展，实现边疆跨界民族与周边国家同源民族的和谐发展，增强国内民族凝聚力，力求充分保证跨界民族和平跨居，维护边疆地区地缘安全。睦邻友好——“睦邻、安邦、兴边”是我国与周边国家建立、发展友好关系，维护国家边疆稳定，实现国家利益的一种外交政策；“一带一路”建设是一项坚持共建、共商、共享原则，积极推进沿线各国经济发展的伟大工程。这样一个睦邻友好、区域合作的国际关系，必将有益于边境城市中跨界民族关系的友好发展。

“一带一路”背景下的马克思主义中国化研究

和　跃　杨　莹*

任何真正的哲学都是自己时代精神的产物，马克思主义哲学也不例外。它是人类从资本主义过渡到社会主义时代精神的精华，预示着人类社会未来的发展方向，对社会的不断进步起着十分重要的作用。尤其对处在“一带一路”背景下的中国来说，深入探讨马克思主义中国化的研究，对我国社会的发展具有深远的理论和现实意义。

马克思主义中国化的研究，既包括马克思主义中国化过程的研究，也包括马克思主义中国化结果即中国化了的马克思主义的研究。关于这方面的研究，学术界已取得了相当丰硕的成果，为后期理论的形成奠定了良好的研究基础。但就目前的情况来看，仍有一些不尽如人意的地方，存在不少研究的薄弱环节。如何在“一带一路”背景下深化马克思主义中国化的研究，拓展马克思主义中国化研究的空间，是广大理论工作者必须思考的问题。这既是马克思主义理论学科建设和发展的需要，也是进一步推进马克思主义中国化事业的需要。

*　和跃，博士，云南师范大学副教授。

一、马克思主义中国化的时代立场

“马克思主义中国化”这一命题是以毛泽东为主要代表的中国共产党人通过总结我国革命的丰富经验，并进行深入的理论研究而提出的，其基本内涵无疑是马克思主义的普遍真理同中国具体实际相结合。这里有两个基本条件：一是马克思主义的普遍真理，二是中国的具体实际。从根本上说，就是马克思主义基本原理同中国的具体实际相结合的产物，其根本目的是通过马克思主义的理论指导，在中国共产党的正确领导下，走出一条具有中国特色的社会主义道路，实现中华民族的伟大复兴。首先，马克思主义必须随着时代的进步而发展，要在新思考、新问题中不断地完善自己。所以，马克思主义中国化和时代化是紧密相连的，不断推进马克思主义时代化是马克思主义中国化的重要前提。其次，马克思主义中国化的推进，也必须体现时代的精神。中国作为世界的一分子，不能脱离全球化这个时代而独立存在。在“一带一路”背景下的新时期，马克思主义不可能预见到中国现阶段的国情，也不可能给现阶段中国社会产生的问题提供现成的答案。所以，实现马克思主义中国化，必须适应全球化的时代特征，同时实现马克思主义的时代化。再次，把握时代精神，立足时代前沿，是马克思主义中国化的重要任务，也是马克思主义中国化不断发展的本质要求。对于当代我国仍处于社会主义初级阶段的基本国情和“一带一路”背景下新时期经济、政治、文化等方面的基本特点，我们必须做到统一认识和精确把握。对中国国情的正确认识是马克思主义中国化的前提和基础。中国共产党的十八大准确把握当今世界发展的趋势和建成小康社会的阶段性特点，对“一带一路”背景下新时期的国情做出了正确的判断和分析，这是对马克思主义中国化一个非常重要的贡献。中国梦的提出，丰富和发展了社会主义核心价值体系的内涵，为马克思主义中国化的发展和中国的建设构建了一个美好的、可实现的梦想之路。

二、马克思主义中国化的历史进程

自马克思主义传入中国以来，马克思主义一直面临着怎样和中国的具体实际相结合，更好地指导中国革命这一问题。纵观马克思主义中国化的历史进程，马克思主义中国化走过了风雨兼程的历史。从中我们可以发现许多有规律可循的经验，这对于我们今后发展马列主义、毛泽东思想、邓小平理论、“三个代表”重要思想、科学发展观以及实现中华民族伟大复兴的中国梦具有不可小视的指导意义。

（一）毛泽东思想

鸦片战争以后，中国逐渐沦为半殖民地半封建国家。为了摆脱这种落后挨打的局面，中国人民进行了长期的斗争。1921年，中国共产党的成立使马克思主义成为指引中国革命的灵魂。1938年，毛泽东最先在党的六届六中全会上提出了“马克思主义中国化”这一命题。在新民主主义革命时期，日渐成熟的中国共产党将毛泽东思想确立为全党的指导思想，带领中国人民取得了新民主主义革命的胜利，实现了向社会主义的转变。

（二）邓小平理论

党的十一届三中全会以来，以邓小平为代表的党的第二代领导核心冲破个人崇拜主义、思想僵化的枷锁，重新确立了实事求是的思想路线，把党和国家的工作重心转移到社会主义现代化建设上来。改革开放和“一国两制”构想的确立，促使在党的十五大上把邓小平理论确立为全党进行社会主义建设的指导思想，马克思主义中国化实现了又一次飞跃。

（三）“三个代表”重要思想

“三个代表”重要思想，即中国共产党要始终代表中国先进生产力的发展要求，始终代表中国先进文化的前进方向，始终代表中国最广大人民的根本利益。这是中国共产党巩固立党根本、坚实执政基础、扩大力量源泉的必经之路。这一重要思想是中国共产党的第三代领导集体创造性地运用马克思主义、毛泽东想想和邓小平理论，并结合中国的实际，系统地总结出来的先进理论。作为中国共产党永葆先进性的指导思想，“三个代表”重要思想进一步丰富了马克思主义中国化的内容，成为马克思主义中国化又一重要的理论成果。

（四）科学发展观

科学发展观是中国特色社会主义理论体系的最新成果，是中国共产党集体智慧的结晶，是指导党和国家全部工作的强大思想武器。党的十八大报告中指出：科学发展观是马克思主义同当代中国实际和时代特征相结合的产物，是马克思主义关于发展的世界观和方法论的集中体现，对新形势下实现什么样的发展、怎样发展等重大问题做出了新的科学回答，把我们对中国特色社会主义规律的认识提高到新的水平，开辟了当代中国马克思主义发展新境界。科学发展观同马克思列宁主义、毛泽东思想、邓小平理论和“三个代表”重要思想一道，是中国共产党必须长期坚持的指导思想。

（五）中国梦

中国梦是中国共产党第十八次全国代表大会召开以来，习近平总书记所提出的重要指导思想和重要执政理念，同时把“中国梦”定义为“实现中华民族伟大复兴，就是中华民族近代以来最伟大梦想”，并且这个梦“一定能实现”。而当我们谈到中国梦的时候，似乎觉得它是一种感性的，但是中国梦的提出确实是一种理性的结果。它既渗透着我们每个中国人的智慧，也渗透着中华民族以及中国共产党的智慧。不仅如此，它更是我们以马克思主义为指导思想的理论与实践的结晶，这是我们铸就“中国梦”最核心、最根本的科学依据。“中国梦”不是随意之梦，“中国梦”不是无根之梦，“中国梦”不是无魂之梦。中国人凭借马克思主义对我们个人思想成就、人格培养和人生意义实现的现实指导作用，凭借马克思主义在中国的伟大实践所取得的辉煌成就，凭马克思主义给人类不朽贡献和所开辟的历史新纪元，从灵魂深处，将中国梦根植于我们对马克思主义的信仰，用马克思主义信仰铸就起伟大的中国梦。

（六）建设中国特色社会主义理论体系

毛泽东思想为新时期开创中国特色社会主义提供了宝贵的经验；邓小平理论科学地回答了建设中国特色社会主义的一系列基本问题，开创了中国特色社会主义；“三个代表”重要思想指导开创了全面改革开放的新局面，成功地把中国特色的社会主义推向了新的世纪；科学发展观把握时代发展的要求；中国梦为实现中华民族伟大复兴提出新时期的新思考、新问题，发展了马克思列宁主义和毛泽东思想，把建设中国特色社会主义的理论体系提到了一个新的高度。这些马克思主义与中国的具体实际相结合的理论体系，是夺取中国特色社会主义新胜利的有力保障。

三、马克思主义中国化的当代启示

（一）坚持运用马克思主义中国化的理论成果促进经济建设

以经济建设为中心是兴国之要，党的十八大提出要全面深化经济体制改革，核心就是要加快转变经济增长方式。在当今全球化的时代，“一带一路”背景下的新时期，经济是决定国家实力的关键因素。国际竞争实质上就是经济利益之争，提升我国的经济实力也因此成为亟须解决的问题。坚持走中国特色新型经济建设之路，才能稳固我国构建和谐社会的物质基础，才能提升我国经济发展的活力和竞争力。

（二）坚持运用马克思主义中国化的理论成果完善政治建设

党的十七大以来，随着中国共产党对马克思主义认识的不断深化，我们提出了加强党的执政能力建设、全面提高党的建设科学化水平的举措。在“一带一路”背景下的新时期，党的十八大提出建设学习型、服务型、创新型的马克思主义执政党的新要求，这就要求我们必须贯彻落实马克思主义中国化最新的理论成果，用优秀的理论去指导实践，完成建设中国特色社会主义道路的伟大构想，实现中国梦，即实现中华民族伟大复兴。

（三）坚持运用马克思主义中国化的理论成果进行文化建设

中国共产党在推进马克思主义中国化的进程中，文化领域出现了各种各样的矛盾冲突。第一，随着改革开放和现代化建设的逐步推进，外来文化思想入侵，以各种方式超越本土文化的文化认同和价值认同，极大地冲击了我国的传统文化；第二，一些形形色色的文化思潮对马克思主义提出了质疑，西方一些国家仍旧鼓吹所谓的自由、民主，不断地对我国进行文化渗透，其根本目的就是通过文化侵蚀，瓦解我国民众的核心价值观；第三，封建迷信有所发展，看相、看风水等活动在一些地方增多，这些封建思想对发展中国特色社会主义文化形成了严峻的挑战。面对上述出现的种种问题，必须始终坚持马克思主义在文化领域的主导地位，创造性地发展中国特色的社会主义文化，只有这样才能保证中国特色社会主义文化的先进性。

（四）坚持运用马克思主义中国化的理论成果推进社会建设

目前，我国仍然处于社会主义初级阶段和“一带一路”背景下的新时期，但是综观国内外大势，我国仍处于发展的有利时期。全面建成小康社会的适时提出，是中国共产党创造性地运用马克思主义中国化理论成果的产物。全面建成小康社会的艰巨任务要求我们必须以更坚强的意志深化改革、完善社会制度，更加注重社会公平。

（五）坚持运用马克思主义中国化的理论成果落实生态文明建设

建设生态文明，是关系到民族未来的长远大计。党的十八大报告中把生态文明建设放在突出地位，充分肯定了生态环境对于我国发展的重要性。生态文明建设作为我国社会主义现代化建设总体布局的重要内容，是科学发展观的应有之义，也是建设美丽中国、实现中国梦的重要条件。

四、结语

上述分析表明，在“一带一路”背景下的新时期的今天，深化马克思主义中国化的研究，对于我们中国共产党提高执政能力，广大党员干部和群众更加科学地认识马克思主义，积极参与到马克思主义中国化的进程中来，具有十分重要的理论和实践意义。我们必须明确地认识到，马克思主义中国化的过程，就是马克思主义同中国的具体实际相结合的理论不断发展、完善的过程，这一过程会随着时代的发展继续向前推进。所以，深化新时期马克思主义中国化的研究，是一个任重而道远的任务，我们必须为之不断努力、奋斗。

参考文献：

[1] 陆剑杰．马克思主义中国化基本经验论纲 [J]. 党的文献，1999（03）.

[2] 王天玺．马克思主义中国化与中国经验马克思主义化 [J]. 求是，2003（24）.

[3] 包心鉴．马克思主义中国化的历史经验与基本规律 [J]. 山东社会科学，2004（07）.

[4] 赵小芒 . 开拓推进马克思主义中国化的新境界［M］. 解放军出版社，2012.

[5] 王良虎 . 近年来马克思主义中国化研究综述[J]. 安徽师范大学学报，2009（01）.

[6] 刘新刚 . 马克思现代社会发展理论的价值维度［M］. 中央编译出版社，2010.

[7] 许全兴 . 马克思主义中国化的政治层面与学术层面［J］. 理论前沿，2003（18）.

[8] 吕世荣，周宏，朱荣英 . 马克思主义哲学的当代视野［M］. 人民出版社，2006.

[9] 中共中央文献研究室 . 十七大以来重要文献选编：上 [M]. 中央文献出版社，2009 .

[10] 中共中央党校马克思主义理论教研部 . 马克思主义中国化研究［M］. 人民出版社，2011.

[11] 郭德宏 . 近十年马克思主义中国化与中国化的马克思主义研究述评 [J]. 党史研究与教学，2004（04）.

[12] 杨亮军 . 从“西学东渐”的过程看马克思主义中国化的必然性［J］. 吉林广播电视大学学报，2010（05）.

[13] 郭建宁 . 马克思主义中国化研究的历史、现状与方法论［J］. 毛泽东思想邓小平理论研究，2005（05）.

[14] 胡锦涛 . 坚定不移沿着中国特色社会主义道路前进 . 为全面建成小康社会而奋斗 [M]. 人民出版社，2012 .

论“一带一路”与和谐民族关系构建

乌小花　红　梅*

一、“一带一路”与民族关系

（一）“一带一路”倡议蓝图

2013年9月和10月，中国国家主席习近平在访问哈萨克斯坦和印度尼西亚期间先后提出共同建设“丝绸之路经济带”和“21世纪海上丝绸之路”的倡议，并首次提出与沿线国家和地区全面加强务实合作，得到了沿线国家的广泛支持和国际社会的高度关注。“一带一路”是合作发展的理念和倡议，是依靠中国与有关国家既有的双多边机制，借助既有的、行之有效的区域合作平台，旨在借用古代丝绸之路的历史符号，高举和平发展的旗帜，主动地发展与沿线国家的经济合作伙伴关系，共同打造政治互信、经济融合、文化包容的利益共同体、命运共同体和责任共同体。①

“一带”横贯东西、连接欧亚，主要着眼从陆上向西开放，重点畅通线：中国经中亚、俄罗斯至欧洲（波罗的海）；中国经中亚、西亚至波斯湾、地中海；中国至东南亚、南亚、印度洋。

---

* 乌小花，法学博士，教授，博士生导师，现为中央民族大学研究生院院长，主要研究领域为民族理论与政策、北方民族历史与文化、世界民族问题等；红梅，副教授，中央民族大学管理学院2014级博士研究生。

① 《努力实现一带一路建设良好开局》，中央政府网，2015年2月1日（引用日期2015年2月3日）。

而“一路”濒临两洋、连接陆海，重点从海上由东向西开放，经由南海、印度洋进入地中海延伸至欧洲，串起东盟、南亚、西亚、东非、北非及欧洲等各大区域经济板块。“一带一路”沿线各国资源禀赋各异，经济互补性较强，彼此合作潜力和空间很大，主要以政策沟通、设施联通、贸易畅通、资金融通、民心相通为主要内容，加强合作。现如今，在以和平、发展、合作、共赢为主题的新时代，党和政府做出实施“一带一路”的重大战略决策，对于我国全面建成小康社会，进而实现中华民族伟大复兴的中国梦，必将产生重大而深远的影响。

（二）“一带一路”与民族关系

民族关系是一种社会关系，它是双向的、动态的，民族关系中突出问题是民族权利、民族利益、民族发展问题。这里的相关民族当然是指两个或两个以上的民族，而双向互动的民族关系应包括两个方面的内容，一方面是民族之间的联系统一，另一方面是对立矛盾。既然是两个或两个以上民族间的交往，就不可能经常处于矛盾对立状态，总有相对和平的交往交流时期。因此，民族关系可以是单一民族之间、多民族及跨国民族之间在政治、经济、文化交往交流等方面表现出来的和谐与矛盾、对立或统一并存的关系。

千百年来，丝绸之路上的经贸往来始终伴随着各民族的交往交流交融，也伴随着民族地区的开发、开放和发展。现今，“一带一路”尤其丝绸之路经济带正是在古丝绸之路概念基础上形成的一个新的经济发展区域，是我国党和政府在经济全球化的背景下，在中国进一步深化改革开放的趋势下，为了加快实施西部民族地区的全面对外开放战略，并使“一带一路”沿线区域欧亚各国间经济联系更紧密、相互合作更深入、发展空间更广阔而提出的重大建议。从国家颁布的规划看，“一带一路”沿线区域囊括了内蒙古、宁夏、新疆、广西等民族自治区域和青海、甘肃、云南等多民族省份。“一带一路”建设的布局，使我国广大民族地区从边缘地带一跃成为基础设施建设和能源基地建设的重点地区，成为向中亚、西亚和东南亚地区对外开放的据点，也成为国家构建全方位开放格局的前沿地带。诸多民族地区成为“一带一路”的重要战略支点，作为中国与众多邻国的门户和纽带，不仅在规划中具有独特的地位，也必将在实践中发挥重要作用。这一根本性转变对民族地区的意义，与改革开放初期东南沿海的对外开放相提并论也不为过。“一带一路”的实施，也必然带来国家边疆治理理念的深刻变化，承担着守边护边重任的民族地区的治理政策和措施也将得到发展和完善。

“一带一路”为民族地区注入强大的发展动力的同时，将进一步打破地区封锁、民族封闭的状态。一方面，“一带一路”的实施会如同古丝绸之路一样，再一次对我国新时期民族关系的发展提供良好的外部条件，进一步促进民族交往交流交融。全国统一大市场的建立，也为我国各民族、各地区乃至沿线国家及民族间的联系和交流提供牢固的纽带和便利的通道。可以说，“一带一路”将从多角度、多层面对我国民族关系的发展和进步产生积极的影响。另一方面，就“一带一路”本身而言，它是一个长期的历史过程，不可能在短期内就使历史遗留的国内民族关系问题以及跨国民族问题等得到彻底解决，也不可能及时解决新的历史条件下出现的民族关系领域内的矛盾和问题。这就意味着还有诸多不利因素将会影响到民族关系的健康发展，能否及时化解这些矛盾，关系到我国的民族团结、社会稳定和经济发展，关系到“一带一路”的顺利实施，必须引起我们的高度重视。

二、古丝绸之路上的民族关系

（一）古丝绸之路的开拓

我国最古老的丝绸之路主要指的是一条东西交通的道路，开辟于公元前2世纪末，从中国的长安向西一直通向罗马，全程7000多千米。由于这条道路的开辟主要是为了把中国的丝绸运到罗马去，因此，德国地理学家李希霍芬在1877年出版的《中国》一书中给它取了一个富有诗意的称呼——丝绸之路，它为古代东西方之间的经济文化交流做出了重要贡献。

中国是丝绸的故乡，是世界上最早饲养家蚕和制作丝绢的国家，而且曾经长期以来一直是唯一一个从事这一手工业的国家。丝绸是中国带给世界各国人民的美好礼物，被当时欧亚大陆上许多民族所喜爱。由于他们的衣物主要是羊毛和亚麻质地，所以看到鲜亮轻柔的丝绸，立即奉为至宝。在丝绸之路开辟之前，中国丝绸已由欧亚草原上的游牧民族运到中亚，又从中亚被辗转运到西亚。而这条道路的正式开辟，是在汉武帝时期，汉武帝曾两次派遣使臣张骞出使西域，为西汉的向西开拓做出了重大贡献。概括地讲，两汉时期丝绸之路真正畅通，并把当时的四大文明古国——中国、贵霜、安息和罗马连接起来。后来，丝绸之路经过唐代到元代的繁荣鼎盛期，虽然，期间由于不同族群间的对立和矛盾，使这条交通要道也出现了较长期的阻塞壅梗局面，如唐后期吐蕃与回鹘（即之前的回纥）的交替控制，随着东北少数民族的崛起导致的宋、辽、金、夏的长期对峙等，但千百年间丝绸之路始终承担着中西经济文化交流的重要使命，直到明代海上丝绸之路的崛起，这条古丝绸之路才彻底衰落。

丝绸之路的开辟为东西方物质和文化交流打开了大门，它是一条世界大道，不仅把亚洲的东部、中部和西部连接起来，而且把亚洲和欧洲以及非洲连接起来。它也是一条历史的大路，不仅把古代历史的不同时期连接起来，而且把古代和近代历史甚至现代历史也连接起来。作为沟通东西方文明的桥梁，它把不同的文明连接起来，不仅把中原文化传向西部边疆，进一步从这里传向西方，也把西方的文化传到中国，从中国的西部传到东部。

（二）古丝绸之路与西北诸民族

西部民族的发展是一个多民族相互联系的不平衡发展过程，丝绸之路作为西北区域社会经济环境的特定产物，作为各民族交流的文化系统，其经济文化的交流对各民族的形成发展起过不可逆转的影响。在人类文明史上，草原民族因其特殊的社会结构和生产方式，民族迁徙最为剧烈、持久，它们与农业社会的经济文化交流也最早、最主动。我国历史典籍《春秋》和《史记》记载，与中原汉民族最早在公元前已有来往的匈奴及其之前戎姓诸族和汉族的文化融合已经相当深刻。草原民族通过民族迁徙和与农业社会的经济交流，自觉或不自觉地充当了丝路贸易的中介民族。最早活跃在这一区域的古代少数民族有匈奴、乌孙、突厥、回纥、党项、塔里木盆地西域三十六国各民族和哈萨克等民族。这说明，早在张骞出使西域以前，我国北方和西北各游牧民族的马蹄及骆驼队，已踏出一条横贯亚欧大陆的草原丝绸之路，并且充当了早期丝绸之路上贸易的主角。

继匈奴之后，鲜卑、柔然、突厥、吐蕃、回纥、契丹、蒙古等民族，都与丝绸之路发生过更密切、更重要的关系，以至一度完全控制丝绸之路或占有丝绸之路，成为经营西域及东西方丝绸贸易的主宰者。从张骞通西域始，在与中原密切的政治经济文化交流中，以丝绸之路为背景，逐渐内附，这些少数民族逐步聚合为中华民族的一部分。公元8世纪以后，中亚伊斯兰化浪潮波及我国西北，回纥（即后来的维吾尔）、哈萨克等民族信仰伊斯兰教；一部分通过丝绸之路移居我国西北的阿拉伯人、波斯人和中亚民族与当地民族融合，形成回、东乡、撒拉、保安族等后伊斯兰化民族。今天，我国西北的主要少数民族蒙古、藏、回、维吾尔、哈萨克即与上述古代民族有直接的渊源关系；西北民族自治区域也就是他们在丝绸之路历史上与汉民族交流范围的自然延伸。[1]

（三）古丝绸之路促进了中华民族的聚合

尽管我国古代北方和西北游牧民族最早踏出了草原丝路，但丝绸之路的完全沟通，则是在张骞通西域之后。西汉、唐、元等朝廷，为经营西域，保障丝绸之路的畅通，在丝路沿途设置馆舍，提供食宿和交通便利，设置西域都护府及都督府、州、县等一系列军事和行政机构。这些措施和办法，对加强中原与西域的统一和联系，发挥了重要的作用。同时，国家的统一和各朝代政权对西域的经营，有效地保证了丝绸之路的畅通和安全。各民族友好往来和丝路之路贸易的发展，对国内各民族的发展繁荣都产生了积极的作用。纵观古丝绸之路的整个发展历史，虽然也有过民族关系的紧张矛盾和对立时期，也曾出现不同族群间阻塞断绝、占据争夺等情况，但毕竟是短暂的、局部的。总的趋势和主流是各民族通过交往交流不断地发展、交融，直至后来海上丝绸之路的兴起，这个大跨度横贯亚欧内陆的古丝绸之路逐步衰落为止。在这复杂而漫长的历史过程中，我国各民族从各方面对丝绸之路的开通、维护及发展都做出了各自的贡献。丝绸之路也像一条纽带，紧密联结着内地汉族人民与边疆各少数民族的共同利益，使他们凝聚聚合成为中华民族，并共同塑造了灿烂辉煌的中华文明。

古丝绸之路上大规模的经济生活在很长的历史时期内都主导着周边各国和边疆各族的活动，也使得一部分丝路贸易的中介民族被深深卷入中华文明，或者迁徙，或者内附，或者融合，或者虽然独立，但在心理上认同，从而形成统一的国家意识和文化范畴。人类学家把与外来文化接触中产生的文化变迁过程称为“文化潜移”。显然，国际贸易是导致欧亚大陆中国周边各国边疆各

① 李明伟：《古丝绸之路与西北民族的凝聚》，载《西北民族研究》，1994年第2期，第42页。

民族“文化潜移”的主要动力。这种文化变迁的过程在西北各民族那里则主要是向中华民族多元文化的凝聚与相和。各民族在丝绸之路上的活动证实，中华民族是在历史活动中逐步形成的多民族共同体，中华文明和传统文化具有多元性，各民族都为中华文明和传统文化的丰富和发展提供了新鲜而富有活力的养分。

三、“一带一路”对民族关系的影响力分析

现今国家提出“一带一路”倡议，构建“丝绸之路经济带”，并不是要简单地重现古代丝绸之路，在性质上，它是集政治、经济、民族关系与内政外交于一体的重大政策。“一带一路”的宏观经济环境将为我国民族关系的发展带来难得的机遇，同时也会带来极大的挑战。

（一）互联互通的积极影响

1.“一带一路”将打破民族地区相对封闭的状态，促进各民族的交往和交流。

“一带一路”沿线区域民族地区大部分贫困落后，自然环境恶劣，地理位置偏远，封闭和与世隔绝是其经济社会发展缓慢的重要原因。按照民族自身发展规律或依靠优惠救济都无法从根本上改变民族地区欠发达的状况。随着“一带一路”的实施，首先交通的改善将会进一步打破民族间的地理界线，有力促进各民族的交往，随之民族关系也必定产生前所未有的变化，各民族将共同投身于经济社会的建设，达到以交往促进交流，在交流中实现交融，各族群众共享国家经济社会发展所带来的成果。

2.“一带一路”将进一步促进民族团结，增强中华民族的凝聚力。

“一带一路”建设是国家为了协调区域经济发展，全面对外开放，实现各民族共同富裕的重大战略。一方面，国家在“一带

一路”的规划和政策、资金方面给予沿线区域特殊照顾，特别是对少数民族地区给予有效的支持，充分体现党和国家对少数民族发展经济社会事业的关怀，必将增强各族人民的凝聚力与向心力。另一方面，充分依靠市场规律来协调推动，通过市场来组织和配置生产要素、社会资源和收入分配。这势必引起各族人口的大流动，也会改变地区原有的民族分布格局及民族人口的比例结构，将进一步促进各民族间的交往和交流。各民族在平等团结的基础上，互相尊重、互相学习、互相合作、互相帮助，始终同呼吸、共命运、心连心的关系将得到发展。另外，与西部地区接壤的绝大部分是多民族国家，政局相对动荡混乱，西部边疆各族群众从国外状况的对比中也会进一步认识到民族团结、国家稳定的重要性，倍加珍惜和自觉维护和谐稳定的大好局面。因此，“一带一路”将会进一步加强各民族的团结和中华民族的凝聚力。

3.“一带一路”将进一步加深各民族之间的感情。

“一带一路”的实施，对于实现全面建成小康社会的奋斗目标而言，意义重大，任务艰巨，只有通过各族人民的共同努力，才能完成这一伟大战略任务，才能实现小康社会的奋斗目标。因为“一带一路”沿线区域整体经济文化发展比较落后，实施“一带一路”所需要的资金、技术、人才严重缺乏，必须依靠内陆地区，需要汉族的帮助和支援，以顺利推进“一带一路”建设。大量资金的投入，先进技术的输入，各类高科技人才与当地少数民族同胞共同参加当地的建设，使广大少数民族群众全面受益，在“一带一路”的宏观经济活动中，做到快速发展，尽快使各族群众的生活水平得到显著提高。“一带一路”的实施，将使投资者和被投资者互惠互利，这使广大基层少数民族群众真正享受到国家经济社会发展所带来的优惠，更容易加深对汉族的友好感情。汉族也会在与少数民族的交往交流中加深对其的了解，做到尊重差异、包容多样，各民族在中华民族大家庭中达到真正的手足相亲、守望相助。

（二）值得注意的可能性负面影响

1. 民族之间新的利益矛盾的产生。

如前所述，民族关系本质上是指涉及民族这个人们共同体的地位和待遇、民族这个社会群体的权力和利益、民族及其成员的民族意识和感情的特殊社会关系，它的发展必然会受到利益因素的影响。如果在“一带一路”的实施过程中，对权力和利益因素处理不当，将会引发民族之间新的利益矛盾。我国的汉族主要聚居在东部，各少数民族则主要聚居在西部，汉族聚居地区和少数民族聚居地区的经济发展存在着较大差距。如果“一带一路”沿线民族地区抓不住机遇加快发展，那么该地区在新的经济利益调整中必将再次处于不利地位，不平衡心理将会进一步扩大。这是一个非常现实的问题，解决得好坏与否，又直接影响着民族关系的发展态势。

2. 民族意识增强可能带来的消极影响。

无论是在我国还是在全世界，民族意识都有增强的趋势，我们对此应有正确的认识和态度。民族意识具有凝聚民族成员的精神纽带作用，维护民族地区稳定的作用，促进民族发展和进步的推动作用，协调民族间和谐关系的调控作用等。同时，民族意识所具有的一定的狭隘性、保守性、排他性和利己性及其所带来的阻碍或破坏民族正常发展、正常交往的负面效应也不容忽视。[①] 民族意识的增强也会带来族际纠纷增多的隐患，一有机会，随时便有可能引发纠纷，产生矛盾。

“一带一路”实施的过程也是社会主义市场经济体制不断完善和发展的过程。市场经济的开放效应、竞争原则使各民族的民族意识也得到普遍增强。这是因为，在开放的环境和市场竞争的

① 红梅：《增强民族地区群众公民意识的途径浅析》，载《内蒙古科技与经济》，2009年第23期，第56页。

作用下，各民族相互封闭的状态以难以保持，原来封闭的人们会比较强烈地感受到本民族与他族的不同，感觉到比较鲜明的民族差别，原本模糊的民族意识也开始变得清晰或者强烈。随着民族认同及内聚性的不断增强，较为强烈的对外排斥性也不可避免地出现在民族交往过程中。

3.跨境民族问题。

“一带一路”沿线区域分布着许多跨境民族，仅西部地区就有20余个跨境民族，他们与位于境外的同一民族在生活方式、风俗习惯、语言文化和心理观念等方面有着天然的联系。这是我国“一带一路”沿线区域对外开展经济技术合作和文化交流，不断扩大开放力度的有利条件。但反过来讲，这也有可能成为受境外一些不良因素影响的渠道。国际敌对势力和部分逃亡国外的民族分裂主义分子时常利用跨境民族因素，假借投资资助、探亲访友等诸多名义，对内进行危害民族团结和社会统一的宣传与破坏活动。这些活动往往比较诡秘、煽动性大、涉众广泛，容易产生连锁反应，对民族关系的危害非常严重。假如处理得不好，有可能成为国家间发生摩擦甚至战争的导火索，成为影响跨境民族所在国的一个重要的不安定因素。因此，在全面对外开放的“一带一路”大背景下，必须高度重视跨境民族问题，全方位加强防范。

4.风俗习惯和宗教信仰问题。

我国“一带一路”沿线大部分是民族地区，这些区域宗教文化厚重，影响广泛。佛教、道教、伊斯兰教、天主教等几大宗教和一些原始宗教信仰在这里都有一定的群众基础和文化根基，一些民族更是绝大多数信仰同一种宗教，宗教信仰已经成为与这些民族历史、文化关系密切的重要组成部分。随着“一带一路”的不断延伸和深入，各种开发项目将在沿线民族地区陆续开展和落实，各种经济成分的市场主体将和各民族社会发生更加密切的联系。然而，由于长期以来我国对宗教政策的宣传力度不够，人们对尊重少数民族的风俗习惯、宗教信仰等的重要性的认识未能提高到应有的高度，加之人们的法制观念还相对淡薄，在日常交往交流中，会不同程度地存在直接或间接伤害少数民族感情、歧视少数民族、不尊重少数民族风俗习惯的现象，因此有可能导致新情况和新问题的产生，这将对我国正常的民族关系造成伤害，破坏安定团结的大好局面。

四、“一带一路”实施过程中和谐民族关系的构建

如上所述，和谐的民族关系有助于“一带一路”的推进与实施，如果民族关系问题处理不当，必然影响“一带一路”的进程和成果，制约区域发展、民族发展乃至国家的发展。必须避免“一带一路”在取得巨大成就的同时，出现影响民族关系和谐的问题，如民族权力和利益分配问题、民族间的信任危机、生态环境遭到破坏等。因此，重视和持续构建和谐友善的民族关系是有效落实“一带一路”的重要内容。在“一带一路”的实施过程中，应着重从以下五个方面完善和发展民族关系：

（一）协调好区域发展与民族发展

“一带一路”倡议的实施不仅是国家对东西部地区的协调与开发，也是对我国各民族和谐关系的调控构建，如不能坚持可持续发展原则，协调不同区域与不同民族的发展利益，推动沿线广大民族地区经济与社会的全面协调可持续发展，“一带一路”的实践便失去意义。因此，在实施“一带一路”的过程中，应积极促进各民族之间建立良好的长期合作关系，以共同的利益为导向，统筹协调不同区域与不同民族的发展需要，推动东西部各民族实现共同发展和进步。

具体来讲，国家在引导外部力量参与“一带一路”所涉及的民族地区建设时，尽可能坚持互惠互利的原则，树立全局观念，把当地政府和各民族群众的利益放在重要的位置来考虑，充分调动和发挥当地的内在因素，真正给他们带来好处和实惠。同时，也应该认真考虑到各方面受益的程度问题，要对那些发展层次比较低的地方采取适当的政策倾斜，防止出现人为扩大地区内部发展差距的现象。也就是说，在全面深化经济体制改革下实施“一带一路”，也不可能完全依赖于市场经济规律的供求变化，还需要动用各地各级政府部门的宏观调控职能，给予必要的利益协调和规范。

（二）大力宣传和贯彻民族平等团结政策

民族平等和团结是马克思主义处理民族问题的根本原则，民族平等团结也是构建和谐民族关系的前提条件，“一带一路”中的民族关系在我国涉及汉族与少数民族、各少数民族之间、某一少数民族内部不同支系之间的关系。只有在平等的基础上，才能形成和谐的民族关系，才能促进民族间的团结进步。在“一带一路”的实施过程中，应根据东西部地区的民族特点，坚持民族平等团结政策的宣传与贯彻执行，制定灵活有效的政策措施，确保各民族发展地位的平等，保障各民族的发展权益，增进各民族的交往与理解，为各民族和谐、交融发展创造良好条件。

《关于加强和改进新形势下民族工作的意见》强调：“要推动建立相互嵌入式社会结构和社区环境，促进各民族群众相互了解、相互尊重、相互包容、相互欣赏、相互学习、相互帮助。”①为此，不仅在民族地区工作和生活的汉族群众需要对民族地区的区情和民情有所了解，而且内地民众也需要对其有所了解，了解他们的民俗、习惯和文化。在具体的实践中，注意体现党的民族

① 中共中央、国务院印发《关于加强和改进新形势下民族工作的意见》，新华网北京12月22日电，2014年12月22日18：13：42。

政策和有关法律的精神，有意识地处理好生产、生活环节所涉及的少数民族历史文化、风俗习惯、宗教信仰等方面的因素，防止损害民族感情、影响民族团结和社会稳定的情况出现。同时，“一带一路”沿线民族地区的各族干部群众也要开阔胸怀，不断增强自信心和包容力，摈弃地方保护主义，从多方面着眼，从长计议，争取为“一带一路”的实施提供一个宽松、和谐的发展空间。

（三）正确引导民族意识

对“一带一路”实施过程中有可能引发的民族意识增强的现状，既不可人为地去压抑、淡化它，也不能放任自流，任其发展和人为地强化它，更要警惕别有用心的人利用它。应积极正确地加以引导，发挥其积极作用，抵御其消极因素。

不断深化国家意识。多民族国家要维护国家的统一和稳定，必须着力在全体公民中培育、发展和强化国家意识。在多民族国家的国家意识教育方面，应该把民族意识与国家意识结合起来，既要推进各民族的民族认同教育，也要致力于发展各民族成员的超民族的国家意识教育。要尽可能地挖掘各民族共同的价值目标和历史记忆，不断深化国家意识。以民族发展促进民族交往和交流。鼓励“一带一路”区域和沿线各民族的发展，促进其交往和交流，吸收彼此的长处，以求得自身的进步，最终达到各民族的共同发展，有效抵御民族意识的负面影响。继续推行民族优惠政策，缩小民族间差距，注重处理国内外反动势力的颠覆。各民族间客观上存在经济、社会发展不平衡的现象，在这种状态下，各民族追求共同发展将会产生不协调。此时，若有反动势力从中作祟，便容易产生民族争端。所以，政府在适当照顾欠发达民族、正确引导其民族意识的同时，促进大民族与小民族之间的交流与互动，缩小民族间的差距，并正确面对、识别反动势力，最终会有利于民族关系的和谐发展。

（四）高度重视跨境民族问题

“一带一路”沿线，尤其是西部地区的跨境民族问题将是长期存在的问题，为此笔者认为，现阶段我国政府重视跨境民族地区的发展，构建和谐民族地区，构建和谐社会，主要做好如下工作：首先，加大资金投入，以经济建设为中心，加快跨境民族地区经济的发展。只有经济发展了，民族地区的生活水平提高了，才能更加显示出我国社会主义制度的优越性，增强民族凝聚力和向心力，提高反对民族分裂的力量。其次，大力发展跨境民族地区的文化教育事业。只有少数民族地区的人民文化水平提高了，才能进一步看清国际分裂势力“仁义”背后的政治野心，更好地贯彻国家的方针政策。最后，保障少数民族享有充分的权利，继续坚持和完善民族区域自治制度，坚持各民族一律平等。

（五）强化生态环境的保护机制

“一带一路”沿线广大民族地区是我国重要的生态屏障区，其丰富的自然资源对我国经济社会的稳定和发展具有重要的战略意义。生态环境是人类社会赖以发展的基础，它提供了民族生存与发展的基本材料，影响着各民族物质资料生产、交换、消费、分配的方式与内容。我国民族地区又大多处于生态环境脆弱区，且多为土地沙化、荒漠化、水土流失、泥石流等灾害频发区。在“一带一路”建设中，如果仅关注GDP的增长，缺少对生态环境的保护，一味过度开发索取，势必会破坏沿线区域各民族赖以生存的生态环境，而生态环境的恶化将引发各民族对生态资源的争夺，进而激化更多的矛盾与冲突。因此，在“一带一路”的实施过程中，应注意强化生态环境的保护机制，建立并完善生态保护的法律措施。在资源的开发中，积极协调好民族之间、区域之间以及人与自然之间的关系，为民族关系的和谐发展创造良好的生态条件。

参考文献：

[1] 樊保良．中国古代少数民族与丝绸之路．青海人民出版社，1994.

[2] 李明伟．古丝绸之路与西北民族的凝聚．西北民族研究，1994(002).

[3] 蒋利辉、冯刚．“一带一路”，民族地区的重大战略机遇．中国民族，2015（05）.

[4] 吴涧生．“一带一路”战略的几个问题思考．中国发展观察，2015(06).

[5] 涂裕春．古丝绸之路与各民族的融合．西南民族大学学报：人文社会科学版，2004（02）.

[6] 赵学先．西部大开发中民族关系发展态势研究．云南民族大学学报：哲学社会科学版，2003（04）.

[7]冯瑞（热依曼）、艾买提．中国西北疆界变迁及周边跨国民族特征．广西民族大学学报哲学社会科学版，2007（05）.

[8] 乌小花．试论西部大开发进程中利益调整下的民族关系．黑龙江民族丛刊（季刊），2002（01）.

[9] 红梅．增强民族地区群众公民意识的途径浅析．内蒙古科技与经济，2009（23）.

增强全体国民的"边疆意识"

熊坤新*

边疆，意指靠近国界的疆土或指边远地方，也指靠近国界的领土。据《左传·昭公十四年》载："好于边疆，息民五年，而后用师，礼也。"另据《敦煌变文集·李陵变文》载："从孝文皇帝亡来，免得塞庭无事，汉家将作，你的专知抄略边彊，今日捉降，若生是?"又如杜甫在《夏夜叹》中写道："念彼荷戈士，穷年守边疆。"总之，边疆是一个含义较广的概念，在中外文献中，几乎都把边疆解释为一个国家比较边远的靠近国境的地区或地带。

边疆是我国靠近国境线的边疆县的总和。它是随着统一多民族国家的形成和发展而逐渐形成并固定下来的。中国是一个统一的多民族国家，历史悠久、文化灿烂、相续相承。自秦始皇建立封建中央集权制国家以来，出现过多次大一统局面。秦汉王朝开创了全国统一的先河，隋唐王朝疆域的开拓，扩大了中原传统政治、经济和文化与边疆地区的联系，实现了"华戎同轨"，"冠带百蛮，车书万里"。宋、辽、金之际，汉族与边疆各少数民族在新的历史条件下进一步增强了中华意识，各族人民克服了战争造成的种种困难，内地和边疆的开发流进一步加快，双方的交流也更加频繁。蒙古族建立的元朝，开创了我国少数民族一统全国的先例，中原和边疆地区的政治、经济、文化，乃至民族本身，发

* 熊坤新，中央民族大学中国民族理论与民族政策研究院教授。

生了长达百年富有特色的大融合，改变了统一多民族国家的传统结构和狭隘观念。及至明清，特别是清朝前期，清政府在元、明两代基础上实现了新的全国大一统。清朝边疆包括：东北三省、内外蒙古、新疆、西藏、云南、广西、台湾、海南岛及南海诸岛，基本上形成了现今的疆域范围。

更重要的是，历朝历代生活在边疆地区的各族人民，他们不仅要在各自所生活的地域内辛勤劳作、繁衍生息，而且还肩负着开发边疆、保卫疆土、守边卫国的重任。如在近代史上出现的外来侵略势力面前，西藏人民不屈不挠、英勇斗争，表现出了空前的爱国热忱与坚决反对外来侵略势力、誓死保卫祖国边疆的英雄气概。1888年，隆土山保卫战就是其典型一例。另外，1842年2月13日，四川西部金川团练使和瓦寺宣慰使所辖的藏族将士近2000人奉命赴东南沿海前线，与各族人民一同抗击英帝国主义对我国悍然发动的侵略战争。在战斗中，藏族屯兵首领阿木穰、喀克哩等将士英勇牺牲。为了讴歌并赞颂他们崇高的爱国精神，清朝文人贝青乔曾特地为他们的英雄事迹作诗予以表彰：“膻碉腥峒郁崔嵬，万里迢遥赴敌来。奋取鳌弧夸捷足，百身轰入一声雷。”对于藏族人民这种“倾心向内”“抵御外侮”“同谋五族幸福”的高贵品质和崇高精神，至今还受到包括藏族在内的祖国各族人民的充分肯定。

日本发动全面侵华战争期间，在中华民族处于生死存亡的紧急关头，中华儿女广泛集结在中国共产党积极倡导的抗日民族统一战线的旗帜下，空前觉醒和团结，同仇敌忾，保家卫国。全国人民不分阶级和党派，不分民族和地域，不分老幼和男女，同舟共济，积极投身于抗日救亡的神圣事业中，谱写了一曲曲动人的救亡之歌。

有一个感人的故事：

塔斯提哨所为中哈边界哨所。20世纪80年代初，哨所一名伊犁籍锡伯族战士陈福森回家探亲，将哨所官兵卫国戍边的故事讲给母亲听。母亲鼓励他在部队好好干，别想家，还让他带十株白杨树苗回哨所种上，叮嘱他要像白杨树一样扎根边疆，为祖国守好边防。于是，陈福森就把树苗栽在了营房边。由于哨所干旱缺水，战士们吃水都要在一千米外的布尔干河去挑，尽管战士们每天用洗脸刷牙节省下来的水精心浇灌树苗，但是小白杨难以忍受干旱、风沙、严寒的肆虐，相继枯死，十棵小白杨中唯有一棵顽强地活了下来。这棵小白杨在战士们的精心呵护下茁壮成长，日夜陪伴着守卫边疆的战士们。1990年，总政歌舞团创作组的同志到新疆采风，为小白杨事迹所感动，谱写了歌曲《小白杨》，当年的春节联欢晚会上，著名歌唱家阎维文把它唱响了祖国大江南北，激励着戍边将士。塔斯提哨所从此被称为“小白杨”哨所。

在现实生活中，有一个感人至深、广为传唱的故事：在喜马拉雅山南麓聂拉木县樟木镇的帮村，有一位藏族妇女名叫次仁曲珍。她出生于1910年，她所生活的地方有着“地狱之路”的恶名。在旧社会，她在苦难中煎熬了一个又一个的年头，直到五星红旗插上喜马拉雅山的那一天，次仁曲珍才摆脱被奴役的命运，并在这个处在共和国边境线上、和邻国相望的小山村中，开始了以国旗为伴的生活。从看到国旗到决定选择国旗，次仁曲珍老人不间断地、执着地将五星红旗在自己的院中挂起来。取旗、挂旗、收旗，就是这么简单的三组动作，老人重复了48年。48年的时间跨度，使老人升旗的节奏定格并充满神韵，使老人升旗的信念愈益坚定并传扬开来。老人院子里飘扬的五星红旗，成为边陲山村一道美丽的风景。因为这一数十年如一日在家升国旗的行为，如今已年届102岁的次仁曲珍被西藏人民亲切地称为“国旗阿妈啦”（即“好妈妈”），曾经入选央视感动中国候选人，并获得了吉尼斯世界纪录“每日升国旗持续年数最长的人”等荣誉，并先后获得胡锦涛等党和国家领导人的肯定与赞许。

有一位小学生写过一篇作文——

边疆的建设者：

你们好！

你们为了建设边疆、开发边疆，献了青春献终身，献了终身献儿女。你们这种扎根边疆、建设边疆的无私奉献的精神，是多么值得我们学习啊！

我们最近学了一篇课文，叫《白杨》，这篇课文使我知道了你们生活在茫茫的大戈壁，那里没有山、没有水，更没有人烟。天和地的界限并不那么清晰，到处都是浑黄一体。但你们来到这里以后，克服了千难万阻：没有水，你们会辛辛苦苦地挖井；没有树，你们便种上白杨树。它们也像你们一样，在那荒凉的戈壁滩很快地生根、发芽，长出了粗壮的枝干……在那荒原地里，你们是最早的住户，一个个帐篷，是你们的流动的家。你们到了那儿以后，就激起了喧哗。开始探险大地的秘密；开始开发宝藏，修铁路、架大桥，盖起高楼大厦……你们换一个工地，就会搬一次家，带走的是荒凉，留下的是繁华。不管自然环境多么恶劣，不管生活环境多么艰苦，你们总是尽心尽力地工作，把荒凉的大戈壁变得如此繁华美丽。

我们现在在美丽明朗的教室里学习，所以，我更要奋发图强，努力学习。遇到了困难，要勇敢地克服。长大以后，我也要像你们一样，把自己的家乡建设得更美丽！

祝你们身体健康！

一个小学生

类似以上的感人事迹还有很多，难以细述。

关键的问题是，从现实性上讲，对于边疆的治理，需要现代化的理念和思路：

第一，保疆为国，维护边疆的和谐稳定，需要一支强大的武装力量常年驻守在那里，这是毋庸置疑的。

第二，要真正维护边疆的和谐稳定，并促进其繁荣发展，更要依靠边疆各族群众，因为只有各族群众才是开发边疆、建设边疆、保卫边疆的主人。

第三，要让边疆人民充分认识到他们在开发边疆、建设边疆和保卫边疆中所能发挥的作用及其重要性。尤其是对边疆地区少数民族民众而言，这块中国地也是他们在历史上用热血保卫的，这段历史是值得大力提倡和宣传的。

第四，从国家层面来说，对边疆的治理应采取特殊的举措，对边民有更多的优惠照顾，如加大基础设施建设，改善交通、通信等条件，大力发展旅游业、餐饮业，使边疆人民的各项事业呈现出欣欣向荣、凤凰来仪的景象。

第五，增强边疆军民共建机制，让“军爱民、民拥军”的观念深入人心，且付之于践履，筑起军民共建、军民联防、军民共进共荣共辱的铜墙铁壁，真正做到“军民团结如一人，试看天下谁能敌”。

第六，要让全体国民认识到，边疆与祖国是一个统一的、不可切割的互联互动关系，边疆稳定，祖国就发展，边疆发展，祖国就强大，反之亦然。事实上，祖国与边疆历来就存在着“一损俱损、一荣俱荣”的关系。

第七，建议国家设置“边疆节”，不仅要让全体国民通过节日充分认识到增强国民的边疆意识对于国家统一、民族团结、社会和谐稳定发展的重要性，也要让边民在意识到他们自身地位重要性的同时，通过节日来载歌载舞，展示并弘扬本民族的优秀文化。

交通、交流对古代藏族发展的贡献

穆赤·云登嘉措*

“一带一路”是中国政府在新时期提出的一个利在中国、惠及沿线的重要倡议。由于其利巨大，各地区、各国家都希望能在其中获得更多的实惠。在国内，很多省份定位自己为“一带一路”的“起始点”“桥头堡”或者“支点”，强化本省份和本地区在“一带一路”中的重要性。很多省份在忙着争抢历史上谁是丝绸之路的真正起点，有的叫作丝绸之路的新起点，有的叫作丝绸之路的黄金段，有的叫作丝绸之路的节点……中国的这一倡议，也引起了各国的积极评价和响应。俄罗斯总统普京在2014年2月6日就明确表示：“俄方积极响应中方建设丝绸之路经济带和海上丝绸之路的倡议，愿将俄方跨欧亚铁路与‘一带一路’对接，创造出更大效益。”法国前总理德维尔潘在《回声报》上撰文称：“全球化重心都在发生改变，真正体现这种趋势的是‘一带一路’”，因此“欧洲应当充分把握这个机遇，围绕着新丝绸之路计划制定发展路线，并将其与欧盟委员会主席容克所提出的3000亿元的投资计划对接”①。

也有些人发出不同的声音，质疑这一倡议。有的人认为，“一带一路”是中国应对美国重返亚太的“西进战略”，因此要极力

---

* 穆赤·云登嘉措，西北政法大学民族宗教研究院院长、教授、博士生导师，2005年获得国务院“享受政府特殊津贴专家”和“全国民族团结进步模范个人”荣誉称号，主要研究方向：民族学、民族法学。

① 冯并：《“一带一路”全球发展的中国逻辑》，中国民主法制出版社，2015年，第9、第11页。

推动；有的人认为，“一带一路”重“路”轻“带”；有的人认为，“一带一路”有助于中国输出过剩产能，等等，不一而足。

其实，只要其“路”畅通，其“带”所有地区和国家都会获得相应的发展机遇和实惠。藏族在历史上借助丝绸之路等通道所进行的各民族交流的便利，获得政治、经济、文化各方面全面发展史实，就充分说明了这一点。

一、古代藏族的发展之路

藏族古称“吐蕃”，世居青藏高原。在公元前825年[①]前后，第一代王涅赤赞普建立部落联盟制国家，到923年白科赞执政时吐蕃王朝崩溃，期间历经四十四代、历时1700多年，其王统余脉经历了青海的唃厮啰（1008—1227年）、阿里的古格王朝（990—1635年）、亚泽王朝（12世纪—1801年），延续至19世纪。

从最初的一个蕞尔小邦，发展到7—10世纪雄居青藏高原的强大王朝，这与雄才伟略的第三十二代赞普松赞干布所采取的兼容并蓄、积极学习一切先进文化的政策是分不开的。而丝绸之路及其附属通道（唐蕃古道[②]、青海南道[③]）将这一政策转化为现实。

藏族在第一代藏王涅赤赞普到第三十一代王囊日松赞期间，一直偏安于雅砻河谷一隅，不断征服周边的一些部落，并发展社会经济和文化，完成了民族的最初整合与发展。

到公元前4世纪第九代赞普布德贡杰时，出现了第一位被称为贤能之臣的人——茹莱杰，他教会人们把夏天的草收割储存起

① 得荣·泽仁邓珠：《藏族通史·吉祥宝瓶》，西藏人民出版社，2001年，第64页。

② 从长安（今西安）经丝绸之路东端，穿过青海直达逻些（今西藏自治区拉萨市）。

③ 从长安（今西安）出发，经凤翔、天水、陇西、临夏、乐都、西宁至张掖并入丝绸之路正道。

来，作为冬天养畜的饲料，并提倡驯养黄牛、牦牛、山羊、绵羊。他又教导人们将草滩开垦为农田。可见，当时农业和畜牧业已经成为独立的经济部门。

公元前4世纪末第十代赞普矣肖勒（又称为赤年松赞）时期，出现了第二位贤能之臣拉布果噶，他首创以二牛一日耕地为测量土地面积计算单位，以“推”计算牲畜头数单位；还教导人们在高处修坝蓄水，引水灌溉农田，改变了靠天吃饭的状况，使农业得到进一步发展。

2世纪吐蕃第二十八代赞普拉妥妥年赞时期，出现了第三位贤能之臣赤多茹郎赞，他教会人们用木炭冶炼金、银、铜、铁，并利用畜力耕种，大大提高了社会生产力的发展水平。

4世纪前后，吐蕃第二十九代赞普赤年松赞时期，出现了一位女贤者嘉莫旺秋，她首次区分男女服饰，推动了吐蕃社会文明的发展，形成了具有独特民族风格的藏族服饰文化。

7世纪，是雄才大略的松赞干布执政时期。这是在藏族发展历史上的一个重要节点。经过此前三十一代赞普的发展和积累，经济实力和经济势力快速增长。从雅砻河谷迁都至吉雪卧塘[①]，吞并象雄王国（即汉文史籍中的大、小羊同，统治区域在今天的阿里地区一带）、苏毗（活动区域在藏北和青南地区一带）等地之后，开始向四方发展。向东北占领青海，与唐朝建立联系；向东占领川西北和云南西北部地区，与南诏发生联系；向西北与西域以及中亚波斯、粟特、阿拉伯地区的民族发生联系。特别是在这时出现了第五位贤能之臣——吞米·桑布扎，他在原有古藏

① 后称“逻些”，因为供奉文成公主从大唐恭送来的觉卧（释迦牟尼十二岁等身像）而改称拉萨，藏语意为“圣地”。

文[①]的基础上借鉴印度、黎域（于阗）等文字，结合藏语特点改革、完善了藏文，并有《三十颂》《字性添接法》等语言学和文字学方面的专著传世，为藏族语言文字的发展做出了不可磨灭的功勋。有了规范、通行的文字以后，藏族学者开始对汉文、梵文等中大量的佛经和政治、法律、文化、科学等方面的典籍进行了翻译，兼容并蓄为我所用，使古代藏族经济社会得到空前发展。《旧唐书·吐蕃传》载："时吐蕃尽收羊同、党项及诸羌之地，东与凉、松、茂、嶲等州相接，南至婆罗门，西又攻龟兹、疏勒四镇，北抵突厥，地方万余里，自汉魏以来，西戎之盛，未之有也。"[②]到赤松德赞执政时期，吐蕃王朝势力发展到鼎盛，东部疆域大体包括今青海全部，甘肃、新疆、陕西、四川、云南部分地区；南至尼泊尔和印度部分部分地区；西至今拉达克、巴基斯坦、伊朗、阿富汗以及北亚各国的部分地区。《敦煌本吐蕃历史文书》中这样评价赤松德赞："在赤松德赞赞普时，民俗纯良，国政弘远，王统领了天地之间疆土，为直立人群与俯行兽类之君王，政绩崇巍，堪为人之楷模也。"[③]

吐蕃王朝之所以穷兵黩武四处扩张，是因为与周边的民族和国家相比，无论在政治、经济还是文化发展方面都有所不及，因此扩张是为了发展，就其目的而言，经济目的和政治目的大于军事目的。其一，763 年攻入唐朝首都长安，并没有逐鹿中原一统中华，而是扶持金城公主之弟广武王李承宏为皇帝，取帝号"扎

---

① 一般认为藏族直到松赞干布执政时期，才由吞米·桑布扎创制了藏文。但是根据本波教文献和当代藏族语言文字研究成果表明，距今 4000 年左右的象雄第一任国王赤维吉西绕坚时期就有文字。不过，那时文字的通行范围可能仅限于象雄王国。吐蕃王朝吞并象雄以后，由吞米·桑布扎在借鉴印度、于阗文字的基础上改革、完善而成今天通行吐蕃王朝的藏族文字。

② 《旧唐书》卷 16，第 5219 页。

③ 王尧、陈践译注：《敦煌本吐蕃历史文书》增订本，转引自得荣·泽仁邓珠：《藏族通史·吉祥宝瓶》，西藏人民出版社，2001 年，第 110 页。

西”，签订唐朝每年向吐蕃交纳贡赋的协议，在获得政治、经济利益之后就撤兵了，仅在长安驻扎15天。其二，贸易是吐蕃经济发展的重要支撑点，通过军事扩张打通与强盛国家的通道之后，开始与唐朝、南亚、中亚等地发展贸易，以充实经济基础。与这些地区的贸易在规模和方式上不尽相同，其中与唐朝的贸易最为突出，所占比重也最大。贸易方式主要有两种：一种是朝贡贸易，即通过连续不断的进贡与回赐，在实现政治目的的同时，实现经济目的。据藏汉文史料记载，吐蕃和唐朝间使节往来达290多次，而大多数是吐蕃派遣到长安的，他们在完成政治任务的同时，带回唐朝皇帝回赠的远远多于所送礼物数量的丝绸、工艺品奢侈品和典籍、佛经等文化产品。另一种是民间贸易，即通过商人沿着丝绸之路和唐蕃故道而进行的以追求利益为目的的经济贸易。其三，《敦煌本吐蕃历史文书》记载，吐蕃赞普赤都松赞御驾亲征，“攻陷唐之瓜州等城堡……唐地财富丰饶，于西部各地聚集之财宝贮之于瓜州者，均在吐蕃攻陷之后截获，是故，赞普得以获大量财富，民庶、黔首均能穿着唐人上好绢帛矣”[①]。可见，军事征伐的目的在于掠夺财富和打通贸易之路。其四，吐蕃控制丝绸之路后，并没有像匈奴、突厥、西夏那样切断这条传统的贸易通道，而是采取减税等措施鼓励商人的贩运活动，因为这样对吐蕃有利，既可以通过丝绸之路把吐蕃的金、银、麝香、畜产品等特产贩运到唐朝以及西域、中亚、西亚甚至罗马帝国，换回吐蕃急需的农产品和工艺品。正如杨作山在《回藏民主关系史》中所言：“吐蕃占领河西陇右及天山南部地区后，实际上业已控制了东西方经济文化联系的交通要道，确保了丝绸之路沿线的商业贸易权。在吐蕃控制丝绸之路期间，中国与中亚、西亚的经济文化交流并未中

① 王尧、陈践译注：《敦煌本吐蕃历史文书》增订本，第166页。

断，回族商人还进入青藏高原地区贸易。”①

二、古代藏族与四方交流的交通

在吐蕃王朝时期，藏族与外部的交通主要有四条线路：

东南路线：从藏东河谷区经康区通往四川及云南的南诏。②

东北路线：从东北方向越过唐古拉山，经青海湖，通往内地（与今天青藏公路所行线路一致）。还可以在格尔木西行，过当金山至敦煌，汇入丝绸之路到西域及中亚、西亚直至欧洲等地。还有一条线路是从拉萨至那曲，向东沿怒江过比如、丁青、巴青，进入今青海省玉树藏族自治州囊谦县，翻过巴彦喀拉山和赤岭（日月山）进入内地。有人认为，文成公主当年就是从这条线路入藏的。③

西北路线：越过昆仑山，通往于阗、喀什噶尔、库车、北庭，并越过阿姆海，到达勃律河（今克什米尔的吉尔吉特河）、卫密和拔特山，再到粟特（布哈拉以及撒马尔干等地），而后通往克什米尔和印度西北部地区。

南部路线：向南翻越喜马拉雅山，通往尼泊尔和印度的东北部地区。④

在以上四条主要交通路线中，以通往内地的东南和东北两条路线最为便利，因而它们也成为吐蕃王朝时期使用最频繁的两条路线。

就东北路线而言，此路线翻越唐古拉山即进入广袤、平坦的

① 杨作山：《回藏民主关系史》，宁夏人民出版社，2013 年，第 14 页。

② P. 伯希和：《西藏古代史》，巴黎，1961 年。

③ 黄显铭：《文成公主入藏路线初探》，载《西北民族学院学报》，1980 年第 1 期；《文成公主入藏路线再探》，载《西藏研究》，1984 年第 1 期。

④ 见《释迦方志·遗迹篇》所载从河州通吐蕃一道至泥婆罗国的路线。

青海草原，由此经青海湖向东，可通往河陇诸州及唐都长安，向西可进入西域，向北则通往回纥。所以，东北路线不仅成为吐蕃军队长期进犯唐的河陇诸州乃至攻略长安的主要交通命脉，而且也是吐蕃王朝同唐朝频繁争夺西域并北联回纥的重要通道。据日本学者森安孝夫考证，在吐蕃王朝时期，吐蕃对西域的经略更多的是使用了东北路线，而不是使用西北路线。①

通往四川和云南的东南路线则大多是沿河道而下，亦甚为便利，且东南路线还包含了众多的子路线。例如，由东南路线通往四川的道路主要有南、北两道。北道经由松州、维州（大体相当于今川藏公路的北线）；南道由嶲州、黎州、雅州（大体相当于今川藏公路的南线）②。任乃强先生认为，“吐蕃初与唐接，自松州始，其军往来皆从康区”③。由东南路线通往四川的南、北两道，实际上成为吐蕃征服党项等众羌部、经营西南并长期进犯唐朝西南边境的主要通道。由东南路线通往云南南诏也有东、西两路。东路是沿金沙江而下，于今云南丽江塔城“以铁索跨漾水、濞水为桥，以通西洱河蛮”④。《蛮书》记载“大羊多从西羌，铁桥接吐蕃界三千二百口将来博易”⑤，即指此路。西路则取道高黎贡山以西河谷，《蛮书》称“大雪山在永昌西北，从腾冲过宝山城，又过金宝城以北大赕……往往有吐蕃至赕贸易，云此山有路，出赞普牙帐不远”⑥。可见，这两条由东南方向通南诏的路线，既是吐蕃向云南发展、征服南诏并长期与之结盟的重要通道，同时也是

① 日森安孝夫《吐蕃在中亚的活动》，载《国外藏学研究译文集》第一辑，劳江译，西藏人民出版社，1986年。

② 任乃强、曾文琼：《吐蕃传地名考释》二，载《西藏研究》，1982年2期。

③ 任乃强：《羌族源流探索》，载《民族研究通讯》，1980年1期。

④ 刘肃：《大唐新语》卷十一“褒赐”，第二十三。

⑤ 《蛮书》卷七。

⑥ 《蛮书》卷七。

双方贸易往来的孔道。

由于东北和东南路线同是吐蕃向东通往内地的两个主要通道，因此这两条路线相互联系，彼此沟通。当时，由长安通逻些的一条主要道路即横跨和利用了东北和东南两条路线。此道由长安经宝鸡、天水、文县、松潘进入康区，由康定沿河谷西行，抵金沙江河谷，再经邓柯进入青海，经玉树及通天河河谷，逾唐古拉山口，经黑河而至拉萨。由于此路线既避开了北面昆仑山山险，又避开了东面横断山脉的险隘，故成为当时吐蕃对唐用兵及双方使臣往来的重要通道。毫无疑问，由吐蕃东北和东南两个方向所构成的向东通往内地的极为便利的交通路线以及由这两大路线相互交汇和沟通而形成的交通网络，都充分体现了吐蕃东部地形环境的开放特点，从而为吐蕃文明的东向发展提供了良好的地缘条件。

与东北路线和东南路线相比较，吐蕃的西北路线和南部路线却要相对封闭和困难得多。经拉达克的西北路线，虽是吐蕃通往西域西部、中亚和天竺西北部的重要通道，但因此路线须穿过辽阔的中亚沙漠干旱区，沿途多为荒漠无人之境，且路程遥远，所以，在通行上远不如东北和东南路线便利。公元8世纪初，吐蕃虽经由此道，实现了对葱岭以西的小勃律等20余中亚小国的统治，但当747年唐朝高仙芝率步骑万余人远征小勃律之际，吐蕃终因路途遥远、援兵不至而丧失对小勃律等中亚小国的控制。吐蕃势力最终未能有效地向中亚发展，而仅仅在中亚建立过短暂的统治，这除了因受到唐和大食势力的遏制外，其西北路线的遥远和不利通行显然也是重要原因。

通往泥婆罗和天竺东北部的南部路线同样较为困难。此路线为横越喜马拉雅之山道，地势高峻，终年积雪，沿途多为人迹罕至的不毛之地，加之山道狭隘、崎岖险恶，通行极为困难，大规模的通行则更为困难。在吐蕃时期，强大的吐蕃王朝对其南部近在咫尺的小国泥婆罗并未实现如同对东部的吐谷浑、党项那种直接的占领和统治，而仅以臣属国的形式对其实行羁縻统治，这可能与双方在地形上较为隔绝和交通条件上的限制也有密切关系。

法国著名藏学家石泰安在《西藏的文明》一书中写道，西藏“西部地区对西藏文明的形成曾起过重大作用。那里既与犍陀罗和乌苌国（斯瓦特）接壤，又与该地区的小国毗邻，希腊、伊朗和印度诸文明中的古老成分都经由那里传至吐蕃”。此外，西藏“南部的尼婆罗和北部的于阗很早就同吐蕃建立了关系，并且都以其古老的佛教文明在吐蕃的艺术和宗教中留下了深刻的影响”[①]。早在1世纪时，罗马帝国已有来自西藏的麝香，其品质得到贵族和宗教人士的高度评价，认为是世界上最好的麝香。关于这些麝香到达罗马的途径，一般认为是生活在喜马拉雅山南麓的一些商人将其从西藏贩运到印度，再经中亚销至罗马帝国，或者通过青海柴达木盆地或西宁北上，经河西走廊、新疆到达罗马帝国。

据塔巴里《年代记》载，吐蕃人曾经支持过大食将领穆萨（Musa）在怛蜜（今捷尔梅兹）的叛乱。穆萨的父亲伊本·喀兹姆（Ibn khazim）是僭位者左拜尔（Abdallah b. al-Zubay,）的呼罗珊总督，691年被杀，于是穆萨逃往河中地区进行叛乱。后来，穆萨与其支持者发生分裂，“正在这时，挹怛人（al-Hayatiah）、吐蕃A（al-Tubbat）和突厥人突然向他们进攻，这些人约有七万，都戴着球顶尖盔（dhat qonas），此外还有数不清的不穿甲胄者，有盔无冠者”[②]。说明至迟在7世纪初，吐蕃与大食曾在吐火罗地区有过直接接触。一般认为，西方人今天对西藏的称呼Tibet，就是源自阿拉伯人。吐蕃势力向西域、中亚的渗入主要表现在商业贸易上，贸易的发展又引起了吐蕃人对经济的新的兴趣，这为吐

① [法]石泰安:《西藏的文明》,耿昇译,中国藏学出版社,1999年,第34—35页。

② 塔巴里:《年代记》卷2，第1153页，转引自杨作山:《回藏民主关系史》，宁夏人民出版社，2013年，第7页。

蕃社会的发展指出了一个新的方向。692年（武则天如意元年），王孝杰收复安西四镇，结束了双方长达30年的西域争夺战。在唐朝严密的防守下，吐蕃很难再从中路喀喇昆仑山口进入西域，于是，向西经勃律（今巴基斯坦北部的巴勒提斯坦）绕道葱岭进入西域成为必要。

吐蕃到西域的交通大致有两条。其一是从逻些（今拉萨）出发沿唐蕃古道至青海湖附近，再沿青海路由伏俟城（今青海共和县铁卜卡古城）经白兰（今青海都兰县一带）西至格尔木，再西北经尕斯库勒湖，越阿尔金山至今新疆的罗布地区；或者经白兰西北至今大、小柴旦穿过祁连山到达河西走廊的沙州，从此亦可以到达罗布地区①。其二是从逻些至于阗，再从于阗至罗布地区甚至沙州。探险家斯坦因在罗布泊地区发现的藏文木简中有关于“毕当及多赞森木抱于兔年夏季六月二十二日从和阗往鄯善城驿站传”②的记载。另据阿拉伯地理学家格尔迪孜的记载，从吐蕃至于阗的道路是从所谓的“吐蕃可汗之门”出发，越过一座“有毒之山”，穿过一座由于阗人建造的处于两山之间的桥到达阿尔珊（Alshan），再北上至于阗。③

通过以上梳理可以看出，古代藏族与周边的很多民族和国家发生了联系，尽管其间的交通难易不同，但用四通八达形容不为过。

三、交流对于古代藏族及其四邻发展的助力

一个民族的发展繁荣，离不开与其他民族的交流交往和交融。只有通过交流，学习其他民族的优秀文化，才能博采各民族

① 周伟洲：《吐谷浑史》，宁夏人民出版社，1985年，第135—136页。

② 王尧、陈践：《吐蕃简牍综录》，文物出版社，1985年，第135条。

③ 杨铭：《唐代吐蕃与西域诸族关系研究》，黑龙江教育出版社，2014年。

之长，使本民族的文化之树长青；只有通过交往，才能互通有无，改善本民族民众的生活，为民族的发展进步奠定坚实的物质基础；只有通过交融，才能吸纳其他民族的新鲜血液和基因，不断改良和壮大本民族的族体。

（一）族体的发展壮大

影响一个国家和地区的人口数量的变动，用人口学的术语来说包括两大因素：一类是人口的自然变动，即由于出生和死亡而引起的人口数量的增减变动；另一类是人口的迁移变动，即人口在空间上的移动，亦即所谓人口的机械变动。但是，民族人口数量变动的因素就更为复杂，即除了人口的自然变动和人口的机械变动两大因素之外，还必须添加第三种因素，即在民族演变过程中，由于民族或民族的各个部分的同化和分化，从而引起在不同时期人口数量的变动①。这一点在藏民族发展过程中，表现得非常明显。

随着军事势力的发展，许多部落（或民族）被纳入吐蕃王朝的统治之下。先后被征服继而被同化的有以下一些部落（或民族）：

1. 苏毗：由于在历史上迁移不定，因此其活动地域很难确定，一般认为分布于西藏西北部及青海东南部这一区域内。据称，苏毗辖居民三万户，地域辽阔，农牧兼营，实力强盛。自被吐蕃兼并后划作一如（孙波如）②，充当吐蕃兵员和物资供应地，吐蕃东进的军粮马匹“半出其中”。唐天宝年间，一部分部众随王子悉诺罗投奔唐朝，居留原地者，便逐渐被同化到藏族之中。

2. 大小羊同：即象雄，以游牧为主，分布于今西藏阿里一带。曾经建立文明发达的王国，并与吐蕃王朝联姻。被征服后，其部

① 张天路：《民族人口学》，中国人口出版社，1989 年。

② “如”是吐蕃王朝的行政、军事和经济三位一体的区划单位。当时共设五如，孙波如是最后设的一如。

众汇入藏族之中。

3. 党项：古代羌人的一支，分布于果洛、甘南、新疆和川西北等地，被吐蕃征服后大部分于唐高宗时内迁，居留的一部分被称为“弭药”而汇入藏族中。

此外，白兰、吐谷浑、唐人（即散处河湟流域的汉人）等，也有部分被同化到藏族中。

以上如此杂众的部落和民族，是如何同化到藏族之中来的呢？主要原因是吐蕃王朝统治者采取了区别对待的政策。

对于诸羌部落和吐谷浑部落，由于同藏族共同点较多（如相同的经济生活方式，相近的宗教信仰和风俗习惯等），加之他们都没有形成稳定的人们共同体，内部的凝聚力和对外的排他性不强，因此采取了自然同化加强迫同化的政策。在统一的政权之下推行统一的语言、文字，并以藏传佛教为唯一正统的宗教加以传播，比较顺利地培育了以吐蕃文化为中心的共同的心理素质，使他们逐渐地同化到藏族之中。宋朝时在这些部落故地建立了唃厮啰政权，从宋朝的一些记载看，当时的唃厮啰政权使用藏文，向宋朝上书皆用“蕃字”,时人称“蕃书”或“旁行书”。[①]“其国大抵吐蕃遗俗也”，“贵虎豹皮，用缘饰衣裘。妇人衣锦，服绯紫青绿，尊释氏……”[②]说明在10世纪前后，这些部落中一部分人已被同化到藏族中。

而对于历史悠久、凝聚力和排他性都极强的汉族，则采取了完全强迫同化的政策。《白氏长庆集》载：“延州镇守如暹，蓬子将军之子也，尝没西蕃，及归，自云：‘蕃法唯正岁一日许唐人没蕃者服衣冠,如暹当此日,由是悲不自胜。遂与蕃妻密定计归’。”当时的一些诗词也反映了这种同化的情况,如“去年中国养子孙，

---

① 《长编》卷二八二。

② 《宋史·吐蕃传》。

今著毡裘学胡语”[①];“一自萧关起战尘,河湟隔断异乡亲。汉儿尽作胡儿语,却向城头骂汉人”[②]。说明当时在吐蕃统治下的汉族被迫穿毡裘、讲藏语，不许他们穿汉装、讲汉语，唯有正月初一祭祖时例外，而且要他们与藏族妇女婚配，因此有许多人被迫同化到藏族之中。

由此可见，藏族在历史上同羌族、鲜卑族以及汉族都有密切的关系，只不过这种关系是主流和支流的关系。也就是说，形成藏民族的内核是雪域高原的原住民，在藏族形成之后，这些部落和民族中的部分人才汇入藏族之中，因此从严格意义上而言，不能将其视为藏民族的族源。其间的区别就在于源与流。

（二）吸收消化其他民族的优秀文化为我所用

吐蕃王朝建立后，雄才大略的松赞干布深感吐蕃政治、经济、文化的落后，于是采取了开放吸收、“拿来主义”、兼容并蓄的政策，先后派人留学印度和到中原唐朝地区学习。

佛教大规模传入吐蕃，是在松赞干布时期。当时，松赞干布先后娶尼泊尔的赤尊公主和唐朝的文成公主，两位公主都从自己的家乡带去了佛像。另外，用梵文和汉文翻译大量佛经，当时到吐蕃的翻译家有天竺的阿阇黎古萨热、婆罗门香嘎，迦什弥罗的达努，泥婆罗的尸罗曼殊，汉地和尚玛哈德瓦茨等。[③] 8世纪，是佛教在吐蕃广为传播的时期。赤德祖赞（704—755年在位）时，大力促进佛教的发展，派人去迎请印度法师，引进佛教经典等。同一时期，由于大食的东侵、伊斯兰教的传播，迫使康国、拔汗那、疏勒、于阗等地的佛教徒逃往吐蕃，寻求庇护。他们到逻些

① 《张司业诗集》卷九《陇西行》。

② 司空图:《河湟有感》。

③ 《贤者喜宴》，第182页；参见黄颢:《〈贤者喜宴〉摘译》，载《西藏民族学院学报》，1981年。

后，受到赞普的礼遇，特地为他们修建了寺庙。[①]到赤松德赞之世，佛教在吐蕃进一步得到发展。赤松德赞派大臣巴·赛囊到印度迎请高僧，请来了著名僧人寂护和密宗大师莲花生。莲花生是乌仗那（今巴基斯坦斯瓦特）人，据说，他是乌仗那国王之子。[②]莲花生来到吐蕃以后，不仅大力弘扬佛法，还修建了吐蕃佛教史上第一座剃度僧人出家的寺院——桑耶寺，时间大约在779年。此后，赤松德赞继续派人去印度迎请僧人，请来的人当中，有大乘密宗派的无垢友、法称，还有迦湿弥罗僧人阿难陀等。792—794年，由赤松德赞主持，召集印度佛教和汉地佛教的僧人在桑耶寺进行辩论，主要是"顿悟"和"渐悟"之争。据说，这场辩论以汉地和尚失败而告终。从此，印度佛教便在吐蕃取得了优势的地位。

兼容并蓄的政策一方面体现在对青藏高原地区各民族进行同化，并对其进行文化吸收，另一方面体现在对周边国家和民族进行吸收和熔铸，使其成为吐蕃王朝灿烂文化重要的组成部分。这也是吐蕃王朝文化在短时间内迅速获得发展的重要原因。"拿来主义"是将各个国家和民族的优秀文化形式不加改造地直接拿来为我所用，这在建筑领域表现得最为明显。在赤松德赞时期修建的第一座佛法僧三宝俱全的桑耶寺，其位于中央的"乌策"大殿共三层，上层为印式，中层为汉式，底层为藏式，所以这座大殿也被称为"三样殿"。坐落于昌都地区的噶玛寺，是噶玛噶举派的祖寺，寺院主殿的底层为厚重的藏式土墙，中层木结构体现明显的纳西族木楼建筑风格，上层为汉式绿琉璃瓦大屋顶，重檐下挑梁斗拱。据寺院喇嘛介绍，当年一世噶玛巴修建这座寺院时，聘请了内地汉族、昌都藏族以及芒康金沙江边的纳西族工匠共同

① 《西藏佛教发展史略》，第5—6页。

② 巴色朗：《巴协》，民族出版社，1980年，第22页。

修建，而大殿中的铜佛像，则是请尼泊尔工匠塑造的，多民族建筑风格融汇在噶玛寺建筑上，形成了一种独具魅力的风格。

另外，巴卧·祖列陈哇在《贤者喜宴》中记载：“是时自东方汉地及木雅获得工艺与历算之书，自南方天竺翻译了诸种佛经，自西方胡部泥婆罗，打开了享用食物财宝的库藏，自北方霍尔回纥取得了法律及事业之楷模。”[①]这一记载可以说非常简明扼要地叙述了周边各民族文化对古代藏族的影响。

同时，松赞干布迎娶尼泊尔公主迟尊和唐朝公主文成，不仅使佛教传入吐蕃，更重要的是使两地的优秀文化传入吐蕃。尤其是文成公主进藏，使中原优秀的物质文化和精神文化随嫁而来，开创了藏汉人民友好交往的先河，文成公主也因此而备受藏族人民的崇敬，被称为“阿姐甲莎”，当神供奉。

由于吐蕃与西域诸族的联姻以及在政治、经济、文化方面的密切交往，也由于吐蕃社会发展的内在需要，隋唐时期西域诸族千户制、万户制等，均为吐蕃所吸收或借鉴，用以建立或完善自身的军政制度。

除万户制以外，在军事行动方面，吐蕃也受北方民族的影响。《贤者喜宴》ja 函“吐蕃王统”载，松赞干布时分吐蕃本土为五如。其中，上下伍茹之茹马为白鬃灰白马及赤色豹纹马，上下约茹为棕黄花斑马及白蹄赤色马，上下茹拉之茹马为鹅黄红鬃马及棕色黑鬃马，上下叶茹为赤色火花马及青骢马。[②]而《史记·匈奴列传》载，前 200 年冒顿单于以四十万骑兵围刘邦于平城（今山西大同市东）之时，曾以马的颜色分类编队，西方尽是白马，东方尽是青龙马，北方尽是黑马，南方尽是赤黄马。匈奴、吐蕃都是以畜牧为主的游牧民族，所养马匹非常多是可信的；其军队以马匹

---

① 黄颢：《〈贤者喜宴〉摘译》，载《西藏民族学院学报》，1981 年。

② 《贤者喜宴》，第 186—188 页；参见黄颢：《〈贤者喜宴〉摘译》，载《西藏民族学院学报》，1981 年。

颜色编队的记载虽不可尽信，但基本的事实仍是可以相信的。因此，有学者认为，包括匈奴在内的北方游牧民族的骑马编队法影响到了吐蕃。[①]

《贤者喜宴》还说，松赞干布时，吐蕃“自北方霍尔、回纥取得了法律及事业之楷模。如是,松赞干布遂统治四方”[②]。《新唐书·吐蕃传上》说:“其刑，虽小罪必抉目，或刖、劓，以皮为鞭抶之，从喜怒，无常算。其狱，窟地深数丈，内囚于中，二三岁乃出。”有学者引《隋书·突厥传》《西藏王统记》等，认为吐蕃与突厥治罪相类似。[③]说明突厥等民族的法律制度包括刑罚规范对吐蕃的影响。

今天大家知道藏族的医药学很发达，特别是在生命科学（胚胎学、养生学）和一些疑难杂症的治疗方面有独到之处。其实，在藏医药学形成之初，古代藏族通过与周边各民族的交往，在学习和借鉴中医学、印度医学、突厥回纥医学以及阿拉伯医学的基础上，形成了本民族独特的医药学体系。

经过消化吸收，吐蕃王朝建立了一整套职官体系和从上到下的行政机构，制定和完善成文法，巩固了地方集权的封建统治政权。经济发展了，农业、畜牧业、商业、手工业的发达，为其军事扩张奠定了坚实的物质基础，同时，也逐渐形成了藏民族独特的文化体系——以藏族社会原生态文化为基础，融合以佛教文化为主体的印度文化，并以佛教的思想体系为指导，掺杂一些汉族文化及其他民族文化的文化体系。

（三）丝绸之路对于古代藏族商业贸易的促进作用

据《贤者喜宴》记载，藏族在松赞干布时期学习唐朝以及周

---

① 《古代チベット史研究》，第757页。

② 《贤者喜宴》，第184页；参见黄颢:《〈贤者喜宴〉摘译》，载《西藏民族学院学报》，第1981年。

③ 王忠:《新唐书吐蕃传笺证》，科学出版社，1958年，第1页。

边民族建政经验、设官及民政，并且“自西方之胡部、泥婆罗，打开了享用食物财宝的库藏”①。其中，“胡部”即指粟特，“泥婆罗”指今尼泊尔，所谓“打开了享用食物财宝的库藏”，是指与这些民族的经济贸易。

藏文史书记载，在松赞干布时，吐蕃有八个市场：上部三大市场即勃律王土、突厥和尼泊尔；下部三大市场即葛逻禄、绒绒和丹玛；中部两个市场即东东（疑为董、东——引者注）。八个市场即八个山口，其中四大山口的管理者，没庐氏王赤松杰达囊分管东方汉绢之山口；桂氏赤聂沃玛分管南方米和糜子之山口；仲·琼萨沃玛分管西方蔗糖和染料之山口；琼波·邦觉分管北方盐与犏牛之山口。在四大山口分设四小山口。②从而形成了唐、门巴、尼泊尔、印度、波斯、拉达克、于阗、粟特以及勃律、苏毗等贸易网络，给吐蕃经济、文化发展注入了很大活力。

在海路畅通前，丝绸之路不仅是一条商路，而且也是中国通向并了解外部世界的通道。包括古代藏族在内的草原游牧民族也希望能够控制这条贸易商道，以汲取农业文明高度发展的中原内地和重商的东罗马、中西亚的财富，以弥补物产之不足。

藏区有“宁可三日无粮，不可一日无茶”的说法，可见茶叶对于以肉、乳酪为主食的藏族民众的重要性；而内地历朝历代，很早也有“国家大事在戎，戎之大事在马”的说法，因此藏地和中原双方的这种互补性的现实需求，就成为以茶、马为主的经济贸易最坚实的基础，内地也成为古代藏族进行商业贸易的主要对象。

古代藏族还同西域、中亚、西亚及阿拉伯国家和民族保持密切的贸易关系，在这种贸易中，吐蕃商人除了经营珠宝、土特产

---

① 《贤者喜宴》，第119页；参见黄颢：《〈贤者喜宴〉摘译》，载《西藏民族学院学报》，1981年。

② 第吴贤者：《第吴宗教源流》，西藏人民出版社，1987年，第264页。

品和装饰品外，还将麝香、金、银、药材、盐、马等销往中亚，并从库车（790—860年间为吐蕃控制）、撒马尔罕、布哈拉诸地输入细锁子甲（用于骑兵和战马）[①]、长剑[②]、衣料等。根敦琼培《白史》说："彼时（指唐代）其他国家与西藏关系最多者，厥为'波斯'等国。尔时波斯国中，非但盛行佛教，即博学大德，余国亦无能比，西藏之王臣，似皆波斯之风尚，传说'松赞王'以红绢缠头等，又披彩缎之斗篷，著钩尖之革履，此等亦皆同波斯之风俗。其时印度和中国均无穿彩缎之风俗。……'俄日喇达'处（指阿里、拉达克——引者），直到现在传为法王之后裔者，彼等遇新年等节令，则其所著衣物，谓是往昔之服饰，戴称作'赞夏'之红帽，其顶细长，上角有一'阿弥陀'像用红绢缠缚，绢端前面交错。"[③]据《世界境域志》记载，所有印度的物品皆输入吐蕃，再从吐蕃输出到穆斯林各国。吐蕃则利用勃律——护密（今阿富汗境内）道，向中亚输出麝香、绵羊、布匹等物品；中亚的钢铁武器、细锁子甲、长剑等大量流入吐蕃。当时，在吐蕃辖区出现了多处商品集散地，拉萨成为世界上新兴的商业大城市之一。商业贸易的发展促进了经济、文化、宗教、军事等方面的发展，进一步增强了吐蕃王朝的势力。为了鼓励商品输入，吐蕃采取贸易自由政策，免征进出口货物税。在吐蕃控制丝路通道的100多年间，吐蕃成为唐与中亚通商的桥梁。在丝绸之路贸易史上，生息于该地域的各民族不但造就了丝绸之路，同时也通过丝绸之路造就了自己。

总之，古代藏族通过丝绸之路等交通，与中原、天山南北诸

---

① 《通典·吐蕃》记载吐蕃风俗时说："人马俱披锁子甲，其制甚精，周体皆遍，唯开两眼，非劲弓利刃之所能伤也。"而锁子甲正是康国贡献给唐朝的贡品。

② 《汉藏史集》记载，吐蕃时期曾流行一种所谓的"索波刀剑"，实际上就是产自中亚粟特人地区的兵器。

③ 根敦琼培：《白史》（铅印本），法尊大师译，西北民族学院，1981年，第10—11页。

族进行交往交流，唐代中原、西北诸族的制度与文化，包括历算、工艺、宗教及其法律等，不断地为吐蕃所借鉴、吸收，在其影响之下，吐蕃王朝的社会经济、宗教文化等得以发展到一个相当的高度。同样，吐蕃文化也长久地影响到了西北民族，这主要表现在宗教、语言、文字、服饰、艺术等方面，以至于在西北诸族的历史上留下了所谓“吐蕃化”的种种印记。可以说，古代藏族最终在元朝时融入中华民族大家庭，成为中华大家庭的重要成员之一，与历史上长期以来通过丝绸之路、麝香之路、唐蕃故道、茶马古道的交通，与各民族交流交融是分不开的。也可以说，一个民族繁荣发展的过程，不可能独自完成，各民族之间的相互交往、相互交流、相互学习，是共同发展进步的必由之路。而中国所倡导的建设新时期“一带一路”，为各民族、各个国家提供了共同发展进步的新机遇。

四、启示

“一带一路”涉及世界上很多国家和民族，这些国家和民族在社会发育程度和发展水平上不均衡，利益诉求和发展目标千差万别；文化多元，宗教信仰、价值观念、法律制度、社会制度各不相同。“一带一路”把这些国家和民族连接起来共同谋求发展，这是空前的创举。其中的机遇自不必言，而挑战和风险也是显而易见的。

我认为，顺利实现“一带一路”建设的预期目标，各个国家、各个民族在交往交流中，必须遵循以下原则：

（一）平等尊重原则

一是平等地对待每一个民族、每一个国家，即牢固树立民族无论大小、国家无论强弱一律平等的原则，努力克服“小国心态”、“大国心态”、“强国心态”和“民族优劣心态”；二是尊重各个民族、各个国家的历史渊源、文化传统、宗教信仰、风俗习惯以及自我选择的发展道路;三是奉行“己所不欲,勿施于人”的传统,不能以自我为中心、以自我为标准,以居高临下、施舍和援助的心态参与其中。

（二）互利共赢原则

2008年美国金融危机发生后,“逆全球化”思潮和贸易保护主义在各国不同程度地发生,多边谈判遇阻,双边谈判缓慢,全球贸易出现疲态。“一带一路”无疑是打破这种“逆全球化”藩篱,将经济全球化和区域经济一体化引入既定发展轨道的新的动力源。这么多国家和民族之所以响应建设“一带一路”的倡议,是因为都希望借助“一带一路”发展本国、本民族的社会、经济、文化。因此,互利共赢是“一带一路”的目标,也是基础。

（三）协商一致原则

没有规矩不成方圆。民族、国家之间的交往交流,没有一定的规则是无以为继的。作为多方合作的一种机制,“一带一路”的规则的制定必须采取协商一致的原则,不能像有些国家一样,把自己的价值观和规则强加于人。在表明自己立场的同时,应倾听对方的意愿,加强双向沟通,以足够的诚意和信誉逐步化解周边国家的疑虑和敌意,凝聚共识、增加互信。

（四）开放自主原则

“一带一路”不仅仅是一条经济合作之路,更是文化交流、民心互通之路。因此在国与国交往过程中,一定要处理好开放与自主对立统一的关系,既要加强国与国之间的开放交流,又要保持本国独立自主、尊重他国的主权。

（五）义利并重原则

“一带一路”建设是国家牵头、企业运作的战略项目,它不是单方面的对外援助项目,而是各个国家共同在市场规则的规范和调整下,达到多方共赢的目的。因此,既要重视经济效益,也要追求社会效益；既要我发财，也要你发展，只要是沿线国家亟须做的事情，即便利润有限甚至亏本也要认真对待，尽力去做。否则可能会伤害对方国家和人民的感情，给“一带一路”建设带来无法挽回的道德、情感和民意损失。

（六）调研先行原则

“一带一路”沿线国家民族众多，文化多元，法律和政治制度各异。因此，无论是进行贸易还是投资，必须对当地的风土人情、宗教信仰、文化传统、国情民意、各种风险因素等进行深入细致的调查研究，做到决策的科学和周详，规避风险和不必要的损失。

【参考文献】

[1] 得荣·泽仁邓珠．藏族通史·吉祥宝瓶．西藏人民出版社，2001.

[2] 王尧，陈践．吐蕃简牍综录》．文物出版社，1985.

[3] 杨铭．唐代吐蕃与西域诸族关系研究．黑龙江教育出版社，2014.

[4] 张云．西藏历史问题研究．中国藏学出版社，2008.

[5] 陆离．吐蕃统治河陇西西域时期制度研究．民族出版社，2011.

[6] 冯并．“一带一路”全球发展的中国逻辑．中国民主法制出版社，2015.

[7] 杨作山．回藏民主关系史．宁夏人民出版社，2013.

[8] 石硕．论地缘因素在吐蕃文明东向发展过程中的作用．西藏研究 .1992（01）.

[9] 黄显铭．文成公主入藏路线初探．西北民族学院学报 .1980（01）；文成公主入藏路线再探．西藏研究 .1984（01）.

[10] 薛宗正．唐代西域吐蕃人生活管窥．青海民族研究 .1996（04）.

[11] 阿布都外力·克热木．从藏族对裕固族的影响看吐蕃与回鹘的文化交流．西北民族学院学报 .2011（02）.

[12] 日森安孝夫．中亚史中的西藏吐蕃在世界史中所居地位之展望．钟美珠，俊谋译．西藏研究 .1987（04）.

新中国成立以来河南省民族关系发展研究初探

原思明*

众所周知，作为我国“一带一路”建设中“新丝绸之路经济带”沿线重要地区的河南省，既是一个55个少数民族俱全、总数达1, 453, 490人、散居地区少数民族人口最多的省，也是一个回族人口占全省少数民族总人口85%以上、达到1, 241, 085人①，居全国第三位的回族人口大省；是我国散杂居民族工作的重点省、典型省②。

因此，研究河南省民族关系主要是回汉关系的历史及发展，不仅对河南省意义重大，而且对我国中东部散杂居民族地区及我国“一带一路”建设发展，也具有十分积极的意义。

一、新中国成立开启了中国及河南省民族平等团结关系的崭新时期

回、汉两个民族（尤其是居于我国河南的），是两个空间距离最近、联系较为广泛和紧密的民族。但是，存在阶级压迫的旧中国，回汉民族之间的关系却是不平等的。

---

* 原思明，河南大学民族研究所教授。

① 河南省民委二处编：《河南省民族经济统计汇编》2013年，第141页。

② 马迎洲、李尊杰主编：《河南回族》，中州古籍出版社，2014年，第230页。

1949年10月1日，中华人民共和国成立，临时宪法——中国人民政治协商会议《共同纲领》颁布；1951年5月16日，政务院下发《关于处理带有歧视或侮辱少数民族性质的称谓、地名、碑碣、匾联的指示》；1952年2月22日，政务院通过《中华人民共和国民族区域自治实施纲要》及《关于保障一切散居的少数民族成分享有民族平等权利的决定》。随着一系列法律、法规的颁布，从根本上开始了新中国平等、团结、互助、合作的民族关系新时期。但是，对此我们还不能简单地认为，历史上民族不平等造成的各种隔阂和不信任会立即、完全、彻底地消除。而且还应看到，随着各民族人民共同敌人——帝、官、封反动统治和民族压迫制度的结束，原来处于次要地位的民族之间因差异而造成的人民内部、非对抗性质的矛盾，还会凸显和上升，逐渐成为主要矛盾。后来的历史证明，正是由于这一变化和我们对此思想准备不足，以及新中国民族理论政策宣传教育未完全到位，一些地区主要是散居民族地区，又出现了一些违反党的民族政策、伤害民族关系的言行。

1952年，在河南省出现了一些人对回民生活习惯不尊重、对阿訇不尊重的现象。这又被当时对新中国心怀敌意、潜伏于豫东地区的敌特分子所利用，在少数民族中制造谣言，导致在一些少数民族聚居地方出现回汉民族关系一度较为紧张[①]的情况。

对于当时散杂居民族地区的问题，党中央在此事发生前已有所察觉，并发文要求在全国杂居区开展民族政策执行情况检查。在获悉河南省的问题后，更是高度重视，并组建由中南军政委员会秘书长兼中南局民委主任张执一同志为团长、有110人参加的“中南民族访问团”，专门到完全是散杂居少数民族

① 马迎洲等著：《河南少数民族史稿》，中州古籍出版社，1990年，第131—132页。

地区的河南省进行访（慰）问。1953年1月14日，访问团到达河南省会开封市。之后，访问团不仅深入各地区直接向少数民族群众宣传党的民族政策和检查民族政策执行情况，而且扎实地进行工作，调查和处理解决了一系列问题及困难。正是访问团在访问过程中表现出的对少数民族诚挚热爱的感情及一系列扎实有效的工作，使河南省少数民族人民爱上了我们的党和新中国人民政府，并从内心深处感受到中国共产党的伟大和其民族政策的正确英明，开始解除长期以来存于心头的疑惧和隔阂。期间，一些群众为直接见到访问团，不惜步行百里。有一些人还拿出自己珍藏了近二百年的珍品送给访问团，甚至还有一些人将访问团成员抬起，走了两条街①，表达自己对党和政府的拥护和热爱，河南省也从此开创了民族工作及民族团结关系的新局面。

此外，还需要特别一提的是，1953年3月16日，毛泽东主席在审阅了中共中央关于批判大汉族主义思想指示稿后，又加写了许多内容。其中不仅严肃地指出，"……必须深刻批评我们党内在很多党员和干部中存在着的严重的大汉族主义思想"；而且明确指出，"凡有少数民族存在的地方，都要仿照中南的办法派出像张执一和马杰这样懂民族政策、对于仍然被歧视受痛苦的少数民族同胞怀抱着满腔同情心的同志，率领访问团，前往访问，认真调查研究，帮助当地党政组织发现问题和解决问题，而不是走马看花的访问"②。在随后的三四年里，毛泽东主席又多次提及反对大汉族主义问题。他说："汉族这么多人，容易看不起少数民族，不是真心诚意地帮助他们……。当然，少数民族中间会要发生狭隘民族主义的，那也要反对。但是，

① 《河南日报》，1953年1月17日。

② 《毛泽东年谱》第二卷，中央文献出版社，第59—60页。

这两个东西，主要的，首先要反对的是大汉族主义。”“只要汉族同志态度正确，对待少数民族确实公道，在民族政策上，民族关系的立场上完全是马克思主义的，不是资产阶级的观点，就是说，没有大汉族主义，那么，少数民族中间的狭隘民族主义观点是比较容易克服的。”[①]周恩来总理还更加明确地指出，汉族子孙应该以一种“赔不是，还祖宗欠下的债”的态度做民族工作。周总理说：“汉族是老大哥，应该做表率。”[②]

另外，在1954年10月党中央批准的全国统战工作会议通过的《关于过去几年内党在少数民族中进行工作的主要经验》中，还明确地指出：“歧视少数民族的现象以民族杂居区和散居的少数民族比较普遍。”[③]1956年，即我国社会主义改造运动进入高潮之时，全国又一次开展了民族政策执行情况的大检查。

正是上述党在少数民族包括散杂居少数民族权益问题上表现出的高度重视态度及科学的理论政策、扎实的工作，特别是要求“以对待大民族或原来压迫民族的不平等，来抵偿生活上实际形成的不平等”的马克思主义民族平等观的纯洁性，以及无产阶级革命的彻底性，使少数民族包括河南省的少数民族真正认识和爱上了我们的党，建立了真正的民族信任，使中华人民共和国成立后开始的民族平等、团结、互助、合作新关系得到了显著的巩固与加强。这就是中华人民共和国成立后，河南省民族关系的第一个黄金时期。

---

① 《毛泽东选集》第五卷，人民出版社，1979年，第213页。

② 《周恩来与西藏》，中国藏学出版社，1998年，第111、第161页。

③ 转引自《散杂居民族工作概论》，民族出版社，2001年，第106页。

二、历史遗留民族隔阂的顽固存在与“左倾”错误对民族关系的严重破坏

1956年毛泽东主席发表《论十大关系》报告时，就曾经明确指出：历史上民族压迫造成的民族隔阂及影响，“就在劳动人民中间也不容易很快消除”。历史证明，就是在上述中国民族关系发展的第一个黄金时期，也非我们一些人想象的那样完美，隔阂完全得到消除。民族问题具有长期性，绝非我们想象的那样容易或者说简单地消失了。历史遗留的民族隔阂与偏见，在社会一些地区和层面具有较为深厚的基础，只有经过长时期的努力、实践，反复证明，团结友好的民族关系才能得到巩固和发展。然而令人遗憾的是，就在此后，我们的工作却开始急躁、骄傲起来，在整个社会主义建设的指导思想上，出现了严重的“左倾”错误，并对我们的整个工作包括河南省已经建立的民族平等团结关系，造成了严重影响。

三、改革开放新时期新问题的出现与民族团结关系新发展

1978年12月党的十一届三中全会后，实现了河南省民族关系历史发展的伟大转折。经过全国性党的民族政策学习、宣传、教育及贯彻落实情况大检查，特别是1979年10月12日党中央、国务院专门批准国家民委党组《关于做好杂居、散居少数民族工作的报告》，以及中共河南省委、省人民政府带领全省人民开展对中央方针政策的认真贯彻和大量扎实有效的工作，使河南省的民族关系状况与之前相比，有了根本的改善。对于这一时期民族工作的成就及好形势，人们情不自禁地发出

赞叹：“党的民族政策又回来了！”

在实行改革开放政策后的社会主义建设新时期，我们也应看到社会的确出现了一些新变化，即经济及社会发展的速度明显加快。在此过程中，一方面，人们包括少数民族维护自身权益的意识普遍增强；另一方面，随着人与人、民族与民族之间交往的增多，因各方面利益矛盾引发的纠纷也大大增加。加之在此阶段的初期，我们在思想认识上准备不足，处理突发事件经验缺乏，因此使民族之间主要是回汉群众之间出现一些矛盾纠纷。对此，河南省委、省政府在贯彻中央方针政策精神、提高认识的基础上，结合本省实际，带领全省各族人民，经过一系列创造性的工作和探索，在处理解决矛盾纠纷、维护民族团结的能力和水平方面，不断得到提高，创造出一系列好的经验和办法。主要有以下几点：

1．1987年，周口地区淮阳县刘振屯乡实行“民族团结工作责任制”，将民族团结工作作为一项重要的任务承包给乡村级干部，并将其作为考察干部政绩的标准之一。

2．1989年，商丘地区民委在全区开展“民族团结文明村”活动，并将文明村的标准确定为：领导班子建设好；社会主义新型民族关系好；村风、村貌好；民族经济发展好；民族教育、文体活动开展好；遵纪守法政策好；宗教活动管理好；计划生育好。

3．1992年，焦作市中站区朱村乡党委在本乡造店回族村与店后汉族村两个村之间建立“民族团结友好协会”，并制定协会章程及公约。同时，两村还成立分会，设立办公室，并拨发专用经费，还分别确定一位村干部或村委会副主任负责两村间的联系和协调工作。

4．1995年4月，中共平顶山市委下发《关于印发民族宗教方面不安定因素排查制度的通知》，规定：每月10日为不安定因素的排查日，规定了不安定因素、事故萌发的报告制度；按照“谁主管、谁负责”的原则及时逐级上报，并对民族方面的事件实行严格的责任制，层层负责，逐级报告，认真排查，及时解决；市、县、区还实行了排查联络员制度。

5．1995年7月，河南省民族事务委员会总结经验并推广南阳市的做法，下发《关于在少数民族聚居地方建立“民族团结进步促进会”的通知》，要求少数民族聚居村、镇要建立“民促会”组织，规定其主要任务为：深入贯彻、落实党的民族政策，及时反映群众意愿，协调并化解影响民族团结的各种矛盾，积极带领群众加快经济发展，在政府与群众之间起到一个加强联系的桥梁作用。[①]

2003年，河南省在以上成就的基础上，还进一步提出了建立包括“组织协调”“培训教育”“表彰惩戒”“不安定因素排查上报”“突发事件应对”五个方面内容的民族团结长效机制。[②]

上述制度和方法在实际工作中均产生了良好效果。正是此一系列新的办法和制度的执行，使河南省民族团结与社会稳定得到了较好维护。

但是，在肯定上述成绩的同时，我们也应看到，这些经验和办法主要是针对当时一些地方存在的一些问题，从如何处理、解决、发现、避免问题出现的角度提出的，这一切无疑是重要和必要的。但是从长远和根本上讲，更要从思想上提高我们的马克思主义民族理论政策水平，增进民族间的了解、理解、信任及相互尊重的友好感情，为民族团结奠定思想基础。

① 马迎洲、李尊杰主编：《河南回族》，中州古籍出版社，2014年，第243—245页。

② 马迎洲、李尊杰主编：《河南回族》，中州古籍出版社，2014年，第246—247页。

四、河南省民族团结工作的再发展

河南省的民族关系主要是回汉关系的状况良好，但却不是完美无缺的。当地回汉村民之间长期以来也存在一些未解决的矛盾和问题。另外，从我们自己的工作上看，还存在明显的疏漏。基于上述情况和对于存在问题的反思与检讨，河南省委、省政府高度重视，在进行深刻总结反思的同时，迅速采取各种新的措施和办法去解决问题，推动民族团结和谐关系继续向前发展。

2004年年底，中共河南省委、省人民政府通过了《关于切实维护社会稳定，推进和谐社会建设的若干意见》。

2005年，时任中共河南省委书记徐光春，对民族工作十分重视，在2—5月的短短3个月中，对民族工作做出了9项批示。

9月，在召开的河南省民族工作会议上，在贯彻中央民族工作会议精神中，下发了《中共河南省委、河南省人民政府关于进一步加强新形势下民族工作的意见》，进一步明确提出了建立健全维护民族团结长效工作机制的五项具体内容：(1)协调机制。规定：民族宗教工作任务较重的省辖市、县（市、区）、乡（镇）要建立民族工作领导小组或联系办公会议制度，明确职责，实行责任制，以加强对民族宗教工作的领导。(2)培训教育机制。各级党校、行政学院要开设民族理论政策课，在广大干部特别是领导干部中开展党的民族理论、民族政策和民族法律法规以及民族基本知识的教育。采取多种形式，广泛开展群众性的民族团结进步教育活动。民族知识、民族团结教育要进学校、进教材、进课堂。通过宣传教育，使“汉族离不开少数民族，少数民族离不开汉族，少数民族之间也相互离不开”的思想深深扎根于各族群众心中。（3）表彰机制。省政府每5年召开1次民族团结进步表彰大会，民族工作任务较重的省辖市、县（市、区）政府每3年召开1次民族团结进步表彰大会，对贡献突出的模范集体和个人及时给予表彰和奖励，营造加快少数民族和民族聚居地区发展、自觉维护民族团结的良好氛围。（4）不安定因素排查上报机制。每月定期自下而上排查、上报不安定因素，及时把不安定因素化解在基层、消除在萌芽状态。（5）突发事件应对机制。制定和完善应对突发事件工作预案，明确相关部门处理影响民族团结问题的职责，增强工作的预见性、主动性。

2006年5月，河南省举办省部级领导干部民族工作专题研讨班，徐光春书记向参会同志指示，要求大家结合河南省近年来的经验教训，进一步理清思路，抓住工作重点，找出薄弱环节，有针对性地做好工作。他还具体指出：一要政策落实；二要抓问题，抓准问题；三要抓机制；四要抓自身建设，“要办好民族宗教杂志”。①

7月，中共河南省委统战部在平顶山市主持召开“河南省散杂居地区民族关系研讨会”，同时启动由省委统战部主持、各地市民族宗教部门及有关专家参加的河南社会科学重点课题“和谐中原与散杂居民族关系研究”。

9月，河南省委统战部、省民委在新乡市联合召开全省民族团结进步工作经验交流会。

2007年6月，河南省委组织部、统战部、民宗委在郑州联合召开市厅级领导干部民族宗教工作研讨班，共开了3天。

2009年6月4日，《河南日报》刊登报道：辉县市创造了促进民族宗教团结的六项机制，即领导协调、培训教育、信息反

① 河南省民委宗教局主办：《河南民族宗教》，2006年第2期，第4页。

馈、工作联动、表彰惩戒、帮扶工作。

同月，商丘市梁园区成立“少数民族社会法庭”，同时宣布“三会一庭”即“阿訇社会联谊会、民族团结进步促进会、民族团结友好乡村恳谈会和少数民族社会法庭”民族工作机制正式形成。

2010年4月22日，河南省委宣传部、统战部、民委联合印发《关于进一步开展民族团结进步创建活动的意见》。

2015年4月，《中国民族报》刊发长篇连续报道，讲述河南省南阳市镇平县经过长时期努力，在做好接受新疆籍维吾尔族来内地经商务工人员方面，创造出了一个被称为“镇平现象”的一整套管理办法及经验，取得了可喜的效果，使这里成为我国内地接受维吾尔族流动人口最多的地区之一，最多时达到3000人，并且和当地人民和谐相处，一些人已经决定在当地购房、与当地人结婚。

这一时期，商丘市民族宗教局还积极沟通周边地市，与山东省菏泽市、江苏省徐州市、安徽省亳州市、河南省周口市等，创建了“四省十市”民族工作联席制度，搭建了信息交流平台，有效地促进了与周边地区的民族团结和社会稳定。①

以积极、认真的态度，推出一系列大量创新性举措，河南省维护民族团结与社会和谐稳定工作成效显著。

五、现状、存在问题与和谐发展的思考

在充分肯定成绩和发展的同时，冷静思考现状和未来的长远发展，也应当看到，在我们的民族团结教育及整个民族工作中，还存在一些不利于民族团结进步事业继续向前发展的问题

① 《中国民族报》，2015年8月28日第3期。

和薄弱环节，主要是：

1．历史遗留的一些问题，仍未得到完全彻底的消除。而在对于少数民族重要地位、作用的认识及相关权益的保护上，仍有与中央民族工作会议所讲的“多民族是我国的一大特色，也是我国发展的一大有利因素”不完全相符的地方。

2．少数民族干部数量不足与作用发挥有限。

众所周知，民族区域自治是我国处理解决民族问题的一项根本政治制度。少数民族干部不仅在党的民族工作中具有特殊的优势，是实现少数民族事业成功的一个关键性重要力量，而且还是体现党的民族平等原则的一个重要标志。对此，河南省委、省政府曾经多次下发文件，要求在少数民族上千人的乡、镇，和上万人的县、区领导班子中，至少要配备一位少数民族干部。但是，缺乏少数民族领导干部的情况仍存在，而且与党对干部在年龄、学历、专业结构、思想素质等方面的高标准要求相比，也存在一定的差距。

3．少数民族经济存在发展速度放缓，与当地整体发展水平出现明显差距并日益扩大的情况。

河南省的少数民族主要是回族，长期以来给人们留下“懂经济、善经营”即生产、生活状况比当地汉族只好不差的印象。据统计，20世纪90年代中期，河南省少数民族90%以上人均收入已经达到或超过了当地汉族的水平，全省少数民族的生产总值已经占到了全省生产总值的4.45%①，即已超过了其人口在总人口中的比例（1.5%左右）。但是，此后，发展速度却逐渐放缓，不仅与当地平均水平出现了差距，而且不断扩大。至2008年，全省21个民族乡（镇）的人均生产总值8590元，已经不及全省人均产值的一半。少数民族农民人均纯收入4020

① 《河南大学学报》哲学社会科学版，1997年第2期。

元，低于全省平均水平434元。城镇少数民族居民人均可支配收入9051元，低于全省平均水平4180元。[①]至2012年（2013年数字尚未公布），河南省全部21个民族乡（镇）的人均生产总值仍然不及全省人均生产总值的一半。这一年，全省少数民族农民人均纯收入虽然增加了6468元，但却低于全省农民人均纯收入1055元，实际差距更加扩大。[②]

4. 少数民族文化发展滞后。

众所周知，文化作为一个民族和国家经济政治的反映及未来发展力量的体现，已经成为今日人类社会最为关注和致力发展的问题之一。作为我国散杂居地区河南省的少数民族，与我国其他地区的民族一样，对自己文化也有着深厚的感情及促使其更快发展的热切需求。但是在肯定已得成就的同时又不能不看到，与本省经济及社会发展对文化的需要相比，河南省少数民族的文化发展也存在明显的差距，看不到应有的、足够数量的高水平科研成果的出现。全省虽有民族中小学438所，并且在30年前创办了一所民族中专，培养了一大批优秀的民族干部，但是在此后的30年中，却未发展并建立一所自己的大学。而且在传统优秀文化的继承方面，有关河南省少数民族历史文化方面公开出版、可供人们学习参考的基础资料也较少。

基于上述问题，笔者认为：首先，应进一步加强和改进我们的民族团结教育工作。既要按照中央的有关规定及要求，进行党的民族理论及政策宣传教育，也要对少数民族特别是河南省少数民族的优秀历史文化进行宣传，使大家都能了解少数民族为国家及中原大地做出的宝贵贡献。

第二，尽早成立一个专门的民族问题（理论政策及工作，

① 河南省民委二处编印：《河南省民族经济统计汇编》，2009年，第42页。

② 河南省民委二处编印：《河南省民族经济统计汇编》，2013年，第50—51页。

包括宗教）研究机构，以此为核心，通过各种科研活动，加快提高全省党的民族理论政策特别是散杂居民族理论政策水平，加强对河南少数民族历史文化的了解和掌握，尽快发表和出版一些相关文章及著作，提出一些关于发展河南省少数民族经济文化及民族团结事业的新意见，为进一步提高河南省民族工作水平、加强民族工作法制化建设、促使民族关系更加和谐稳定，奠定必要的理论和文化基础。

第三，进一步重视和加强河南省少数民族干部和高级专门人才的培养工作。从长远和根本意义上讲，这是河南省民族工作包括民族团结工作无法回避和替代的一项基础性重要工作和根本保障。我们一定要进一步提高对此问题重要性的认识，加快培养我们所需要的各方面高质量的民族干部及人才。

第四，在已有基础上，创建和发展少数民族高等院校。20世纪80年代，在中共中央、国务院批准的《关于加强民族教育工作的意见》中，就曾经明确地指出，帮助少数民族，最有远见的办法，就是从办好教育、大力培养人才做起。[①]如果能建一所能培养高等人才的民族大学，或者是利用省内一所普通的高校资源，先设立一个二级学院——民族学院，根据河南省民族地区的实际需要，设立和开办几个专业民族班（本科），也会为河南省民族团结进步事业和先进文化等方面工作，提供一个有力的保障。加之民族高校本身就是以党的民族理论政策为指导，并首先为民族地区发展和民族团结事业服务的学校，因此民族高校的建立也直接为我们树立了一个各民族共同团结奋斗、共同繁荣发展的楷模和典范，成为我们进行此方面宣传教育的一个基地。

目前，我国散杂居民族地区特别是中东部地区尚无一所条

① 转引自《中国共产党民族工作历史经验研究》下，中共党史出版社，2009年，第1431页。

件较好、专门的民族高校，因此河南省创办民族高校，还能为我国整个散居地区的民族工作及散杂居民族理论政策水平的提高，做出积极的贡献。而河南省作为我国散居少数民族第一人口大省，拥有马克思主义民族理论与政策硕士学位点已10年，也能够担当这一使命。

宁夏城镇化进程中嵌入式社区回汉民族关系研究
——以吴忠市利通区为例

高　梅*

一、"嵌入式"新型民族关系解读

民族关系主要是指各民族之间的各种利益关系，具体表现为民族之间在政治、经济、文化、社会生活等方面的交往关系。"相互嵌入式"是民族关系的一个新见解，是习近平总书记在加强民族工作方面的重大理论创新："要从加强民族交流，促进民族团结的高度，推动建立各民族互相嵌入式的社会结构和社区环境。"

所谓"嵌入"，就不是简单地堆叠、拼凑，而是互相包含、互相依靠，在生活上、感情上、联系上深度融合、高度黏合，你中有我、我中有你，形成彼此紧密联结的利益共同体、情感共同体。习近平总书记指出，"相互嵌入式"民族关系就是要反应新时期各民族通过交往交流交融，社会生活、社会参与等各方面都融合在一起，每个民族都离不开彼此。这是中华民族内部的再融合，各民族保持民族传统和民族个性的同时，融入中华民族的共性中，不放大个性亦不让共性取代个性的新认识。

---

*　高梅，北方民族大学马克思主义学院教授。

二、吴忠市利通区嵌入式社区综合发展现状

利通区隶属吴忠市管辖，在城市化进程中，随着城镇的改建和扩建，汇入城镇人口也在不断增加，特别是回汉民族因购买商品房而居住在同一个小区，彼此交往日益增多，形成同一栋楼房或同一个单元回汉民族的相互嵌入式居住的特征。围寺而居的回族居住模式在城镇化进程中现在已很难找到，曾经形成的回族聚居区内的回族人口比例已有明显下降。成片集中分布的格局正在逐步解体。回汉民族在适应城镇生活的同时，由于民族间的经济利益、传统文化、风俗习惯等方面存在着一定程度差异，多少也会产生影响城镇化嵌入式民族关系的不利因素。因此，研究嵌入式社区的民族关系，特别是研究发挥嵌入式社区的功能在民族关系中的作用，将有利于城镇社区民族关系的和谐建设。

目前，吴忠利通区下设4个社区，其中有2个社区关系到人员编制、片区划分，还处于筹建过程，已建成并运行的有2个社区。关于利通区嵌入式社区建设，以新华社区和裕民社区为例。

新华社区始建于2010年11月5日，目前有固定工作人员7名，其中党支部书记1名、居委会主任1名、支部委员1名、居委会委员4名。社区辖区面积7平方千米，居民住宅楼245栋，住户3438户，居住人口10，568人、回族7976人，辖区单位22个，其中机关单位17个、学校4个、医院1个，商业网点89个，清真寺3个。①

裕民社区成立于2012年11月，社区自创立以来有固定工作人员6名，其中党支部书记1名、居委会主任1名、支部委员1名、居委会委员3名。管辖面积4.85平方公里，辖区人口8637

① 新华社区汇编材料，2014年。

人、2105户，其中常住人口5497人、回族人口633人；有清真寺2个，党政群机关、企事业单位17个，个体工商户63户。①

目前，两个社区都建有中老年活动室、便民超市、社区卫生服务站、幼儿园等各项服务场所，居民大多数和回族杂居。社区的基础设施基本完善，街区道路已全部硬化，通信设施完善，户户通固定电话和移动电话，实现了社区通广播电视、通宽带、通邮政，通电率达到100%，自来水入户率达到100%，群众生活条件符合正常生活。

同时，两个社区积极开展各项服务工作，为居民上学子女出具贫困证明，为妇女提供维权保障宣传资料，为青年人发放避孕药具，普及交通安全知识；结合公安部门对辖区少年进行帮教，接待居民来信来访；配合城市环保局、城建局为辖区居民安置垃圾箱，铺设沙砾优化道路，对辖区环境卫生进行综合整治，依法拆除违章小建筑和临时厕所，配合相关部门建设标准公厕；对辖区内流动人口和常住人口进行逐户登记上册，并制定出租房屋报到制度、常住人口外出报到制度。②

三、利通区嵌入式社区回汉民族相互认同的和谐民族关系

（一）在社区工作中落实民族平等政策

民族平等体现在多方面，利通区依据民族区域自治政策，从根本上为社区回汉民族之间形成平等团结互助和谐的民族关系奠定了基础。特别是社区主管部门选拔与使用回族干部，两个社区内的回族干部各有3名。回族干部来自本民族，熟悉本民族的意

① 裕民社区汇编材料，2014年。

② 吴忠市利通区人民政府办公室：《2014年工作总结》。

识特征、习俗文化，与本民族沟通、做工作较为方便，这对社区开展工作起到了积极作用。

（二）积极引导宗教信仰与社区建设相适应

社区内回族大多数是信仰伊斯兰教，目前两个社区建有5所清真寺，便于回族居民进行宗教活动。社区工作者鼓励居民将儒家思想、佛教思想、伊斯兰伦理倡导的友爱、仁义与社区文明道德建设相结合，形成自觉的回汉民族生活取向与独特的自我约束机制，巩固和发展友好的民族关系。

（三）社区回汉民族在习俗文化上的认同

回汉文化认同及其影响是民族之间基本生活方式和群体认同的重要基础，利通区两个社区内回汉民族在饮食习俗方面的包容性普遍增强。在肉食品的售卖方面，为了尊重回汉民族不同的饮食习俗，社区主管往往把售卖清真食品和非清真食品的门面房分开安置，彼此间隔较远。此外，社区内的回汉民族还形成了共同的交往形式，在干亲缔结仪式上，回族遵从汉族风俗习惯，用带有象征意义的锁链、项圈、平安钱等作为礼物；在干亲关系的维系上，遵从汉族的人情法则，用带有象征意义的压岁钱搭情等形式维系干亲关系。至于回汉民族之间的传统节日，如汉族的春节、端午节等，回族的开斋节、古尔邦等，彼此都相互参与，共同祝福。

（四）积极开展丰富多样的社区文化建设活动

提高社区文化建设水平对于提升社区居民文化教育素质、精神境界将起到积极的推动作用。目前，在两个社区内都建有图书室，同时运用文化站、有线广播、社区报、闭路电视、影剧院等传播手段开展社区文化建设，实现文化设施资源共享，杜绝封建迷信、淫秽、色情、赌博等低俗文化和有害文化的传播，提高了社区文化设施的使用效率和社会效益。

社区还时常举办各种文化娱乐及体育竞技等活动，引导社区回汉居民积极参与，鼓励开展学唱各民族歌曲、学跳民族舞蹈、了解民族习俗等活动，使回汉群众在广场上来来往往、说说唱唱、聚聚聊聊。这对加强住户之间的交往与联系，培养公民意识，提高城镇化建设的创造力，加强回汉民族之间的交往交流交融都起到积极的推动作用。

两个社区中所打造的广场文化，在形式、内容、题材上均具有一定的审美性、趣味性、艺术性和健康性。无论是民族民间传统艺术，还是现代新生艺术，都在引领人们向往真善美、摈弃假恶丑。每年两个社区都对广场文化活动进行评比表彰，使广场文化活动更具导向性和示范性，进一步调动了群众参与的积极性。社区广场文化，以多种文艺活动为载体，推动回汉文化的建设和发展，作为精神层面的体现，对回汉社区文明建设发挥着精神动力和智力支持的作用。

四、利通区嵌入式社区建设过程中表现出来的主要问题

（一）嵌入式社区回汉民族归属感不强

所谓社区归属感，“就是社区成员对本地区有认同、喜爱和依恋的心理感觉”[①]。对此，社区建设要以社区成员的归属感为目标，培育社区成员的认同意识和参与意识，这也是衡量社区建设水平高低的重要标志。在调研中发现，回汉居民在社区里的交往尚不频繁，彼此间还较陌生，而过去的朋友和亲戚居住较远，降低了社区归属感，直接影响其对社区的喜爱和依恋。针对此问题，笔者对两个社区分别发放问卷150份，调查居民对社区的归属感。肯定是16.8%；比较肯定是21.20%；不太肯定是52%；否

① 卓箐箐：《社区情感与社区建设》，社会科学文献出版社，2005年。

定是6%。社区回汉民族成员的归属感，就一般情况而言，住在一起的时间越长，关系就越密切，对社区的归属感就越强，而新搬进来的人对社区的归属感较弱一些。

（二）社区信息化建设较为薄弱

从整体来看，两个社区居民的参与程度都不高，主要是社区信息化建设的技术和资金投入还比较欠缺，政府的公共服务系统在基层形成“纵强横弱”的局面，基层的数据采集、更新和维护的信息化应用机制还需要进一步提高和完善，尤其是以社区论坛为主体的社区公共场域的建设欠缺严重。针对“社区事务的关心程度”，我们在调研中给两个社区分别发放问卷150分，其中肯定占12.60%，不太肯定占10.80%，否定占52.17%。回汉居民认为，由于切身利益得不到解决，又缺少渠道去参与，从而导致社区居民参与度低。

五、关于促进建立嵌入式社区回汉民族关系的建议与思路

（一）加强城镇化背景下回汉民族对社区的认同

在城镇化社区管理中，回汉群众都离开了各自的居住地，搬入城镇小区，新道路、新楼房、新设施的出现，形成嵌入式居住特征，分属于不同社区的基层管理机构管辖。而且嵌入式的社区居住环境有利于打破民族界限，形成开放的新型的回汉民族关系。同时，社区结构重新组合成为一种新的方式，使之管理体制也较之前有所变化，如计划生育、文化教育、社会治安等方面管理都与之前有所改变，尽管如此，一些回汉群体却难以适应新的变化。同时，社会精神文化因素也悄然改变，从前的乡规民俗，转换成新的一系列政策、法规的约束，形成开放的处事方式。面对新环境下的回汉家庭管理方式，一些回汉群众也表现出明显的

不适应性，在一定程度上影响回汉民族关系的和谐、稳定。

我们可以看到，在城市化过程中，新的社区产生后，会形成新的社会管理功能。所以，生活中的回汉居民在城镇化社区，要不断改变思想观念，提高自身科学文化素质，以适应新的生活方式、生产方式、管理模式，只有这样，才能跟随上社会的发展和现代化进程的步伐。

（二）加强城镇化嵌入式社区信息化建设

加强嵌入式社区信息化建设。一方面，加强统筹规划，重视资源共享。由于社区信息化涉及面宽，内容繁杂，必然要规划好从何处下手、如何操作。社区信息化主要面向的是基层组织，所以工作内容比较综合，政府部门要运用“以块为主、条块结合”的建设模式，使横向联系的自治组织与纵向联系的行政体系相结合，从而提高政府整合社区资源的能力，实现政府职能转变并且提高城镇管理的效率。另一方面，提高社区回汉居民信息化素质，消除数字鸿沟。社区信息化素质方面存在一些“弱势群体”，这些人群包括回汉民族老年人、部分中年人、儿童、残疾人、贫困人口等，由于受自身文化素质的局限，他们无法参与社区信息化服务，进而容易被排斥在社区信息化之外。所以，要加大对回汉居民弱势群体进行信息能力培训的力度，推动社区信息化健康发展。

（三）制定政策引导嵌入式社区治理建设

一是继续合理布局及加强清真和非清真肉食品、干鲜果销售与清真餐饮等零售业摊位的建设，增强回族就业机会，使他们有事干、有收入、住得稳。二是合理布局宗教场所，加强管理，满足信教群众的正常需求，使他们信有所念、礼有所场。要积极引导回汉居民参与社区治理，增强交流交融意识，推动和谐相处，共建美好社区，形成回汉民族相互嵌入式居住的团结、尊重、包容、理解和互助的美好生活环境。三是增强干部政治责任意识、做建立嵌入式结构的促进者，回汉民族党员干部要进一步增强政治责任意识，大局意识，起表率作用，为城镇化嵌入式社区回汉民族的关系稳定和长治久安做出应有贡献，为回汉民族的文化生活交流提供平台。

“相互嵌入式”民族关系集中体现在新时期各民族通过交往交流交融，在社会生活、社会参与等各方面都融合在一起，每个民族都离不开彼此。这是中华民族内部的再融合，各民族在保持民族传统和民族个性的同时，融入中华民族的共性，不放大个性，亦不让共性取代个性的新认识。

关于宁夏吴忠市利通区在城镇化进程中所形成的嵌入式社区回汉民族关系依然需要不断探索和研究，只要本着民族平等团结互助和谐共存的理念，不带有民族倾向，创造和谐的民族关系，同时坚持“和而不同”的回汉民族关系，使回汉民族之间相互了解、相互尊重、相互包容、相互欣赏、相互学习、相互帮助，像石榴籽那样紧紧抱在一起，做到各美其美、美人之美、美美与共，就一定能够不断推动宁夏嵌入式社区回汉民族关系的和谐发展。

城市少数民族流动人口服务与管理研究

林均昌　赵　民　郭　艳*

随着经济的发展和城市化进程加快，各民族之间的交往和互动频率越来越高，交往范围越来越宽泛。过去各民族之间封闭的生存格局逐步被打破。据统计，1982年我国流动人口仅占总人数的0.66%，2000年上升到7.9%，2010年，中国流动人口总量为2.21亿人，占到世界流动人口总量的1/4多，少数民族流动人口约1000万，少数民族流动人口的流动量增强趋势日益明显。①少数民族人口大量流入城市，为繁荣城市经济，增强城市文化多样性和多民族交往注入了新鲜血液，也给城市管理带来了一系列问题。庞大的少数民族流动人口队伍促使城市政府社会服务管理观念转变，越发注重发挥社会组织的服务功能。社会组织在增强少数民族流动人口城市融入、扩展社会资本、重构社会关系网络等多方面架起少数民族流动人口与政府沟通的桥梁。在少数民族流动人口服务管理的工作中，通过政府和广大社会组织的合力作用来协调各种关系，在促进城市和谐民族关系发展的同时，还能减缓少数民族流动人口进入城市的不适感，是拓展城市民族工作模式和视角的有益尝试。

---

*　林均昌，唐山师范学院经济管理系教授。赵民，唐山师范学院教育学院副教授。郭艳，河北工程大学研究生部。

①《我国少数民族流动人口约千万，以进城务工经商为主》，载《人民日报》，2010年9月1日，第2版。

一、城市少数民族流动人口服务与管理中存在的问题

（一）城市民族工作服务意识缺失

城市少数民族流动人口整体数量庞大，但是在总人口中所占的比例较低，城市民族工作部门在短时间内没有做好少数民族流动人口服务管理的思想准备。有些职能部门由于缺乏相应的民族理论与政策、民族知识和处理民族问题的实际经验，对少数民族流动人口仍以防范为主，对少数民族流动人口的管理偏重于预防和打击犯罪，而对他们的就业、居住、医疗、社会保障、子女教育、计划生育等基本公民权保障重视不够。对城市少数民族流动人口的管理，有的城市管理者有先入为主的观念，认为少数民族流动人口在城市里是制造事端的问题人口。因此，对这一群体的管理以维护社会稳定为主，而忽视了对其人文关怀和城市认同感的培养。①

（二）城市民族工作的复杂性

城市经济发达、交通便利、通讯实施完备，政治经济辐射和带动能力强大，民族问题的敏感性和连带性突出，发生在城市中的民族纠纷往往会引起整个社会的极大关注，民族问题往往演变成整个民族和某一民族地区的问题。少数民族流动人口进入城市之后，多从事一些具有民族特色的经营活动。面对城市陌生的环境，大多是同本民族成员居住在城市郊区，当遇到利益纠纷时，在无助中可能形成一种防范和抱团的狭隘偏激民族意识，处理不好则容易形成群体性事件。

（三）城市民族工作缺乏联动意识

近年来，有的少数民族流动人口因打架斗殴或不法行为给城

---

① 马冬梅：《城市少数民族流动人口管理服务研究反观》，载《广西民族大学学报》，2014年第3期。

市稳定带来一定的麻烦。城市政府为了平息事态，或防止事态扩大，一般采取遣送少数民族流动人口出城的消极态度。

（四）城市民族工作滞后

面对大量少数民族流动人口的快速涌入，有些地方政府与社会没有做好足够准备。一是城市民族工作机构不健全。在当前政府机构逐步改革的社会历史背景下，一些地方专门从事民族宗教事务管理的部门或同其他部门合并，或存在职能范围受限、人力财力严重不足的情况。以唐山市为例，在唐山市14个县市中有6个县区在民政局或统战部内设民宗局，其余8个县区全部在民政局内设民宗科，其中4个县没有人员编制，两个区只有1个编制。与日益繁重的工作任务相比，基层民族工作在机构设置、人员配备和经费支持上明显滞后。[①]在现行服务管理体系中，居民委员会是城市的基层群众自治组织。但是，大批流入城市的少数民族流动人口因为受到教育、医疗、户籍、就业等相关制度的限制，成为游离在该组织之外的边缘群体。二是对少数民族流动人口的信息录入和综合统计工作滞后。有关部门在进行统计工作和行政管理工作中，对作为人口重要属性的族别项，要么没有设置，要么虽然设置但不重视该项的填报，致使少数民族流动人口信息统计主渠道不畅。熟悉少数民族流动人口有关情况的社区居委会没有民族工作职能，民族工作部门又没有足够的能力和资源开展较大规模的调查统计，在收集有效信息方面难度较大，因而无法全面掌握少数民族经济社会发展的情况，难以制定和推出有针对性的措施。另外，由于信息不系统、不完整，对少数民族流动人口的管理还只是停留在事后调节上，无法进行真正的整体管理。三是部分基层管理人员对少数民族流动人口相关工作存有畏难情绪。少数民族流动人口散居于基层街道社区，部分基层党员干部

① 唐山市民族宗教事务局：《唐山市民族宗教工作系统调研成果汇编》（内部资料），2010年8月。

及行政执法人员由于对政策法规把握不准而不会管。

二、社会组织在城市少数民族流动人口服务与管理中的作用

社会组织在增强少数民族流动人口社会融入、扩展社会资本、重构社会关系网络等多方面架起流动人口与政府沟通的桥梁，在服务和管理少数民族流动人口方面发挥着重要作用。

（一）社会组织在推进少数民族流动人口社会融入方面的作用

社会组织在促进少数民族流动人口的城市融入方面所起的作用包括经济、社会、文化心理三个层面。

1.经济层面。少数民族流动人口多数来自经济发展相对欠发达的地区，相比较而言，所受的教育水平偏低，自身技能单一，可复制性强，因此在城市中多从事一些较为简单的体力劳动，比如餐饮、商业、建筑等行业。近年来，新疆各地农民基本上都参加了新型农村社会养老保险和新型农村合作医疗，在威海的新疆籍少数民族人员也都在原籍办理了这两项保险，已无后顾之忧，但在劳动保障其他方面，两个群体有明显的差异。企业务工团队由派出地政府出面与企业签订劳动合同，办理了工伤保险和意外伤害保险，劳动安全有充分保障，未发现有拖欠工资和延长劳动时间不给报酬的现象。在派出地政府和企业双方共同努力下，一切严格按劳动法规定办事。而个体经营者群体多为单打独斗，劳动保障意识淡薄，即使存在雇佣关系也在本群体内部，靠传统和口头协议维系。再加上流动性较大，很多雇佣者不愿意为这些少数民族群众办理养老、医疗、失业等保险。有的经营者仅答应给予职工很少的经济补偿，使得少数民族群众的合法权

益很难得到有效的保障。[①]社会组织用一种组织化的方式，壮大了在就业、择业、权益维护方面的力量，保障少数民族流动人口的经济权益。

2.社会层面。少数民族流动人口进入城市后，面临着自身障碍、文化与心理障碍、户籍制度障碍、就业制度障碍、社会保障制度障碍、住房制度障碍、土地制度障碍、教育制度障碍，影响其在城市的社会融入，造成少数民族流动人口在城市中往往只是从经济层面进入城市，生活和社会行动层面仍处于被排斥在城市生活圈子之外的“半城市化”状态。社会组织在政府和市场之间搭建了一个促进少数民族流动人口社会融入的桥梁，是保障少数民族流动人口融入城市的重要社会力量。在血缘、亲缘、地缘等因素基础上少数民族流动人口自发成立了一系列诸如“同乡会”“同业会”等非正式性质的组织。这类非正式的准社会组织在为少数民族流动人口提供信息交流、权益维护等方面发挥着重要作用。“被访流动人口中通过中介方式就业的占29%，自己找工作的占7%，老乡、熟人介绍的占17%，通过亲戚、朋友介绍的占42%。”[②]这些流动人口自发组织形成的社会组织能及时了解流动人口的基本情况，辅助政府的社会管理决策，提高政府管理效率，在分担政府服务管理少数民族流动人口职能的同时，也弥补了政府社会管理体制不完善的缺陷。

3.文化心理层面。少数民族流动人口进入城市之后，原有的社会关系网络被阻断，业缘、地缘关系纽带发挥的作用越来越大。这种关系网络的转变让少数民族流动人口失去原有的情感支持系统，出现孤独感、心理失衡感从而很难适应和融入城市。与

---

① 赵民等:《东部沿海地区新疆籍少数民族流动人口就业现状调查》，载《中南民族大学学报》，2014 年第 4 期。

② 林钧昌、赵民:《城市化进程中人口流动对银川市民族关系的影响》，载《河北民族师范学院学报》，2013 年第 3 期。

此同时，少数民族流动人口熟悉的原居住地与流入地城市在语言文化、生活习惯等诸多方面有着明显的差异，这种差异性的文化又往往带给他们心理和精神上的压力。人口流动过程涉及两个：一方面，是指地域即空间范围上的转移；另一方面，是指一种生活方式向另一种生活方式的转变，伴随着地域转移而来的是文化的转变和变迁。在这个过程中，民族成员要经历一个文化适应和变迁的过程：从初入新环境的新鲜兴奋到一段时间后感觉寂寞孤独产生文化冲突，逐步进入调整阶段，最后适应并融入新环境。一份对“流动人口与少数民族能友好相处的原因”的调查问卷显示，73%的被访者选择了“尊重少数民族的风俗习惯”，8%的被访者选择了“会说其语言”，8%的被访者选择了“了解民族政策”，11%的被访者选择了“其他”。而对“流动人口与少数民族不能友好相处的原因”的调查显示，57%的被访者选择了“生活习惯不同”，18%的被访者选择了“语言不同”，9%的被访者选择了“互有成见”，3%的被访者选择了“歧视”，12%的被访者选择了“其他”。①社会组织在文化心理方面为少数民族流动人口提供了一个归属，使他们从容面对城市文化，适应城市生活。在各民族进行交往、共同生活的过程中，加深对其他民族的了解，提高少数民族流动人口适应城镇生活的意愿，增强其在城镇生活的社会融入程度，增进对“共同城市市民身份”的认同，并通过将这种关系网络变得准组织化来抗击各种社会风险，在维护自身利益的同时寻求情感与心理上的慰藉。

（二）社会组织在获取少数民族流动人口社会支持、重构社会关系网络方面的作用

社会属性是人的一种本质特征，而组织行为则是一种“与生

① 林钧昌等：《城市化进程中的人口流动对兰州市民族关系的影响》，载《河北科技师范学院学报》，2013年第3期。

俱来的现象”。[①]马斯洛的需要层次理论表明，人有社会归属的需要，通过在一定的组织中建立人与人之间的互信互助关系是人们在社会中增强自身薄弱力量的重要途径和方式。少数民族流动人口在故乡的生活多依赖于传统的“街坊”“熟人”关系网络以寻求社会支持。当他们进入城市后，同城市居民的交往互动需要文化和心理上的适应，在短时间内无法建立，原有的血缘、地缘等熟人关系网络变得更加重要。进入城市的少数民族流动人口原有的社会关系网络呈现出明显的两面性：一方面，它可以为少数民族流动人口带来诸多便利，使他们从相对落后的民族地区进入城市打工挣钱，改善生活；另一方面，它在某种程度上限制了少数民族流动人口在城市的交往，使其交际圈子缩小，影响其在城市获取新的社会支持及同融入地群众的互动与交流。

少数民族流动人口的社会关系网络需要正式社会组织和非正式社会组织的双重支持。各种正式和非正式的社会组织在流动人口就业择业、劳动保障、调解矛盾、加强民族团结、反映诉求、开展帮扶、维护权益、教育引导、子女教育、心理情感等方面实现分散人群组织化、推动社会诉求理性化、提高社会管理自治化。[②]

三、社会组织在城市少数民族流动人口服务与管理中存在的问题

我国的城乡二元体制造成流入城市的少数民族流动人口在社会交往和社会流动方面有一定的局限性。社会组织的草根性使它

① 姚迈新：《流动人口管理服务的组织载体创新探究——从准社会组织、自治组织到融合型社会组织》，载《探求》，2012年第4期。

② 王巍、张文忠：《社会组织融入流动人口服务管理体制的改革尝试和规律发现——广东河源市源城区的实践》，载《岭南学刊》，2012年第6期。

能够广泛联系各个社会阶层，代表不同的利益群体，成为少数民族流动人口群体和政府部门之间的一个桥梁和纽带。但是，在社会组织的发展过程中仍然存在着一些影响其发挥桥梁纽带作用的因素。

（一）对服务少数民族流动人口的社会组织认识不到位、重视不够、支持力度不足

数量众多的少数民族流动人口群体在为城市经济社会发展做出重要贡献的同时，也关系到城市民族关系团结发展和社会和谐稳定。在解决少数民族流动人口相关矛盾和问题的过程中，党和政府部门几乎承担着所有与少数民族流动人口相关的服务与管理工作，有些社会组织的纽带、桥梁作用没有受到应有的重视，使少数民族流动人口管理服务缺乏社会组织的支持，呈现出一种孤立、联动性差的状态。从政府到普通百姓，若对社会组织不了解、不信任，就会对一些社会组织的公益性行为持排斥和怀疑态度。对服务于少数民族流动人口的社会组织的作用重视程度不足、支持力度不够，导致少数民族流动人口社会组织发展缓慢，不能起到明显的参与社会服务管理的功效。

（二）民族事务的复杂性，导致社会组织慎于参与民族工作

社会组织既不同于政府，又承担了以往政府承担的许多职能；政府既要把自己不该承担的职能转让给社会组织，又要支持社会组织依法发挥好自己的作用。政府在少数民族流动人口的管理上存在着管理不足和管理过度的双重挑战。一方面，人口数量庞大而且流动频率不断提高、职业领域不断扩展的少数民族流动人口队伍给政府的民族工作带来前所未有的挑战，政府对少数民族流动人口的管理严重不足。随着新情况、新问题的出现，在城市发生的涉及少数民族成员的各类纠纷都会推到民族宗教部门来解决，人为地扩大了民族问题的范围，使民族工作存在管理过度的问题。另一方面，城市民族工作相关部门往往将大部分精力投

入到突发事件的应急和处理中，这种片面重视事后处理、轻视事前预警和管理的工作方式，也使民族工作机构和人员资源显得严重不足，民族工作的效率大大降低。民族事务的复杂性又导致政府部门在处理民族问题时过于谨慎，也导致社会力量慎于参与民族工作。

（三）服务于少数民族流动人口的社会组织自身能力不足

服务于少数民族流动人口的社会组织自身能力不足，严重阻碍其作用的发挥。少数民族流动人口因为对社会组织不了解等原因，参与积极性不高。囿于外部环境和组织自身的原因，社会组织普遍存在人才短缺、经费匮乏、场地不足等困难，制约了其服务能力的提升。①

1.经费来源严重不足。社会组织整体资金规模偏小，资金来源渠道较窄。大部分社会团体都以收取会费为主，政府资助、服务性收入、社会捐助较少。经费问题一直是困扰和制约非营利性社会组织发展的一个瓶颈。据有关调查资料显示，有41.4%的社团认为他们面临的主要困难是缺乏资金。②

2.专业服务少数民族流动人口的社会组织人力资源不足。人才短缺是社会组织面临的主要困难之一。许多社会组织工作人员来自政府转移人员、离退休人员、志愿服务人员，专职人员较少，能够长期持续在社会组织中进行工作的少数民族社会工作人才更是少之又少。在待遇方面，社会组织专职工作人员工资偏低，有的刚刚超过城市最低工资标准，难以吸引到高级人才。另外，许多组织没有独立的办公场所，只能租用或由业务主管单位提供。

① 孙录宝：《为新生代农民工服务的社会组织问题初探》，载《社团管理研究》，2011年第11期。

② 石国亮：《中国社会组织成长困境分析及启示》，载《社会科学研究》，2011年第5期。

3.服务少数民族流动人口的社会组织数量少、规模小、服务内容单一。社会组织参与社会治理还存在方式单一、不专业、层次低、重复性、缺乏合作和信息沟通等问题。由于自身的组织能力不足，制约着组织资源的获取力、社会动员力和社会公信力，最终导致此类组织发展僵化、缺乏活力，陷入恶性循环之中。

当前，民族工作的复杂化、多元化、动态化，需要大量产生于基层的民族类社会组织来承担一部分工作。但它们自身能力不足，既难以承接政府希望转移的一部分工作，也难以有效地对来自基层的各少数民族的各种需求做出回应。

（四）西方反华势力利用社会组织对我国的民族问题进行渗透和干涉

西方反华势力利用民族问题和宗教问题西化和分化中国的历史由来已久。在中国近现代史上，西方国家曾经通过各种个人的、社会的名义到中国进行种类繁多的信息搜集活动。近年来，韩国等国家和地区对我宗教渗透活动不断加剧，且形式多变、花样翻新、屡禁不止。由于语言、风俗习惯相近等原因，朝鲜族人员特别是朝鲜族流动人员往往成为宗教渗透活动的重点对象。他们有的积极参加韩国企业主组织的非法宗教活动，有的接受韩国人资助，在威海市私设活动点，进行非法传教活动，给威海市的宗教和谐及社会稳定带来消极影响。[①]在法制化程度不断提高的当代社会，西方国家可能通过资金援助等方式，在少数民族流动群体中成立各种社会组织进行意识形态渗透。当前，西方社会组织对我国的渗透主要体现在：以经济、技术援助为诱饵，积极向我国输入西方文化和价值观；极力支持“藏独”“疆独”分裂势力，干涉我国内政；以人权问题、民族问题、宗教问题为由损害我国形象。

① 林均昌：《少数民族向东部中小沿海城市流动对民族关系产生的影响探析——以山东省威海市为例》，载《黑龙江民族丛刊》，2009年第5期。

四、完善城市少数民族流动人口服务与管理相关社会组织的对策建议

社会组织能够用一种正式或非正式的组织团体的方式，反映流动人口的意愿和需求，促使政府部门更加关注与少数民族流动人口相关的各类问题并从政府制定政策的角度调整相关公共服务政策，增强少数民族流动人口在城市的话语权，有效改善少数民族流动人口融入城市过程中的弱势和边缘地位。通过相关社会组织的工作，了解少数民族流动人口的利益诉求，采取丰富多彩的形式沟通、联络各个民族之间的情感，引导各民族和睦相处，增进彼此的了解和认识，形成一种“民族素质优势互补，区位经济优势互利，民族文化长处互补”[①]的良好氛围。

（一）加强宣传，增强对少数民族流动人口及相关社会组织重要性的认识

从政府和整个社会层面而言，要用一种和谐包容的心态来接纳融入城市的少数民族流动人口，“充分发挥社会组织在流动人口服务管理中主体的参与效用，将流动人口服务管理的动态长效机制建设与个别扶持、整体推进相结合，促成政府与社会关系的现代化转型，促成社会治理格局的全覆盖”[②]。通过电视、报纸、广播、手机等多种方式，对少数民族流动人口及相关的社会组织进行广泛的宣传，增强社会各界对社会组织服务管理少数民族流动人口作用的认识。从少数民族流动人口自身而言，要调整思

---

① 沙玉山：《试论当代中国城市民族管理体系》，载《广西民族研究》，2007年第2期。

② 广东省委会参政议政处：《培育流动人口社会组织，推进公共服务创新发展》，2013年5月14日，http://www.zg.org.cn/czhyzh/shqmy/201305/t20130514_24733.html，2014年10月1日。

维，尽力适应流入地的生活方式和风俗习惯；从城市居民方面而言，要加强对少数民族流动人口相关知识的了解，充分认识少数民族流动人口为城市的繁荣发展做出的贡献；从社会组织自身而言，要利用先进的信息网络技术，建立少数民族流动人口及相关服务管理的档案资料，在实现少数民族流动人口社会管理的过程中发挥和体现价值，促进自身的完善和发展。

（二）多种途径增加社会组织资金来源，提高社会组织的独立自办能力

政府和各种社会力量要积极拓宽社会组织的资金来源、活动场所，为社会组织的健康发展制定合理的规划。政府部门可设立专门的社会组织发展专项基金，主要用于少数民族流动人口等特殊群体服务。建立财政转移支付制度，在事权的转变过程中，政府应该通过一定的程序及时地向街道、社会组织提供相应的经费补贴，使其能够正常开展活动。在税收政策上，对社会组织所从事的少数民族流动人口服务活动在区别认定后给予免税、减税等优惠政策。①社会组织在发展过程中也要注意同政府、企业、其他社会组织建立良好合作关系，拓宽少数民族流动人口服务的资金来源、活动场所，通过“联合攻关、项目合作等形式，合理搭配社会组织之间的资源，做到取长补短、优势互补，提高社会组织的工作绩效和服务能力”②。同时，加大政府向社会组织购买服务的力度，通过“费随事转”、项目发包、公开招标等形式，有效调动社会组织参与少数民族流动人口服务、承接政府购买服务项目的积极性，形成少数民族流动人口服务供给主体多元化的格局。

① 孙录宝:《为新生代农民工服务的社会组织问题初探》，载《社团管理研究》，2011 年第 11 期。

② 孙录宝:《为新生代农民工服务的社会组织问题初探》，载《社团管理研究》，2011 年第 11 期。

（三）培养社会组织专业人才，激发少数民族流动人口参与社会组织的积极性

各级政府尤其是与少数民族流动人口接触较为频繁的基层政府要培育有知识、有文化、有爱心、有能力的义工、志愿者群体、社会工作人才，促进社会组织的人才队伍建设。针对少数民族流动人口流出地相对集中的情况，可以采取由流出地政府有关部门向流入地派驻办事处或者派干部到流入地挂职等形式，协助流入地政府做好少数民族流动人口服务工作。这些调拨的民族管理者在流入地解决流出地所属民族的相关问题时，具有语言、心理等方面的共通性和天然的优越性。“通过向少数民族输出地政府借力，不仅缓解了本地民族工作部门人手紧缺的现状，而且有效解决了因两地文化差异而引发的矛盾纠纷。”①要提升少数民族流动人口对社会组织的参与度，始终坚持群众路线，善于借助和发挥少数民族流动人口的力量，使其成为社会组织活动的真正主体。要大力培育发展关爱少数民族流动人口志愿者，打造一支素质高、服务好、留得住的志愿者队伍。鼓励提倡少数民族流动人口中的党团员、技术人员等加入志愿服务队伍，不断扩大志愿者队伍规模。

（四）社会组织的发展完善需要发挥政府部门的引导和监督作用

在社会组织的发展过程中，政府通过扶持、资金转移及制度保障等方式来调动少数民族流动人口和各种社会资源参与以及做好城市民族工作的积极性，将社会组织纳入社会管理的体系中，为少数民族流动人口提供更多的人文关怀和社会救助，帮助他们更好地融入城市社会。另外，还要加强对社会组织的监管，包括政府监管和社会监管。社会组织的运作程序应该公开化、透明

---

① 王珍、辛永刚：《打造城市民族工作的“社会化”网络》，载《中国民族报》，2013年10月18日，第1版。

化，将组织的资金、活动安排、人员变动向社会公开，接受社会大众的监督。

（五）制定少数民族流动人口服务管理社会组织发展的机制，营造良好氛围

从政策层面来讲，要出台和制定服务管理少数民族流动人口社会组织的政策法规，鼓励和引导社会组织的发展，明确政府和社会组织在少数民族流动人口服务管理中的权责，为社会组织的发展创造良好的社会环境。

从机制构成层面来看，社会组织服务管理少数民族流动人口需要同民族工作的社会化有机结合，在社区建立少数民族流动人口服务管理的网络体系，既要注意发挥党团、妇联等正式社会组织的作用，又不能忽视少数民族流动人口自发组建的少数民族流动人口协会、同乡会等非正式组织的重要功能，强化社会组织同政府之间桥梁作用的发挥。从内容和范围上扩展社会组织在流动人口服务管理中的功能，鼓励民族资本和社会力量参与少数民族流动人口的服务和管理，“构建流动人口社会组织发展的供需机制，推进政府向社会组织购买公共服务，创造需求引导”①。

（六）充分发挥社区社会组织在少数民族流动人口服务管理中的作用

社区是一定区域内居民生活的共同体，是城市的基本单元，具有群众性、社会性和广泛性的特点。随着政府职能逐步向服务型转变，人们逐步从“单位人”向“社区人”转变，从企业剥离出来的社会服务和社会管理转移到社区。②社区也成为少数民

---

① 广东省委会参政议政处：《培育流动人口社会组织，推进公共服务创新发展》，2013 年 5 月 14 日，http: //www.zg.org.cn/czhyzh/shqmy/201305/t20130514_24733.html，2014 年 10 月 1 日。

② 何乃柱：《社会工作介入城市散杂居社区民族工作的新探索》，载《广西民族研究》，2013 年第 4 期。

族流动人口工作的重要平台，我国的城市管理正逐步转化为社区管理。少数民族流动人口进入城市之后，生活在一定的社区当中。“改革开放以来，我国进入了各民族跨区域大流动的活跃期，做好城市民族工作越来越重要。对少数民族流动人口，不能采取‘关门主义’的态度，也不能采取放任自流的态度，关键是要抓住流入地和流出地的两头对接。要把着力点放在社区，推动建立相互嵌入的社会结构和社区环境，注重保障各民族合法权益，坚决纠正和杜绝歧视或变相歧视少数民族群众、伤害民族感情的言行，引导流入城市的少数民族群众自觉遵守国家法律和城市管理规定，让城市更好接纳少数民族群众，让少数民族群众更好融入城市。”①城市少数民族流动人口的城市融入首先是从社区融入开始的，而良好的社区环境则是推动这一群体进行社区融入的基础。要充分运用社区优势，将少数民族流动人口纳入社区管理的范畴，改变过去的防范性管理模式，变为服务、参与型管理模式。社区通过对少数民族流动人口的教育、培训、保障等项目的服务，增强其法律意识，培养其对城市和社区的认同感，促进少数民族流动人口与社区的协调，利用社区的丰富资源，保障少数民族流动人口的权益。在少数民族流动人口居住的社区当中改进信息搜集和整理工作，对流动人口的民族成分、年龄结构、就业状态、收入水平等信息进行统计，建立相关档案，了解他们在融入城市过程中的困难和诉求。在实际的少数民族流动人口管理过程中，要将民族教育、民族团结、民族风俗习惯纳入社区建设中，促进少数民族流动人口融入社区，增进对流入地城市的认同感和归属感。同时，动员少数民族流动人口利用自身优势参与社区服务。

① 《中央民族工作会议暨国务院第六次全国民族团结进步表彰大会在北京举行》，载《人民日报》，2014年9月30日，第1版。

（七）发挥社团组织、民间权威人士在少数民族流动人口服务管理中的作用

人口流动看似无序，其实是非常有序的。他们多以家庭、学校、籍贯、民族等社会关系为纽带进行流动。少数民族进入城市后，这些关系不但没有削弱，反而在最初进入城市时，其关系是非常密切的。少数民族社会团体是由各少数民族的代表组成的群众组织，他们同各少数民族有共同的语言、共同的生活习惯，特别是具有共同的心理素质，相互之间比较了解，也比较容易沟通。民族社团在联系个人与社会、个人与政府之间起了桥梁和纽带作用。民族社团和民族权威人士的作用体现在三个方面：一是加强本民族内部凝聚力，维持民族传统，引导少数民族群众搞好经济发展和社会进步；二是将少数民族流动人口的意愿和要求反映给政府和相关管理部门，维护少数民族的合法权益，避免个人与政府的直接冲突，起到维护社会稳定的作用；三是将党和政府对少数民族的帮助和扶持落实到具体工作中去，对其社团成员给予充分的帮助和扶持，为少数民族流动人口提供信息，在加强民族凝聚力、维护民族传统文化方面起到了政府无法替代的作用。①

（八）发挥宗教组织及宗教领袖人物在少数民族流动人口服务管理中的作用

少数民族流动人口日益增多，各民族之间在族际交往过程中合作、交流与利益竞争、分化并存。竞争的过程表现为各民族寻求自己的社会网络关系、社会资本，特别是少数民族身份和宗教信仰，为本民族小团体或者个人争取利益。由于宗教的凝聚力、号召力、认同感较强，加上少数民族流动人口不具有城市的正式"身份"，这就强化了他们对宗教生活的重视。当前阶段，应加

① 林均昌：《城市少数民族流动人口的"平等保护"》，载《西北第二民族学院学报》（哲学社会科学版），2007 年第 3 期。

强宗教活动管理，一方面，确保集体宗教活动由经认定的宗教教职人员或者符合规定的人员主持，保证宗教活动的纯洁性，严防外来非法宗教势力的渗透；另一方面，确保跨区集体宗教活动依法有序进行，对活动的内容、活动的场所、活动的能力、活动的应急预案进行审核，确保拟举办的活动不会对道路交通安全秩序和社会公共秩序造成严重影响。另外，由于城市外来穆斯林日益增多，不仅有了一批新的宗教活动场所，而且出现了由流动的信仰群体组织起来的临时的、流动的宗教活动点。如家庭聚会、邻居聚会、清真餐厅聚会、公司工厂聚会、学校聚会、网络中的交流聚会等都成为哲玛提（穆斯林群体）存在的新形式，伊斯兰教传统的以清真寺为中心的宗教活动方式逐步发生变迁。新式的哲玛提具有较强的临时性和流动性，需要政府和相关部门加强了解与引导。①

综上所述，和谐、和睦、和衷共济是各族人民的共同追求，在各民族共同团结奋斗、共同繁荣发展的进程中，“各民族不断打破封闭，由相互闭塞到逐步交流，由彼此隔离到逐步密切联系”②，城市民族工作的范围和领域逐步扩大，工作内容的复杂性日趋增多，社会组织用一种组织化的方式将少数民族流动人口纳入服务管理体系中。通过社会组织的作用，可以缓解少数民族流动人口进入城市后的心理焦虑和不适感，同时，在就业和择业的过程中，可以为少数民族流动人口提供技能帮助、权益维护和法律支援，发挥调节社会矛盾“缓冲器和润滑器”的功能。③在当前民族宗教问题日益复杂化的社会中，社会组织介入少数民族流

① 林钧昌等：《少数民族人口向东部地区流动的特点及趋势问题研究》，载《河北省社会主义学院学报》，2012 年第 2 期。

② 林钧昌：《城市少数民族的权益保障》，载《黑龙江民族丛刊》，2004 年第 4 期。

③ 陈叶军：《代表委员心声：发挥社会组织在城镇化中的作用》，载《中国社会科学报》，2014 年 3 月 3 日，第 566 期。

动人口服务管理工作将从一个新的视角来探索如何更好地化解民族矛盾和冲突，是将民族矛盾和冲突解决在基层、解决在萌芽状况的一个全新尝试。

试论民族差异不是影响国家认同形成的因素

杨昌儒　李昭勇 *

“五十六个民族，五十六枝花，五十六个兄弟姐妹是一家……”，这首脍炙人口、流传大江南北的歌曲道出了我国存在56个民族的实际状况，展示了自中华人民共和国成立以来各族人民团结、国家凝聚力增强的画卷。可见，承认并指出民族间客观存在的差异并非一定导致国家认同的弱化。当前,有人提出,“过分强调民族差异不利于国家认同形成”①。笔者认为，此种观点只看到了国家认同形成问题的表象，未能抓住多民族国家各民族与国家认同形成之间的核心与关键，无论从理论方面还是从实践方面都经不起推敲。为防止此观点在民族理论界引起混乱，误导当政者的判断，有必要对其予以澄清。

一、“过分强调民族差异不利于国家认同形成”的理论缺陷

“过分强调民族差异不利于国家认同形成”的观点认为，强

---

* 杨昌儒，贵州民族大学副校长，教授，博士生导师，主要研究方向向民族学、政治学。李昭勇，法学博士，贵州民族大学马克思主义学院副教授，主要研究方向为民族问题、民族理论与民族政策。

① 朱维群阿来对话：过分强调民族差异不利国家认同形成，2015年5月31日，http://news.ifeng.com/a/20150531/43876620_0.shtml。

调民族差异会强化民族认同而弱化国家认同，民族差异的消失则意味着国家认同的增强。此种观点把民族差异与国家认同之间的关系表面化、简单化，未能深刻认识到不同民族与国家认同形成之间的本质关联，具有明显的理论缺陷。

（一）缺乏对民族差异与国家认同之间辩证关系全面的认识

此种观点过分强调民族差异与国家认同之间的排斥性，把二者之间矛盾的斗争性绝对化，忽视了差异存在的合理性以及差异与同一对立统一关系中的统一性。

首先，差异的存在有其合理性。北宋张载说："天下之物，无两个有相似者。虽一件物亦有阴阳左右，譬之人一身中两手为相似，然而有左右。一手之中五指而复有长短，直至于毛发之类，亦无有一相似。"① 世界之所以丰富多彩，就是因为差异性和多样性是客观事物存在的具体形式。中国是一个统一的多民族国家，自有史以来，中国各民族在发展过程中因受地理环境、气候以及具体历史条件等方面的影响而风格迥异、各具特色，这也是中国地大物博、人口众多，中华文化博大精深、灿烂多姿的重要原因。习近平总书记也说："多民族是我国的一大特色，也是我国发展的一大有利因素。"② 因此，民族差异有其存在的合理性和对社会发展的积极意义。民族差异是民族过程中的自然现象，其产生、发展、消亡受民族发展规律制约，不会因人的主观意志而消失。

其次，民族之间的差异与国家认同之间虽因民族的多样性与国家认同所内在要求的同一性而存在着一定张力，但是如果仅看到二者之间的排斥性，那是片面的。唯物辩证法认为，世界上的一切事物是普遍联系的，矛盾普遍存在，而且矛盾双方是对立统一的。古人云："夫和实生物，同则不继。以他平他谓之和，故

① 《张子全书》卷十二。

② 《习近平在中央民族工作会议暨国务院第六次全国民族团结进步表彰大会上的讲话》，2014 年 9 月 28 日。

能丰长而物归之。若以同裨同，尽乃弃矣。”① 老子亦云：“道生一，一生二，二生三，三生无穷。”② 可见，矛盾双方除了斗争性还有统一性。差异与同一亦是如此，它们之间并非完全对立，可以相互依存并在一定条件下相互转化。黑格尔尤其强调二者之间的统一性，他主张含有差别的同一，认为世界上绝对没有无差别的同一，反对抽象的同一，即排斥差别的同一。他说：“我们首先必须特别注意，不要把同一单纯当作抽象的同一，当作排斥一切差别的同一。这是使得一切坏的哲学有别于那唯一值得称为哲学的关键。”③ 可见，孤立于差异之外的、缺乏多样性的同一是不存在的。民族差异与国家认同不只有对立的一面，还有统一的一面，二者可以相互依存，并非有他无我、有我无他。因此，那种认为只有消除民族差异，建立在完全同质化基础上的国家认同的观点显然是不符合逻辑的，也是难以实现的。

（二）民族差异不是影响国家认同形成的关键性因素

“过分强调民族差异不利于国家认同形成”的观点不仅没能全面认识民族差异与国家认同之间对立统一的辩证关系，在国家认同问题上其根本性的谬误在于把民族差异当作影响各民族国家认同形成的关键性因素。之所以这样说，其原因在于：

首先，未能透过现象看本质，未能抓住问题的主要矛盾。此种观点只是看到了各民族国家认同形成问题的表面现象，即只看到民族的多样性与国家认同所要求的同一性的表面的不一致，因而把各民族的国家认同形成问题简单地看作是一种简单、机械的单向运动过程，即民族差异减少就意味着国家认同的形成或增强。而实际上，国家认同形成问题是一个复杂的双向互动过程。如果把各民族看作认识主体，把国家政权看作认识客体，那么国家认

① 《国语》，上海古籍出版社，1998 年，第 515 页。

② 《道德经》第四十二章。

③ 黑格尔：《小逻辑》，商务印书馆，1981 年，第 249 页。

同形成问题是指包括国家行为在内的一切外力对各民族施加影响，不同民族的成员在此基础上对国家政权能动地认识和反应过程。如果这种对国家政权的认识和反应是积极肯定的，就意味着一个民族的国家认同的形成或增强，反之则意味着国家认同的减弱，国家离心力的增强。由此可见，国家政权与民族如何互动才是国家认同形成问题表象背后的本质，这也是各民族国家认同形成问题中的主要矛盾。

其次，在国家政权与民族的双向互动过程中，要使各民族国家认同形成或增强，关键在于国家政权要通过国家行为引导各民族“求同”。有人会问，这种做法岂不是与你所批评的观点是一致的吗？减少民族差异不就是“求同”吗？不，二者有着本质的区别。笔者所说“求同”的“同”是一种深层次的“同”，是指各民族在与国家政权的互动过程中，通过对国家行为的感受和判断，各民族接受并认可国家行为，虽然存在民族差异，但不同的民族却可以产生同样的对国家政权的认同、信赖、依赖的感情（需要指出的是，这种认同是各民族主动的、积极的认同，即使国家行为的出发点是好的，但如果不能被各民族所接受，那也不会产生认同感）；而人为减少民族差异甚至通过取消身份证“民族”一栏来实现“求同”中的“同”是一种表面的、浅层次的“同”，这种简单的“灭异求同”的做法，如果不能得到各民族的认可，即使实现了表面的各民族的同质化，各民族的国家认同感也未必能够形成。

由此可见，民族差异与国家认同之间没有直接的、必然的联系，民族差异的存在未必不能导致国家认同的形成，而民族差异的消失也未必导致国家认同的增强。这与论语中“君子和而不同，小人同而不和”所说的道理有异曲同工之妙，“同”与“不同”不是“和”的决定性因素。因此，我们说，民族差异不是影响国家认同形成的关键性因素，消除民族差异不是国家认同形成的必要条件。我们需要再次明确和强调的是，国家认同形成的基本逻辑不是各民族对国家单向的没有根据的认可，而是各民族在国家行为的影响下对国家政权能动地、积极地反应的双向互动。

二、“过分强调民族差异不利于国家认同形成”经不起实践检验

“过分强调民族差异不利于国家认同形成”的观点不仅理论上存在缺陷，也经不起实践的检验。中国是一个统一的多民族国家，无论过去还是现在，多民族都是我国客观存在的实际情况，也是我国社会历史发展过程中的一大特色。在中国上下五千年的社会发展过程中，历史事实和现实经验都说明民族差异不是影响各民族国家认同形成的关键，国家政权与各民族之间的互动才是关键。

（一）历史事实证明民族差异未必一定弱化国家认同

有史以来，在中国广袤的土地上生活着众多民族，他们共同生活，相互竞争，描绘出一幅幅气势磅礴、绚丽多彩的历史画卷，不断推动中国历史潮流滚滚向前。在中国历史发展过程中，中国并没有因为民族众多，民族差异明显，像欧洲一样小国林立，长期未能统一。中国统一时间远多于分裂时间，统一是主流，并且各民族的国家认同感也在不断加强。

首先，“天下观”是联系各民族与国家认同的重要纽带。历史上，古人将国家视为“天下”，“以天下为一家”，“普天之下，莫非王土;率土之滨，莫非王臣”[①]。在“天下观”的影响下，我国各民族先民与国家在国家认同方面处于良性互动中。这主要体现在以下两个方面，一方面，中国地理单元结构特殊，东部和南

① 《诗经·小雅·北山》第二章。

部临海，西部是青藏高原，西南部是云贵高原，北部是沙漠，在这种对外具有封闭性、对内具有开放性的地理单元内，在古人们认为的“天下”中，各民族先民相互竞争，都希望成为天下共主。一旦强大的中央政权建立，无论是少数民族入主中原，还是汉族一统天下，都不允许在这个“天下”内存在独立政权。可见，虽然存在差异，但是“天下”对各民族先民都具有强大吸引力，各民族先民认可“天下”，认可“国家”，国家认同感不言而喻，清朝满族皇帝关于华夷之辨的言论便极具代表性。“雍正皇帝从五个方面批驳传统的‘华夷观’，即一曰，有德者可得天下大统；二曰，华夷仅为地域之别；三曰，华夷之别并非一成不变；四曰，伦理纲常是判定人亲之别的依据；五曰，中外一家。”[①]（“中”应该是指“中原”，“外”应该是指“边疆”。—笔者注）。这从一个侧面说明了我国各民族先民在“天下观”影响下国家认同感不断加强。

另一方面，中国古代历朝历代统治者无论是汉族还是少数民族，在处理民族问题和边疆问题时，都秉承“天下观”和“大一统”的原则，通过“羁縻制度”“土司制度”等对民族地区和边疆地区“因俗而治”。清代则把这种“因俗而治”发挥到了极致，在满族聚居区实行八旗制度，在蒙古、青海、新疆等蒙古族地区实行盟旗制度，在新疆“回部”地区实行伯克制，在西藏地区实行驻藏大臣制度和政教合一制度，在西南少数民族地区实行土司制度。这种“因俗而治”不是通过剪除民族差异来强迫各民族对国家认同，而是强调“和而不同”，尊重民族的多样性和多元性，不勉强有差异的民族放弃自身的主张和利益。皇太极曾说：“以威慑之，不如以德怀之。”[②]康熙皇帝更是把“柔远能迩”当作“敬

① 刘泽华主编：《中国传统政治哲学与社会整合》，中国社会科学出版社，2000年，第136—137页。

② 《大清太宗文皇帝圣训》卷五《怀远人》，吉林出版集团，2005年。

天法主”的实际内容写入遗诏，令后代子孙永世不忘。[①] 正是这种对民族差异的尊重和包容，增强了各民族对国家的向心力、归属感和认同感，这也是中国在长期的历史发展过程中统一是主流的重要原因。这再一次说明了，民族差异不是影响国家认同形成的关键因素，影响国家认同形成的关键是国家政权与各民族之间的互动，尤其是作为互动主导方的国家政权的行为。

其次，历史上各民族之间的差异比现在要大，但各民族先民对国家的认同和热爱为维护国家统一做出了巨大贡献。早在唐朝时期，西域的于阗王尉迟胜就曾率兵协助唐王平叛“安史之乱”。明朝时期彝族的奢香夫人为了民族团结和国家统一忍辱负重；土家族的“赶年”风俗因保家卫国、抵抗倭寇而来。清朝时期东北部满族、蒙古族、汉族以及鄂伦春等民族等抗击沙俄；西北部维吾尔族、回族以及锡伯族等民族共同抵抗侵略、平息叛乱，“西迁节”反映了锡伯族人民对国家的忠诚和爱国主义情结；西部藏、汉人民抵抗英国入侵，五世达赖喇嘛和门巴族梅惹喇嘛奋力保卫国家边疆；西南部壮族、傣族、彝族、景颇族等民族反抗英、法侵略，“镇南关大捷”和“马嘉理事件”就是集中体现；东南部高山族和汉族共同抵抗美、日、法对台湾的侵略。此外，蒙古族将领裕谦在抵抗英军侵略的镇海保卫战中以身殉国，回族总兵左宝贵在甲午战争中为了国家利益血洒平壤，类似事例不一而足。辛亥革命后尤其是在抗日战争和建立中华人民共和国的革命活动中，各民族浴血奋战、保家卫国的事迹更是不胜枚举，可歌可泣。在1934年佤族人民班洪抗英斗争中，班洪总王胡玉山经常说：“我们的祖国是中国，我们不愿做亡国奴，像缅甸亡给英国人一样。”[②] 在抗日战争中，中国全民族抗战，东北地区的东北抗日联军就是

① 肖奭撰：《永宪录》卷一，中华书局，1959年。

② 段世琳：《佤族历史文化探秘》，云南大学出版社，2007年，第339页。

由中国共产党领导下的近十个民族组成的子弟兵；内蒙古地区有由蒙古族、汉族组成的八路军绥察支队；在西南民族地区，有由瑶、黎、苗、壮、京、彝、水、佤、傣、布依、傈僳、景颇等少数民族组成的游击队；海南有由黎、苗、汉族组成的琼崖纵队；台湾有高山族在阿里山建立的抗日游击根据地；由马本斋领导的冀中回民支队抗日武装成为回族抗战的代表。此外，在中国共产党的建立和发展过程中，在中国共产党领导各族人民推翻三座大山的革命斗争中，各族人民团结奋进，发挥了极其重要的作用，成为新中国共同的缔造者。

这些历史事实充分说明，民族差异并没有影响各民族对国家的认同，不同的民族服装、不同的民族语言并没有影响各族人民爱国主义的继承和发扬。因此，用民族间是否存在差异、民族差异存在的大小来判断是否具有国家认同感、国家认同感强弱的逻辑显然是与历史事实相悖的。

（二）现实经验提醒民族差异的消失未必一定加强国家认同

“过分强调民族差异不利于国家认同形成”的观点认为，民族差异的消失意味着国家认同的加强，因此主张尽力消除民族之间的差异。但在当今世界，现实经验不断提醒我们民族差异的消失未必一定意味着国家认同的强化。

例如，台湾与大陆都以华人为绝大多数，可以说没有民族差别，但是台湾一些人不认同“一个中国”，依然会出现“台独”现象，想要从中国分离出去。随着两岸交往的加深，台湾人民越来越感觉到对大陆的依赖性在逐渐增强，“台独”势头有所减弱，大部分台湾人民包括专家学者主张大陆和台湾实现统一。

再如，跨界民族同属一个民族，只不过在不同的国家有不同的称谓。例如我国的景颇族在缅甸称为“克钦人”，在印度称为“新福人”，我国的傣族在泰国称为“泰族”，等等。这些跨界民族在民族特征如语言、服饰、风俗习惯等方面并无太大差异，但他们的国家认同不会指向同一个国家。生活在朝鲜和韩国的朝鲜人具有不一样的国家认同则更为典型。

因此，我们可以从现实生活中种种现象得出结论，民族差异不是国家认同的关键因素，影响国家认同形成的关键在于国家政权与民族之间的互动关系，在于各民族是否对国家政权的认可。

三、促进我国各民族国家认同不断加强的路径选择

从理论和实践两个方面我们已充分认识到民族差异与否与国家认同形成之间并没有必然的本质的联系。在国家与各民族的互动过程中，对国家认同形成起主导作用的不是认识主体——存在差异的各民族，而是认识客体——国家政权，各民族国家认同能否形成以及所形成的国家认同的程度关键在于国家政权以什么样的行为去影响各民族。那么对于我们这样一个多民族国家来说，国家应该在哪些方面采取什么样的政策措施才能使各民族产生强烈的国家认同感呢?

（一）强国富民，促进各民族共同繁荣发展

马克思说："物质生活的生产方式制约着整个社会生活、政治生活和精神生活的过程。"[①] 因此，从物质层面来讲，国家力量强大，人民生活富裕对一个多民族国家的各民族来讲是非常重要和具有吸引力的。各民族依附于国家而存在，很重要的一个原因就是国家政权能够为各民族的生存和发展提供机会和庇护。在国家政权与民族的互动过程中，国强民富往往会使各族人民对国家政权产生较强的向心力和认同感。中国封建社会中几个鼎盛时期如唐朝、清朝等，各族人民以作为天朝上国子民而感到荣耀。当前，中国已经成为世界第二大经济体，国家实力强大，在国际上

① 《马克思恩格斯选集》第2卷，人民出版社，1972年，第82页。

的地位和影响力也日益突出和明显，各族人民以作为中国人而感到自豪，可以说这是国家增强各民族国家认同感的巨大优势。

所以，要增强各民族对国家的认同，国家应进一步实施各项政策措施，促进各民族的共同繁荣发展，"一枝独秀不是春，百花齐放春满园"。目前，我国民族问题集中体现为少数民族和民族地区迫切要求加快发展经济文化事业。国家把"各民族共同团结奋斗，共同繁荣发展"作为新世纪新阶段民族工作的主题，通过对口支援、少数民族地区扶贫专项行动、西部大开发、兴边富民行动、扶持人口较少民族发展以及其他一些特殊优惠政策和措施，不断促进少数民族和民族地区经济社会的发展。只要坚定地维护各民族的根本利益，实现各民族的共同繁荣发展，各民族就会在与国家政权的互动过程中，从纵向的民族历史发展比较和横向的各民族发展比较中深刻感受到国家给人民带来的福祉，在民族发展和幸福生活中深切体会到国家的关怀和温暖，饮水思源，各民族便会自然而然产生对国家政权的认可、信任和依赖，各民族的国家认同感便会不断增强。

因此，从各民族共同繁荣发展的角度来考虑，如果真要消灭"民族差异"的话，那么在国家政权与民族之间的互动中应该消灭的是各民族间发展上的差距，而不是各民族的自然特征差异。

（二）求同存异，构建各民族共同精神家园

影响各民族国家认同形成的精神层面因素值得我们高度关注。从某种意义上说，精神层面的影响比物质层面更大。这就需要国家政权在与各民族的互动过程中，特别注意对各民族在精神层面的尊重与引导。

一方面，一个民族的文化、风俗习惯是其民族特征的重要体现，也是本民族人民精神生活的重要内容。各民族的文化在形成和发展过程中因自然条件、社会发展、历史际遇等方面的不同而差异明显、各具特色。各民族在判断外界是否对本民族友好以及

本民族对外应该做出何种反应，往往以能否尊重本民族的文化和风俗习惯作为重要标准。因此，国家政权在面对各种不同的民族文化时应采取承认、尊重和包容差异的态度，要认识到各民族文化存在差异既是中华文化丰富多彩的重要因素，也是各民族可以相互学习、借鉴的前提。我国施行的保护少数民族语言文字政策、尊重少数民族风俗习惯政策以及宗教信仰自由政策等就是尊重、包容差异的具体体现。当各民族感受到国家政权对本民族文化、风俗习惯的尊重和包容时，便会对国家产生信任感和认同感。

另一方面，作为人类文明发展的成果，各民族文化不光有差异和个性，还有交集和共性，即各民族对认知和行为有一些普遍认同的基本原则，比如尊老爱幼、惩恶扬善等。这不仅是各民族文化可以同生共存、相互借鉴的重要前提，也是构建各民族共同精神家园的坚实基础。西南民族地区是我国多民族聚居区，民族文化各异，但在长期的文化交流、激荡过程中，大部分民族形成了对“天地君亲师”的共同信仰，这成为联系各民族的精神纽带。

当前，国家在对各民族精神生活的引导过程中，应本着求同存异的原则，在尊重和包容差异的同时，使各民族充分认识到中华民族是由 56 个民族共同组成，各民族都有爱国主义传统，各民族在共同反抗外来侵略和内部压迫过程中成为新中国的缔造者和国家的主人，和谐社会是各民族的和谐，小康社会是各民族共同实现小康，中华民族的伟大复兴是各民族的共同复兴；使各民族充分认识到构成中华民族的各民族是一个命运共同体和利益共同体，国家兴则民族旺，国家危亡则民族遭殃。在认识到这些共性的基础上，各民族容易形成谁也离不开谁、谁也离不开国家的观念，从而有利于各民族共同精神家园的建设，有利于中华民族凝聚力的进一步形成，有利于各民族国家认同感的增强。

因此，对各民族精神层面的引导，我们应该力求做到“求同存异”“异中有同”“同中有异”，即我们希望各民族增加共识、增强国家认同，但这种认同不是建立在消除民族差异的基础上——虽然存在民族差异，但是各民族可以有共同的国家认同——共同的国家认同不排斥民族差异的存在。

（三）坚持民族平等、团结，增强国家凝聚力

在国家政权与民族的互动过程中，影响各民族国家认同的非常重要的一个因素是国家政权在政治上以什么样的态度对待各民族。能否平等地对待各民族、团结各民族，在很大程度上决定各民族是否会对国家产生认同感。

中国共产党和国家坚持民族平等、团结的原则，废除各种民族剥削和压迫制度，各民族摆脱了在阶级社会受剥削、受压迫的地位，成为中华民族大家庭的平等成员；党和国家通过“上来下去”等一系列改善民族关系的活动，大力消除历史上形成的民族隔阂，促进了各民族的团结。各民族对国家的认同感不断加强，“库尔班大叔骑着毛驴上北京看望毛主席”以及“挑担茶叶上北京”就是各民族对中国共产党和中华人民共和国认同的一种表达。

中华人民共和国成立60多年来，少数民族和民族地区发生了翻天覆地的变化，最重要、最关键的一点就是党和国家坚持民族平等、团结的原则。国家通过各种措施来保障各民族政治上的平等地位。我国《宪法》规定：“中华人民共和国各民族一律平等。”民族平等和民族团结政策是我国民族政策的总政策，其他民族政策都是以此为基础制定的；作为国家四项基本政治制度之一的民族区域自治制度保证了聚居区少数民族依法行使管理本民族本地区内部事务的平等权利；各民族能够平等地参与国家事务管理，享有平等的选举权和被选举权；各民族在全国人民代表大会中都有自己的代表。除了法律上和政治上实现了平等，国家还通过各项优惠政策扶持和帮助少数民族来努力实现社会生活中事实上的平等。多年来，国家把民族团结进步表彰活动作为经常性的活动来抓；各省、自治区、直辖市广泛开展“民族团结进步宣传月”“创

建民族团结进步示范单位”等多种形式的活动；当前，国家还把民族团结教育活动从民族类院校向全国各高校和中小学推广。

国家的这一系列做法使各民族深刻感受到国家是在实行真正的民族平等，真心促进各民族的团结，从而极大地调动了各族人民建设国家的积极性和主动性，各民族对国家的认同感不断加强。因此，各民族虽然存在差异，但在政治方面对平等的诉求是一致的。国家所实行的政策以及采取的措施只有符合各民族的这一愿望，才能赢得他们的信任和认同。

结语

总之，民族差异与国家认同之间并不存在必然的联系，消除民族差异不是各民族国家认同形成的必要条件。影响国家认同形成的关键在于国家政权与民族之间的双向互动，在于认识的主体——各民族能否对认识的客体、互动过程的主导方——国家政权的行为做出能动、积极的反应。因此，国家政权应该在这个互动过程中从物质、精神以及政治各方面赢得各民族的认可，从而获得各民族对国家的认同。

论涂尔干社会团结理论视阈下的我国民族团结

——埃米尔·涂尔干《社会分工论》的启示

卫　松　杨昌儒*

19世纪后期，特别在以欧洲为主的资本主义国家剧烈的资本扩张中，社会震荡和转型导致了大量的精神危机、经济危机和社会危机。法国社会学家埃米尔·涂尔干从社会分工的视角分析社会危机产生的原因并开出了“救世良方”。反观我国当下现实，与涂尔干时代笔下的社会有诸多相似。特别在我国经济政治改革渐入深水区、国内外复杂环境交织的大背景下，民族问题凸显，理论及实践者在不断寻求新的解决之道时，从涂尔干的笔下似乎看到了破解之道。

一、涂尔干的社会团结理论

从涂尔干的《社会分工论》一书抽丝剥茧得到其逻辑结构为，涂尔干发现了看似矛盾的社会现实：个人越来越自主，但是却

---

* 卫松，管理学硕士，贵州民族大学管理学院副教授，硕士研究生导师，贵州民族大学2013级社会学在读博士，主要研究社会保障与基金投资、民族地区社会政策；杨昌儒，贵州民族大学副校长，教授、博士生导师，贵州省省管专家，主要研究民族问题、民族理论与民族政策等。

越来越依赖社会。为了回答这个问题，站在历史的大背景下，从微观的社会团结类型做切入，发现劳动分工是推动社会转型的重要动力和因素，同时也是导致社会失范的重要原因。医治病态的良药是建立一种适应高级分工社会下的道德体系，只有这样，社会团结才得以可能。

（一）社会团结类型是分析的基础

在涂尔干笔下，他把社会团结按照历史的存在类型分为两种：

一种为前工业社会中，以集体意识作为连接社会纽带的机械团结，以机械团结为主的社会是一种环节社会。集体意识或共同意识之和构成了环节社会中社会成员的生活体系。[①]只要是触犯了集体意识的行为，就是犯罪。相似性的个人相互结合，形成社会。同时，压制性的法律就成为维护这种社会团结的最佳方式。通过对欧洲历史的分析，在曾经以机械团结为主的社会中往往表现出浓厚的宗教色彩。

另一种为工业社会中，以分工作为社会纽带的有机团结。整体的个性和个体的个性得到了同步发展，这就类似于生物有机体，所以称为“有机”团结。历史事实表明：共同意识的衰落，必然产生新的团结类型，机械团结下的反抗力抵挡不了劳动分工所产生的凝聚力。所以，劳动分工替代了集体意识来维护工业社会的团结。[②]在这样的社会中，个体之间由于相互的需要，通过契约结合在一起。职业道德和恢复性法律对维护社会的有机团结显得至关重要。涂尔干还认为，分工的发展与人们相互结合及其所

① 埃米尔·涂尔干：《社会分工论》，渠东译，北京：生活·读书·新知三联书店，2013年，第42页。

② 埃米尔·涂尔干：《社会分工论》，渠东译，北京：生活·读书·新知三联书店，2013年，第134页。

产生的交换关系成正比。[①]所以，分工不断进步的原因是社会密度的增加和社会容量的扩大。[②]

（二）众多危机的根源是法律和道德的失范

涂尔干认为，分工可能带来向心力，也可能带来离心力。奥古斯特·孔德看到了分工是团结的根源，专业化取代相似性的事实是社会的一种病态现象。但是，涂尔干认为，这样的趋势是正常的。在分工形成的有机团结中存在诸多的失范，但是可以通过各种手段调节以达到社会团结，而不是继续坚守已落伍的机械团结社会。从这点来看，涂尔干的观点显得更为积极和乐观。所以，他认为，社会团结的作用不是消除竞争，而是调节竞争。如何调节失范的分工成为涂尔干接下来需要解决的问题。他认为，契约对有机团结的实现只是必要条件，并不是充分条件。除了外在的强制力量要求人们遵守契约以外，还取决于个人内在的自觉。在分工的不断发展中，集体意识不断衰落，个人越来越自由。但是，以分工为基础建立的道德秩序并没有完成，同时外在的诸多不公平的因素也是个人认为在社会中寸步难行的重要原因。消除或者制止失范状态的出现，需要首先消除深层次的不平等的外部条件。所以，法律的完善和道德体系的建设显得至关重要。

（三）社会团结何以可能

根据涂尔干的分析，作为两种理想的社会团结类型，社会团结的实现取决于社会结构与功能的协调。劳动分工使得各个领域或者行业分化，行业间发展的不平衡极可能导致社会的失范。涂尔干笔下的社会是一个结构—功能系统，两者的协调统一正是工业社会秩序得以维持的逻辑基础。

---

① 埃米尔·涂尔干：《社会分工论》，渠东译，北京：生活·读书·新知三联书店，2013年，第214页。

② 埃米尔·涂尔干：《社会分工论》，渠东译，北京：生活·读书·新知三联书店，2013年，第219页。

二、当下我国的民族团结

我国是一个统一的多民族国家，在56个民族的共同努力下创造了几千年光辉灿烂的中华文明。其中以家庭为单位的自然经济在分分合合的封建社会中走过了2000多年。丰富多彩的儒家文化编织了一条民族统一的牢固纽带，这正如涂尔干笔下的集体意识一样。汉武帝时的“独尊儒术”配合高度集权的国家体制，有效地延续了2000多年。“君为臣纲，夫为妻纲”和“仁、义、礼、智、信”是中华民族得以凝聚的强大政治和精神因素。①

中华人民共和国成立后，长期的计划经济把十几亿人拴在了一起，强制的社会分工在特定的年代发挥了重要作用。但是，在历史的教训和资本主义经济迅速发展的背景下，我国毅然决然地选择了走改革开放和社会主义市场经济的道路。三十多年的经济社会发展中，作为分工副产品的经济越来越在人们生活中占据主导地位。传统的社会结构解体，新的社会结构尚未形成，特别是作为社会团结的旧道德体系崩溃，新道德体系建立还需要一个漫长的过程。由此，各民族之间在社会结构变迁过程中也会产生冲突。

民族团结，从社会学的角度看，就是把分散的不同的民族联合起来，使之成为彼此相互依存的良性互动关系，并形成更大的民族共同体的过程和状态。②中华人民共和国成立以后，中华民族实现了前所未有的大团结和广泛深入的民族认同，在中国共产党的领导下，民族团结事业取得了举世瞩目的成就。但是，不可回避的现实仍然存在：影响民族团结的国际国内因素仍然存在；民族间发展不平衡、利益分配不合理；存在一些文化冲突、利

① 王希恩：《全球化中的民族过程》，社会科学文献出版社，2009年，第347页。

② 郑杭生：《民族团结与和谐社会建设：一种社会学的解读》，载《创新》，2009年第12期。

益冲突现象等。

由于我国少数民族主要分布在广大的中西部和东北地区，同时也是自然条件相对恶劣的地区。各少数民族在较长的历史时期中相对独立发展，内部的团结纽带各不相同，文化差异较大。随着社会主义市场经济体制的建立和完善，56个民族在960多万平方千米的土地上共享经济社会发展带来的福利。但是，在各种复杂因素交织影响下，出现一些影响民族团结的经济冲突、精神信仰冲突和社会冲突。

从宏观层面看，国际民族分裂分子以各种理由和借口煽动民族分裂，以影响中华民族的团结；在计划经济时代下形成的东、中、西分工的不合理和政策支持的不公平，造成了民族地区经济社会发展的落后，进而影响社会发展中的地区不平衡现象；国家长期的工农剪刀价格差也是影响农村经济社会发展的又一重要因素，而少数民族居民又主要集中在偏远的农村，所受影响较大。

从微观层面来看，在现代性的强力冲击下，个人难以独善其身。在城镇化背景下，民族地区的人们逐渐远离世代生活的家园，其中有主动的，也有被动的。在市场经济这只看不见的手的安排下，民族地区的广大少数民族居民在社会的自然分工中，由于先天的或者自然的因素而处于相对弱势的地位。长此以往，不论是外部的因素还是历史的因素，都将对民族地区和少数民族居民输入地的社会稳定带来一定影响。少数民族居民进入更为广阔的现代社会中后，由于各种原因有的人难以融入社会，也会影响社会的安定团结。近年来，一些民族地区居民外出打工犯罪问题较为突出，这与有的少数民族居民不能适应现代化都市生活有一定关系。除此以外，由于个人交流互动的空间增大，文化冲突增加。受“经济人、理性人”观念的深入影响，一些人的精神信仰危机凸显。

三、社会团结理论视角下对我国民族团结的思考

民族团结是社会进步的基础，是中华民族的力量所在[①]，中华民族的团结是中华民族复兴的关键。正如涂尔干所说："一个社会如果其成员之间没有一条牢固而持久的纽带维系在一起，那它就像一堆松散的尘土，随时都可能被一阵最轻微的风吹散到地球的四角上去。"[②]中华人民共和国成立以后，特别是改革开放以来，我国民族团结进入了目标制定、政策实施、实践探索等阶段。民族间的交往大大增加，历史上的民族隔阂逐步被打破，民族团结事业得到了巨大发展。而人们也正面对来源更为复杂、形态更为多样的对民族团结产生负面影响的因素。[③]时至今日，翻开涂尔干所在的当时法国社会历史，造成当时法国社会危机的原因和表现与当下的中国相比，共性与个性共存。中华民族也必将伴随社会结构的变迁走过一个漫长的重构过程。

在涂尔干经典的社会团结理论启示下，可以通过以下几方面对我国民族团结发展进行反思。

首先，需要继续发挥民族地区集体意识，维护民族团结。

在涂尔干的笔下，他通过宗教这条线索，诠释了作为集体意识的宗教在社会团结中的不可替代性。从较长的历史时期看，中国人信奉多神教和原始的自然崇拜。在当今中国的绝大多数地方，基于血缘、氏族的传统社会团结发生了根本的断裂，但是在民族地区的自然村寨中仍然存在集体意识的形式。例如，在黔东南、

---

① 广西壮族自治区党委中心组：《不断推进民族团结进步事业——关于建设民族团结进步模范区的思考》，载《人民日报》，2012 年 7 月 6 日，第 007 版。

② [美]杰弗里·C. 亚历山大：社会学的理论逻辑（第二卷），夏光、戴盛中译，夏光校，商务印书馆，2008 年，第 106—107 页。

③ 周竞红：《"民族团结"内涵的演变及当前巩固民族团结的途径》，载《中国民族教育》，2014 年第 4 期，第 14—16 页。

桂西北的苗、侗地区广泛存在的“牯藏节”，在维护苗族社会的团结中发挥着重要作用。在民族地区乡村纠纷的解决中仍然部分地沿用传统形式而非现代性的法律。事实表明，在中国原本就不存在大一统的宗教信仰社会中，长期封闭形成的多民族分散的集体意识，在现代性的冲击下或多或少地保留着自己的特色。机械团结形式特别是在民族地区还保持着较强的生命力，丰富多彩的民族文化是集体意识的外在表现，在提倡建立和谐社会和文化多样性的当下，应当继续并努力维护民族地区这种积极的、优秀的集体意识。通过重建少数民族的集体意识，以增强民族自豪感，加强中华民族认同，并上升为整个社会的凝聚力。① 只有实现民族内部的团结，才能实现中华民族的大团结。

在实践中，国家和政府应不断加强保护民族传统文化，提高民族传统文化的影响力，甚至要把这样的遗产适度地转化为生产力，进一步提高对应民族的自豪感，从而加强民族团结。

从集体意识在当下中国民族团结的机械团结中的作用可以看出，更多的是在少数民族内部间的团结，当然也不否认在更大范围甚至在中华民族的团结方面的作用。

其次，建立和完善社会团结的基础：法律和道德。

涂尔干认为，不论是在机械团结的社会还是有机团结的社会中，法律在社会整合上都发挥着重要作用，只是在不同的社会团结类型下法律的表现形式有所不同。在有机团结社会中的法律实质上是一种共同意识或者信仰。法律和道德共同形成了社会团结的秩序基础。

从20世纪80年代末开始，我国建立了社会主义市场经济，经济的发展一直呈高速态势，其速度远远超过了法治的发展步伐。在利益驱使下的经济社会中，有的人越来越看不清法律的边

① 阳清：《民族团结的社会学分析：基于迪尔凯姆社会团结理论分析》，载《淮海工学院学报》（人文社会科学版），2014年第4期，第105—108页。

界、道德的界限。于是，在社会某些方面灰色地带突出、道德败坏层出不穷，道德败坏的人也感叹道德缺失的危害。在我国的广大民族地区，由于不同民族所在区域社会发展水平差异较大、中华人民共和国成立后脱胎于不同的母体社会，在跨越式发展过程中道德基础受到的破坏程度也不相同，同时在不同的语言文字、生活习俗、宗教信仰、心理状态和生活方式等影响下，民族地区传统道德因被逐步的市场化而撕裂成离散状态。要重建民族地区道德体系，需要适应不同民族及当地实际情况和社会发展的新变化。

重建民族地区道德体系，需要注意一些问题：第一，广大民族地区经济社会发展水平落后，伴随着一些落后的伦理道德、封建迷信、陈规陋习。其道德体系的重建需要去糟粕、取精华。第二，民族地区道德体系重建，需要谨慎处理民族关系和民族问题。在充分尊重民族风俗习惯的基础上选择合理的工作方式和方法，提升民族地区教育水平和科学文化素质。第三，民族地区道德体系的重建，在宏观上需要与社会主义核心价值观和《公民思想道德实施纲要》有机结合起来。第四，民族地区道德体系的重建，需要和国家民族政策、宗教政策有机结合起来，不能简单行事。[①] 总之，民族地区道德体系与中国社会主义核心价值观要相一致，同时也应有层次性和特殊性。

在民族地区道德体系崩溃的同时，若没有可替代的制度规范或者法律的介入，将使民族地区的社会整合纽带在相当长的时间内处于真空。虽然我国几千年的发展历史证明了人治功能的强大，但是世界近代史的发展证明，法治在社会整合中的作用越来越突出，我国也不例外。民族地区的法治建设远远落后于社会建设。从宏观上看，在我国现有的民族地区法制建设方面，除了国家的

① 启东明：《试论民族地区公民道德建设的特殊性》，载《学习与实践》，2002年第6期，第17—19页。

根本大法《中华人民共和国宪法》部分规定及《中华人民共和国民族区域自治法》以外，还没有五个自治区的单行条例。甚至有的学者认为《民族区域自治法》组织法的色彩大于民族法的色彩。从微观上看，民族地区法制人才严重缺乏；民族地区的家族宗法、宗教教规、传统习俗等与国家法冲突时，后者有时让位于前者，一定程度上削弱了国家法的权威和严肃性。各种土政策有时也构成民族地区乡土社会治理的手段，却又成为导致社会冲突的根源。

最后，努力消除影响社会团结的反常分工。

劳动分工带来了新的社会团结，但是反常的劳动分工在破坏了机械团结的同时带来的是社会动荡。在民族地区的发展过程中，往往由于某些外在的因素迫使民族地区的个人或是某部分群体在社会分工中处于不利地位。例如，在产业结构的规划中没有充分尊重居民的意见，居民被迫纳入社会不合理分工中而产生一些矛盾或问题。要避免或消除这样的反常分工，根据涂尔干的思想可以从以下几方面入手：

1. 对于失范的分工。个人在失范的分工中由于异质性增强而联结个体间的规范没有明确建立而显得不知所措。导致失范分工的最大原因在于职业道德体系的缺失，主要表现为工商业破产和劳资冲突。我国民族地区在社会分工中出现的这类情况，主要源于市场经济冲击下劳动者的职业素养和自身认识水平不够。根据涂尔干的观点，出现这样的结果，并不一定需要一种相反的力量去调整，只需要让处于这类分工中的个体感觉到自己在分工中的意义和如何更有意义就可以了。那么，根据这样的逻辑，对解决民族地区的失范分工就可以从教育和岗前培训入手来提升职业素养和建立新的人生观和价值观。

2. 对于强制的分工。这种强制的分工源于内部或外部因素实现的不稳定或者短暂的团结。其出现的根本原因是人们对公平目标的追求。正如涂尔干所说："最发达社会的根本任务是去完成建立公正的使命。”[①] 国家在对各少数民族支持的同时需要从公正的角度做慎重的考量，强制性地对民族地区在政治、经济和文化中的角色进行定位。在市场规律的作用下，通过市场的力量进行的资源配置、角色定位也可能对处于弱势的民族地区带来不公正的结果，政府应在这时站出来维护公正。

3. 任何发达的分工都不可能产生完善的整合作用。虽然这样的现象很难避免，但是根据涂尔干的观点，要消除这样的现象除了某种支配手段以外，还需要一种确定的运作方式。[②] 其实可以发现，这样的分工和失范的分工类似，但是这类分工关注的侧重点不同，这类分工主要是由于经济和技术上的因素所导致的。人在这样的分工中的角色如同机器一样，而人却是有感情、有理想的高级动物。如果不用某种方式来达到社会各个功能组织间的协作，个体间将日渐疏离，社会将变成一盘散沙，个人将变得不满，甚至在某些外在因素的刺激下极易走极端。在我国民族地区，为了快速建设小康社会，快速的城镇化导致大量来自农村的少数民族居民还没做好准备就被城市化了。在一个全新的社会环境中，没有相应的制度或社会组织来联结个体而形成新的社会团结，容易导致个体与社会的冲突。例如，民族地区的失地农民在失去土地以后，社会或者政府不能提供其他谋生手段，就可能导致失业、贫困等一系列社会问题。所以，在政府对民族地区进行扶持性的开发过程中，需要充分考虑当地居民的意见，在政治上需要各民族公平、公正、公开地参与到现代化的进程中来，通过民族间的自然交流、交融形成新的民族向心力。

所以，在当下的民族地区快速城镇化过程中，因外在的经济

① 埃米尔·涂尔干:《社会分工论》，渠东译，北京：生活·读书·新知三联书店，2013年，第345页。

② 埃米尔·涂尔干:《社会分工论》，渠东译，北京：生活·读书·新知三联书店，2013年，第347页。

和技术因素导致的非人性化分工俨然成了影响民族关系的重要因素，如何根据不同少数民族的文化、生活习俗、生活方式等，建立相应的制度或社会组织，以实现在新的环境下联结成新的有机团体，应是民族工作者思考的问题。可以借鉴新加坡的经验：创建丰富多彩的社区网络组织，发展和培育社区精英，建立族群杂居的住房政策及机构等。①

总之，涂尔干的社会团结理论对分析当下我国民族团结事业，解决当下特别是中西部民族地区社会问题有着重要的启示意义。根据涂尔干的逻辑，社会团结得以可能，需要从社会团结的秩序基础——法律和道德体系的建立入手，消除威胁有机团结的反常分工，辅之以继续发挥一定范围内的集体意识作用。特别在民族地区的工业化、城镇化、信息化进程中，伴随着的是原有社会团结的消失和新社会团结的形成，两者长期并存。重建社会团结的秩序基础，原有的集体意识依然发挥重要作用，新的法律和道德体系急需建立。建立公正的社会分工体系，赋予民族地区和少数民族公平参与分工和发展的权利，中华民族的团结进步事业必将更上一层楼。

① 曾鹏、陈剩勇：《如何促进社会团结？——新加坡促进社会团结的社会管理经验及其启示》，载《浙江社会科学》，2011 第 6 期，第 95—100 页。

当代中国族际政治和谐治理模式

刘　荣*

一、当代中国族际政治和谐治理的必要性

民族关系既是基本的社会关系、重要的政治关系和相关政策制定的价值取向，也是族际和谐治理的必然选择。中华人民共和国成立后，经过党和政府大量艰苦卓绝的梳理和协调，以及民族政策逐步落实，各个少数民族随着环境变化所做的自我调适，使各个民族都得到发展和受益，中国民族关系逐步趋向于稳定，少数民族地区的民族关系平衡，形成一种较为稳定的平衡局面，这种平衡实质上也是各民族间的一种利益关系平衡。但是，市场经济的发展进程将对现行的民族关系平衡格局产生一定的影响，市场引发的社会变迁势必影响现行民族关系格局的社会和心理基础，市场发展过程中的利益调整会改变各民族现行的利益关系、影响现行的民族关系格局，从而使当代中国族际政治和谐治理成为必然。

（一）各民族现行利益关系的调整是当代中国族际政治和谐治理的现实基础

市场经济条件下，各民族生活的地域所能提供的市场资源发展条件有较大的差异，政府投资不可能做均匀分布，市场投资更是一种非均衡分布，市场所带来的新增利益由于市场的特质，既

---

* 刘荣，大理大学副校长，国家民委民族理论政策研究基地主任、首席专家，中国社会科学院博士后，教授、硕士生导师，主要从事民族理论政策与实践研究。

不会按现有的利益格局进行分配，也不会像以往一样在各个民族间进行平均分配，各民族的实际受益将有较大的差别。在不改变既得利益的前提下改变新增利益分配，会导致现行利益关系的变动和调整，并引起各民族成员相应的心理反应。各个民族都会形成对新增利益分配的社会预期，这种预期是各民族人民参与发展不可缺少的心理活力，新增利益分配不均产生的影响往往是连锁式的。这种非均衡发展所带来的利益分配关系，使受益较少的群体利益的增长不仅达不到预期目的，甚至还会低于增长的平均水平而产生不同程度的被剥夺感；而收益较多的一方，较大的满足感也会激起更大的预期，过高的预期达不到又会产生被剥夺感，这都将从不同的角度影响民族政治意识的变化和波动，所以，市场经济发展过程中的利益调整必将决定民族关系的变化，并影响现行民族关系。因此，要实现族际政治和谐治理，“就要充分考虑各民族的利益状况和利益要求，通过各种措施，适时地对利益分配进行调节，使各民族都能在开发中受益，并对民族关系中已经出现的摩擦和冲突进行必要的政治调节、行政调节、法律调节、社会舆论调节和传统习惯协调，以寻找新的平衡点，重建新形势下民族关系的动态平衡”，利益关系的调整成为当代中国族际和谐治理的物质基础。

（二）旺盛而非均衡的民族意识对现有民族关系格局调整的不同诉求是当代中国族际政治和谐治理的前提因素

民族意识的核心是民族认同意识和民族分界意识，归根到底是民族的利益意识。民族意识的增强往往强化民族内部的认同以及民族间的差异，并引导民族成员关心、注重和维护本民族的利益。一方面，市场经济越发展，越能刺激民族意识，旺盛的民族意识必然促成少数民族之间和少数民族与汉族之间的利益调整要求，强烈要求改变现行各民族间的利益分配和民族关系。随着发展过程向深度和广度这两个方面的发展，少数民族自身的受教育程度和社会化程度都相应地提高，少数民族与其他民族的交往日益增多，少数民族所获得的比较利益也发生了变化，与此同时，各个少数民族的民族意识有所增强，各个民族发展的不平衡又使这种增强呈现出非均衡的状态。另一方面，旺盛的民族意识又会促成少数民族在现行利益格局中的利益争夺，要求改变现行的各民族间的利益分配和民族关系格局，产生利益摩擦，从而使民族关系处于某种紧张状态，使产生民族问题的可能性迅速增大，在一定的条件下就会成为现实的民族矛盾甚至民族冲突。就其性质而言，这种冲突仍然是建立在各民族根本利益一致基础上的冲突。就其程度而言，这种冲突的程度又各不相同。在不破坏现行民族关系、社会和政治稳定的情况下，这种冲突是可控制的，并有可能转化成为少数民族地区社会发展的动力，但如果冲突的程度增加，就可能突破一定的限度，成为破坏性的力量。民族意识既有积极作用，也有消极作用，常常是一把双刃剑，“民族意识既是天使又是魔鬼，关键是看它在什么时候和什么场合出现和怎样发挥作用”。

（三）政治意识与当前政治实践相脱节是当代中国族际政治和谐治理的客观需要

同情、关心和照顾弱小民族的价值取向，是一种有别于“国家主义”的“民族主义”的价值取向。这在历史上是对的，但是在社会物质生活全然发生了变化，各民族的政治地位、经济地位、社会地位平等的条件下，这种政治意识已与社会现实不符或者说有差距。因为通过这种有所偏向的政治意识所制定的政策调整少数民族与汉族和国家之间的利益关系时，并没有考虑建立对少数民族的利益追求行为和利益要求进行规范的问题，相关的约束机制则更谈不上。在少数民族自身的发展水平低，内部治理程度有限，经济、政治、文化和社会发展相比于主体民族而处于落后状态的情况下，这样的族际治理方式是适宜的。但是，族际政治和谐治理环境的本质是协调多民族国家内部各民族间的利益关系，这样的族际政治和谐治理方式，有着很大的灵活性，可以根据形势的变化随时调整。由于缺乏完整性和复杂性，难以形成系统化的族际政治和谐治理模式；由于缺乏稳定性和制度性，制度化水平不高，容易受到冲击和改变。民族形成和发展的历史表明，“民族不仅是以共同文化为基础的人群共同体，也是基本的利益共同体”。马克思说：“人们奋斗所争取的一切，都同他们的利益有关。”对于任何一个利益主体而言，得到满足的利益要求往往促成更多或更高的利益要求，一个利益要求得到实现之时往往也是更多或更高的利益要求生成之时。对于每个民族来说，情况也如此。各个民族的利益要求经过民族领袖和精英分子的提炼和集中，往往会产生放大效应。随着少数民族的发展和逐渐成熟，各个少数民族对自己利益的认识更加深刻，民族的利益要求也更加旺盛。在这样的情况下，民族间的利益争夺会增多和加剧，民族间的张力增大，相应地，民族间的摩擦也会增多。由于国家处于利益分配总枢纽的地位，各民族的利益要求又往往是指向国家政权的。其中，既有在现有的利益分配格局下提出的利益要求，如要求更多的政策支持和照顾，也有在利益分配格局之外的利益要求，甚至改变现行利益分配格局的要求等。然而，能够满足各个民族利益要求的条件是有限的、资源是有限的，而有限的条件和资源不可能完全满足各个民族的利益要求。

（四）制度供给“过剩”与有效供给不足并存的制度安排缺失是当代中国族际政治和谐治理的必然选择

中华人民共和国成立后，中国通过特定的国家机制、工作机制以及人员来处理与民族有关的问题。由于少数民族的数量和分布区域广泛、民族工作涉及个人，民族关系的范围被扩展得很宽泛，甚至一般性的社会矛盾和冲突一旦与民族挨边，就会被当作民族问题对待，也被纳入民族工作的范畴。为此，民族工作成为经常性的制度性工作，族际政治治理的任务也通过民族工作实现，使族际政治和谐治理呈现政治制度供给“过剩”与有效供给不足并存的特征。

一是体制外政治发展的因素出现。随着社会主义市场经济的发展，在社会进步基础上生成的新政治因素逐步进入政治体系，丰富了政治体系的内涵，增加了政治体系的复杂性，并促成中华人民共和国成立以来政治发展的第三次高潮。一方面，要求少数民族地区进一步理顺各种权利关系，完善各项制度，增强地方政府的能力，有效推进基层政治一体化过程，提高政治治理度。另一方面，重构政治资源分布和配置的方式，改变既存的政治关系状况，调控大众政治参与的活跃程度和政治文化的变迁。这是一种全面的政治发展，它不仅体现于现行的政治体制内，也体现于体制外，既有由国家政治体系主动推进的自为的发展，也有尚未或不能进入自觉控制范围的自发的发展。必须对发生于体制外的政治发展加以积极的引导，尽力将其导入社会主义民主政治建设的轨道，使其成为少数民族地区民主政治建设重要的切入点和契机。如果能够对其具有明确的认识，就能使政治体制改革和政治建设主动适应这种发展的要求，通过深入改革积极地加以推进。如果听任这种政治自发地发展，其积极意义就会减弱，甚至还有可能出现难以预料的后果。

二是民族区域自治法中权利和义务关系不平衡。“在国家的统一领导下，各少数民族聚居地方实行区域自治设立自治机关，行使自治权”，这是我国族际政治治理关系的一个基本形式，它使中国共产党处理国内民族问题的基本政策上升成为国家的基本政治制度。这种权利是一种整体性的权利，而不是个体性的权利，它不是由少数民族成员直接行使的，而是由自治地方自治机关行使的。少数民族在获得这样的权利的同时，也就是对国家承担着相应的义务。国家不仅赋予少数民族实行区域自治的权利，也要求自治地方和自治机关承担相应的义务，这在《宪法》和《民族区域自治法》中做了制度安排。但是，在民族区域自治制度安排中权利和义务并不平衡。从法理层面看，民族区域自治的权利和义务关系是明确的，但权利和义务的具体规定却有所不同，有关权利的部分都较为具体和细致，操作性较强，而有关责任和义务的部分则较为原则，操作性较差。从实践层面来看，虽然宪法和法律规定的自治权尚未得到全面的实施，但各种有关落实自治权的法规和条例却非常多，各级政府制定的有关落实自治权的规定数不胜数，切实落实自治权成为民族自治地方的基本共识，各种用好用活自治权的经验之谈常常见诸报端，而有关民族自治地方责任和义务的规定却并不多见，而且相当模糊。因此，从总体上看，在民族区域自治的权利和义务关系中，权利方面的内容是实在而具体的，操作性强，而义务方面的规定则比较虚，缺乏操作性。较之于权利，民族区域自治的责任和义务处于某种虚置化的境地。

民族关系的新动向对族际政治和谐治理的机制和模式提出了更高的诉求。然而，我国现行的族际治理模式并没有随着形势的变化而进行调整，以给予少数民族更多利益为基本取向的民族政策为基本手段的族际治理方式已经表现出明显的不适应，正面临着严峻的挑战。一方面，现行的族际政治和谐治理缺乏完善的机制，主要是依靠政策而不是依靠制度，因而难以对族际关系进行多视角和全方位的持续不断的和谐治理。另一方面，在少数民族的利益要求已经趋于旺盛并使族际利益争夺趋于明显和加剧的情况下，只是靠给予少数民族更多利益的族际和谐治理，不仅无法持续满足少数民族的利益要求，而且会鼓励其提出更高的利益要求，从而使利益争夺加剧，因而更无法实现有效的利益协调，达到族际政治和谐治理的目标。也就是说，在族际关系出现新的情况和动向的时候，偏向于弱小民族的族际政治和谐治理机制会丧失自身的族际和谐治理功能。可以说，“我国在解决少数民族不发展条件下产生的民族问题方面富有经验，但在解决少数民族发展起来以后产生的民族问题方面显然准备不足”。

二、中国族际政治和谐治理的构成及特点

现代民族国家中，理解民族问题关键要正确理解民族、民族与国家的关系、历史上形成的族裔文化共同体与民族的关系。民族是在特定的地域上生活并根据自己的意愿结成统一的政治共同体的全体人民，是历史上形成的族裔文化共同体或人口集团。因此，在处理国家内部事务，实现族际和谐治理时，既要考虑民族构成上存在的差异，又要考虑历史上的族裔文化共同体以及不同族裔集团之间的关系以及他们在政治共同体中的价值取向和法律地位，考虑能确保族际政治利益整合的公正性，建筑在公正性之上的族际和谐治理的合法性，以实现族际治理持续和谐。

现代意义上的民族并不是由单质性人口集团组成的，在不同的历史时间点上，人类社会组织不仅具有不同的形式，而且具有不同的内容和特征。历史上形成的所有的人口集团都被组织到民族国家的构架中，围绕着这种组合才形成相应的集体心理和政治文化，以及现代世界的政治、经济秩序。民族国家在对具有不同历史文化传统的地区和民族进行内部族际治理的基础上，建立起统一的中央权力机构，通过统一的法律制度，将地域上所有的人都纳入司法、行政的统辖之下，使之具有了与以往的族裔文化集团不同的利害关系、结成了命运与共的政治共同体，并成为世界体系中相对独立的政治单元。在这个历史过程中，曾经作为人类共同体基本要素的某些特征，如共同祖先的血缘纽带失去了意义，而领土和人民主权这些新的要素，则进入了政治权力结构，成为国家主权的基本要素。曾经属于同一种民族文化共同体的人民，往往由于政治权力更替、版图变化而分散聚合，或是消融在历史

进程中，或是被包容整合到新的共同体中，失去其独立的存在。只有生活在这块土地上的人民拥有对这片土地的权力的时候，领土与生活于其上的人民才不可分割，生活在这片土地上的人民才具备了拥有共同历史和共同命运的前提，他们之间的交往和利益关系从此才密不可分。

中华民族就是以中国地域文化的多元特征为起点，在多元的地域文化的交融和汇集过程中，汉族逐渐成为多元一体的凝聚核心，它从中原扩展到中国的北部、南部和西部，最终形成了中华民族多元一体的格局。“多元一体”的中华民族是相对于“中国”这个国家概念而言的，而中华民族之所以时至今日依然被概括为多元一体，这本身就表明中华民族是由多元的诸民族构成的，中华民族的范围基本对应于中国的国家疆域，尽管“国家和民族是两个不同的又有联系的概念”，但“同时从宏观上看，这两个范围基本上或大体上可以说是一致的”①。中华民族多元一体格局就是将民族—国家的政治结构建立在多民族国家人民共同体之上，赋予各族人民以特定的外延和共同的命运，使各族人民结成了特定的政治共同体，在中华人民共和国统一的司法、行政体系下共同生活和行为。中华民族国家内部的各族裔文化集团之间，已在特定的领土空间形成了难以割断的密切联系，形成现代中华民族。这种意义上的民族已经包含了“历史时间”的变化，与古代的族裔文化共同体不再属于同一历史范畴。即沃勒斯坦所言：“外于或先于这个作为资本主义世界经济政治上层建筑的多国系统而存在的政治实体，不必是也不曾是国族。”② 中华民族是相对于中国这个国家实体而存在的，因而显然不具有任何重构或改变现实存

① 费孝通：《中华民族多元一体格局》（修订本），中央民族大学出版社，1999年，第3页。

② 沃勒斯坦：《族群身份的构建种族主义、国族主义、族裔身份》，黄燕译，转引自许宝强、罗永生编译：《解殖与民族主义》，中央编译出版社，2004年，第117页。

在的中国内部诸民族格局的意味。换言之，就国际政治而言，中国拥有一个多元一体的中华民族；而在国内政治层面，中国作为一个统一的多民族国家，其内部的诸民族对中华民族及其相对应的中国的认同情况，是当代中国内部整合的重要事项，是当代中国政治发展的题中应有之义。费孝通提出的中华民族“多元一体”格局的理论是从族际政治发展的角度对中国内部族际关系和谐治理的历史描述、现状分析和未来图示。

中华民族多元一体现代民族国家的形成过程中，既有各民族集团或语言文化集团整体并入中华民族国家——中华人民共和国的范围，也有许多民族被分隔到不同的民族国家疆域，形成跨境民族。既有国家疆界分割而产生的同一部族跨界而居，也有不同民族和部族同属于一个国家的现象。体现中华民族多元一体的社会凝聚功能的民族性的关键在于不是把它理解为由血缘亲属关系维系的种族共同体，而是在由地域上所有人自愿结成的政治共同体上的整合，凝聚的纽带不是血缘关系，而是建立在地域联系和法律制度基础之上的族际和谐治理。中华人民共和国的成立，已将不同的历史文化集团囊括到同一领土上的现代民族国家，通过对疆域内存在的差异以及建立在差异基础上的多重民族认同进行整合，从而实现了国家民族的理想。一个国家在逻辑上只能有一个国民意义上的“民族”，大卫·休谟指出，国家及其政策对统一文化的形成具有重要的作用。格罗斯也指出，欧洲文化的一个主要特征就是它的多样性和差异性。统一，即单一的文化，往往是国家强加的。①中华民族多元一体国家的形成过程，是中华民族确立自己的疆域和活动空间即领土的过程，同时也是中华各族共同体成员形成一种联系形式的过程，是共同体成员确立一种可见性外延并在此基础上确立一种排斥性的政治认同以区别于其他

① 菲利克斯·格罗斯：《公民与国家，民族、部族和族属身份》，王建娥译，新华出版社，2003年，第194页。

共同体的过程。在这个过程中，构成中华民族的各个部分之间，根据现代世界通行的领土、人民主权以及政治合法性的政治原则，确立了彼此的政治联系、彼此在政治共同体中的地位和权利，建构起相对稳固的制度法律机制和政治文化内涵，也正是通过这一个个过程的聚合与反复，中华民族国家各个部分之间才形成了中华人民共和国统一的法律制度和政治文化生活，这就是中华民族多元一体民族性建构的内涵。因此，脱离中华民族多元一体格局的现实存在，无视历史结构的制约和支配力量，孤立地讨论民族的原生性和现代性、民族的行为、基本特征、各少数民族之间的交往行为和发生于其中的历史性变革，以及何种因素对界定民族概念更为重要，其实已经没有意义了。中华人民共和国的成立构成了中华民族共同体和中华民族多元一体民族性的现实基础，建构中华民族多元一体民族性的过程，正是对不同的人口集团进行整合的过程，是在具有不同历史文化和种族联系的人口中创造出统一性和凝聚力的过程。

作为一个有机整体，中华民族多元一体的民族性还具有外延的特征，并取决于司法、行政及政党政治在其中得以实施的包括族际和谐治理在内的政治治理。外延性的民族性由政治治理的统一性、政治手段组成的国家、族际和谐治理社会和政治的民主化发挥社会黏合剂的作用，在多民族社会中建立起自觉的联系。因此，中华民族多元一体民族性还包含了其他更重要的内容，首先在观念和实践上调整个人与法律、政治与社会的关系，各民族人民再也不是世俗政治化的臣民，而是居住在一个共同的地区、在共同的政府里平等拥有发言权并意识到共同的遗产和共同的利益的“民族”的一员。同时，社会主义政治制度的建立，启动了中华民族多元一体社会和政治的民主化进程，社会主义民主化为中华民族增添了新的内容和新的力量，给中华民族增添了社会凝聚力，从巨大经济变化和社会政治、文化与观念的变革方面丰富了中华民族多元一体民族性的内容和外延特性。

正是现代民族性构建所包含的平等意识和共享意识，以及现代国家给予中华民族各族人民的实际经济利益和法律保护，共同创造出中华民族多元一体的归属感和认同意识，给予中华民族前所未有的社会凝聚力和向心力，使各民族成员能够并必须像捍卫自己的生命、财产和家园一样，捍卫中华民族的独立与自由，争取中华民族的强盛和最大利益。中华人民共和国的成立，标志着中华民族多元一体现代民族主义意识形态正式形成。由于“爱国主义是通过否定民族主义者的观点中最不令人喜欢和最不体面的特点来加以描述的”[①]，因此，“完全以国家为基础的爱国主义，通常都具有强大的影响力，因为以领土及公民为根基的近代国家，必然时时会将居民牵扯进国家事务当中，并可为人民描绘出一幅合理的‘远景’。这幅远景是独一无二的，是针对人民的生活设计的，也是命定的”[②]。爱国主义所显示的是对祖国的热爱，而民族主义则意味着对本民族的效忠。爱国主义首先用文化意义上的“祖国”确定了政治意义上的“国家”，其次要求每个公民将其个人的公民身份置于民族身份之上，最终通过对多民族国家内部民族性利益优先地位的改变来整合已经或可能被撕裂的族际关系。由于爱国主义作为国家利益至上的学说，它在阐释和实施爱国主义过程当中借助批判自由主义、社群主义、保守主义、民粹主义、多元民主主义等学说而展开，因而爱国主义实际上包容着多种反对、中和或修正民族主义的理论和意识形态。

只有通过具有利益调适功能的爱国主义整合族际利益冲突、化解合法性争议，才能通过族际和谐治理达成维系多民族国家统

① 齐格蒙特·鲍曼:《流动的现代性》，北京:生活·读书·新知三联书店，2002年，第271页。

② 埃里克·霍布斯鲍姆:《民族与民主》，上海人民出版社，2000年，第102—103页。

一的目标。从民族与国家的关系角度而言，根据国家的民族构成，迄今为止绝大多数主权国家都是多民族国家。而依据民族在国家的分布，迄今为止绝大多数民族又都没有建立起纯粹的民族国家。换言之，一体与一国乃是当今世界主权国家形态的一般模式，在多元一体的多民族国家内部，民族成分的多元化并不是构成分裂国家的理由：“现代民族国家既不是唯一可能的国家形式，也不是人类历史上最辉煌的政治成就。那种把有关人民、民族、社会、国家的概念包含在一种专断的领土背景之中的概念框架，与一个特定的历史时期有关。”① 多元一体国族认同应该也必须是现代多民族国家族际政治和谐治理的前景。对多民族国家而言，所要做的就是通过族际政治和谐治理不断地调适族际利益，确保各民族的共同繁荣和建筑于其上的政治合法性。中华人民共和国成立以来，中国政府对少数民族地区的经济援助和在政治、文化等方面实施的优惠政策及中华民族精神的弘扬、社会主义和共产主义的共同信仰，对于缓解历史上形成的民族矛盾、加强民族团结、实现民族共同繁荣起到了积极的作用。构建在中华民族多元一体格局理论之上的族际政治和谐治理能促使健全的社会、成熟的民族、自觉的信任行动、理性的公民和民族和解的可行途径的产生，并在现有政治共同体的框架之下解决民族问题。中华民族多元一体的格局和有中国特色的社会主义政治、经济、文化制度的确立已经具备了由多元社会组成的政治共同体避免冲突、和平发展、满足族际和谐治理需要的基本前提，即：通过各级人民代表大会制度、人民政治协商制度与民族区域自治制度等政治手段满足了各民族的政治、经济和文化诉求，实现了民族平等的政治权利和资源利益分配；在社会的所有集团和成员之间建立信任并形成一种共处与合作的关系，保证文化价值差异存在的政治空间，满

① 马丁·阿尔布劳：《全球时代》，商务印书馆，2001 年，第 266 页。

足了不同民族的合理要求和良好愿望，正确处理了民族间的利益纠纷，避免了族际剧烈冲突；通过政治民主化增进多民族国家的包容性和灵活性，实现各民族和睦相处、共同发展，实现了族际政治的和谐治理。

三、当代中国族际政治和谐治理模式的构建

构建社会主义和谐社会必须对我国族际政治治理模式进行调整，要从国家整体利益的角度来制定和实施符合国家利益的民族政策，将国家利益尤其是国家的长远利益作为“国家主义”民族政策的基本价值取向和民族政策观，丰富和发展马克思主义民族理论体系。尤其要逐步改变绝大部分是针对解决“不发展问题”，而对“发展中的问题”和“发展后的问题”却缺乏关注和必要的政策准备的问题，并在此过程中构建一套完善的族际政治和谐治理机制。就目前而言，族际政治和谐治理模式构建主要涉及以下方面。

（一）培育共同文化精神，形成国族观念和国族认同

国族观念的建立、国族认同之所以必需，实际上就是以国家既有的疆界为界限，培养国民对国家的认同，并将公民情感与原生的族群情感融为一体，使其具有更强的凝聚力。“在这样一个领土争端不断的背景下，国家就必须充分发挥对民族性的想象力。”①“国族（nation-state）文化的建立是新生国家追求现代化的一部分，是旧殖民地国家为争得自身民族所需要（从形象外表到经济基础）的形式而做出的巨大努力。”②有共同文化精神，才能

① 格雷厄姆·默多克：《媒体参与的现代性：本世纪末的传播与当代生活》，见马戎、周星：《二十一世纪：文化自觉与跨文化对话（一）》，北京大学出版社，2001年，第127页。

② 赵嘉文、马戎：《民族发展与社会变迁》，北京大学出版社，2001年，第45页。

形成主流政治意识。主流政治意识是一个国家的灵魂，占主导地位，只有通过共同文化精神中形成的主流政治意识的积极引导，才会推动非主流政治意识向文明、健康的方向发展，并积极帮助主流政治意识、发展和谐社会，实现主流政治意识的良性发展。

在我国，“民族”一词或指中华民族，或指少数民族，在与国家相提并论时，即指中华民族，“中华民族”是反帝国主义、促进民族主义的一个重要名词。中华民族包括了中国境内的各民族。中华民族是“国族”“中国人”的同义词，与美国人、墨西哥人、新加坡人等的称呼都是同样的。中国“56个民族已结合成相互依存、统一而不能分割的整体，在这个民族实体里所有归属的成分都已具有高一个层次的民族认同意识，即共休戚、共存亡、共荣辱、共命运的感情和道义”。“在不同层次的认同基础上可以各自发展原有的特点，形成多语言、多文化的整体”①。实际上，这就是国家 — 民族观念的建立，民族认同与国家认同是统一的，民族情感与爱国主义是共生的，语言和文化的多元性并不能也不允许妨碍这种认同意识的形成与发展。由于中华民族族源结构的多元性和特殊性，汉族以其久远的历史文化渊源，融会诸多民族而形成的巨大数量和广泛分布，以及在中国数千年历史中政治和文化上享有的主流地位，从而历史地成为凝聚中华民族的核心力量。故汉族文化在中华各民族文化中占有极为重要的地位，汉族传统文化也时常自觉或不自觉地就成为中华民族传统文化的代表，“汉族本身就是国内若干民族的融合体，包含着若干民族的血统。如果说炎黄是汉族的祖先，也等于是中华民族认同的祖先象征”②。要通过国族理念的建立构筑民族认同、国族认同，通过国旗、国歌、国家庆典（国庆节）、国家的发展与进步

① 费孝通：《简述我的民族研究经历和思考》，载《北京大学学报》，1997 年第 2 期。

② 李绍连：《炎黄文化与炎黄子孙》，载《新华文摘》，1992 年第 2 期。

成就以及各类有广泛影响的发明创造、体育竞技赛事、文化活动等培养人们的爱国情感与中华民族的自豪感。

要培养共同文化精神，强化国族观念和国族认同。一是从制度上保证情感层次的政治认同转变发展为认知层次上的国家政治认同。共同种族、共同宗教信仰、共同地域、共同心理特征、共同生活方式的认同是较低的情感层次的民族认同，而现代化进程中的政治主要是实现对国家统一、国家统一的法律制度、方针政策的认识、理解、赞成基础上形成较高的认知层次的国家认同，要通过斩断各民族对狭隘民族传统政治方式的眷恋情感，通过科学的认知，实现对现代国家政治的认同。二是从制度上保证从本能移情的政治认同转变发展为自觉理性的国家政治认同。各民族本能的政治认同的思维模式是基于对本民族社会政治组织具有天然、下意识的血缘、宗族、地域归属感，移情的政治认同的思维模式是基于习惯和古老传统对部落首领、族长、世袭土司、头人等传统权威的认同，这在现代政治中是有害的。发展市场经济、推进现代化进程，要求以自觉、理性为基础，跳出血缘、习惯、古老传统、种族和地域，自觉将国家作为尽忠的最高对象，实现对“法定”或“选定”法理型权威的一致性国家认同。三是从制度上保证由仅从通过权威性的决定、法令和政策等获得政治认同转变发展为注重民族一体化教育和立法而获得国家政治认同。发展民族地区的教育、广播、电视、电影事业，提高民主意识和参政议政热情，广开社会沟通渠道，加强思想交流双向平等和不断增加各族人民参政议政的机会，使国家政治系统、政治权威、政治政策和政治共识获得各族人民足够的合法性政治认同。四是从制度上保证从重稳定、轻发展的政治认同转变为稳定基于经济发展、相互依赖于合作关系的国家政治认同。要改变民族地区经济主导形式的封闭、自给自足状况，改变社会缺乏充分的联系和交流的现状，改变社会结构单一、社会分工不细的状况。要促使民族地区联结的纽带是以经济发展、经济实力增强、相互依赖合作为基础的，实现现代化进程中平等的国家政治认同。五是从制度上保证从重视身份问题的政治认同转变发展为强调程序问题的国家政治认同。只有不断建立健全和完善民族地区的各种政治程序和规则，按程序和规则办事，领导干部和政治决策才能获得公众的合法性认同。六是从制度上保证民族文化流动由多样化趋向一体化的政治认同，确保文化向发达方向前进。由少数人所从事的民族文化活动只是某民族文化的微量传播，不是变化的整体流动。民族文化流动是在人类社会活动的过程中实现的，因而活动实现的方式也是人类社会活动的一种方式。人类社会不可阻挡地要由低级阶段向高级阶段、由野蛮向文明、由落后向进步发展的客观规律构成了人类民族文化流动并一体化的基石。

（二）调整民族政策价值取向，构建国家主义取向的民族政策体系

由于强调“汉族对不起少数民族”“遇事应多责备自己，要严于责己，宽以待人”“汉族要对少数民族有所让步”，要向少数民族“还债”“向少数民族赔不是”① 等一系列观点，因而形成了以同情、关怀和帮助弱小民族为基本取向和基本价值底蕴的民族政策，这种价值取向是在中国共产党还处于革命党地位的时候形成的，在当时的条件下形成这样的价值取向势所必然。但是，在中国共产党取得国家政权而成为执政党以后，必须调整我国民族政策的价值取向，构建国家主义取向的民族政策体系。

一是要着眼于解决“民族主义”与“国家主义”未来不可预见的冲突，培育新型的政治意识。从同情、关心、帮助民族地区各民族的价值取向出发，不断地重申和强调少数民族的权益，在无形中就可能强化了民族的概念和意识，强化民族内部的认同以

① 国家民委政研室编：《中国共产党主要领导人论民族问题》，民族出版社，1994年，第48、第150—153页。

及民族间的差异，并引导民族成员关心、注重和维护本民族的利益。二是要着眼于民族地区和国家的长治久安，开始建构价值取向为国家的统一和发展的政治意识。这种政治意识和由此产生的政策要将国家的统一和发展作为解决民族问题、处理民族关系的最高价值目标。三是要着眼于弱化单个民族意识，强化国家的一致性。区分民族利益的政策取向强化族际分离，使民族间的族际界限明确化，从长远来看，包括汉族和少数民族在内的各个民族，必须走向融合，并以此来加强和巩固中华民族内部的治理。形成和强化国民意识或者说中华民族意识十分重要，这是国家保持长期稳定的思想基础。四是要着眼于在族际关系的状况已经发生重大改变的情况下，必须对民族政策的价值取向进行必要的调整。中国的民族政策，必须确立国家主义的价值取向。在民族政策的制定过程中，应该始终把国家利益置于至高无上的地位。始终以国家利益为基本的出发点，无论是政策问题的选择、政策目标的确定、政策方案的制定、政策手段的使用等，都应该从国家利益的角度考虑问题。任何对包括汉族和少数民族在内的民族利益的考虑，都应该置于国家利益之下，国家利益是至高无上的。五是要着眼于使各个民族的民族意识与国民意识保持协调，建立民族意识调控机制。在多民族国家内部，各个民族的民族意识的旺盛并不是什么值得称道的事情，强烈的国民意识才是最重要的。对于族际政治和谐治理而言，国民意识要比民族意识更有意义。民族意识与民族主义之间并不存在不可逾越的鸿沟。对民族意识过度发展的现象，国家要保持必要的调节和控制，为族际和谐治理提供保障。通过一系列的控制和调节，使多民族国家内各民族的民族意识与国家的国民意识保持协调。

（三）构建民族区域自治约束机制，平衡民族自治地方的权利和义务关系

民族区域自治制度中重权利、轻义务的安排，在民族区域自

治制度还不完善，自治权尚未得到全面落实，少数民族发展程度还较低，民族意识尚处于低迷状态的条件下，并不会导致什么严重的后果。但是随着情况的发展，一个重视权利而轻视义务的制度安排将会在实践中导致许多预料不到的问题，将减弱其在族际政治和谐治理中的功能，甚至会使之失效。因此，从加强民族区域自治的族际治理功能的角度出发，构建相应的机制平衡民族区域自治的权利和义务关系，是实践提出的一个严肃而重大的问题。

（四）由民族区域自治走向民族共治是中国族际政治和谐治理的必然选择

在当代多民族国家的族际政治生活中，共和是与民族自治同时存在的事实。在现代国家政治生活的发展进程中，自治思想最终又被“共和”思想所取代。包括西欧在内，自治作为阶级政治的实践，是以各阶级走向共和为结局的，这种结局也是世界其他许多地区的事实。

在 20 世纪，多民族国家通过民族共治促进国民凝聚过程，是一种由本能到自觉的意识，民族共治是当代多民族国家族际政治生活中的普遍现象，如联邦、保留地、民族区域自治、地方自治、国民一体化、文化多元主义、民族党、社团化、企业化等。所有这些方式都有一个共同的前提和公认的价值观，这就是国家的统一和对少数民族集体政治权利的不同程度的认可。不同的是，前四种方式有自治权力机关，并以地域作为自治单位建立的基础；而后五种方式则没有自治权力机关，它们以个人联合为原则，体现的只是国家对民族的社会组织的承认，以及对各民族参与管理国家的方式和权利的承认。后五种方式不涉及民族内部的权力问题，因而没有管理本民族内部事务的行政权能，也不存在民族地方权力与国家权力的分配问题，因此，这些方式与其说是自治，不如说是共治。前四种族际政治治理模式中，虽然少数民族享有法律明确规定的自治权，但其自治的出发点和归宿也都是为了共治，与共治相辅相成，实际上是给自治注入了共治的重要内涵。自治不是当代多民族国家民族政治关系的全部，当代国家对民主和共和价值的追求趋向，决定了当代国家的民族关系。民主政治不仅是阶级和政党政治的民主，也包括民族政治的民主；共和制度不仅是阶级阶层之间的共和，也包括各民族之间的共和。这一点，决定了当代国家中的民族自治的功能和目标都发生了重大变化：当代国家制度下的民族自治，是少数民族参与国家管理和地方政治生活的组织保证，实现以民族之间的共和为目标。如同阶级共和一样，民族共和也必然要求在政治上实行共治。共和共治，是当代多民族国家族际和谐治理的主要模式。它包括各民族对国家的共治和有关民族对民族杂居地区的共治，它与自治一道构成了族际政治和谐治理的模式。自治与共治相结合，以自治促进共治，以共治带动自治，应当成为当代多民族国家族际和谐治理的理想状态，仅有自治一方和自治权力是不可想象的。这就是说，自治只是解决多民族国家民族政治问题，实现族际和谐治理的完整方案中的一个结构性因素，另一个不可或缺的因素是共治。换句话说，自治与共治是构建多民族国家民族政治权利结构的两块基石。

中华民族“多元一体”的族际格局概括了多民族国家的民族结构和民族关系，这个概念在民族政治方面的体现不能不是自治与共治的结合，不能不是族际和谐治理的理论基石。共治与自治具有不同的政治文化价值。自治的核心思想是“自我管理和自我统治”，因而具有固化民族界限、强化民族差别和民族意识的作用。而共治则可以使不同民族加强团结，不断增强共同的国民意识，这是民族共治的生命力之所在。国民意识的培育是当代国家的经常性建设，而共治则是培育各民族的国民意识的有效工具。共治要求各民族加强理解和沟通，建立广泛的政治、社会、经济和文化联系。在共治过程中，“谁也离不开谁”的关系就会不断得到物化，各民族的国民认同就会不断增强，从而为实现“平等—团结—互助”“和而不同”“合和而一”的民族关系理想奠定牢固的心理意识基础。事实也如此，任何国家的民族政治生活，不管采取什么方式，都包含着共治的内容。强调自治而忽视共治，势必会尝到民族界限不断加深甚至分裂的苦果；由自治到分离独立诉求的发展，否定了自治民族对国家管理的参与，在国家与自治民族之间竖起了一道无形的篱笆，既使自治民族处于边缘化境地，又使国家失去了对自治方向的控制。而在自治与共治之间保持平衡，则可获得民族团结的局面。

总之，不同时代的民族关系性质不同，不仅决定着自治的内容，也决定着自治的方向。殖民地人民普遍由自治走向了独立，而当代多民族主权国家条件下的民族地方自治则以走向共治为主流。民族共治是 20 世纪多民族国家民族政治生活中的普遍现象，是通过族际政治和谐治理，使自治朝着有利于国家统一和民族团结方向发展的必然。民族共治的必然性根源于多民族国家存在的必然性，根源于当代国家在现代化和一体化建设进程中使各民族之间形成的密不可分的利益关系，根源于少数民族自身发展的要求。传统的自治理论至多只回答了少数民族在多民族国家中自身的集体政治权利的问题，而没有回答民族团结和国家统一的问题，也就是没有找到适当的途径避免由自治走向分离、独立。因此，我国的民族区域自治制度，从民族政治关系的角度看，不仅是民族共治的形式之一，而且必须从区域自治走向民族共治。

民族互嵌的概念与内涵

吴月刚　李　辉*

一、民族互嵌的概念

“嵌入”概念本是社会经济研究领域的术语，如今已经开始被应用到民族理论和民族工作的相关领域，同时被赋予新的内涵，其外延含义也在学界的相关研究中得到进一步拓展。根据第二次新疆民族工作座谈会明确提出的“推动建立各民族相互嵌入的社会结构和社区环境，促进各民族交往交流交融，巩固平等团结互助和谐的社会主义民族关系”意涵，本文认为，“民族互嵌”主要是指在民族交往联系中，民族之间在社会、经济、文化、思想等方面的联结互动或者某个民族的社会联结镶嵌于其他民族中。民族互嵌主要强调民族社会相关构件在民族关系网络和社会结构中的位置，以及相互之间的影响和变化，目的是打破民族交往过程中民族与民族之间社会结构的分隔，实现不同民族的有机互动和良性交往。民族互嵌在形式上体现为一般意义上的民族相互嵌入式社区居住格局，但从深层次上则体现了在民族发展过程中表现在民族关系方面的“你连着我，我连着你，你离不开我，我离不开你，你中有我，我中有你”的

* 吴月刚，法学博士，中央民族大学马克思主义学院（中国民族理论与民族政策研究院）副教授，硕士生导师，研究方向为跨界民族问题、民族理论与民族政策；李辉，中央民族大学马克思主义学院（中国民族理论与民族政策研究院）马克思主义民族理论与政策专业硕士研究生。

良好关系状态。2014 年，中共中央印发的《关于加强和改进新形势下民族工作的意见》(以下简称《意见》)强调，要推动建立相互嵌入式社会结构和社区环境，促进各民族群众相互了解、相互尊重、相互包容、相互欣赏、相互学习、相互帮助。通过该《意见》也可以看出，民族互嵌并不仅仅在于建立相互嵌入式社区环境，其主要目的和实质还是促进以平等、团结、互助、和谐为主要内容的良好民族关系发展。尽管民族互嵌是针对特定地域提出的，但该理论具有普遍适用意义，是当前国家治理体系和治理能力现代化背景下民族关系理论的新发展。

二、民族互嵌的内涵

民族互嵌并不囿于简单的民族杂居或混居，而是指在民族长期的交往与交流过程中形成的思想相和、文化相美、经济相通、生活相近、居住空间相同的一种紧密团结、亲密无间的民族关系状态。这种状态不仅是指居住格局和生产生活方面，更重要的是表现在文化、思想以及情感等精神文化关系方面，其内涵主要表现在以下五个方面。

(一)思想相和

民族互嵌更深层的含义是体现在精神方面的团结友爱、守望相助状态。在世界其他国家解决民族问题的过程中，20 世纪的南非与一些西方国家所采取的民族隔离政策因缺乏结构性的互动关联而导致了族际关系的失衡，不可能真正实现民族平等、民族团结与和谐发展。而民族互嵌概念中的“互”字则充分体现了社会主义民主与民族平等的内涵，而且在社会主义民族关系的建设与发展过程中，民族交往的主客体不存在主动和被动之分，充分尊重了各民族的主体意志，能够充分调动各民族的积极性。民族互嵌最大的功能就在于营造一定的可以维持社会团结的社会结构关联，并通过结构关联、利益关联、社会关联将不同民族群体结合起来，形成一种有机团结的局面。① 需要强调的是，这种团结是承认异质性并在其基础上寻求民族间的相互关联合作的有机团结，而不是追求同质性的机械团结。由此，有些学者也将民族相互嵌入式社区概括为“在一定的地域基础之上，由不同民族成员组成的，多元文化之间平等相处、彼此尊重的社会利益共同体”②。从此意义上讲，民族互嵌就不仅仅是在居住地域与空间方面的交错杂居，更为重要的是体现在民族关系方面的各民族相互包容、相互理解、相互尊重、相互交融、团结友爱、守望相助的良好民族关系状态。

（二）文化相美

各民族在漫长的历史发展过程中，逐渐形成了各具特色的民族文化。不同民族的异质文化在长期交往交流过程中不断进行接触和碰撞，在互相汲取和学习的过程中最终走向交融。中国的回族文化是在伊斯兰文化与华夏文化相互交融过程中形成的独特文化体系，是中国化了的伊斯兰文化。东部散杂居地区城乡遍布的大大小小的清真寺建筑，融合了中国古典建筑艺术与阿拉伯伊斯兰建筑艺术的特点。许多清真寺从总体上看具有中国古典宫殿式建筑的特征，常常是庭院数进，雕梁画栋，曲栏环绕，有一种古色古香的韵致。但在建筑装饰艺术上，如门楣、墙壁、穹顶的新月、阿拉伯文等图案雕饰，又明显带有伊斯兰风格，两者交融得十分协调。回族家庭与汉族并无太大差异，但门楣上有阿拉伯语书写的“经字堵阿”标识，这是建筑中的民族标志。各民族在交往交流的过程中，互相学习、互相借鉴，在感受多元文化魅力的

---

① 郝亚明：《民族互嵌式社会结构：现实背景、理论内涵及实践路径分析》，载《西南民族大学学报》，2015 年第 3 期。

② 张会龙：《论各民族相互嵌入式社区建设：基本概念、国际经验与建设构想》，载《西南民族大学学报》，2015 年第 1 期。

同时实现了美美与共。

（三）经济相通

经济相通是民族互嵌的内在动力，反之，民族互嵌也为各民族的经济往来创造了条件。在现代化社会中，各民族互通有无，不同类别的民族商品逐渐得到对方的青睐。在“互联网 +”的强势推动下，各民族之间的经贸活动愈加频繁。不同民族在职业上相互交织，在工作领域中取长补短。青海地区“家西番模式”成为不同民族经济互嵌的典型案例，游牧民族与农耕民族长期在经济上相互依赖，各取所长，两种不同的经济类型并行不悖，形成了“你连着我，我连着你；你离不开我，我离不开你；你中有我，我中有你”的和谐融洽的民族关系。由此可以看出，经济相通是实现和稳固民族互嵌的重要途径。

（四）生活相近

随着社会生活领域的深刻变化，各民族在生活中的共同性因素逐渐增多。每个民族都有自身独特的生活习俗和行为方式，由于社会主义市场经济的发展，使各民族之间频繁的交往交流成为可能。在此形势下，各民族在文化上开始相互汲取、相互借鉴，彼此之间交融与共。在衣着方面，各民族除了偏好本民族特色服饰外，开始逐渐尝试大众化的衣服，各式各样的现代化服装成为各民族的共同选择。在饮食方面，汉族与少数民族互通有无。例如：满族特色食品“沙琪玛”成为其他民族共同喜爱的甜点；西北民族特色饮食“兰州拉面”遍布全国各个角落；维吾尔族的烤肉摊前门庭若市，吸引了包括汉族在内的不同民族，其他民族也纷纷习得了这一技艺；在东部地区，回族人凭借自身的智慧创造性地烘焙出了“清真月饼”。在住房方面，各民族在城镇化的进程中居住条件和建筑风格开始趋同。在出行方面，游牧民族在放牧过程中开始出现新变化，摩托车和吉普车取代骏马成为他们驰骋草原的新工具。

（五）居住空间相同

民族互嵌的第一层含义就是相互嵌入式社会结构和社区环境建设。各民族间居住地域的隔离会导致不同民族之间的疏离和民族关系的紧张，而民族之间的相互接触与交流往来则会增强民族关系的和谐发展。居住隔离会使独居的少数民族产生相对被剥夺感，进而不断增强民族对立的意识。[①] 社区是当代国家的基本构成单元和基层社会组织，即便如此，决不能将民族工作等同于社区工作。民族互嵌式社区建设的出发点是要打破这种居住格局上的隔离状态。民族互嵌式社区在空间结构上首先是多民族社区或混合民族社区而不是单一民族社区，这种社区既可以存在于城市，也可以存在于乡镇和农村。其次，多民族社区中的构成单位和主体在居住格局上应是交错杂居而不是各自为营，各民族应像石榴籽一样紧紧抱在一起。相互嵌入式的民族结构也不追求民族结构同化，而试图建立一种民族间紧密的内在关系，以一种形散而神不散的意蕴确保民族关系的平等与和谐。[②] 这种互嵌式的居住格局不能简单等同于混居，也不是一般意义上的多民族社区，而是实现各民族有机互动的交错杂居。

三、民族互嵌要重视精神文化方面的意涵

"民族互嵌"具有物质形式和精神文化两个维度的意涵。本文认为，民族互嵌的核心和实质在于精神文化方面，在推进民族互嵌工作过程中，要重视和强调精神文化方面的意涵。构筑各民族共有的精神家园无疑是精神相依的最佳路径，既让各族群众做

---

① 杨鹍飞:《走出"民族互嵌型社区"的认识误区:"混居"不是"互嵌"》，载《中国民族报》，2015 年 2 月 13 日，第 006 版。

② 郝亚明:《民族互嵌式社会结构:现实背景、理论内涵及实践路径分析》，载《西南民族大学学报》，2015 年第 3 期。

了和睦邻居，又交了知心朋友，结成美满姻缘。各民族在社会主义核心价值观的引领下寻求最大公约数，各族群众在思想相合、文化相美的基础上实现手足相亲、守望相助。

在推进互嵌过程中并不必然对居住格局互嵌进行人为建构。事实上，各民族的被动“互嵌”非但不能实现交融与共，反而会引发一些衍生问题。例如笔者在新疆调研时发现，有些高校在推进互嵌过程中刻意打破民族界限，推行各民族学生混合住宿。但是实行的结果却并不遂人愿，一些民族学生晚上习惯歌舞相庆，同一民族的同学聚集在一起纵声高歌、琴瑟相鸣。这一做法会干扰其他人的正常休息，一些神经衰弱的同学常常夜不能寐，影响了第二天的学习和生活。应然的主观设定并不等于实然的客观事实，盲目的人为建构于现实无补，于改革无益。诚然，各民族只有在交往交流中才能互相了解，在了解的基础上才能相互尊重、彼此宽容。但是，简单的机械重构并不能实现预期效果，相反，会在一定程度上激化矛盾，诱发不稳定因素。

居住格局上的交错杂居是民族互嵌的最低层面，是实现各民族交融与共的充分不必要条件。而以经济和生活为基础的文化、思想层面的精神维度才是实现民族互嵌的根本途径。物质决定意识，各民族的心理素质、文化意识来源于长期的经济活动和生活方式。当不同民族在经济和生活上实现了互嵌时，这种物质条件会映射到意识中。各民族在经济往来和生活交融中加强了族际聚合力，各民族的有机互动也为文化相美和思想相合创造了条件。同时，精神层面的交融相依又会进一步促进各民族的经济相通和生活相近。只有达到精神文化维度的互嵌，才能摆脱“经济性接纳、社会性排斥”的魔咒。最终，物质和精神的辩证关联会实现各民族在现实领域中的良性循环。各民族的异质文化在交往过程中的接触和碰撞是难以避免的，文化上的差异也决不能通过人为方式消弭，对于这一点要有清醒的认识和适当的风险评估。加强对各族群众的民族团结教育，营造团结友爱、和睦相处的和谐氛围，引导全社会求同存异，适时调控分歧、化解矛盾，是在民族互嵌过程中必不可少的现实任务。

“一带一路”与东北边疆民族地区发展机遇

崔成男 *

一、我国“一带一路”的区域特征

习近平主席在2013年9月和10月出访中亚和东南亚国家期间，先后提出共建“丝绸之路经济带”和“21世纪海上丝绸之路”（简称“一带一路”）的重大倡议。在“一带一路”推进过程中，我国“一带一路”倡议的思路变得越来越清晰，区域特征越来越明显。我国“一带一路”倡议，“不是一个实体和机制，而是合作发展的理念和倡议”，是充分依靠中国与有关国家既有的双多边机制，借助既有行之有效的区域合作平台，旨在借用古代“丝绸之路”的历史符号，坚定和平发展理念，巩固发展与沿线国家的经济合作伙伴关系，共同建构政治互信、经济融合、文化包容的多元利益共同体。由此可见，我国“一带一路”倡议是一个多元共赢的对外开放构想，是依托以往主权国家间的外在贸易关系，构建“一带一路”区域主权国家间的内在互利互惠平台，实现“一带一路”区域生产要素的优化配置，提升区域全要素生产效率。毫无疑问，“一带一路”不仅对区域沿线国家带来前所未有的发展机会，而且对于我国开放型经济发展也会注入新的动力。

我国“一带一路”的实施过程中，呈现出区域维度的多元面

---

* 崔成男，吉林省民族干部学校，教授。

向特征：一是我国西南地区的东南亚面向；二是我国西北地区的西亚、中亚面向；三是我国东北地区的东北亚面向。其中，东北融入“一带一路”的核心载体是大图们江国际通道建设。东北边疆民族地区与俄罗斯、朝鲜两国接壤，拥有多个国家级边境口岸，可以辐射俄罗斯、朝鲜、日本、韩国、蒙古国5国，从珲春沿图们江而下15千米即是日本海，是我国从海上至俄罗斯、朝鲜东海岸、日本西海岸乃至北欧的最近点，周边分布着俄罗斯、朝鲜大小10个港口。与俄罗斯、朝鲜接壤，与日本隔海相望。“一带一路”的实施，为东北边疆民族地区提供了借“船”出海、借“路”入关的难得机遇。

大图们江国际通道是东北边疆民族地区融入“一带一路”的核心载体，主要包括陆上丝绸之路和海上丝绸之路。从陆上丝绸之路来看，以珲春为“一带一路”的东方节点，向东与朝鲜罗先地区连接，向西通过长春—白城，在中国阿尔山与蒙古国乔巴山两山铁路对接，最终到达俄罗斯赤塔，与西伯利亚铁路对接，形成连接中国东北、朝鲜（未来将包括韩国、日本）、蒙古国、俄罗斯和欧洲的国际大通道；从海上丝绸之路来看，以珲春为东方节点，开通环日本海国际航线，向东通过俄罗斯扎鲁比诺港和朝鲜罗津港进入日本海，构建联结日本、韩国和欧洲、北美的海上大通道。这两条国际通道与国家“一带一路”建设在意义、目标指向、推进路径上高度契合，为国家“一带一路”建设，提供北线新支点。

二、“一带一路”给东北边疆民族地区带来发展机遇

“一带一路”的实施，给东北边疆民族地区带来前所未有的发展机遇，主要指三个机遇，即双向开放机遇、多元政策机遇、体制创新机遇。

（一）双向开放机遇

我国“一带一路”的实施，为边疆各民族更好地共享现代化红利提供了重要契机。“一带一路”改变了我国东、中、西部梯度发展战略，使民族地区从对外开放的后方转变为前沿，由边疆末梢转变为对外开放的核心区域，呈现出独特的比较优势，地缘价值凸显。东北边疆民族地区与大图们江陆路国际大通道建设的区域走向叠加，成为大图们江海路国际大通道建设的起点区域。延边既是长吉图开发开放先导区的前沿区域，也是大图们江陆路国际大通道的全覆盖区域；珲春凭借既能“一眼望三国”又能“一日游三疆”的独特地缘优势，成为“一带一路”推进的东方桥头堡和大图们江国际通道建设的重要节点城市。东北边疆民族地区紧紧抓住机遇，打造双向开放新格局，培育对内对外全方位开放新优势。对内开放以大图们江陆路通道走向为载体，向长春、吉林等“长吉图先导区”腹地延伸，形成腹地与前沿地域相连、功能互补、产业相接、良性互动的产业经济隆起带；对外开放以大图们江海路通道建设为载体，以对外开放平台建设为抓手，以对外开放通道建设为重点，构建面向东北亚的海上丝绸之路经济带。

（二）多元政策机遇

国家先后出台“长吉图先导区”开发开放战略、中国图们江区域（珲春）国际合作示范区战略、协调制定“大图们江倡议”机制升级路线图等优惠政策，助推东北边疆民族地区构建开放型经济新体制。吉林省为更好地贯彻落实国家“一带一路”倡议和实施长吉图开发开放战略，简政放权，赋予珲春地级管理权。2016年9月，吉林省委全面深化改革领导小组全体会议讨论通过了《关于支持珲春市加快开放发展的若干意见》，《意见》包含19个方面，下放管理权限265项，以此促进吉林省对外开放桥头堡——珲春的加快发展，到2020年，将把珲春建设成为基础设施比较完善、边境贸易便捷繁荣，具有较强竞争力的国际化窗口城市。此外，作为保障措施，吉林省委、省政府成立支持珲春加快开放发展协调领导小组，并将建立省一级高层对外沟通协调机制，加强与周边国家及地方政府的衔接互动。东北边疆民族地区紧紧抓住机遇，以珲春国际合作示范区建设为重要平台，加快基础设施建设，推动基础设施互联互通；加快开放平台建设，推动招商引资走上新台阶；加快合作机制建设，构建良好的营商环境，努力打造面向东北亚的对外开放新格局和竞争新优势。在东北边疆民族地区，多元政策效应已经开始显现：2015年8月31日，“长满欧”班列从长春出发，在满洲里口岸出境，终点到达德国的施瓦茨海德，全程约9800千米，是国内运行的所有国际班列中途经国家最少、运行时间最短、基础运行成本最低的班列；2016年“十一”前夕，刚刚开通的长珲“东北最美高铁”，不仅缩短了边疆与内地的空间距离，而且拉近了民族心理距离。据统计资料显示，2016年“十一”黄金周，延吉旅客比往年大幅增加，珲春游客爆满，极大地促进了各民族交往交流交融。

（三）体制创新机遇

我国“一带一路”建设遵循国际通行的市场经济原则。市场经济体制是社会体制、文化体制、政治体制“赖以旋转的轴心”。“一带一路”建设，不仅需要基础设施互联互通，更需要开放的市场体系和统一的市场规则。“经济是联系不同群体的重要纽带，市场是打破各种藩篱的强大力量。”实施“一带一路”，实质是打造新的国内、国际经济框架，核心是形成覆盖全国、连通中外的全新市场体系。共同市场体系的发展，不仅需要共享的交通通信体系，还需要统一、公平、透明的交易规则及通行的市场价值观念。随着“一带一路”的深入推进，必然对体制创新形成倒逼机制，这既是挑战，更是机遇，只有抓住机遇、创新体制，才能实现设施联通、贸易畅通和民心相通。东北边疆民族地区，紧紧抓住体制创新机遇，按照“国企改革要深化、民营经济要发展、简政放权要彻底、市场活力要增强”的要求，坚持深化国企改革，完善现代企业制度，加强国有资产监管，积极发展混合所有制经济；突出发展民营经济，为大众创业、万众创新，培育良好的营商环境；推进简政放权，深化行政审批制度改革，加强依法行政；深化市场化改革，释放经济发展动力和活力，努力破除制约开放型经济发展的体制机制障碍。

三、东北边疆民族地区融入“一带一路”的对策

东北边疆民族地区为更好地融入“一带一路”建设，把基础设施互联互通、体制机制创新和产业结构调整摆在更加突出的位置，推进各民族、各地区之间的经济联系和文化交流，从而构建各族人民利益共享、使命共担的利益共同体和命运共同体。

（一）推进基础设施融入“一带一路”

当前制约东北边疆民族地区开放型经济发展的瓶颈之一就是通道建设。通道建设是沿边开放的基础工程和先决条件。近几年，东北边疆民族地区的通道建设取得长足进展，通往俄罗斯、朝鲜的陆路通道不断完善，打通多条通往日本海的海上通道，租用或共建朝鲜、俄罗斯港口等，但有些问题尚须进一步解决，特别是海上通道通而不畅问题。由于受通关不畅、货运不足、船舶陈旧等因素影响，“新蓝海”等数条国际联运航线时开时停，象征意义大于实际作用，“内贸外运”难以正常运行，“外贸内运”反倒成为常态。据统计，吉林省海运物资有67%要通过陆路运输到大连港出海，就连珲春国际示范区从事对韩贸易的企业，一水之隔也难以直航，需在陆路绕行千里，在大连港发货。与此同时，对俄罗斯、朝鲜的陆路通道，也存在通关、路况方面的阻碍，以

及投融资瓶颈。因此，继续强化基础设施建设力度，大力推进基础设施互联互通和国际大通道建设，共同建设国际经济合作走廊，推进常态化机制建设，切实解决通道通而不畅问题，成为东北边疆民族地区融入“一带一路”的当务之急。当前，在大图们江国际大通道建设中，着力畅通和完善陆海联运通道，解决到日本、韩国的直航问题，以及到俄罗斯、朝鲜的高速公路乃至高速铁路问题；重点抓好东联西进，向东要进一步畅通东北亚出海通道；向西要以珲春为起点，打通经长春、阿尔山、乔巴山、俄罗斯至欧洲的战略通道，实现基础设施互联互通。

（二）推进体制机制融入“一带一路”

计划经济时期，东北边疆民族地区作为老工业基地，公有制经济比重较大，受计划经济旧体制、旧机制影响较深，缺少体制机制创新，缺乏内生动力和竞争活力。特别是在政府管理层面，违背市场经济规律的决策和干预时有发生；在观念形态上，有些企业管理者缺乏创业创新的使命感和紧迫感，缺乏闯市场、打天下的魄力和能力；在通道、口岸、园区、市场等硬环境建设以及在投融资体制、地方政府管理服务等软环境建设上，均有较大差距，至今已成为“一带一路”推进的制约因素。因此，补齐这块“短板”不仅是东北边疆民族地区振兴发展中亟待破解的问题，也是增强经济总量和质量的重要抓手。面对新的历史机遇，东北边疆民族地区要转变政府职能，进一步简政放权，切实增强服务意识、市场意识，避免过度干预市场行为，违背经济规律；领导干部应进一步转变思想观念和工作方式，坚持求真务实，埋头苦干，取得实质性突破，扎实推进体制机制融入“一带一路”，这是实现开放发展的必由之路。

（三）推进产业结构融入“一带一路”

东北边疆民族地区要扭转“一业独大”的现状，就必须大力发展现代服务业，因为现代服务业是经济转型升级的关键。东北边疆民族地区2015年三大产业结构的比例为7.0%∶51.0%∶42.0%，“十二五”时期，第一产业比重比2010年下降了2.39个百分点，第二产业的比重比2010年提升了3.6个百分点，第三产业的比重比2010年下降了0.6个百分点，第二产业比第三产业高9个百分点，第三产业落后于全国0.6个百分点。这说明东北边疆民族地区的服务业发展相对滞后，要真正实现经济转型升级，就必须把焦点对准服务业，把项目建设的重点放在服务业上。因此，东北边疆民族地区经济转型升级要做到“两手抓”：一手抓工业创新，另一手抓服务业扩容增量。只有“两手”都硬，才能真正实现转型升级。要重点抓好生产性服务业发展，依托东北老工业基地中的一汽、轨道交通产业，发展配套服务企业，促使装备制造业与服务业相融合；要重点抓好生产性服务业集聚区建设，服务业集聚区是经济发展的重要载体，也是服务业发展的有效模式，要做好统筹规划，深入打造现代物流、金融等业态；要重点抓好科技进步与创新，强化现代公共文化服务体系建设，加强特色文化挖掘和保护，加快发展体育事业和体育产业，推进民族文化产业园区建设，使文化产业增加值的增速高于经济增长；要重点推进图们江三角洲国际旅游合作区开发建设，大力发展边境旅游、民俗旅游、生态旅游、跨国旅游，努力构建东北亚旅游网络。向东通过延边的旅游口岸深化与俄罗斯和朝鲜的旅游合作，并通过珲春市的珲春口岸、圈河等口岸发展陆海联运形式，扩大与韩国、日本的旅游合作；向西通过与内蒙古自治区的合作开发跨境旅游线路与产品，加强与蒙古国东方省和俄罗斯赤塔州的旅游合作，打造“一带一路”旅游升级版。

第十届全国民族理论研究生学术研讨会
“一带一路”与民族理论新课题研究

跨界民族在“一带一路”中的作用研究

——以“民心相通”为视角

高　蕊*

“民心相通”是“一带一路”的重要内容之一，其中，跨界民族间的文化交流为“民心相通”提供了便捷条件。中央民族工作会议也提出：“解决好民族问题，物质方面的问题要解决好，精神方面的问题也要解决好。既要走好经济之路，也要走好文化之路。”指出了文化在建设、发展过程中的重要作用。跨界民族间的文化交流是“民心相通”的先行者，将在“民心相通”中发挥其应有作用。

一、跨界民族是“民心相通”的先行者

“一带一路”是在顺应国内国际政治、经济、文化新变化的格局下，提出的重大战略部署，以政策沟通、设施联通、贸易畅通、资金融通、民心相通为主要内容。其中，民心相通是“一带一路”建设的社会根基①，是实现跨界民族之间、跨界民族所在国家之间友好关系的重要纽带。跨界民族间的文化交流则是“民心相通”

---

*　高蕊，女，1991年生，河北省唐山市人，云南民族大学马克思主义学院，马克思主义民族理论与民族政策2014级硕士研究生。

①　郝时远：《文化多样性与“一带一路”》，载《光明日报》，2015年5月。

最直接、最有效的体现。跨界民族地区呈现出山水相连、通道众多的地理状态[①]，虽然被政治因素分隔开来并居住在不同国家，但跨界民族的历史文化传统相同、语言相通，一直存在相互通婚，存在体育文化、民族节日、宗教文化的交流与互动，为"民心相通"奠定了基础。

（一）跨界民族间的语言相通为"民心相通"提供便捷的通道

语言是人类最重要的交际工具，也是民族的重要特征之一。每个民族对自己的语言都有深厚的情感，跨界民族语言相通，有利于跨界民族间文化的互动，有利于凝聚人心，形成认同，为"民心相通"提供最为便利的条件。

我国有55个少数民族，14个国家与我国接壤，其中，蒙古族、藏族、维吾尔族、苗族、彝族、壮族、布依族、朝鲜族、瑶族、哈尼族、哈萨克族、傣族、傈僳族、佤族、拉祜族、景颇族、柯尔克孜族、布朗族、仡佬族、阿昌族、塔吉克族、怒族、乌孜别克族、俄罗斯族、鄂温克族、德昂族、京族、塔塔尔族、独龙族、鄂伦春族、赫哲族、门巴族、珞巴族33个少数民族的语言是跨境民族语言。跨界民族间的共同语言是跨界民族间交流的前提条件，有利于跨界民族间的文化互动，增进跨界民族之间的关系，为民心相通提供动力。跨界民族间的共同语言不仅是跨界民族间进行交流的工具，更是加强跨界民族团结、实现跨界民族地区双向开放的重要因素。

（二）跨界民族间（内部）通婚业已形成的亲缘性联系为"民心相通"提供现实基础

跨界民族生活的地理位置、历史传统、风俗习惯相同，加之跨界民族语言相通，跨界民族间（同一民族）的通婚比例较高。

我国云南与越南接壤地区的富宁县田蓬镇苗族基本上都是族

---

① 张金平：《云南跨界民族的宗教安全问题探析》，载《云南民族大学学报》，2010年第4期。

内通婚，即使在汉族、苗族混居的村子里，也基本上是苗族内跨界通婚。[①]红河哈尼族彝族自治州绿春县平和乡瑶族村寨上平和村和新寨村内部虽然有瑶族、汉族等民族，但该地区瑶族遵循“瑶家找瑶家”的婚嫁传统，将本族女子嫁给越南地区的瑶族，即使是越南地区的生活状况远不如我国红河地区。跨界民族间的共同的历史传统使跨界民族间（同一民族）通婚频繁，增进了跨界民族间的感情，促进了跨界民族间的文化交流。同时，跨界民族生活在不同国家，其风俗习惯也会受到所在国家主体民族的影响，为跨界民族（同一民族）通婚增添了不同的文化元素，有利于跨界民族间不同文化的传播，为“民心相通”提供现实基础。

（三）跨界民族间传统体育文化长期交流为“民心相通”搭建重要平台

构成跨界民族文化互动的关联因素和内在动力，即国界线两边的群体在文化上有着诸多的内在同一性，共源和共同的文化是维护共同民族情感的有力纽带。[②]传统体育文化作为跨界民族文化的重要组成部分，对于增强民族间的文化认同也具有重要意义。

跨界民族文化的同一性和共源性使建立跨界民族文化互动和交往平台变成了现实。[③]新疆与中亚五国自古为邻，生产多以放牧为主，该地区的体育文化也产生于此，如赛马、赛骆驼、摔跤等体育活动。柯尔克孜（吉尔吉斯）族在“牧羊人节”“丰收节”“开斋节”时，都会举行赛马、架鹰打猎活动，吉尔吉斯斯坦一方的同一民族也会到新疆与柯尔克孜族共同庆祝这些节日。新疆

---

① 华袁媛：《滇越边民跨境通婚的现状、影响及对策》，载《文山学院学报》，2015 年第 1 期 。

② 黄光成：《跨界民族的文化异同与互动—以中国和缅甸的德昂族为例》，载《世界民族》，1999 年第 1 期。

③ 曾建民、孙剑宇：《新疆与中亚跨界民族体育文化的互动及其价值研究》，载《新疆社会科学》，2009 年第 2 期。

与中亚跨界民族间的文体活动往来，加强了跨界民族间的交流，增强了跨界民族间的民族认同感，消除了民族间、国家间的隔阂。此外，新疆作为“一带一路”向中亚、欧洲延伸的关键枢纽，跨界民族间体育文化方面的交流，有利于促进跨界民族与跨界民族所在国家之间的文化交流，进一步提升国家的文化软实力，为“民心相通”提供动力，为实现“政策沟通、设施联通、贸易畅通、资金融通”提供基础。

（四）跨界民族间的节日互动为“民心相通”提供外部动力

跨界民族是指同一民族跨国界分居在不同国家，他们的民族名称、生活习俗、语言文字基本上保持密切的联系。[①] 跨界民族间的节日互动是跨界民族间文化交流的重要组成部分，对于加强跨界民族间的了解和认识具有重要意义。

德宏傣族景颇族自治州位于中缅交界地区，中缅两国的傣（掸）族、景颇族（克钦）族历史上同根同源，其中一个民族举行盛大节日活动，对面国家的跨界民族也会参与其中，有时两国政府都会派出代表参加其中。傣族的泼水节期间，位于缅甸的掸族同胞与云南地区傣族一样，也会在清晨起来沐浴礼佛，与傣族同胞一同庆祝这一传统节日。木瑙纵歌节是中缅景颇（克钦）族的重大节日，每逢木瑙纵歌节，中缅景颇（克钦）族都会共同庆祝这一传统节日。木瑙纵歌节作为中缅两国的传统节日，两国边民也借此机会相聚联欢，为跨界民族间的文化交流提供了外部条件。跨界民族间的节日互动为跨界民族的文化交流提供了基础，有效促进了跨界民族间文化的交流，有利于跨界民族传统文化在“一带一路”沿线的传播，为“民心相通”提供动力。

① 郝时远：《文化多样性与“一带一路”》，载《光明日报》，2015 年 5 月。

（五）跨界民族间共同的宗教信仰为“民心相通”提供了深层的心理链接

宗教是一种以信仰为核心的文化[①]，跨界民族山水相连、文化同源，跨界民族间的宗教信仰也往往相同。

跨界民族信仰相同的宗教，有着相同或相似的宗教仪式或活动。一方民族举行宗教仪式时，对面国家的同一民族也会参与其中。中国有10个民族信仰伊斯兰教，大部分都生活在我国西北地区。新疆的维吾尔族、哈萨克族、柯尔克孜族、乌孜别克族、塔吉克族、塔塔尔族与相邻的哈萨克斯坦、乌兹别克斯坦、吉尔吉斯斯坦、塔吉克斯坦、土库曼斯坦都信仰伊斯兰教，并且有着相同的宗教仪式和宗教文化。藏传佛教由印度传入西藏、四川西部、青海南部、甘肃南部、云南西北部和内蒙古的部分地区。[②]在藏历十一月二十三日至二十九日的萨迦冬季大法会、“仲确节”、拉萨藏历七月举行的雪顿节上，都有文艺表演、商贸、娱乐活动[③]，印度也会派出代表参加。中缅边境的傣（掸）族都信仰南传上座部佛教[④]，在傣历九月关门节至十二月十五开门节的三个月净居期内，缅甸境内的掸族的法师、信徒也参与其中，与傣族法师、信徒进行交流。早在丝绸之路开通时，沿线跨界民族间就已经有了宗教文化方面的交流，为“民心相通”提供了历史基础。跨界民族间的宗教文化交流，提高了跨界民族间互动和交流的频率，同时也增强了跨界民族对同一宗教文化的认同感，进一步促进我国民族宗教文化在“一带一路”沿线的传播和发展，加

① 纳文汇：《中国面向西南开放桥头堡建设中的宗教文化建设》，载《东南亚南亚研究》，2011年第3期。

② 姜芃：《藏传佛教与印度佛教》，载《山东社会科学》，2013年第1期。

③ 王世韦：《藏传佛教节日世俗化探析》，载《西藏民许学院学报》，2009年第3期。

④ 黄彩文、黄昕莹：《中缅边境地区布朗族的宗教文化交流与国家安全》，载《大理学院学报》，2014年第7期。

强沿线各民族间的心理认同，为“民心相通”提供现实条件。

二、“一带一路”为跨界民族文化交流带来更广阔的空间

我国跨界民族大多生活在经济欠发达地区，导致跨界民族地区长期处在我国经济、政治、社会发展的边缘地带。“一带一路”将处于发展边缘地带的跨界民族地区纳入面向欧洲、南亚、东南亚开放的战略之中，发挥跨界民族地区连接中国与欧洲、南亚、东南亚的纽带作用。

“政策沟通”是“一带一路”得以顺利施行的前提保障，只有政策沟通先行，“一带一路”中的基础设施建设、贸易合作、资金融通才能有序进行。随着政策沟通的推进，必将推动“一带一路”沿线基础设施、贸易、金融的发展，带动沿线地区政治、经济、文化、社会的发展。与此同时，“政策沟通”也将会增加“一带一路”沿线民族与民族之间的交流，有利于“一带一路”沿线民族、国家间的文化交流。

“设施联通”是“一带一路”中的优先领域。在跨界民族地区建立铁路、公路、供水供电系统等基础设施，有效解决跨界民族地区交通不畅、生活生产不便的问题。跨界民族地区设施的互联互通，有利于促进沿线地区资金的流动，带动跨界民族地区的经济发展，拉近跨界民族间、跨界民族地区与国际市场的距离。[①]有利于促进跨界民族间文化的交流，为“民心相通”提供物质支撑。

新疆和西亚地区是古代丝绸之路的必经之地，早期中国与西亚间的贸易联系，为现今中亚贸易交流提供了前提条件。中国与

① 王正伟：《民族地区要在服务“一带一路”战略大局中大有作为》，载《民族论坛》，2015年第7期。

西亚之间的贸易合作，为该地区跨界民族间的文化交流提供了更多机会，有利于促进新疆与中亚地区跨界民族的文化交流。贸易畅通不仅带动了“一带一路”沿线国家跨界民族间的文化交流，促进了我国民族传统文化在“一带一路”沿线的传播，同时也有利于我国民族文化“走出去”。

“资金融通”是“一带一路”建设的重要支撑。①国家设立了“丝路”基金，为“一带一路”沿线相关国家的基础设施建设提供资金上的支持。亚洲基础设施投资银行也将成为“一带一路”沿线建设的重要融资通道。“一带一路”辐射范围广，涉及领域多，“资金融通”为“一带一路”沿线国家跨界民族文化交流提供了物质基础和更广阔空间。

三、提高跨界民族在“民心相通”战略中地位的策略

“民心相通”作为“一带一路”的重要内容之一，是推动“一带一路”发展的重要条件。其中，跨界民族间的文化相通在“民心相通”中发挥了重大作用。跨界民族间的文化交流，有利于“一带一路”沿线的“民心相通”。

（一）尊重各民族文化多样性，促进跨界民族地区文化交流

跨界民族间的文化交流，是推动“民心相通”重要动力。要推动“一带一路”建设，就要尊重民族文化的多样性。有尊重才能认同，认同才能获得行动上的支持。“一带一路”要顺利推进，需要各民族的支持和广泛参与。只有充分尊重各民族的多样性文化，消除文化霸权，给予各民族文化充分发展的空间，才能为广泛的文化交流提供可能性，也为“民心相通”创造更多的可能性。

---

① 刘芬：《对“一带一路”建设融资需求的几点思考》，载《国际工程与劳务》，2015年第6期。

（二）建立相关机构，促进跨界民族地区文化交流

"一带一路"沿线国家跨界民族众多，为了加强民族间的交往、促进"一带一路"沿线地区的文化相通，要建立相关组织机构，为沿线跨界民族文化交流提供平台。在"一带一路"沿线的基础设施、贸易、资金融通方面制定了相关规划，开展沿线贸易、资金活动，如成立上海合作组织。跨界民族间的文化交流也应制定规划，以促进沿线跨界民族间的文化交流，为"民心相通"提供动力。例如建立跨界民族间的文化交流机构，为跨界民族共同的节日庆典、文体活动等文化交流提供平台，促进跨界民族间的文化交流。建立相关组织促进"一带一路"沿线跨界民族文化，有利于促进沿线跨界民族的文化交流，进而提高跨界民族对民族文化的认同感，增进民族间的友谊，推动我国传统文化"走出去"，让"一带一路"沿线国家更进一步了解我国的传统文化。

（三）加强跨界民族地区的文化发展

跨界民族地区的文化发展有利于发挥跨界民族在"一带一路"中的重要作用。为促进跨界民族地区文化事业的发展，国家可帮助跨界民族地区建立群众艺术馆、文化馆等。2015年上半年建成的云南省博物馆，体现了政府对云南文化传承与发展的重视。近年来，党和国家在跨界民族地区文化产业方面投入了大量资金，促进了跨界民族地区文化产业的发展。尤其是在"一带一路"部署下，云南作为中国面向东南亚开放的前沿，给云南旅游业带来了良好的发展机遇[①]，为该地区带来了丰厚收入。国家对跨界民族地区文化事业和文化产业的重视与支持，促进了跨界民族地区文化事业的发展与繁荣，同时也增强了相邻国家同一民族的文化认同感和自豪感，有利于跨界民族间的文化交流与发展。

---

① 龙鳞：《云南民族文化旅游资源的永续开发》，载《中共云南省委党校学报》，2009年第4期。

“民心相通”是“一带一路”的重要支点之一。[①]其中，最有效的是文化相通。跨界民族间的文化相通有效促进了跨界民族间的民心相通，增强了跨界民族间的文化认同感，实现沿线各国人民的互敬互爱、共生共荣。

① 郝时远：《文化多样性与“一带一路”》，载《光明日报》，2015年5月。

关于构建"东北亚陆海丝绸之路"的几点思考

陈永亮*

2013年9月和10月，习近平总书记分别提出建设"新丝绸之路经济带"和"21世纪海上丝绸之路"的倡议，简称"一带一路"。丝绸之路经济带，是在"古丝绸之路"概念基础上形成的一个新的经济发展区域，其中涉及东北亚地区的"丝绸之路"，即"丝绸之路"的北线，主要是指"珲春—延吉—吉林—长春—蒙古国—俄罗斯—欧洲"这条陆路线路。本文提出的"东北亚陆海丝绸之路"是指在"一带一路"经济发展背景下，深入挖掘我国东北地区的历史文化特点、整合资源，凸显"陆海"的特点，主要以我国东北地区为中心向东北亚国家辐射的经济发展区域。

一、关于"东北亚陆海丝绸之路"

"东北亚陆海丝绸之路"经济带的提出，最初缘于笔者对日本阿伊努民族调查过程中提到的清代时期我国和北海道地区的阿伊努民族的"山丹贸易"，在这个历史事件的启示下，结合我国

* 陈永亮，男，满族，1987年生，辽宁葫芦岛市人，中央民族大学中国民族理论与民族政策研究院2013级博士研究生，主要研究方向：民族区域自治与民族工作、民族理论与民族政策。

"一带一路"经济带建设的大背景而逐渐形成。目前，一些学者关于历史上的"东北亚丝绸之路"进行了一些研究。例如，傅朗云在《东北亚丝绸之路初探》[①]中提出，东北亚地区的古肃慎人和中原地区的虞舜有了一定的朝贡关系，于公元前2249年开辟的以"贡赏贸易"为主的"东北亚丝绸之路"，至今已有4240年的历史；于晶娜在《珲春与东北亚各国的贸易》[②]中提出，渤海国时期经珲春开辟了"海上丝绸之路"与东北亚各国进行商贸往来。日本学者出利叶浩司在《关于近代阿伊努民族的狩猎活动》[③]一文也详细论述了阿伊努民族与中国在历史上的贸易往来；佐佐木史郎《18、19世纪黑龙江流域的原住民交易活动》[④]《从北方来交易的山丹人——丝绸和毛皮的交易》[⑤]等文章都涉及了东北亚地区的丝绸等商贸交易、山丹人的文化风俗等情况。

关于东北地区如何结合"一带一路"背景促进区域经济文化发展问题，目前辽宁省、吉林省、黑龙江省等都提出了一些思路。例如，辽宁省相关部门提出的"东北新丝路"[⑥]。"东北新丝路"主要包括三条：第一，辽海欧通道路径：以大连港为海上起点，通过南海经印尼，辐射南太平洋区域，再经白令海峡到达欧洲的北极东北航道；第二，辽满欧通道路径：以大连为起点，经国铁哈大线、滨州线至满洲里口岸，沿线辐射营口、沈阳、长

---

① 傅朗云：《东北亚丝绸之路初探》，载《东北师范大学学报》，1991年第4期。

② 于晶娜：《珲春与东北亚各国的贸易》，载《东北亚论坛》，1999年第4期。

③ 出利葉浩司：《近世末期におけるアイヌの毛皮獣狩猟活動について：毛皮交易の視点から》，《国立民族学博物館調查報告34》，第97-163页。

④ 佐々木史郎：《18、19世紀におけるアムール川下流域の住民の交易活動》，《国立民族学博物館研究報告》22卷4号，第685-763页。

⑤ 佐々木史郎：《北方から来た交易民－絹と毛皮とサンタン人》，NHKブックス，1996年，第280页。

⑥ 王继富：《大连港进入"一带一路"关键节点》，载《辽宁日报》，2015年4月12日。

春、哈尔滨等主要城市，再经俄铁运输到达欧洲。通道全长约10868千米，是未来“东北新丝路”的核心物流通道。第三，辽蒙欧通道路径：以大连为起点，经通辽、霍林河等主要城市，并经蒙古乔巴山至乌兰巴托，到达俄罗斯、中亚和欧洲，指出要充分挖掘“东北新丝路”文化内涵。

2014年7月2日，吉林省以图们江流域（珲春）为中心，提出了“东北亚海上丝绸之路经济带”①。高玉龙在《共同建设海上丝绸之路，打造东北亚丝绸之路经济带》②中指出，中国的东北地区、俄罗斯的远东地区和朝鲜半岛构成了东北亚海上丝绸之路的前沿，他提出要加快东北亚丝绸之路基础设施建设进程，加强区域合作，特别是珲春与俄罗斯远东地区，以及滨海边疆区、哈桑区的区域合作，要在产业、旅游、人文方面进行合作等。俄罗斯科学院远东研究所奥斯特洛夫斯基提出：“首先应该发展远东地区的基础设施，其中包括交通、道路、铁路、桥梁等方面的建设，其次从世界经济发展角度来讲，西伯利亚地区的石油、天然气等资源，能够供给周边地区及亚太地区国家。”③

再如，黑龙江省相关部门提出的“东部丝绸之路”④。2014年4月9日，王宪魁指出要打造东北丝绸之路经济带，以绥满铁路沿线中心城市为节点，以边境口岸为桥头堡、枢纽站，以绥芬

---

① 陈晨、宗巍：《中俄边境城市将推进“东北亚海上丝绸之路经济带”建设》，2014年7月3日，载新华网，http://news.xinhuanet.com/world/2014-07/03/c_1111449427.htm。

② 高玉龙：《深化区域合作 打造东北亚丝绸之路经济带》，载《文汇报》，2014年7月3日。

③《中俄专家学者学术交流论坛在珲春举行》，2014年7月3日，载新华网吉林频道，http://www.jl.xinhuanet.com/2014-07-03/c_1111447648.htm。

④《黑龙江：倾力构建东部陆海丝绸之路经济带——访黑龙江省委书记、省人大常委会主任王宪魁》，2014年11月6日，载人民网，http://hlj.people.com.cn/n/2014/1106/c359100-22824591.html。

河—满洲里—俄罗斯—欧洲铁路和绥芬河—俄远东港口海联运为战略通道，积极谋划、加快打造连接亚欧的东部丝绸之路经济带。定军等在《黑龙江谋划东部丝绸之路经济带：经俄联欧》①一文中指出，黑龙江的东北丝绸之路经济带与新亚欧大陆桥北线平行，使丝绸之路更加多样化。2014年11月18日，黑龙江社会科学院召开了以“构建东部陆海丝绸之路经济，推进黑龙江省经济发展”为主题的2014年国际问题学术年会②，封安全在《以通道建设助力东部陆海丝绸之路经济带》中指出，东部丝绸之路是南联北开、互联互通，打造陆路、陆海联运贸易通道，推动了黑龙江对俄及东北亚各国的经贸合作；曹志宏在《以打造“东部陆海丝绸之路”为契机深化黑龙江省中俄自贸区建设》中，建议从适应自贸中长期建设的角度进行制度创新，以机场改扩建、发挥临空经济对未来自贸区的核心予以支撑。

在此，笔者以东北亚整体发展为视角提出“东北亚陆海丝绸之路”的设想，既满足东北部各地区的“丝路构建”想法，突出“陆海”的特点，又有充分的历史文化依据，深刻把握其内涵和外延，有利于促进东北亚地区的经济发展、边疆稳定和民族团结。

二、“东北亚陆海丝绸之路”的历史基础

东北亚地区的“丝绸贸易”有着悠久的历史，有学者曾指出，古肃慎人（满族的先祖）曾与虞舜有商贸朝贡往来。“东北亚陆

① 定军、王爽莉、高彩霞：《黑龙江谋划东部陆海丝绸之路经济带：经俄联欧》，载《大陆桥视野》，2014年第4期。

② 曲静：《东部陆海丝绸之路经济带——“一带一路”的龙江亮点》，载《黑龙江日报》，2014年12月24日。

海丝绸之路”是在清代的“乌绫”(满语,财帛)赏[①]和“山丹贸易”路线（下文将具体论述“山丹贸易”）连接基础上提出的。

东北地区是满族的发祥地，清朝在此实施的行政体制是军府制，包括盛京将军、吉林将军、黑龙江将军，管辖地区包括我国的东北三省和内蒙古东部以及俄罗斯远东联邦区的大部分地区。以吉林将军为例，下设宁古塔副都统、伯都讷副都统、三姓副都统、吉林副都统、阿勒楚喀副都统、拉林副都统以及珲春副都统，其覆盖地区包括松花江流域、乌苏里江流域、黑龙江流域（外兴安岭地区）以及萨哈林岛（满语，黑龙江嘴顶，汉语称库页岛）等地区。通过“朝贡体系”和商贸往来，在东北地区逐渐形成了一条商贸往来的“丝绸之路”，主要包括“乌绫”赏和贸易交易两种方式，范围包括松花江、乌苏里江和黑龙江流域及萨哈林岛的满、达斡尔、赫哲、鄂伦春、鄂罗克、鄂温克等各个民族，贸易物品包括各种“乌绫”类的旗袍（蟒纹或龙纹）、缎袍、缎衣、棉线、棉缝线、棉花、帽子、带子、包头以及各类皮毛、东珠等。

“东北亚陆海丝绸之路”到达萨哈林岛之后继续横跨宗谷海峡，南下至北海道地区，首先的贸易对象是阿伊努民族。阿伊努民族是指早先居住在北海道、桦太和千岛地区的民族，主要以狩猎采集为生，受萨满文化影响，19世纪，在日本领土开拓过程中被编入日本国。阿伊努人把黑龙江流域和萨哈林岛地区的满洲、赫哲（那乃）、鄂伦春、鄂罗克、尼夫赫等民族统称为“シャンタ”（阿伊努语，汉语音译为山丹或者山靼）；阿伊努人把狩猎

---

① “乌绫”赏，又称赏“乌绫”，清朝政府在东北地区设立三姓副都统衙门（简称“三姓地方”），管辖着松花江与黑龙江下游、乌苏里江以东和萨哈林岛等广大地区。三姓地方的各族群众，一部分被编入满洲八旗，一部分被编入户籍，由清政府任命的哈拉达（族长）、嘎查达（村落长等）管理，每户“岁纳貂皮一张”，同时每年得到清政府赏赐的财物，这就是“乌绫赏制度”。

的皮毛，以及与大和人（日本的大和民族）商贸交易的大米、酒等和"山丹人"的衣袍、绿松石及东珠等物品进行商贸往来，这样就形成了以阿伊努人为"中介"的商贸，被称为"山丹贸易"。江户时代，阿伊努人在松前藩的支配下进行不平等的贸易往来，这些商贸物品被阿伊努人通过松前藩，经由津轻海峡到日本的本州地区，由于北海道地区被大和人称为"蝦夷地区"，故把这种带有蟒纹或者龙纹等的丝绸物统称为"蝦夷锦"。其中，以清朝的带有龙纹或者蟒纹的旗袍以及相关纹样的织锦最为出名，特别是松前藩主穿着"满洲风"的锦袍去拜见幕府将军时，得到将军的赞赏之后，松前藩每年都把"蝦夷锦"作为礼品奉给幕府将军。即使在江户幕府的闭关锁国时期，"山丹贸易"也从未间断，直到1860年中俄《北京条约》签订，远东地区归属俄罗斯之后，"山丹贸易"才逐渐间断。据相关日本史料记载，1867年山丹人在白主会所最后一次交易，1868年明治政府成立，"山丹贸易"正式废止。目前从考古出土的"蝦夷锦"种类、样式、颜色很全，包括"满洲风"的蟒袍、龙褂、牡丹纹、菊花纹等纹样，同时也有通古斯各民族喜爱的绿松石、东珠等首饰。

如果从历史角度思考，把"乌绫"赏和"山丹贸易"连接起来，就会清楚地看到一条"东北亚陆海丝绸之路"，即北京 — 辽河流域 — 松花江流域（牡丹江、嫩江流域）— 乌苏里江流域 — 黑龙江流域，通过鞑靼海峡（1689年签订《尼布楚条约》时为清朝的内海）到达萨哈林岛，再通过宗谷海峡到达北海道地区，通过津轻海峡到达日本的本州地区，也可以通过千岛群岛到俄罗斯的堪察加半岛。从现代的视角重新思考这条清代的"东北亚陆海丝绸之路"，主要包括我国的东北三省（辽宁省、吉林省、黑龙江省）和内蒙古东部，俄罗斯的远东联邦区（阿穆尔州、犹太自治州、滨海边疆区、哈巴罗夫斯克边疆区、萨哈林州、阿穆尔州、堪察加边疆区等），日本，可以辐射到的蒙古国和朝鲜半岛以及相关延伸地区。

三、“东北亚陆海丝绸之路”的现实战略意义

如果这条“东北亚陆海丝绸之路”能够再次贯通，既可以与现有的“丝绸之路北线”相连接，又可以根据实际情况不断开拓，沿线各国不仅能实现地域和海域上的互联互通，还可以打造新的“丝绸之路”亮点，将进一步带动东北亚地区的经济蓬勃发展，对“振兴东北老工业基地”和促进东北亚地区各民族共同繁荣发展有着非凡的战略意义。

（一）凸显“陆海”特点，充分发挥东北区位优势

“东北亚陆海丝绸之路”（包括“东北新丝路”“东北亚海上丝绸之路”“东部丝绸之路”等）是构成我国“一带一路”的重要一环，具有充分的历史文化基础和现实基础。“东北亚陆海丝绸之路”经济带，通过陆路和海陆便捷地联通了中国、韩国、朝鲜、俄罗斯、蒙古国和日本等国家。在陆路方面，辽宁省、吉林省、黑龙江省各陆路枢纽通过与俄罗斯铁路网连接，可以延伸到欧亚大陆桥，通往欧洲地区；在海陆方面，依托大连港、丹东港等港口，通过陆路联通，以海路通向韩国、日本等国家，同时和俄罗斯合作，继续加强合作共建扎鲁比诺大型万能海港①，该港口年吞吐量将达到6000万吨，与朝鲜继续加强合作共同建设罗津港，通过海陆到达韩国、日本以及其他地区进行商贸往来。此外，东北亚各国也主动与我国“一带一路”建设主题相呼应，比

① 扎鲁比诺港归属于俄罗斯远东滨海边疆区东南部的扎鲁比诺镇，是俄远东地区的天然不冻港，位于图们江入海口以北，日本海的特洛伊察湾内，东北距海参崴60余海里，东距纳霍得卡港约120海里，西南距朝鲜的罗津港约50海里，至朝鲜的清津港约65海里，至韩国的釜山港约450海里，至日本新朗港480海里。距离中国边境18千米，有铁路、公路与俄内陆和中国吉林省珲春市相连。距吉林省珲春口岸仅60千米，毗邻朝鲜连接俄国远东的铁路。

如，韩国提出的"欧亚倡议"，蒙古国提出的"草原之路"，俄罗斯提出的"东望"战略。

可见"东北亚陆海丝绸之路"经济带沿线各国已经制定相关政策"交相呼应"，密切了我国同东北亚国家之间的经济贸易关系，深化了东北亚区域交流合作，维护周边环境。我国将继续与"东北亚陆海丝绸之路"沿线国家一道，加强经济、人文等方面的合作和政策交流，深化加强东北亚地区区域一体化合作，依托固有的陆路和海陆交通枢纽和地缘优势，进而扭转东北老工业基地的经济"低迷"状态，有利于提高东北地区经济核心竞争力和繁荣东北亚区域经济发展。

（二）展现"东北亚陆海丝绸之路"各民族历史文化，巩固东北地区边疆建设

东北地区是我国的边疆地区，特别是我国的满、达斡尔、赫哲、鄂伦春、鄂温克等民族的发源地，各民族在历史上都为固土守边发挥了重大的作用，保护和发展各民族文化对我国的领土完整和边疆巩固有着重要意义。例如，历史上东北亚地区地名很多都是以满语来命名的，如萨哈林、海参崴等，保留民族语言地域名称的原本含义和来源有着深远的战略意义。同时东北地区也是我国的"兴边富民行动""扶持人口较少民族"政策的重要实施地区。例如，辽宁省宽甸满族自治县、吉林省延边朝鲜族自治州、长白朝鲜族自治县等既是民族自治地方又是边境地区，黑龙江省扶持人口较少民族实施的范围同时也是边境地区，赫哲族主要分布在佳木斯市所属郊区、同江市、抚远市，鄂伦春族、俄罗斯族主要分布于黑河市所属爱辉区、逊克县等地。此外，充分发挥跨界民族（朝鲜族、俄罗斯族等）语言文化相似性的优势，积极参与建设"东北亚陆海丝绸之路"经济带，将极大地促进各地区的经济发展和文化交流交融。2014年，有媒体报道称"中国东三省人口危机：每年净流出200万人，面临严重人口问题。"人口

危机问题”在边疆地区有着更特殊而深远的意义，在“一路一带”背景下构建发展“东北亚陆海丝绸之路”将促进新的增长点，吸引各民族的有识之士到东北地区发展建设，有利于繁荣东北亚各民族文化，巩固边疆稳定。

习近平总书记曾指出：“‘一带一路’建设秉持的是共商、共建、共享原则，不是封闭的，而是开放包容的；不是中国一家的独奏，而是沿线国家的合唱。”①可见，“一带一路”建设的包容性，并非一蹴而就的，而是需要认真把握其内涵和外延、深度谋划、科学推进、稳步取得实效。“东北亚陆海丝绸之路”经济带是我国“一带一路”背景下，在东北亚地区的古丝绸之路历史文化基础上，并在东北各地区提出“东北新丝路”“东北亚海上丝绸之路”“东部丝绸之路”等现实基础上，通过深入挖掘内涵和外延、资源整合而提出的一个新的经济发展区域，更凸显了“陆海”特点，充分发挥东北亚地区的区位优势，更加有利于展现“东北亚陆海丝绸之路”各民族历史文化，巩固东北地区边疆建设，有利于深化加强东北亚地区区域一体化合作，繁荣东北亚区域各国各民族经济发展。

参考文献：

[1] 傅朗云 . 东北亚丝绸之路初探 [J]. 东北师范大学学报 .1991（04）.

[2] 于晶娜 . 珲春与东北亚各国的贸易 [J]. 东北亚论坛 .1999（04）.

[3] 出利葉浩司 . 近世末期におけるアイヌの毛皮獣狩猟活動について：毛皮交易の視点から [J]. 国立民族学博物館調査報告 34.

[4] 佐々木史郎 . 北方から来た交易民 - 絹と毛皮とサンタン人 [M]. NHK ブックス .1996.

[5] 榎森進蝦夷地をめぐる北方の交流 [M] . 日本の近世 . 第 6 巻 . 387.

① 习近平：《“一带一路”非空洞口号 将带来实在利益》，2015 年 3 月 28 日，载中国新闻网，http: //www.chinanews.com/gn/2015/03-28/7166270.shtml。

论云南边疆民族地区在“一带一路”建设中的优势与机遇

张智静*

“一带一路”倡议是党和国家新一届领导集体根据新时期我国安全发展面临的新形势、新挑战提出的宏伟举措。这一宏伟举措，对实现中华民族伟大复兴中国梦的意义非常重大。2011年6月，国务院就已经正式出台了《关于支持云南加快建设面向西南开放重要桥头堡的意见》。2015年初，习总书记在云南考察时提出，希望云南主动服务和融入国家发展战略，成为我国民族团结进步示范区、生态文明建设排头兵、面向南亚东南亚辐射的中心。[①]“一带一路”倡议的提出和实施，既是对桥头堡战略实施的升级，也是促使云南边疆民族地区深化改革、快速发展的一个重大机遇。云南边疆民族地区应该抓住此次机遇，发挥自身的优势，加强对“一带一路”的研究，让云南在“一带一路”的实施中确实起到排头兵的作用。

---

* 张智静，女，1992年生，山西省孝义市人，云南民族大学马克思主义民族理论与政策2014级硕士研究生。

① 人民网，《习近平考察云南：坚决打好扶贫开发攻坚战》，http: //politics.people.com.cn/n/2015/，0121/c70731-26427089.ht ml。

一、"一带一路"的提出

"一带一路"是"丝绸之路经济带"和"21世纪海上丝绸之路"的简称。不论是国内还是国外，已经有很多人早就认识到了重振丝绸之路的重要性，也有不少人为此提出了自己的建议和方案，但是一直没有取得重大的进展和成果。国家与国家之间的交通、文化、人才的交流依然存在着阻碍，使相关国家的合作与发展变得很困难。因此破解丝绸之路沿边各个国家的沟通和交往的障碍具有非常重大的现实意义。2013年9月7日，习近平总书记在哈萨克斯坦纳扎尔巴耶夫大学发表演讲时提出了建设"丝绸之路经济带"的重大倡议。①同年10月3日，习总书记在印度尼西亚国会发表重要演讲，提出中国愿同东盟国家加强海上合作，共同建设21世纪"海上丝绸之路"重要构想。②在不到一个月的时间里，"一带一路"构想逐渐浮出水面。但是此构想的提出并非偶然，也并非一朝一夕，是党和国家面对国内国际的安全形势，统筹国内国际两个大局做出的重大决策，是关乎未来中国改革发展、稳定繁荣乃至实现中华民族伟大复兴中国梦的重大"顶层设计"。这个全新的战略构想结合历史，融通古今，连接中外，顺应和平、发展、合作、共赢的时代潮流，赋予古老的"丝绸之路"以崭新的时代内涵。

---

① 习近平在哈萨克斯坦纳扎尔巴耶夫大学发表重要演讲：《弘扬人民友谊，共同建设"丝绸之路经济带"》，载《人民日报》，2013-09-08，第3版。

② 新华网，习近平在印度尼西亚国会发表重要演讲：《中国愿同东盟国家共建21世纪"海上丝绸之路"》，http: //news.xinhuanet.com/world/2013-10/03/c/125482056.htm。

二、云南边疆民族地区在“一带一路”建设中的优势地位

根据《推动共建丝绸之路经济带和21世纪海上丝绸之路的愿景与行动》，云南被定位为面向南亚、东南亚的辐射中心。同时，由于地理上的毗邻关系，以及云南各族人民与周边国家人民在长期的交往中形成的睦邻友好和亲缘关系，云南尤其是云南边疆民族地区与南亚、东南亚周边国家通过南方丝绸之路同中国的交往、交流从未中断过，有着良好的文化交流和经济合作基础，在“一带一路”的推进过程中，有着不可替代的优势。

（一）区位优势

云南边疆民族地区在我国对外历史上长期发挥着内陆门户的重要作用。早在秦汉时期，“南方丝绸之路“便造就了古代史上开放和鼎盛的云南。近代修建滇越铁路，带动了工业的发展。第二次世界大战时期，云南又成为抗战大后方，在世界反法西斯战场上发挥了重要作用。由此可以看出在历史上，云南边疆民族地区就起到了非常重要的作用。同时，云南位于亚洲地理、地域的中心位置，地处“三亚”（东亚、东南亚、南亚）和“两洋”（太平洋、印度洋）的结合部，正所谓面向“三亚”、肩挑“两洋”，是我国连接东南亚、南亚的重要陆路桥梁。[①]是中国唯一可以同时从陆上沟通东南亚、南亚的省份，具有“东连黔桂通沿海，北经川渝进中原，南下越老达泰柬，西接缅甸连印孟”的独特区位优势。这使得云南尤其是云南边疆地区在“一带一路”的建设中能起到很好的连接作用，充当门户作。

（二）跨境民族优势

众所周知，云南是我国少数民族最多的省份，全国有55个

① 朱雄关：《云南在“一带一路”战略中的优势分析与对策思考》，载《楚雄师范学院校报》，2015年第4期。

少数民族，云南就有25个。在这25个少数民族中，云南与缅甸、老挝、越南毗邻的8个边境州（市）居住着大量的跨境民族（据统计，全省25个少数民族中，跨境民族有16个）。[①]除了地域上的便利使云南与南亚、东南亚之间的交流密切之外，跨境民族的存在也是一大优势。跨境民族是在历史上形成的统一民族，但是跨境而居。由于地理因素的影响，这些跨境民族地区与境外的跨境民族地区连接成片，交流密切，语言相通、民心相通，婚姻、经济交往都十分普遍。彼此之间长时间的交往、交流形成了文化、习俗等方面的同化、融合，形成了“我中有你、你中有我”的格局。从而维持了云南边疆民族地区与南亚、东南亚国家民族地区的友好交往，进而促进云南与南亚、东南亚国家之间的友好关系。因此，这种特殊的民族情感交流为“一带一路”建设的发展提供了得天独厚的优势。

（三）多民族和谐共处优势

云南虽然是我国少数民族聚居最多的省份，但是在党中央、国务院的领导下，云南省委、省政府全面贯彻落实党的民族政策，长期保持了全省民族团结、社会和谐、边疆稳定、跨越发展的良好态势。早在2009年，党中央就提出把云南建设成面向西南开放重要桥头堡的重大发展战略，而对于多民族聚居的云南而言，实现这一战略目标的前提是民族团结进步、边疆繁荣稳定。2011年，国务院又明确提出把云南建设成为“我国民族团结进步边疆繁荣稳定”的示范区。把云南建设成为“示范区”是党中央、国务院对云南的信任的关怀，是展示中国民族工作成功实践的重要窗口，是提升云南形象的重要载体，是全省各族人民的共同愿望。同时，云南省进行了多种形式的民族团结创建活动，如广泛开展“民族团结月”“民族团结周”“民族团结日”等活动，利用

① 赵永胜：《云南与东南亚国家的跨境民族及其在境外的分布和人口》，载《云南民族》，2011年第7期。

各种媒体和各民族的传统节日，大力宣传党和国家的民族政策，使“汉族离不开少数民族，少数民族离不开汉族，各少数民族也相互离不开”的思想深入人心。另外，在边疆民族地区创建民族团结示范村，在城市创建民族团结进步示范社区都有助于促进各民族的和睦相处。这种各民族和谐共处的现象，被称为“云南现象”。“云南现象”就成为“一带一路”更好地实施和发展的优势。

（四）民族文化多样性优势

随着历史的变迁，不同的少数民族逐渐迁入云南，使云南成为我国少数民族最多的省份。不同的民族都有不同的文化，从而使云南民族文化呈现出多源性。民族语言是民族文化的重要组成部分，由于民族众多，云南各民族的语言便形成了多样性的特征。除此之外，云南民族的宗教文化也具有多样性。因为全省26个民族都有自己的宗教信仰，不仅如此，有的民族并不信奉某种单一的宗教，如傣族虽然以信仰佛教为主，但同时也有万物有灵、原始崇拜的存在，这就形成了云南民族宗教文化的多样性。最后，不同的民族也都有本民族的服饰文化、饮食文化、建筑文化，都会使云南民族文化呈现出多样性的特征。总之，这些都使云南民族文化呈现出一种多样性。因此这种民族文化多样性的优势也是云南所特有的，有利于推进云南边疆民族地区与其他国家民族地区的人文交流。

三、云南边疆民族地区在“一带一路”建设中的机遇

由于我国少数民族、民族地区大都处于位置偏僻、自然条件恶劣的地区，自身发展能力较弱、经济发展水平低，国家对其的战略定位主要就是维护国家领土完整、民族团结和边疆的安全，政策的重心也着力于改善其基础设施的建设，发展经济以解决边疆地区民族生产生活困难，从而促进民族地区的和谐发展，云南

边疆民族地区也不例外。但是时至今日，少数民族和民族地区的发展仍然是我国全面建成小康社会道路上的一个缺陷。然而“一带一路”的提出，使我国少数民族、民族地区从边缘地带变为面向中亚、西亚、东南亚地区对内对外开放的桥梁，成为国家构建全方位开放格局的前沿地带。这一转变将会使得国家治理边疆的策略发生深刻的变化。对于云南边疆地区，此次“一带一路”的提出的确是一个很大的机遇，如果可以抓住这次机遇，再加上其本身独特的优势，那么云南边疆地区的发展将会有一个更好的平台。

（一）“一带一路”促进云南边疆民族地区经济的发展

从20世纪80年代开始，我国实行对外开放政策，逐步取得了举世瞩目的成就，并且它对沿海地区、东部地区的发展起了较大的促进作用。云南省位于我国西南部边疆地区，由于地理位置较为偏僻，使得其发展水平相对来说比较低下，尤其云南边疆民族地区地理位置更为偏僻，对外开放程度和其他地区比起来很低。而“一带一路”的提出恰好弥补了这个不足，将会给云南边疆地区乃至云南以及其他民族地区创造一个全新的对外开放的新格局，为其发展打开新的战略空间。首先这个全新的战略空间会促使云南边疆民族地区思想观念上的转变。“一带一路”会让其认识到自身区位优势的重要性，从而加快自身对外开放的步伐，进一步实施“走出去”战略，更好地发展开放型经济。其次，我国民族地区大部分都是依靠自身的优势资源比如旅游业提高自身经济的发展的，但是不管是什么资源总会有衰竭的一天。此次战略的实施，为我国民族地区新投入了一些金融扶持，这一举措可以加快与周边地区、国家的经济往来合作，从根本上克服自身发展的局限性。使民族地区的经济加速转型，使产业结构向优化和多样化发展。最后，“一带一路”的实施，也为民族地区调整优化结构迎来新的机遇。基础设施互联互通是“一带一路”建设的优先领域，有利于解决民族地区交通不畅的问题，拉近民族地区与国内主要市场的距离。[①]距离拉近了，民族地区内外经济往来的费用也将会大大降低，从而使新型工业化以及金融、贸易、物流等现代服务业的条件得到很大改善。

（二）“一带一路”促进云南边疆民族地区与其他国家的人文交流

海上“丝绸之路”的建设,具有深厚的历史渊源和人文基础。海上“丝绸之路”传递的不仅是各国之间的奇珍异宝，也传递了各国各地的音乐、舞蹈、宗教等，赫赫有名的郑和下西洋更是为中外交流立下了汗马功劳。“一带一路”传承了丝绸之路所提倡的经济、文化等的友好往来并在当前的时代背景下，被赋予了更高的期望，将为各国间的人文交流提供一个更加广阔的平台。云南是中华文化圈、印度文化圈和东南亚文化圈的交汇区，是一个多元文化共生带，为其与其他国家和地区的人文交流创造条件。首先，随着“一带一路”经贸往来的频繁，各类高校、研究机构之间的学术往来将会越来越频繁，思想与思想的碰撞、科技与科技的借鉴与创新，将会为国家培养更多具有创新思维的人才。其次，“一带一路”将推动我国和沿线国家宗教和思想文化的传播。云南是多民族、多宗教聚集区域，随着经贸合作往来，各民族之间的宗教文化也会互相碰撞。总之，“一带一路”的提出，使云南成为向外展示中华文化、推介中国睦邻友好思路的窗口，使云南边疆民族地区与其他国家、地区的人文交流越来越密切，从而促进中国与周边国家在各个领域的交流与合作。

（三）“一带一路”促进民族团结

“一带一路”的实施，涉及国家的很多少数民族和民族地区。此次战略的实施，除了从某种程度上促进我国民族地区经济发展

① 王正伟:《民族地区要在服务“一带一路”战略大局中大有作为》，载《民族论坛》，2015-07-03，71。

之外，还希望促进我国民族地区的团结、互助、和谐。2015年初，国家主席习近平在云南考察的时候，提出希望云南主动服务和融入国家发展战略，闯出一条跨越式发展的路子来，努力成为民族团结进步示范区、生态文明建设排头兵。面向南亚和东南亚的桥头堡，由此看出，“一带一路”的提出，为新常态下民族地区实现经济社会跨越式发展、缩小与东部发达地区的差距提供了宝贵机遇。只有经济发展了，人民生活水平提高了，民族地区的同胞才会更加支持有利于自身发展的政策，拥护党和国家的领导，从而加强民族团结，巩固边防，维护社会稳定和祖国统一。而云南作为“一带一路”下辐射东南亚、南亚的先驱者，在促进民族团结上发挥了应有的作用。各民族的团结进步、各民族的繁荣发展也将为中华民族的伟大复兴和中国梦的实现提供必要的条件和坚实的基础。

浅析“新丝绸之路”沿线新疆各民族的“五个认同”

迪丽米热·迪力夏提*

2000多年以来，不同的文化在古丝绸之路上交相辉映、相互激荡，积淀形成了世所共知和推崇的和平、开放、包容、互信、互利的丝绸之路精神，而且不断注入时代内涵。作为多元文明碰撞与交流的遗产，丝绸之路精神并非由中国独享，它一直是全人类的共同财富。

新“丝绸之路”构想具有十分丰富的内涵。首先，它体现了对古丝绸之路精神的继承和发扬。2000多年的交往历史证明，只要坚持丝绸之路精神，具有不同种族、不同信仰、不同文化背景的国家完全可以共享和平、共同发展。在建设“丝绸之路经济带”和21世纪“海上丝绸之路”的现在，更需要将丝绸之路承载的和平合作、开放包容、互学互鉴、互利共赢精神薪火相传，在文明交流史上续写灿烂的篇章。

一、“古丝绸之路”简谈

千百年来，丝绸之路上的经贸往来始终伴随着各民族的交往交流交融，伴随着民族地区的开发、开放和发展。进入21世纪，在以和平、发展、合作、共赢为主题的新时代，党中央、国务院

* 迪丽米热·迪力夏提，女，维吾尔族，新疆乌鲁木齐市人，新疆师范大学马克思主义民族理论与政策2015级硕士研究生。

做出实施“新丝绸之路”的重大战略决策，对于我国全面建成小康社会、实现中华民族伟大复兴中国梦，必将产生重大而深远的影响。20多年来，随着中国同欧亚国家关系的快速发展，古老的丝绸之路日益焕发出新的生机活力，以新的形式把中国同欧亚国家的互利合作不断推向新的历史高度。常言道：“远亲不如近邻”。中国同中亚国家是山水相连的友好邻邦。中国高度重视发展同中亚各国的友好合作关系，将其视为外交优先方向。当前，我国同中亚国家关系发展面临难得机遇。希望同中亚国家一道，不断增进互信、巩固友好、加强合作、促进共同发展繁荣，为各国人民谋福祉。我国周边外交关系的新“丝绸之路”战略日臻成熟，从现在的发展趋势看，其大有演化为中国对外发展战略的一个主要支柱的前景。在2014年召开的APEC北京峰会上，这也是主要的话题之一。而在这里，反复出现的关键词就是新“丝绸之路”。那就先从历史的角度回顾一下有关古丝绸之路的一些史实吧。首先需要说明的一点是，“古丝绸之路”不是一条单一的独立线路，说起古丝绸之路，它并非只有一条。因朝代不同、西去目的地不同，而有若干条：

西安 — 兰州 — 河西走廊 — 武威 — 张掖 — 酒泉 — 敦煌 — 玉门关（阳关）— 楼兰；北道：楼兰 — 吐鲁番 — 哈密 — 乌鲁木齐 — 伊宁 — 伊犁 — 西去里海沿岸；中道：楼兰 — 库车 — 阿克苏 — 喀什 — 西去伊朗并沿地中海沿岸至罗马；南道：楼兰 — 且末 — 于阗 — 莎车 — 南至印度，西南去阿富汗方向。

两千多年前，丝绸之路就发挥着它强大的作用，各国通过丝绸之路进行贸易往来，深化了合作交流，加深各国友谊并促进各国的发展。现在，中国作为最大的发展中国家，在处理国际经济问题上充分展示了开放包容的大国形象，惠及周边国家的“新丝绸之路”战略让中国向世界重申和平崛起的伟大理念。

二、“新丝绸之路”建设中的新疆机遇

中国目前正在开发宏伟的“一带一路”项目，这是一个将20多个国家按照古代“丝绸之路”的路线联系起来的经济纽带。“新丝绸之路”——“一带一路”的主要内容是通过建立两个大的全球性贸易路径来扩大中国的经济影响力。其中一条是陆路，横跨中国，途径中亚到达欧洲，穿越很多急切希望通过贸易来发展经济的国家。另一条路线是海上贸易线，把中国港口和非洲、中东的沿海贸易枢纽连接在一起。

作为连通了各国发展的金纽带，“新丝绸之路”深刻影响和改变亚欧大陆数十亿人民的生活，政策沟通、贸易往来、资金流动、文化交流等各方面的便利也加速了国际交流和合作。由此可见，“新丝绸之路”连通的不仅是国家与国家，更多的是惠及民生。

新疆在丝绸之路经济带上的政治地位最为重要。毗邻中西南亚八国的新疆是我国最大的沿边自治区，新疆特有的地理位置和资源等优势，独特的区域位置决定了新疆必将成为我国“新丝绸之路”国家战略的通道，奠定了它在“新丝绸之路”经济带中无可替代的地位。新疆在自身发展过程中，当发挥地缘、人文等独特优势，建设成为丝绸之路经济带的核心驱动区。这意味着曾经依靠古老“丝绸之路”与外界相连的新疆，即将迎来一轮新的铁路建设高潮，不但为已经掀起大发展热潮的新疆注入了提速发展的新动力，而且将有力地支撑未来“新丝绸之路”经济带的形成和繁荣。

三、“新丝绸之路”沿线新疆各民族的“五个认同”问题

在“新丝绸之路”战略的实施过程中，对沿线的新疆，很多

人担心会乱。其实，乱不乱，信心最重要。就比如当今以色列所处的国际环境很不稳定，但这并不妨碍以色列国内社会的稳定发展，并吸引外国投资和游客到来。为什么？原因就在信心。如果在新疆的稳定方面做一些专项研究，应该会有所突破，最重要的是，可以提振人们的信心。一个社会，稳定要围绕着信心去建立。

"新丝绸之路"的实施过程中，新疆各民族要增强信心，首先要增强"五个认同"。

在2014年5月28—29日召开的第二次中央新疆工作座谈会上，习近平总书记指出"要在各族群众中牢固树立正确的祖国观、民族观，弘扬社会主义核心价值体系和社会主义核心价值观，增强各族群众对伟大祖国的认同、对中华民族的认同、对中华文化的认同、对中国特色社会主义道路的认同。"

在2014年9月28—29日召开的中央民族工作会议上，习近平再次明确指出"做好民族工作要坚定不移走中国特色解决民族问题的正确道路，让各族人民增强对伟大祖国的认同、对中华民族的认同、对中华文化的认同、对中国特色社会主义道路的认同"。

2015年8月24日，习近平在中央第六次西藏工作座谈会上指出："必须全面正确贯彻党的民族政策和宗教政策，加强民族团结，不断增进各族群众对伟大祖国、中华民族、中华文化、中国共产党、中国特色社会主义的认同。"

丝绸之路经济带战略不仅是经济战略，更是全局性的国家战略。新疆在丝绸之路经济带建设中有着举足轻重的地位，要抓住建设丝绸之路经济带核心区的大好机遇，充分发挥自身优势和作用，积极促进经济社会发展和民生改善。在新疆，民族、宗教问题始终是关系到全局的重要问题，与丝绸之路经济带建设密切相关，要予以高度关注和重视。随着丝绸之路经济带建设的不断推进，民族宗教领域会出现一些新情况、新问题，希望新疆有关部门、专家学者更多关注和研究这些新情况、新问题，及时把握新动态，认真总结新经验，提高工作预见性。全国政协民宗委将继续发挥好渠道和平台作用，把人们的意见建议反映上去，促进相关问题有效解决，为新疆改革发展稳定做出应有贡献。

从“四个认同”到“五个认同”的论述，增加一个对中国共产党的认同，具有重要意义。中国共产党是中国的执政党，因人民而生，为人民而存；立党为公，执政为民。中国共产党始终代表中国先进生产力的发展要求、始终代表中国先进文化的前进方向、始终代表中国最广大人民的根本利益。中国共产党的领导地位是历史的选择、实践的选择、人民的选择。党的权利来自人民，党用权是为了人民。历史和事实都证明，只有在中国共产党的领导下，才能实现中华民族的伟大复兴。对中国共产党的认同是民族团结的必要条件。

1.要不断强化对中国共产党的认同。当前，在中国共产党的领导下，走中国特色社会主义道路，实现中华民族的伟大复兴，已成为各族人民的广泛共识。对一切违背和危害党的领导、危害我国社会主义政权、危害国家制度和法治、损害广大人民利益的行为，都必须旗帜鲜明地反对，这是维护各族人民共同利益之所在，也是各族群众的政治底线，坚决不能动摇。

2.要不断强化对伟大祖国的认同。我国是一个统一的多民族国家，各民族共同缔造了伟大的祖国，共同捍卫了祖国的统一。维护祖国统一是各族人民的根本利益所在。各族人民包括宗教人士和广大信教群众，都要强化国民意识。要把维护祖国统一和加强民族团结作为自己的神圣职责，旗帜鲜明地维护国家利益和祖国尊严，同一切分裂祖国的行为做坚决斗争。

3.要不断强化对中华民族的认同。中华民族是一个命运共同体，各民族都要增强中华民族共同体意识，强化中华民族一员的意识，牢固树立各民族水乳交融、唇齿相依、休戚相关、荣辱与共的观念和中华民族利益高于一切的思想，始终把中华民族的共同利益摆在首位。

4.要不断强化对中华文化的认同。中华文化是各民族优秀文化的集中体现。新疆是一个多民族、多宗教、多元文化的地区，解决好文化认同问题极为重要和关键。文化认同是最深层次的认同，是民族团结之根、民族和睦之魂，只有实现了文化认同，才能谈得上其他的认同。各民族包括宗教人士和广大信教群众，都要坚持以现代文化为引领，以开放的态度对待各民族文化，尊重差异、包容多样、相互欣赏。

5.要强化对中国特色社会主义的认同。中国走上社会主义道路是我国历史发展的必然，也是我国各族人民的共同选择。在新疆，不论是促进民族团结和宗教和谐，还是确保各项事业发展，都必须牢牢把握中国特色社会主义道路这一正确的政治方向。

坚持“五个认同”是国家统一、民族团结、社会稳定的思想基础，是坚定中国特色社会主义道路、弘扬中国精神、凝聚中国力量的源泉。只有不断增强各族人民的“五个认同”，才能促进各民族和衷共济、和睦相处、和谐发展，进一步巩固和发展安定团结的大好局面。

总之，坚持，倡议并推动新“丝绸之路”建设，不仅有利于推动中国自身发展，而且惠及亚洲、欧洲、非洲乃至世界，对提升世界经济发展繁荣与和平进步具有深远意义。可以预见，这一造福于世界各国人民的宏伟蓝图必将在各国互信合作中得以实现。

“新丝绸之路”经济带的发展思路已然清晰，新疆迎来了对外开放和自身发展的大好机遇。新疆经济体量、资源禀赋、发展速度和地缘特征在西北五省区中具有显著优势，即将召开的中央新疆工作会议以及丝绸之路经济带相关规划出台将赋予新疆直接的政策红利。未来，虽然面临种种挑战，但是必须看到，新疆发展开始进入一个新的时代。

参考文献

[1] 刘育红，王新安．“新丝绸之路”交通基础设施与全要素生产率增长 [J]. 西安交通大学学报（社会科学版），2012.03.

[2] 朱锋．中国提出“新丝绸之路经济带”构想 [J]. 今日中国（中文版），2013.10.

[3] 曹鸿，严国荣，席平．“新丝绸之路”开发的近期目标——关于建立“连云港西安港务区”的可行性研究 [J]. 唐都学刊，2002.02.

[4] 赵臻．美国“新丝绸之路”战略简析 [J]. 佳木斯教育学院学报，2012.10.

[5] 吕荣英．新丝绸之路与新疆城市发展 [J]. 黑龙江史志，2015.05.

党的十八大以来习近平“中华民族”思想初探

李　臻*

党的十八大以来，习近平总书记关于“中华民族”提出了许多富有创见的新思想、新观点、新论断，习近平“中华民族”思想主要包括关于中华民族命运共同体、中华民族多元一体、中华文化和中华民族凝聚力四个方面。习近平“中华民族”思想继承和发展了中国共产党的中华民族观，充实和丰富了习近平民族工作思想，是中国特色解决民族问题的道路、理论和制度的重要组成部分。

一、中华民族命运共同体

习近平总书记提出“中华民族是一个命运共同体”，这是党中央第一次从命运共同体的维度阐释中华民族，丰富了中国共产党对中华民族内涵的理解，这对于新时期协调民族关系具有重要的指导意义，有利于进一步推动民族事务治理体系与治理能力的现代化，成为新时期民族工作的重要指导理念。

命运共同体是指建立在共同的历史渊源、共同的现实利益以及共同的未来愿景之上的，强调在互相交往和影响之中经历和分

---

* 李臻，男，1988 年生，辽宁省抚顺市人，中央民族大学中国民族理论与民族政策研究院 2014 级博士研究生。

享共同的命运，表现为一种你中有我、我中有你[①]状态的共同体。命运共同体是多层次的[②]，它可以小到家庭、单位，大到国家、区域性组织，乃至全球；命运共同体也是跨体系的[③]，它可以跨越并涵盖不同民族、语言、宗教、文化、文明、国家等既有的划分体系。因此，命运共同体可以超越民族、超越国家、超越阶级，甚至也可以超越种族、超越时空。

对于习近平总书记关于"中华民族是一个命运共同体"的论断，我们可以从一个历程、一种格局、一种描述这三个方面进行阐释。

（一）一个历程：同呼吸、共命运、心连心的奋斗历程

习近平总书记在2013年10月给中央民族大学附属中学全校学生的回信中指出："我国各族人民同呼吸、共命运、心连心的奋斗历程是中华民族强大凝聚力和非凡创造力的源泉。"[④]习近平总书记用"同呼吸、共命运、心连心"来描述中华民族的共同奋斗历程，这是对于"中华民族是一个命运共同体"的历时性阐释。也就是说，中华民族这个命运共同体不是凭空臆想出来的，而是有一个历史的发展演变的过程。共命运，就是经历和分享共同的命运，是命运共同体的基础。同呼吸、心连心，就是共同经历、共同奋斗，是命运共同体的动力。中华民族命运共同体的形成发展历程，就是我国各族人民同呼吸、共命运、心连心的共同奋斗历程，是中华民族强大凝聚力的源头，是中华民族非凡创造力的源头。

---

① 费孝通：《中华民族多元一体格局》，载《北京大学学报》（哲学社会科学版），1989年第4期。

② 翟崑：《与"命运共同体"同行》，载《世界知识》，2013年第1期。

③ 汪晖：《东西之间的"西藏问题"》，北京：生活·读书·新知三联书店，2011年；朱金春、王丽娜：《从"多元一体格局"到"跨体系社会"》，载《黑龙江民族丛刊》，2012年第2期。

④《习近平总书记给中央民族大学附属中学全校学生的回信》，新华网，2013.10.06，http: //news.xinhuanet.com/politics/2013-10/06/c_117604198.htm。

（二）一种格局：中华民族多元一体格局

如果说同呼吸、共命运、心连心的奋斗历程，是中华民族作为命运共同体的历时的、动态的表现方式，那么中华民族多元一体格局，就是中华民族作为命运共同体的共时的、静态的表现方式。因此，认识中华民族这个命运共同体，首先要认识中华民族多元一体格局。[①]“格局”是一种观照现实社会的共时性关系结构[②]，中华民族多元一体格局就是对于中华民族现实的族际关系结构的高度凝练和真实写照。2014年，习近平总书记在中央民族工作会议上将这种格局的特征概括为“你中有我、我中有你，谁也离不开谁”[③]，具体从分布、文化、经济、情感四个方面展开论述。习近平总书记关于中华民族多元一体格局的阐述，为“中华民族是一个命运共同体”这一论断提供了全新的注脚。

（三）一种描述：一荣俱荣，一损俱损

2014年9月，习近平总书记在中央民族工作会议上指出，“血与火的共同抗争让各族人民深刻认识到，中华民族是一个命运共同体，一荣俱荣，一损俱损，各民族只有把自己的命运同中华民族的命运紧紧连接在一起，才有前途，才有希望。”[④]从这里可以看出，中华民族命运共同体的特征是“一荣俱荣，一损俱损”。这一直白、精练的描述表明：首先，在中华民族大家庭中，任何一个民族得荣，全体中华民族也有荣耀；任何一个民族受损，全体中华民族也受损；各民族有福同享，有难同当，共担责任与

---

① 丹珠昂奔：《沿着中国特色解决民族问题的道路前进——中央民族工作会议精神学习体会》，载《中国民族报》，2014.11.07（5）。

② 赵旭东：《一体多元的族群关系论要基于费孝通“中华民族多元一体格局”构想的再思考》，载《社会科学》，2012（4）。

③ 国家民族事务委员会编：《中央民族工作会议精神学习辅导读本》，民族出版社，2015：25。

④ 国家民族事务委员会编：《中央民族工作会议精神学习辅导读本》，民族出版社，2015：27。

义务、共享利益与福祉。正如习近平总书记在第二次中央新疆工作座谈会上提到的："使每个民族、每个公民都为实现中华民族伟大复兴的中国梦贡献力量,共享祖国繁荣发展的成果。"① 其次，中华民族命运共同体是各民族的前途和希望的唯一承载体，各民族的命运与中华民族的命运息息相关。

二、中华民族多元一体

"中华民族多元一体"的理论源于费孝通于1988年在香港中文大学发表的题为"中华民族的多元一体格局"的著名演讲。费孝通创造性地使用了"多元一体"的概念阐释中华民族结构格局和发展进程。他认为，"多元"指的是中华民族所包括的五十六个民族单元，"一体"指的是中华民族，"它们虽则都称'民族'，但层次不同"。"中华民族作为一个自觉的民族实体，是近百年来中国和西方列强对抗中出现的，但作为一个自在的民族实体则是几千年历史过程所形成的。中华民族多元一体格局的形成过程：它的主流是由许许多多分散存在的民族单位，经过接触、混杂、联结和融合，同时也有分裂和消亡，形成一个你来我去、我来你去，我中有你、你中有我，而又各具个性的多元统一体。这也许是世界各地民族形成的共同过程。"② 费孝通提出的"中华民族多元一体"不仅为理解和阐发中华民族的基本特征提供了科学的理论工具，也为准确把握我国统一的多民族国家的基本国情提供了重要的认知工具。

在2014年中央民族工作会议上，习近平总书记在阐发我国

① 《习近平在第二次中央新疆工作座谈会上发表重要讲话》，新华网，2014.05.30，http://www.xj.xinhuanet.com/zt/2014-05/30/c_1110932196.htm。

② 费孝通：《中华民族多元一体格局》，载《北京大学学报》（哲学社会科学版），1989（4）。

统一的多民族国家的基本国情的过程中，以“中华民族多元一体”理论，增强了党中央对于统一多民族这一“家底”的阐释力。习近平总书记从“多元”、“一体”以及“多元”与“一体”的辩证关系三个方面阐述了“中华民族多元一体”。

（一）“多元”是中国特色，也是重要财富

习近平总书记在2014年中央民族工作会议上指出：“多民族是我国的一大特色，也是我国发展的一大有利因素。在我国5000多年文明发展史上，曾经有许多民族登上历史舞台。这些民族经过诞育、分化、交融，最终形成了今天的56个民族。各民族共同开发了祖国的锦绣河山、广袤疆域，共同创造了悠久的中国历史、灿烂的中华文化。秦汉雄风、盛唐气象、康乾盛世，是各民族共同铸就的辉煌。可以说，多民族的大一统，各民族的多元一体，是老祖宗留给我们的一笔重要财富，也是我们国家的一个重要优势。”①

（二）“一体”是历史传统，也是未来趋势

在2014年中央民族工作会议上，习近平总书记强调：“几千年来，中华民族始终追求团结统一，把这看作‘天地之常经，古今之通义’。无论哪个民族建鼎称尊，建立的都是多民族国家，而且越是强盛的王朝吸纳的民族就越多。无论哪个民族入主中原，都把自己建立的王朝视为统一的多民族国家的正统，强调‘舟车所至，人力所通，天之所覆，地之所载，日月所照，霜露所坠’，都是大一统的组成部分。1840年鸦片战争后，外国侵略和亡国灭种的危机把我国各民族命运空前紧密地连在一起。血与火的共同抗争让各族人民深刻认识到，中华民族是一个命运共同体，一荣俱荣，一损俱损。各民族只有把自己的命运同中华民族的命运

① 国家民族事务委员会编：《中央民族工作会议精神学习辅导读本》，民族出版社，2015年，第22—25页。

紧紧连接在一起，才有前途，才有希望。”①

（三）“多元”与“一体”的辩证关系

习近平总书记指出，我国历史演进中各民族形成了你中有我、我中有你，谁也离不开谁的多元一体格局。这一论述表明“中华民族多元一体”的核心特征是“你中有我、我中有你、谁也离不开谁”；这一核心特征具体表现为四个方面，即“分布上的交错杂居、文化上的兼收并蓄、经济上的相互依存、情感上的相互亲近”。②

关于“多元”与“一体”的关系，习近平总书记运用辩证唯物主义的世界观和方法论，从辩证思维的视角分析指出：“一体包含多元，多元组成一体，一体离不开多元，多元也离不开一体，一体是主线和方向，多元是要素和动力，两者辩证统一。”为了进一步论证“中华民族多元一体”的辩证统一关系，使之通俗易懂，习近平总书记以家庭关系做比喻，他指出：“中华民族和各民族的关系，是一个大家庭和家庭成员的关系，各民族的关系，是一个大家庭里不同成员的关系。”③

三、中华文化

一个国家、一个民族的强盛，总是以文化兴盛为支撑的。中华民族伟大复兴需要以中华文化发展繁荣为条件。中华文化是中国 56 个民族长期历史发展过程中积淀下来的，是中华民族认同

---

① 国家民族事务委员会编：《中央民族工作会议精神学习辅导读本》，民族出版社，2015 年，第 26—27 页。

② 国家民族事务委员会编：《中央民族工作会议精神学习辅导读本》，民族出版社，2015 年，第 25 页。

③ 国家民族事务委员会编：《中央民族工作会议精神学习辅导读本》，民族出版社，2015 年，第 29—30 页。

的主要依据。中华文化积淀着中华民族最深沉的精神追求，包含着中华民族最根本的精神基因，代表着中华民族独特的精神标识，是中华民族生生不息、发展壮大的丰厚滋养。[①] 习近平总书记在2014年中央民族工作会议上的讲话中高度概括了中华文化的内涵特质，科学阐述了中华文化认同的重要意义，明确阐释了本民族文化认同与中华文化认同的辩证关系。这些关于中华文化的新思想、新观点、新论断，不仅充实丰富了习近平的中华民族思想，也创新发展了习近平的文化战略思想。

（一）中华文化的内涵

习近平总书记在2014年中央民族工作会议上指出："中华文化是各民族文化之集大成。"习近平总书记的这一论断可以从四个方面理解：首先，概括了中华文化的内涵和特质，是对中华文化这一概念最新、最深刻、最全面、最有现实指导意义的表述。[②] 其次，彰显了中国各民族在文化上的一律平等。中华文化包含中国56个民族的文化，在中华文化构成上"一个民族都不能少"，体现了马克思主义的民族平等原则。再次，强调了各民族对中华文化的贡献。习近平总书记指出："要向各族人民反复讲，各民族都对中华文化的形成和发展做出了贡献，各民族要相互欣赏、相互学习。"[③] 最后，体现了中华文化是各民族共有精神家园的前提和基础。各民族共有精神家园是中华民族大家庭"共有"的精神财富[④]，集各民族文化之大成的中华文化正是这一"共有"精神

---

① 中共中央宣传部：《习近平总书记系列重要讲话读本》，学习出版社、人民出版社，第99页。

② 丹珠昂奔：《切实增强中华文化认同——学习习近平总书记在中央民族工作会议上讲话的体会》，载《中国民族报》，2015.02.07，5版。

③ 国家民族事务委员会编：《中央民族工作会议精神学习辅导读本》，民族出版社，2015：257.

④ 周伟洲：《中华文化与中华民族共有精神家园的建设》，载《民族研究》，2008年第4期。

财富的基石。

（二）中华文化认同

1. 文化认同特别是中华文化认同，是"四个认同"的基础

文化认同包括本民族文化认同和中华文化认同。中华文化认同，就是要深刻认识中华文化是各民族文化的集大成，是各民族共有的精神家园，是凝聚中华民族的精神纽带。[①]这是各族群众对于中华文化的内涵特质和重要意义的体认和共识。习近平总书记在2014年中央民族工作会议上指出："加强中华民族大团结，长远和根本的是增强文化认同，建设各民族共有精神家园，积极培养中华民族共同体意识。"[②]这里习近平总书记指出了加强中华民族大团结的三个条件：增强文化认同、建设各民族共有精神家园、培养中华民族共同体意识，而文化认同是从长远和根本的角度来讲的。值得注意的是，这里讲的"增强文化认同"是对本民族文化认同、中华文化认同以及本民族文化认同与中华文化认同辩证关系的认可。因此，增强文化认同即对本民族文化认同、中华文化认同，是"四个认同"——对伟大祖国的认同、对中华民族的认同、对中华文化的认同、对中国特色社会主义道路的认同的基础。正如习近平总书记在2014年中央民族工作会议上指出的："文化认同是最深层次的认同，是民族团结之根、民族和睦之魂。""文化认同问题解决了，对伟大祖国、对中华民族、对中国特色社会主义道路的认同才能巩固。"[③]

① 国家民族事务委员会编：《中央民族工作会议精神学习辅导读本》，民族出版社，2015年，第252—253页。

② 国家民族事务委员会编：《中央民族工作会议精神学习辅导读本》，民族出版社，2015年，第252页。

③ 国家民族事务委员会编：《中央民族工作会议精神学习辅导读本》，民族出版社，2015年，第253页

2. 本民族文化认同与中华文化认同的辩证关系

习近平总书记谈到本民族文化认同与中华文化认同的关系时认为，认同中华文化和认同本民族文化“并育而不是相悖”。也就是说，本民族文化认同与中华文化认同不是对立的，而是可以同时培育的，可以协调统一。我国是统一的多民族国家，“本民族”是指56个民族，中华民族包含这56个民族，所以，“本民族”和“中华民族”是不同层次的民族，本民族文化认同和中华文化认同也是属于不同层次的认同。在当今民族还存在而且还在发展繁荣的时代，一个民族认同本民族文化是理所当然的。在中国56个民族认同本民族文化的同时还认同自己所属的更高层次的民族——中华民族的文化，也是必然的、应该的。这两种认同必须同时培育，必须协调统一。为了进一步阐释本民族文化认同与中华文化认同的关系，习近平总书记提出了“三个不对”：第一个“不对”，是“不让一个民族认同本民族文化是不对的”，因为认同本民族文化与认同中华文化并不是相悖的，应该是并育的；第二个、第三个“不对”，是“把汉文化等同于中华文化、忽略少数民族文化，把本民族文化自外于中华文化、对中华文化缺乏认同，都是不对的，都要坚决克服”[①]。因为中华文化是56个民族文化的集大成，并不是仅仅指汉文化，不能忽略少数民族文化；56个民族特别是少数民族把本民族文化自外于中华文化、对中华文化缺乏认同，也是不对的。“三个不对”的错误倾向本质上都涉及认同本民族文化与认同中华文化的辩证统一关系问题，涉及两种不同层次认同的协调统一关系问题。只有认清了两种认同的层次，只有两种层次认同不混淆、不错位，才能实现本民族文化认同与中华文化认同体系的统一。

---

① 国家民族事务委员会编：《中央民族工作会议精神学习辅导读本》，民族出版社，2015：257.

四、中华民族凝聚力

中华民族凝聚力是中华民族赖以统一、独立和生存、发展的内在动力，它是由多种因素、多种条件有机构成的合力[①]，具体包括中华民族整体对于各民族成员的吸引力、各民族成员对中华民族整体的向心力以及各民族成员之间的亲和力。[②]党的十八大以来，习近平总书记对于中华民族凝聚力的相关论述，深刻阐述了中华民族凝聚力的源泉和提升路径。

（一）中华民族凝聚力的源泉

习近平总书记在2013年10月给中央民族大学附属中学全校学生的回信中指出：“我国各族人民同呼吸、共命运、心连心的奋斗历程是中华民族强大凝聚力和非凡创造力的源泉。”习近平总书记的这句话深刻阐明了中华民族凝聚力深厚的历史渊源和广泛的现实基础。我国各族人民在长期的历史发展进程中，共同开发了祖国的锦绣河山、广袤疆域，共同创造了悠久的中国历史、灿烂的中华文化，共同抵御了外来侵略、压迫，形成了同呼吸、共命运、心连心的共同利益格局。这种你中有我、我中有你、谁也离不开谁的共同利益格局不仅是历史的，也是现实的，更是未来的，是中华民族凝聚力的不竭源泉。

（二）中华民族凝聚力的提升路径

1. 民族区域自治制度有利于提升中华民族凝聚力

习近平总书记在2014年中央民族工作会议上指出：“实践证明，民族区域自治制度符合我国国情，在维护国家统一、领土完整，在加强民族平等团结、促进民族地区发展、增强中华民族凝

① 孔庆榕：《中华民族凝聚力论纲》，广东人民出版社，1995：11.

② 孔庆榕：《不断增强中华民族的向心力》，载《中国社会科学报》，2011年6月。

聚力等方面都起到了重要作用。”[①] 民族区域自治制度有利于提升中华民族凝聚力，主要体现在民族区域自治制度的“两个结合”，有利于提升中华民族凝聚力的三个方面，即吸引力、向心力和亲和力。第一个“结合”：坚持统一和自治相结合，一方面有利于保障国家统一和民族团结，另一方面有利于保障各民族实行区域自治和当家做主的权利，增强中华民族大家庭对于各民族成员的吸引力，增强各民族对中华民族大家庭的向心力。第二个“结合”：坚持民族因素与区域因素相结合，也就是民族自治与区域自治相结合。一方面实现了以自治的少数民族为主、兼顾各民族要求和利益的自治；另一方面民族自治地方不是某个民族独有的地方，在自治地方，各民族享有平等的法律地位，共同建设各项事业。这一制度设计使各民族在中华民族大家庭里，和睦相处、和衷共济、和谐发展，进一步提升各民族间的亲和力。

2. 加强各民族交往交流交融有利于增强中华民族凝聚力

加强各民族交往交流交融，是发展社会主义民族关系的正确路径[②]，也是提升中华民族凝聚力的重要路径。中华民族实际上是历史上中国不同民族交流交往交融的产物[③]，因此当代中华民族凝聚力的提升也离不开各民族进一步的交往交流交融。习近平总书记在2014年中央民族工作会议上指出：“加强各民族交往交流交融有利于增强中华民族凝聚力。”[④] 这一重要论述指明了加强各民族交往交流交融是提升中华民族凝聚力的重要路径，可以从对各民族间亲和力的培养和提高这个角度做进一步阐释。一方面，增

---

① 国家民族事务委员会编：《中央民族工作会议精神学习辅导读本》，民族出版社，2015：74.

② 金炳镐、肖锐、毕跃光：《论民族交流交往交融》，载《新疆师范大学学报》（哲学社会科学版），2011年第1期。

③ 米广弘：《再谈民族交往交流交融》，载《中国民族报》，.2013年10月11日。

④ 国家民族事务委员会编：《中央民族工作会议精神学习辅导读本》，民族出版社，2015：107.

强各民族交往交流交融能使各民族相互了解、相互尊重、相互包容、相互欣赏、相互学习、相互帮助，像石榴籽那样紧紧抱在一起。[①]另一方面，扩大各民族交往交流交融也能创造各族群众共居、共学、共事、共乐的社会条件，让各民族在中华民族大家庭中手足相亲、守望相助。

总之，习近平总书记的中华民族思想的立意高远、内容丰富，涵盖了中华民族理论的各个方面，既包括中华民族属性特征、族际关系和发展进程，又包括中华民族的历史渊源、现实格局和未来愿景，既有理论高度，又通俗易懂，为凝聚各族人民的共识和力量提供了重要的理论依据，也为做好新形势下的民族工作提供了重要的思想指引。

① 新华网：习近平在第二次中央新疆工作座谈会上发表重要讲话，2014 年 5 月 30 日，http: //www.xj.xinhuanet.com/zt/2014-05/30/c_1110932196.htm。

中华民族共有精神家园建设浅析

张岳嵩 *

建设中华民族共有精神家园，在党的十七大时就已经提出，作为国家文化建设中的重要命题与战略任务，近年来一直都受到学界不同领域的学者们的研究和探讨，这一议题与社会主义核心价值体系、“中国梦”等主流政治话语的结合得到了官方与学界的积极关注，本文将就中华民族共有精神家园建设这一议题中的几个问题进行简要的分析。

一、中华民族共有精神家园的论述倾向

对于中华民族共有精神家园的概念的理解，无论是文化宣传领域还是学者们的学术研究中，可以说都呈现出了一种一致性，即“中华民族共有精神家园是整个中华民族共同依托、共同传承、共同发扬的文化精神、价值观念和情感态度的总和。”① 学者高永久在共有精神家园的多种要素的综合中强调了文化寄托和精神归属这两个要素②，他将这两者视作最核心的部分。他认为一个民族的精神家园是以民族文化与民族精神为基础的，而寄托和

* 张岳嵩，男，1991 年生，重庆市人，中央民族大学中国民族理论与民族政策研究院 2013 级硕士研究生。

① 闵伟轩：《建设中华民族共有精神家园——五论繁荣发展少数民族文化》，载《中国民族报》，2012 年 7 月 3 日。

② 高永久、陈纪：《论中华民族共有精神家园的内涵与价值核心》，载《科学社会主义》，2008 年第 2 期。

归属作为一种情感认同的表现，是建立在文化和价值观念等构成的基础之上的。

中华民族共有精神家园是建立在民族文化与民族精神之上的，但学界的不同学者对于这种文化与精神来自何处、采用怎样的文化与精神构建共有精神家园却存在各自的观点，也就是说对于这一议题的论述倾向呈现出了不同。这些不同的论述倾向中最具有代表性的有三种倾向，分别是主流话语式的、儒家话语式的和少数民族话语式的。

（一）主流话语式的论述倾向

主流话语式的论述，主要倾向于使用占据我国社会主流位置的、党的政治话语进行中华民族共有精神家园的构建，这种话语强调从近代以来的革命历程、社会主义建设历程到当前民族复兴、实现中国梦的主流叙事中寻找构建精神家园的文化精神材料。例如，学者闵伟轩认为："从革命时期的井冈山精神、长征精神、延安精神，到建设时期的'两弹一星'精神、雷锋精神，再到改革开放时期的载人航天精神、抗震救灾精神等，使中华民族展现出与时俱进、奋发进取的崭新精神风貌。"① 向玉乔认为，共同的价值目标也构成了共有精神家园的一部分②，追求"民主法治、公平正义、诚信友爱、充满活力、安定有序、人与自然和谐相处"的和谐社会理想是中华民族的共同价值目标之一，而和谐社会正是中国社会主流话语的构成内容。赵阳和林园则将中国梦的理论与构建共有精神家园相结合③，他们认为中国梦提供了中华民族

① 闵伟轩：《建设中华民族共有精神家园——五论繁荣发展少数民族文化》，载《中国民族报》，2012 年 7 月 3 日。

② 向玉乔：《中华民族共有精神家园的构成与特征》，载《光明日报》，2012 年 11 月 21 日。

③ 赵阳、林园：《中国梦与构建中华民族共有精神家园》，载《光明日报》，2014 年 4 月 28 日。

共有精神家园构建的理想状态，并且能够为构建精神家园提供信念上的支撑。

（二）儒家话语式的论述倾向

第二种儒家话语式的论述也可以称为中国传统话语式的论述，因为这种论述事实上是将中国传统文化等同于儒家文化，认为儒家文化是中华文明得以存续和发展的内核。这种论述倾向于从儒家话语中寻找用于构建中华民族共同精神家园的素材。在这种观点看来，采用儒家文化形塑中华文明是理所应当的选择，如学者韩丹就将中华传统民族精神的基本特质总结为自强不息的进取精神、厚德载物的宽容精神、崇仁重义的仁义精神与贵和尚中的中和精神[①]，不难看出这些精神特质实际上都是来自儒家文化的，而且作者在论证这些精神对于精神家园构建的意义时也都是从儒家典籍中寻找证据的。学者刘新生则直接从《尚书》中探寻建设中华民族共有精神家园的方法[②]，从《尚书》中的政治家形象范式和政治思想体系这两个方面论证了这本儒家经典对于建设共有精神家园的意义。需要注意的是，这些从儒家文化出发的论述中都没有为少数民族在精神家园的构建事业留下位置，内涵丰富的少数民族文化在有关各民族的政治建构中遭遇了缺位。

（三）少数民族话语式的论述倾向

第三种少数民族话语式的论述就是指强调少数民族文化和各民族的共同参与在构建中华民族共有精神家园过程中的重要性，少数民族文化中优秀传统的保护与发扬是这些论述所极为重视的一点。例如，学者郝亚明着重分析了中华民族共有精神家园的“共

---

① 韩丹:《传统民族精神与中华民族共有精神家园的现代建构》，载《学术论坛》，2010年第6期。

② 刘新生:《〈尚书〉思想与中华民族共有精神家园建设》，载《齐鲁学刊》，2010年1期。

有"一词。他认为，当中华民族被作为一个整体看待时，共有具有"不可分割"的含义，而当中华民族被作为五十六个民族的复合体理解时，共有就是指"共同拥有"。这种共同拥有是指："中华民族共有精神家园是我国56个民族共同塑造的，是各民族在继承民族传统文化的基础上通过不断创新而形成的，各民族不仅是中华民族共有精神家园的建设者，而且也理应成为中华民族共有精神家园的拥有者。"[①]他将这种特性总结为"民族共有性"，在这种特性的作用下，少数民族文化对于精神家园的建设具有不可或缺的意义，因此在构建共有精神家园的途径上就自然要坚持对于少数民族文化的尊重、保护和发扬，吸收民族文化的优质资源以发挥其对于精神家园建设的作用。此外，郝亚明还注意到了中华民族民族意识培养的意义问题，在强调各民族的认同与文化时，要重视对于中华民族和中华文化整体的认同，"建设中华民族共有精神家园的目的就在于统一全体中国人文化认同与民族认同"[②]。高永久和陈纪也提出，"共有"的实质就是各民族文化的交集与融合，在重视各民族文化的同时要发扬作为整体的中华民族的文化。

通过上述对主流话语式、儒家话语式和少数民族话语式三种论述倾向的分析，可以看出，三种论述在倾向上的差异实际上源自同一个问题，那就是对于中华民族这一人们共同体性质的理解，中华民族到底是56个民族的复合体，还是一个已经形成的、像一个有机体一样活动着的民族实体。儒家话语式的论述似乎将中华民族视为一个民族实体，认为中华民族内部是均质的组成，对于受到儒家文化影响的大多数人群能够产生动员力量的话语也能自动地对内部的其他人产生作用，而主流话语式的论述则从政

① 郝亚明：《少数民族文化与中华民族共有精神家园建设》，载《广西民族研究》，2009年第1期。

② 郝亚明：《少数民族文化与中华民族共有精神家园建设》，载《广西民族研究》，2009年第1期。

治层面，而不是从民族层面传播自身的话语，无论是时代精神还是“中国梦”，这些政治话语的对象都是全体国民而非56个民族。少数民族话语式的论述比起作为整体的中华民族，相对更为强调各少数民族的主体性，这些不同学者的论述对少数民族的参与性和各民族文化对于中华民族共有精神家园建设的重要性进行了凸显，但同时又强调对于统一的中华民族的认同及其整体中华文化的认同。

二、中华民族共有精神家园的建构性及其主体

通过对以上三种对于中华民族共有精神家园的论述倾向的分析，还可以发现另一个共同点，那就是不同论述话语中都将共有精神家园描述为一种有待建设或构建的对象，或者像有的学者论述的那样，它在不同时代拥有不同的内涵，因而在当代需要赋予它新的内容，也就是说至少可以认为共有精神家园是一座尚未完成的建筑。对这一精神家园内涵的研究不完全像植物学家研究植物习性、特征一样的“认识”和“发现”其中已存在的内容，而是由研究者从各自的理论路径寻找能够推动这一家园构建、建设的材料和方法，因此，可以认为中华民族共有精神家园在性质上具有一定的建构性。

（一）中华民族共有精神家园的建构性

共有精神家园具有建构性，实际上等同于其存在具有人为性和实践性，通过对其发生过程的追溯，可以发现这一话语从作为官方政治话语得到提出，随后出现相关的政策实践与学术界在理论上的回应，再经过由抽象语言到日常用语的翻译而成为社会舆论的一部分而得到广泛传播，经过官方和学术界的阐释，其概念得到不断阐述而更加清晰，其内涵得到不断解释而更加丰富，而在由抽象话语转变成大众社会舆论的日常语言后，共有精神家园

这一话语丛获得了更强的传播力，具备了更多的具象内容而更容易被各社会阶层成员理解。共有精神家园所经历的不同发生阶段都需要不同参与主体的行动，其构建过程充分体现了人为性和实践性。需要注意的一点是，具备建构性，并不等同于中华民族共有精神家园就完全是人造的建构物，只是说它在拥有一些自然存在的、原生的成分时，也需要经过不同行为主体的构建才能形成，构建的特性及成分也是其组成部分。

（二）中华民族共有精神家园的构建主体

既然中华民族共有精神家园具有建构性，那么其建构的过程是由什么样的行为主体来推动的呢？通过前文对精神家园人为性和实践性的分析可以发现，参与构建的主体来自不同的社会阶层，在社会中承担了不同的社会分工。

在这些参与主体之中，政治领域和知识领域先进人物代表发挥了带领性的作用，他们各自掌握了社会中的政治话语权和理论话语权，两者彼此合作，前者利用政府在不同层面所拥有的政治、经济资源来提供中华民族精神家园这一话语丛的传播力量，而后者则发挥自身的理论研究能力，阐释并且丰富、完善它的内涵，两者试图将共有精神家园由理论转变为现实，将其作为提升多民族国家的内聚力、凝聚力与完善既有民族历史叙事的有效工具。

主流社会的精英们对于类似于共有精神家园这种抽象的认同、归属的构建努力是否能够成功这一点，似乎在世界历史上既能够找到正面的，也能找到反面的案例。帝国时代的德国曾经成功过，经过赫尔德、费希特等知识精英与普鲁士的国王和容克们的共同努力，先在知识精英那里诞生了德意志民族，然后再由政治精英根据这个民族的土地、语言、精神等的划分，通过政治、军事努力实现了现实中的国家统一。然而，在这个因全球化潮流而导致各种文化相互碰撞的时代，现在的德国和德意志民族也正在遭遇来自移民的冲击，这些外来者似乎就算能成为德国公民，也难以在族裔民族的意义上成为德意志民族的一员。而苏联则失败了，那些经过赫鲁晓夫、勃列日涅夫等苏联领导人自信宣告的“苏联人民”话语，没能按照他们所希望的那样转变为现实，苏联人民这个新的人们共同体，没能够替代苏联内部的各个民族成为人民首先认同和内心归属的对象，在苏联解体之后，苏联人民也随之不复存在了。从这些案例中总结出的成功经验与失败教训，在不同的立场、视角下能够得到不同的观点，站在参与主体的角度上看，最为直观的一点就是仅靠政治、文化精英的努力是不足以让民族主义获得成功的，在社会中占最大数量的民众们的响应和参与才是最为基础性的因素，政治精英的组织和动员，文化精英在思想意识上的引导，只有得到民众们的接受和内化才能产生巨大的现实力量。作为中华民族在精神层面的附属物，共有精神家园的构建与民族主义运动对于民族的构建在行动主体的参与上具有一致性，两者都需要除政治、文化领域先进人物代表之外的，广大民众的接受和参与，只有由先进人物代表生产、传播的观念在民众那里得到内化，融入大众的意识之中，共有精神家园的构建才能得到自发的促进，最终真正地由理论、政策转变为现实。

三、中华民族共有精神家园构建的凭借物

既然构建精神家园需要政治、文化领域先进人物代表与社会大众的共同参与，那他们需要怎样的凭借物来进行构建就成为一个问题。所谓中华民族共有精神家园构建的凭借物，就是指在精神家园构建过程中提供支撑的对象，这一对象能够促进构建过程，为精神家园提供一个稳固的支点。本文认为，这种凭借物就是在少数民族话语式的论述中得到诸多探讨的“文化”，不过是一种与这种论述不同的文化。

在这种叙述倾向那里，文化主要是指少数民族文化，持有这

种叙述倾向的学者认为通过保护、发扬各少数民族的文化，就能促进共有精神家园的构建。然而，仅就民族文化与超民族认同之间的关系而言，某一民族文化的发扬并不必然导致对于更大范围的共同体的认同，历史与现实中的族裔民族主义运动中，对本民族文化的热爱和尊崇，如果伴随着与中央政府在政治、经济利益上的矛盾纠纷，或历史上纠缠不清的仇怨，就可能会导致民族认同与国家认同之间的冲突，出现像魁北克、加泰隆尼亚、克里米亚等地区曾经或正在遭遇的民族问题。

因而，要想建立超越民族认同之上的新的认同，就不能仅靠保护和发扬民族文化。能够支撑共有精神家园构建的文化，应当是不同民族之间经过交往、交流、交融而形成的新文化，这种能够代表中华民族的文化才是精神家园构建的凭借物，它是中国各民族在自然的交往过程中在文化上相互吸取、借鉴而形成的共同点的集合，是一种超越各民族主体内部的主体间的文化，其内涵将十分丰富，涉及语言、文字、风俗习惯、政治、宗教等诸方面。就当前而言，最具有现实性的方面，就是促进一种各民族间的公共政治文化的形成。这种文化主要基于对国家宪法的认同而形成，各民族的成员在宪法和法律之下拥有平等的权利和自由，并能够在公共领域中遵守共同的规则而与不同民族彼此交往与交流，对于不同的议题能够通过彼此协商而达成共识，各民族都将由于对这些基于宪法的权利和自由的热爱而产生对于国家和中华民族的热爱。在哈贝马斯那里，这种公共政治文化所促进的认同是一种后民族的认同，这种并不聚焦于民族历史的认同将会带来更为普遍的对于国家的忠诚和各民族之间的团结。这种公共政治文化能在法制建设的推进中得以建立，它将成为中华民族共有精神家园建设的有力凭借。

刍议中华民族共有精神家园及其核心概念

——兼谈建设中应注意的问题

周　松*

2007 年，在党的十七大报告中第一次将“弘扬中华文化、建设中华民族共有精神家园”① 作为一项重要任务提出；2014 年 9 月，习近平总书记在中央民族工作会议上强调：“长远和根本的是增强文化认同，建设各民族共有精神家园，积极培养中华民族共同体意识。”② 在协调推进“四个全面”战略布局的大背景下，建设中华民族共有精神家园不仅可以为之凝聚共识，更可以为之提供动力。建设中华民族共有精神家园亦是实现中华民族伟大复兴的必要途径。学术界对中华民族共有精神家园进行了广泛的研究，有必要予以总结，并在现有研究的基础上继续发展，提出相关意见，以期为中华民族共有精神家园的现实建设提供有益的参考。

---

*　周松，男，1985 年生，河南商丘人，中央民族大学中国民族理论与政策研究院 2014 级博士研究生。

①　胡锦涛：《高举中国特色社会主义伟大旗帜 为夺取全面建设小康社会新胜利而奋斗》，见《中国共产党第十七次全国代表大会文件汇编》，人民出版社，2007 年，第 34 页。

②　《中央民族工作会议暨国务院第六次全国民族团结进步表彰大会在北京举行》，载《人民日报》，2014 年 9 月 30 日，1 版。

一、"中华民族共有精神家园"概念研究综述

自2007年提出"建设中华民族共有精神家园"以来，学术界对其进行了一系列的研究，伴随着习近平总书记在2014年重新强调之后，学术界对中华民族共有精神家园的研究日益深入。不同研究领域的学者从不同的角度对中华民族共有精神家园的概念进行了研究，其中较有代表性的有：

李德顺认为所谓中华民族共有精神家园，应该就是指中华民族这个共同体所拥有和依托的精神家园，是指这个共同体在历史上形成并发展着的、具有精神支撑功能的精神文化系统，是成为全体民族成员精神生活依托和归宿的一个文化空间。①

高永久、陈纪认为应全面地理解中华民族共有精神家园的含义，应对"中华民族"、"精神家园"和"共有"这三个基本概念进行分析，同时也应把这三者作为一个统一体予以把握。社会主义核心价值体系的要求、内核、内容反映了中华民族共有精神家园的价值核心。②

韩振峰认为，中华民族共有精神家园是整个中华民族共同依托、共同传承、共同发扬的文化精神、价值观念和情感态度的总和。中华民族是一个大家庭，中华民族共有精神家园就是中华民族这个大家庭所共有的精神家园。③

向玉乔认为，中华民族共有精神家园是整个中华民族可以共同依托、愿意共同传承、乐于共同发扬的文化精神、价值观念和

① 李德顺：《关于"共有精神家园"的几点思考》，载《北京日报》，2009年4月20日，017版。

② 高永久、陈纪：《论中华民族共有精神家园的内涵与价值核心》，载《科学社会主义》，2008年第2期，第75—77页。

③ 韩振峰：《中华民族共有精神家园》，载《光明日报》，2011年11月29日，002版。

情感态度的总和，是中华民族赖以生存和发展的精神财富，是中华民族生生不息、团结奋进的精神动力。①

可以看出，学者们对中华民族共有精神家园的概念基本上达成了一致看法，高永久、陈纪更是将中华民族共有精神家园分解成三个基本概念，并给出了解释，将概念研究向前推进了一步。

二、“中华民族共有精神家园”核心概念再释

在对中华民族共有精神家园的核心概念，即“中华民族”、“共有”和“精神家园”这三者的研究之中还存在着可以拓展的方面。由于“中华民族”这一概念在历史上就已经发生过较大范围的讨论，学术界对其认识趋于统一，在“中华民族是由各民族共同组成”这一点上也基本已经达成共识。在对另两个核心概念的阐释方面，还存在一些分歧。对核心概念的不同阐释和理解，可能导致建设的走向、路径和目标产生较大的不同，因此有必要对中华民族共有精神家园的另两个核心概念，即“共有”和“精神家园”进行再进一步的阐释。

（一）“共有”：“共同拥有”与“共同享有”

1.“共同拥有”

共有，是中华民族共有精神家园的核心概念之一。现有研究中，比较有代表性的是高永久和陈纪两位老师认为共有的实质应当是我国56个民族文化的相互融合，是各民族文化的“交集”，并指出交集是一个数学概念，是指两个数集的集合中存在相同的数集。②用通俗话语来说，就是你有的我也有，我有的你也有，

① 向玉乔：《论中华民族共有精神家园》，载《湖南师范大学社会科学学报》，2010年第4期，第31—34页。

② 高永久、陈纪：《论中华民族共有精神家园的内涵与价值核心》，载《科学社会主义》，2008年第2期，第75—77页。

只有你我同时都有，才能被称为"共有"。笔者认为，在这层意义上"共有"也可以解释为"共同拥有"，强调的是56个民族共同拥有的一些文化特质。把它放在中华民族共有的精神家园中去，不难推导出中华民族共有精神家园的内容就是各民族都共同拥有的一些文化及精神层面的共性。据此就能比较清楚地得出"社会主义核心价值体系的要求、内核、内容反映了中华民族共有精神家园的价值核心"的结论。

笔者十分赞同上述两位老师对"共有"概念的解释，各民族"共同拥有"的部分必然是一些核心的价值观念，现在的社会主义核心价值体系已经对其进行了概括和总结，作为中华民族共有精神家园的核心部分，一定是社会主义核心价值体系，这个结论是正确的。但是，如果深究起来，为什么要建设中华民族共有的精神家园呢？"首要目标是构建一种全体国民共享的国家认同文化。"①这种国家认同文化的基础，必然不只是包含价值核心，还应该有更加广泛的内涵，应该是包含了各民族优秀传统文化的内容。因此，在现有研究的基础上，对"共有"的概念内涵还有必要进行更加深入的探寻。

2."共同享有"

笔者认为采用法律范畴的"共有"概念可能会更加准确，更加切合实际。就法律层面而言，与单独所有比较来说，共有的含义是指多数人共同享有某物的所有权，多数人则称为共有人，某物即为共有物，一般情况下多用在财产权的概念领域。②在此种视角下，"共有"的意思更为鲜明地表现为"共同享有"，主要指的是所有权的范畴。物权法对所有权的规定如下：所有权人"依

① 郝亚明：《论中华民族共有精神家园的功能定位》，载《北方民族大学学报》(哲学社会科学版)，2011年第2期，第41—46页。

② 彭谦、周松：《努力建设中华民族共有精神家园》，载《中国民族报》，2015年5月15日，007。

法享有占有、使用、收益和处分的权利”。通俗来说，就是一件事物既是你的，也是我的，你可以使用，我也可以使用，每个人都可以选择使用，每个人也都可以选择不用。在现实中，此种共有关系广泛存在，尤其是在民族文化领域。在我国，因为各民族的居住具有交错混杂的特点，我国的民族关系又是平等团结互助和谐的，这就使在现实中同一地区的不同民族共同享有一种特定文化的现象大量存在。比如居于同一地区的不同民族共同享有某一种特定的食物，共同遵守某一种特定的风俗习惯等。这是民族交往交流的结果，而这种共同享有的发生，也会更加促进民族交往交流的良性互动，从而可以为增强中华民族凝聚力提供必要条件。

“共有”关系不仅应该是“共同拥有”而且应该是“共同享有”。将“共有”解释为“共同享有”,不是否定“共同拥有”,而是对“共同拥有”的扩展和有益补充。添加“共同享有”的解释可以极大拓展对中华民族共有精神家园的想象空间，可以极大丰富中华民族共有精神家园的内涵。不再要求必须“共同拥有”，只需要一方有，其他人都可以分享，与之“共同享有”。如此一来，各个民族的优秀文化都可以装入“中华民族共有精神家园”这个大家园里面,中华民族的全体成员都可以共同享有。“共同拥有”和“共同享有”这两种解释之和，才是“共有”应该有的真实含义。

此外，还可以从“特性”与“共性”的对比角度理解不同层次的“共有”概念。每个民族都有其独特的民族文化，是其“特性”。而作为人类的一员，作为一种人们共同体，又会存在一定的“共性”文化，这部分即是“共同拥有”。但“共有”并不只有这一个层次。建设中华民族共有精神家园，自然应该包含起到支柱作用的“共性”文化，除此之外，各民族的优秀民族文化都会被吸收和借鉴，这些优秀文化就是各民族特有的优秀文化，即“特性”。而一旦中华共有精神家园完美建立起来,无论是“特性”

还是“共性”的文化，各民族群众都可以“共同享有”。这就是“共有”的另一个层次，也应该是中华民族共有精神家园应该达到的理想层次。

这就像费孝通先生所说的“各美其美，美人之美，美美与共，天下大同”十六字箴言一样。“特性”相当于是“各美其美”，“共同拥有”是“美人之美”的基础，“共同享有”才可能到达“美美与共”，也只有通过这样的过程才能达到“天下大同”。因此，很显然在解释“共有”概念的时候，在解释为“共同拥有”的基础之上，很有必要添加“共同享有”的释义。

因此，对于“共有”的概念，适宜于从更广阔和更多层次的角度予以解释和理解。不仅要反映最核心的本质内涵，还要挖掘各种可加以利用的有利因素；不仅可以从“共同拥有”层面理解“共有”的概念，更可以从“共同享有”的角度加以扩展和深化。

（二）“精神家园”：离不开物质家园

对于精神家园，从本质上讲，中华民族共有精神家园是精神家园的一种，属于意识范畴。按照辩证唯物主义的观点，物质决定意识，意识是对物质的反映。有精神家园则必然有与之相对应的物质家园，精神家园是相对于物质家园而言的，并以物质家园为建设基础。

物质家园，可以理解为精神家园所依存的一切物质条件基础。中华人民共和国领土领空领海内的自然物质条件以及各族人民创造的丰富多彩的物质财富是中华民族共有精神家园建设的物质基础。现阶段所面临的主要矛盾，依然是人民日益增长的物质文化需要同落后的社会生产之间的矛盾。物质家园建设是物质基础，精神家园建设是上层建筑。不能离开温饱问题、发展问题单谈精神建设，只有物质生活得到满足才会渴望精神享受。

物质基础的发展程度直接决定了意识的发展程度，因此，物质家园的发展程度直接影响到精神家园可能的实现程度。除此之外，意识对物质也有能动的反作用。精神家园的建设对物质家园的建设，也有着推动或者阻碍作用。充分发挥意识的能动性，可以很好地推动物质建设。党的十七大以来，我党明确提出建设中华民族共有精神家园，这既表明物质条件已经得到了很好的改善，也说明已经需要建设共有的精神家园推动物质家园的进一步建设。但无论如何都不能忘记物质对意识的决定性作用，建设精神家园也必须继续切实推进物质家园的建设。

三、中华民族共有精神家园建设中应注意的问题

自中华民族共有精神家园这一命题被提出以来，党和政府做了大量的工作推动其建设进程，学界和社会都认识到其非同一般的重要意义，已经取得了一定的声势和成就。对于目前的建设现状而言，还是需要注意坚持马克思主义的指导，坚持党的领导，在具体工作中需要注意坚持共同繁荣发展的奋斗目标，要反对两种民族主义。

（一）中华民族共有精神家园的建设离不开共同繁荣发展的奋斗目标

马克思主义强调物质决定意识，中华民族共有精神家园的建设不能离开各民族的共同繁荣发展。共同富裕依然是中华民族共有精神家园实现的前提和基础，脱离了各民族共同繁荣发展的愿景，就算付出再艰辛的努力，其结果也只能是水中捞月，无功而返。而精神家园的建设又比较敏感，如果没有正确的目标指向，很容易在具体工作中浮于表面工程，这甚至可能造成各族人民群众的反感，反而对中华民族共有精神家园的建设产生阻碍。要明确，建设中华民族共有精神家园，既是因为各民族已经发展到一定的程度渴望精神享受，又是因为它可以为各民族的共同繁荣发展扫清思想阻碍，使各民族可以更好地共同繁荣发展。

早在中华人民共和国成立之初，周总理曾就指出："各民族繁荣是我们社会主义在民族政策上的根本立场。"[①] 历届中央领导集体都很重视民族发展问题，胡锦涛同志提出"各民族共同团结奋斗、共同繁荣发展"两个共同的口号。共同繁荣发展既是物质的繁荣发展，也是精神的繁荣发展。就当前实际而言，物质家园的建设，更多的是通过政府的直接或间接投资来带动。政府的直接投资的确可以在短时间内带来明显的变化，但是一味依赖中央投资则很容易陷入输血式的被动之中。在改革进入深水区的现在，中华民族共有精神家园的建设应该充分发挥市场机制的作用，国家可以制定相关优惠政策鼓励民族民间资本投入中华民族共有精神家园的建设中。让民族民间资本参与精神家园的建设，也不失为一种有益的尝试。

（二）建设中华民族共有精神家园要反对两种民族主义

弘扬中华文化，积极培养中华民族共同体意识，就要反对一切有害于弘扬中华文化的各类因素。建设中华民族共有精神家园，必须在一个安定团结的环境中进行，如果没有这样的良好环境[②]，精神家园的建设必将事倍功半。在当前，最重要的还是要坚决反对大汉族主义和狭隘民族主义。

在中华人民共和国成立之初，第一代领导集体十分重视反对两种民族主义，尤其注重反对大汉族主义。毛泽东在《论十大关系》一文中明确指出："对于汉族和少数民族的关系，我们的政策是比较稳当的，是比较得到少数民族赞成的。我们着重反对大汉族主义。地方民族主义也要反对，但是那一般地不是重点。"[③] 周恩

---

① 《周恩来选集》（下卷），人民出版社，1984年，第263页。

② 马伟华：《从民族关系的角度解读中华民族共有精神家园的建设》，载《西南民族大学学报》（人文社会科学版），2011年第7期，第35—40页。

③ 《建国以来毛泽东文稿（1956.1—1957.12）》（6），中央文献出版社，1992年，第94页。

来在青岛民族工作座谈会上的讲话中也指出："我们反对两种民族主义，就是既反对大民族主义（在中国主要是反对大汉族主义），也反对地方民族主义，特别要注意反对大汉族主义。这两种民族主义都是资产阶级民族主义的表现……如果任其发展下去，不仅不利于我们民族间的团结，而且会造成我们各民族间的对立，甚至于分裂。"①

在改革开放之后，出于种种原因，党和政府较少公开提出反对两种民族主义，两种民族主义的提法逐步被淡化。但是也必须看到两种民族主义并没有凭空消失②，正在借助社会转型期、改革进入深水期出现的种种新问题新情况有抬头的趋势。从根本上讲，我们建设中华民族共有精神家园所要弘扬的中华文化，是整个中华民族从古到今的优秀文化，其中以近代到五四特别是改革开放后的新型文化为重心，而不仅是古代文化，不仅是儒家文化，不仅是汉族文化！③实际上，灿烂的中华民族文化正是因为有了56个民族各自的文化，才能如此多元和繁荣，本民族文化认同与中华民族文化认同并行不悖。

针对这种现象，习近平总书记在中央民族工作会议暨国务院第六次全国民族团结进步表彰大会上明确提出，要坚决反对大汉族主义和狭隘民族主义，自觉维护国家最高利益和民族团结大局。因此在建设中华民族共有精神家园的工作中，一方面，需要更加警惕两种民族主义以各种面目出现，要对其加以识别，不要受其不良影响；另一方面，要加大对两种民族主义的反对力度，要勇于同两种民族主义做科学的、有策略的斗争。此外，还要加强

① 《周恩来选集》（下卷），人民出版社，1984年，第247—248页。

② 王希恩：《中国共产党反对两种民族主义的理论和实践回溯》，载《民族研究》，2011年第4期，第1—14页。

③ 李宗桂：《国学与中华民族精神家园》，载《中山大学学报》（社会科学版），2009年第3期，第137—145页。

民族理论通识教育，不仅在民族高校和民族地区开展，而且在汉族地区开展。最后，反对两种民族主义要把握好维护国家最高利益和民族团结的大局。对于犯错误的同志要通过批评教育使其认识到自身错误并予以改正，最终的落脚点还是要顾及民族团结。

总的说来，中华民族共有精神家园的重要性已经得到了学界和全社会的广泛认可。现有研究为今后的建设打下了基础，只有在现有研究的基础上不断发展和深入挖掘，才能更好地推动中华民族共有精神家园的建设。这不仅是学术规律，也是学术界的责任。只有更加深入挖掘中华民族共有精神家园的实质内涵，在实际工作中注意把握最终的奋斗目标，排除一切不良因素的影响，才能更好地建设中华民族共有精神家园。

各民族相互嵌入式社会结构和社区环境研究

——基于马克思主义民族理论的视角

熊海君 *

党的十八大以来，以习近平为核心的新一届党中央在新疆和城市民族工作方面逐步形成“加强民族团结—（根本途径）—促进各民族交往交流交融—（核心措施）—建立各民族相互嵌入式的社会结构和社区环境—（具体要求）—就业、教育、住房等民生领域”的思路，希冀通过建立各民族相互嵌入式的社会结构和社区环境促进各民族交往交流交融以达到增强民族团结的目的。这表明中国共产党中央从社会建设视角，即通过推动各民族的社会交融、构建合理的多民族社会结构来思考处理民族关系问题。本文试结合马克思主义民族理论就各民族相互嵌入式的社会结构和社区环境建设的原则和影响做一分析和阐述。

一、建立各民族相互嵌入式社会结构和社区环境的提出

自党中央提出“推动建立各民族相互嵌入式的社会结构和社区环境”以来，党和国家的领导人分别从建立各民族相互嵌入式

* 熊海君（1989—），男，土家族，湖南龙山人，中央民族大学中国民族理论与民族政策研究院2014级硕士研究生，研究方向：中国共产党的民族理论与民族政策。

的社会结构和社区环境的目的，推动建立各民族相互嵌入式的社会结构和社区环境与促进各民族交往交流交融、加强民族团结的逻辑关系，以及推动建立各民族相互嵌入式的社会结构和社区环境的要求等方面做了系统阐述。

（一）推动建立各民族相互嵌入式的社会结构和社区环境的目标

习近平总书记曾三次在中央会议上就建立各民族相互嵌入式的社会结构和社区环境做了专门论述。2014 年 5 月 26 日，中共中央政治局召开会议研究进一步推进新疆社会稳定和长治久安工作，会议明确提出"推动建立各民族相互嵌入的社会结构和社区环境，促进各民族交往交流交融，巩固平等团结互助和谐的社会主义民族关系"。在随后召开的第二次中央新疆工作座谈会上，习近平总书记要求并重申"要加强各民族交往交流交融，推动建立各民族相互嵌入式的社会结构和社区环境，促进各族群众在共同生产生活和工作学习中加深了解、增进感情"。2014 年 9 月，中央民族工作会议在阐述做好城市民族工作的要求时，强调"促进各民族交往交流交融"，"要把着力点放在社区，推动建立相互嵌入式的社会结构和社区环境，让城市更好接纳少数民族，让少数民族更好融入城市"。2014 年 12 月，中共中央、国务院印发的《关于加强和改进新形势下民族工作的意见》明确提出："要推动建立相互嵌入式社会结构和社区环境，促进各民族相互了解、相互尊重、相互包容、相互欣赏、相互学习、相互帮助。"纵观这三次中央会议的相关论述和中共中央、国务院印发的《关于加强和改进新形势下民族工作的意见》可以看出：在各民族跨区域大流动和民族地区城镇化加速推进的背景下，党和国家提出在新疆地区和全国城市推动建立各民族相互嵌入式社会结构和社区环境，其目的在于通过创造各民族群众共居、共学、共事、共乐的社会条件，促进各民族群众相互了解、增进感情，巩固和发展平等团结互助和谐的社会主义民族关系。

（二）推动建立各民族相互嵌入式的社会结构和社区环境、促进各民族交往交流交融、加强民族团结三者之间的逻辑关系

关于推动建立各民族相互嵌入式的社会结构和社区环境、促进各民族交往交流交融、加强民族团结三者之间的逻辑关系，王正伟同志、刘延东在中央党校举办的省部级干部民族工作专题研讨班上先后有专门的论述。具体来看就是：加强民族团结的根本途径是促进各民族交往交流交融，促进各民族交往交流交融的核心措施是建立各民族相互嵌入式的社会结构和社区环境，即加强民族团结—（根本途径）—促进各民族交往交流交融—（核心措施）—建立各民族相互嵌入式的社会结构和社区环境。① 王正伟从社会条件的角度提出，“要积极也要稳妥”地“创造各族群众共居、共学、共事、共乐的社会条件”；刘延东从心理认同的角度提出，“着力促进各民族人心归聚、精神相依”。建立各民族相互嵌入式的社会结构和社区环境，要把创造各民族共居、共学、共事、共乐的社会条件和促进各民族群众心理认同、精神相依、文化交融的措施结合起来，为促进各民族交往交流交融提供良好的社会环境。

（三）推动建立各民族相互嵌入式的社会结构和社区环境的要求

从中共中央政治局委员、国务院副总理刘延东就推动建立各民族相互嵌入式的社会结构和社区环境所提出的要求来看，可以

---

① 郝亚明在《民族互嵌型社会结构和社区环境的理论分析》一文中形成了“各民族有机团结——促进各民族交往交流交融—建立相互嵌入式的社会结构和社区环境（宏观基础：民族互嵌型社会结构；现实支撑：民族互嵌型社区环境）—（具体表现）—合理的族际居住格局”的逻辑。（参见 郝亚明：《民族互嵌型社会结构和社区环境的理论分析》，载《新疆师范大学学报》哲学社会科学版，2015 年第 4 期。）该文与党和国家提出的逻辑大致相同，但也存在不一致的地方，如社会结构可以是宏观基础，也可以是现实支撑，社会结构和社区环境是两个具有一定联系又有区别的两个概念。

分为总要求和具体要求。总的要求是:“要围绕生产生活各个环节，建立健全相关政策体系，推动形成各族群众你中有我、我中有你的社会环境。”具体要求是从就业、教育、住房等民生领域出发的，体现着党中央确立的“紧扣民生抓发展”的民族工作思路。具体来看：就业方面，“要鼓励在民族地区的中央企业和对口援建项目吸纳当地员工，也要鼓励其他事业单位多承担这个社会责任”，有助于各民族成员特别是少数民族参与现代化建设；教育领域，“要积极推行民汉合校、混合编班等举措，让各族学生生活在一起、学习在一起、成长在一起”；住房领域，“要借鉴国际经验，在规划和开展灾后重建、搬迁移民、危旧房改造、公租房建设分配时，注意各族群众居住的分布结构问题，促进各族群众相通相容。”

二、建立各民族相互嵌入式社会结构和社区环境的原则

“建立各民族相互嵌入式的社会结构和社区环境”是从社会结构视角来思考民族关系问题的，强调通过构建合理的多民族社会结构推动各民族社会交融。推动建立各民族相互嵌入式的社会结构和社区环境，必须坚持一定的原则，即立足于民族平等，着手于民生领域以促进民族发展，着眼于实现平等团结互助和谐的社会主义民族关系。

（一）立足于民族平等

民族平等是新中国立国的根本原则和核心价值理念，是处理民族事务必须坚持的准则。建立各民族相互嵌入式的社会结构和社区环境必须坚持民族平等的原则。“相互”两字集中体现了建立各民族相互嵌入式社会结构和社区环境所必须秉持的民族平等原则。对此，郝亚明老师深刻解读了“相互”两字所包含的民族

平等意涵，即建构方向的多维性、建构力量的主体性和建构结果的平等性。金炳镐老师指出："各民族相互嵌入式"，是从宏观上讲的；涉及具体地点和具体民族时，则应是各民族相互嵌入式。建立各民族相互嵌入式的社会结构所体现的民族平等意涵，核心在于让少数民族参与社会主义现代化建设，以此来缩小各民族之间发展的差距。体现民族平等意涵的各民族相互嵌入式社会结构和社区环境与促进各民族交往交流交融总的要求[①]相一致，能为促进各民族交往交流交融提供良好的社会条件。

（二）着手于民生领域，促进民族发展

"紧扣民生抓发展"是现阶段党和国家做好民族工作的重要思路，各民族"共同团结奋斗、共同繁荣发展"是现阶段民族工作的主题。刘延东就建立各民族相互嵌入式的社会结构和社区环境提出的具体要求，是从就业、教育和住房等民生领域出发的，体现了党的十八大以来党中央"紧扣民生抓发展"的民族工作思路。建立互嵌型的社会结构，鼓励在民族地区的中央企业和对口援建项目以及其他事业单位吸纳当地员工，有助于少数民族参与到现代化建设中来，促进少数民族的现代化，实现少数民族的全面协调可持续发展。同时，通过各民族的参与式发展调整优化各民族的社会结构，缩小民族之间在经济收入、社会权利等方面的差距，实现各民族"共同团结奋斗，共同繁荣发展"。

（三）着眼于实现平等团结互助和谐的社会主义民族关系

平等、团结、互助、和谐是我国社会主义民族关系的本质特征。建立各民族相互嵌入式的社会结构和社区环境应以巩固和发展我

---

① "民族交往交流交融三者关系，可以说交往是形式、交流是内容、交融是本质。"［金炳镐、肖锐、毕跃光:《论民族交往交流交融》，载《新疆师范大学学报》（哲学社会科学版），2011 年第 1 期］促进各民族交往交流交融，要正确处理好差异性和共同性的关系。交融，不是要取消民族之间的差异性，更不是要消灭哪个民族，总的来说是要尊重差异、包容多样，通过扩大各民族交往交流交融，创造各族群众共居、共学、共事、共乐的社会条件，让各民族在中华民族大家庭中手足相亲、守望相助。

国平等团结互助和谐的社会主义民族关系为目标。具体来看，在城市建立各民族相互嵌入式的社会结构和社区环境，体现在如下几个方面：相互嵌入，以自然形成为主要形式，以人为推进为辅助形式；居住形式上，不同民族群众混杂居住；在经济交往活动中，共同劳作、互助合作；在民族文化交流中，相互认可、相互吸纳；在民族心理上，相互尊重、相互认可、相互信任；在民族关系上，形成和睦相处、和谐共进的状态。[①] 在创建各民族共居、共学、共事的社会条件后，有效促进各民族在心理上相互尊重、相互认可、相互信任，是形成和睦相处、和衷共济、和谐发展的民族关系的关键，因而也是成功建立各民族相互嵌入式社会结构和社区环境的关键。

三、各民族相互嵌入式的社会结构和社区环境对民族关系的影响

在各民族跨区域大流动和民族地区城镇化加速的背景下，推动建立各民族相互嵌入式的社会结构和社区环境，旨在形成一个结构相容、利益相连、情感相通的多民族共同体，实现民族关系和谐发展。在各民族交往交流交融过程中，民族矛盾和涉及民族因素的矛盾和纠纷也会呈现增多的趋势，因此，要做好民族关系的调控工作。

（一）建立各民族相互嵌入式的社会结构和社区环境的实质

民族关系是在人们的交往联系中，不仅具有社会性，而且具有民族性的社会关系，本质上是涉及民族这个社会人们共同体的地位和待遇，民族这个社会利益群体的权力和利益，民族及其成员的民族意识和感情的特殊的社会关系。民族关系的核心问题是

① 2015 年 10 月 11 日，金炳镐在贵州民族大学的讲座课件《当前民族理论研究热点重点》。

民族利益、民族权利和民族发展。从民族关系的角度来看，通过建立各民族相互嵌入式的社会结构和社区环境来促进各民族交往交流交融，以增强民族团结，其实质也就是通过建立各民族互嵌型的社会结构来创造各民族群众共居、共学、共事、共乐的社会条件，实现各民族成员的参与式发展，增进彼此相互了解、加深彼此感情，最终形成一个结构相融、利益相连、情感相通的多民族共同体，实现民族关系和谐发展。

（二）各民族相互嵌入式社会结构和社区环境建立过程中的民族矛盾问题

民族矛盾是指在民族交往中，民族之间基于权益不同而产生的不和、摩擦等的总和。民族矛盾的存在是以民族之间接触、往来为前提，民族之间权益的不平衡为核心，民族之间不和、摩擦为形式的一种社会矛盾。民族之间的政治权益、经济利益和精神、文化利益是引起民族矛盾的基本因素。民族矛盾是在不同民族集团之间或成员在相互接触和交往的过程中出现的。在建立各民族相互嵌入式的社会结构和社区环境中，随着各民族成员之间交往交流交融频率增加，在一定时期内因民族之间在政治、经济、文化、社会、生态环境等方面的差异而产生矛盾、摩擦的可能性也会随之增加。“理论上认为，由移民产生民族间的广泛接触，在民族关系上会经历竞争、冲突、调适、融合四个阶段，即交往增多之初会有一个矛盾和冲突增多的阶段，之后才能实现交融。”缓和不同民族成员之间的矛盾，应当做好民族关系的调控工作。

（三）建立合理的多民族社会结构，做好民族关系调控工作

不同民族成员之间因文化差别而产生的矛盾、摩擦容易协调，民族心理中相互理解与包容程度会随着民族成员交往的加深而提高。杨圣敏教授指出：“解决民族之间的矛盾与冲突，让不同的民族能够和谐相处，也就是让多民族国家能够维持统一的根本出路是缩小民族之间在经济收入、社会权利等方面的差距”。

建立各民族相互嵌入式的社会结构，有利于各民族特别是各少数民族成员参与经济、政治、文化、社会、生态建设发展，在各项事业发展中增强各少数民族参与的主体性和主动性；有利于从根本上消除民族之间结构性的差别，从而实现各民族的共同团结进步、共同繁荣发展。

社区是社会的基本单元，也是各民族生产生活、交流交往的重要平台。因此，可以充分发挥社区民族关系调控机制在促进城市民族关系持续健康发展中的重要作用。如：加强社区党组织和群众自治组织的建设，使基层组织成为带领各族群众致富奔小康和保一方平安的坚强堡垒；加强对社区干部包括少数民族干部的培养，帮助他们充分认识民族工作的重要性，熟悉党的民族政策，提高工作能力包括处理民族问题的能力；千方百计地帮助少数民族群众发展经济和社会事业，妥善处理经济体制改革和产业结构调整及城市改造、拆迁中涉及少数民族群众切身利益的问题，不断提高少数民族群众的生活水平；积极开展社区“民族团结进步”活动，努力营造各民族平等、团结、互助、和谐的良好氛围；五要充分发挥少数民族代表人物包括知识分子和干部的重要作用等。

在新疆地区和全国城市中，通过建立各民族相互嵌入式的社会结构和社区环境促进各民族交往交流交融以增强民族团结，已成为党的十八大以来党和国家从社会建设的视角思考和处理民族关系的重要思路。建立各民族相互嵌入式的社会结构和社区环境，立足于民族平等、着手于民生领域促进民族发展、着眼于实现平等团结互助和谐的民族关系，其实质也就是通过建立各民族相互嵌入式的社会结构和社区环境，创造各民族群众共居、共学、共事、共乐的社会条件，实现各民族成员的参与式发展，增进彼此了解、加深彼此感情，最终形成一个结构相融、利益相连、情感相通的多民族共同体，实现民族关系和谐发展，加强各族人民大团结。

参考文献

[1] 中共中央政治局召开会议研究进一步推进新疆社会稳定和长治久安工作 [N]. 人民日报，2014.05.27.

[2] 坚持依法治疆团结稳疆长期建疆 团结各族人民建设社会主义新疆 [N]. 人民日报，2014.05.30.

[3] 中央民族工作会议暨国务院第六次全国民族团结进步表彰大会在北京举行 [N]. 人民日报，2014.09.30.

[4] 中共中央、国务院印发《关于加强和改进新形势下民族工作的意见》[N]. 人民日报，2015.12.23，(001).

[5] 跟王正伟一起学习中央民族工作会议精神 [EB/OL]. 2015.05.13. 中央民族大学门户网站“热点关注”，http: //www.muc.edu.cn/rdgz/2015/0521/1324.html. 刘延东 . 围绕“四个全面”战略布局，促进民族团结进步和共同繁荣发展 [N]. 中国民族报，2015.06.12，(001).

[6] 刘延东 . 围绕“四个全面”战略布局，促进民族团结进步和共同繁荣发展 [N]. 中国民族报，2015.06.12，(001).

[7] 郝亚明 . 民族互嵌式社会结构：现实背景、理论内涵及实践路径分析 [J]. 西南民族大学学报（哲学社会科学版），2015（3）：15；郝亚明 . 民族互嵌型社区社会结构和社区环境的理论分析 [J]. 新疆师范大学（哲学社会科学版），2015（4）：25.

[8] 金炳镐 . 民族关系理论通论 [M]. 北京：中央民族大学出版社，2007（10）：166.

[9] 李晓霞 . 论新疆治理体系和治理能力现代化 [J]. 新疆师范大学学报（哲学社会科学版），2015（06）：76.

[10] 杨圣敏 . 如何认识当代中国的民族问题——以新疆为主要案例的分析 [J]. 西北民族研究，2015（3）：7.

民族互嵌型社区建设研究

李冰冰 *

“随着我国工业化、信息化、城镇化、市场化、国际化的深入发展，各民族、各阶层的社会流动越来越频繁，民族壁垒不断消除，各民族在政治经济文化社会等各方面共同性不断增加，民族交往交流的机会不断增多”，民族之间的互嵌程度在不断加深，互嵌的领域不断拓宽，民族互嵌已逐渐成为我国民族发展过程中的主要趋势。“我国目前每年约有少数民族流动人口 1000 万人，大部分以进城务工经商和学习为主。”①

2014 年 5 月 28 日，中共中央政治局召开会议研究进一步推进新疆社会稳定和长治久安工作，会议明确提出：“推动建立各民族相互嵌入的社会结构和社区环境，促进各民族交往交流交融，巩固平等团结互助和谐的社会主义民族关系。”② 在随后召开的第二次中央新疆工作座谈会上，习近平总书记再次强调要“推动建立各民族相互嵌入式的社会结构和社区环境”。③2014 年 9 月

* 李冰冰，女，1990 年生，安徽省铜陵市人，云南民族大学马克思主义学院马克思主义民族理论与政策 2014 级硕士研究生。

① 郑贝妮：《让少数民族流动人口在城市生活得更惬意》，载《中国民族报》，2011 年 3 月 15 日。

② 《中共中央政治局召开会议研究进一步推进新疆社会稳定和长治久安工作》，载《人民日报》，2014 年 5 月 27 日。

③ 《习近平在第二次中央新疆工作座谈会上强调坚持依法治疆团结稳疆长期建疆团结各族人民建设社会主义新疆》，载《人民日报》，2014 年 5 月 30 日。

中央民族工作会议上,“推动建立相互嵌入的社会结构和社区环境”已经不再只是针对新疆地区,而是成为全局性的民族工作方针。[①] 至此,“建立各民族相互嵌入式的社会结构和社区环境”不但成为解决民族问题的新思路,也成为我国重大现实理论问题之一。社区是社会的基本单位,是各民族相互交往的基本场域。以社区民族关系的发展推动整个国家层面的民族关系的发展,是实现和谐民族关系的一个重要途径。鉴于此,本文就如何建设、怎样建设并如何实现交融型“民族互嵌型社区”进行探讨。

一、“民族互嵌型”社区的内涵及其特征

(一)“社区”“民族社区”与“多民族社区”的含义

1. 什么是社区

1887 年,德国社会学家斐迪南·滕尼斯出版了《社区和社会》,滕尼斯在该书中指出,基于人类的两种意志形式(本质意志和选择意志),提出将人类共同体划分为两种理想类型:社区与社会。社区有三种类型,即血缘共同体、地缘共同体和情感共同体。社区是建立在以情感、传统和共同联结为纽带的本质意志的基础上,对社区的认同感强烈,成员之间关系亲密、一致性程度高。而我国最早将之译为“社区”是费孝通先生,费孝通先生曾指出:“以全盘社会结构的格式,作为研究对象,这对象并不能是概然性的,必须是具体的社区。[②] 因为联系着各个社会制度的是人们的生活,人们的生活有时候的坐落,就是社区”社区是包括人民、居住地域和生活方式三个基本要素,20 世纪 80 年代后,随着中国社会转型改革,单位制的解体和社区制度的建立,中国的社区发展理

---

① 《中央民族工作会议暨国务院第六次全国民族团结进步表彰大会在北京举行》,载《人民日报》,2014 年 9 月 29 日。

② 费孝通:《乡土中国》,北京:生活·读书·新知三联书店,1985 年。

论逐步得到完善，已经形成了一套相关的理论体系。之后，“社区”被赋予更多的本土内涵，2000年民政部对社区做了界定：“社区是指聚居在一定地域范围内的人们所组成的社会生活共同体。”并指出，城市社区的范畴是指社区居委会的行政管辖范畴。

2. 民族社区与多民族社区

就当前来看，人们对民族社区的争论还是比较大的。有人解释道：民族社区是“在民族村落基础上经由一个或数个民族村落不断整合和拓展而来的，带有鲜明族群性、地域性和社区性”①②刘旺认为：“民族社区，是指一定地域范围内的以少数民族居民为主的人类生活共同体，即少数民族居民相对集中的农村社区③。”一些学者阐释了民族社区是什么，但是到目前为止还没有统一的解释，即使某个解释已经很清楚了，但也只是从不同的角度来看待。

多民族社区，通常是指在一定的地理区域内的多个民族，经过长期的共同生活与交往，形成具有多元文化特点的社区。多民族社区构成要素：不同族属的多个群体、共同的地域、共同的社会体系和结构。在这种环境下，强调的是社区内任一民族对本社区的性质、社会结构、社会关系、文化等方面能够产生一定的影响。④

（二）“民族互嵌型社区”的含义

“嵌入”一般是指一个系统（事物）融入或内生于另一个系

---

① 雷勇：《国家在场与民族社区宗教正功能的生成——以贵州青岩为例》，载《广西民族研究》，2010年第4期。

② 高永久、朱军：《试析民族社区的内涵》，载《北方民族大学学报》（哲学社会科学版），2010年第1期。

③ 刘旺：《民族社区旅游发展的困境：理论阐释与实证分析——以丹巴县甲居藏寨为例》，载《云南师范大学学报》（哲学社会科学版），2010年第1期。

④ 杨鹍飞：《民族互嵌型社区：涵义、分类与研究展望》，载《广西民族研究》，2014年第5期，第17—24页。

统（事物）之中的客观现象。嵌入（embeddedness）概念最早由匈牙利政治经济学家卡尔·波兰尼提出，主要用来分析个体行动者与制度结构的关系[①],1985 年美国社会学家格兰若维特将“嵌入性”理论进一步深入,用于探讨经济活动如何嵌入社会关系网络,在制度层面揭示了经济与社会之间的关系。[②]1995 年，美国新公共管理学者埃文斯提出的“嵌入式自治”，包含国家嵌入和地方反嵌两个方面，意指国家和地方紧密的相互影响的互嵌关系。[③]

“民族嵌入”是指一个民族（或国家）的人口、政治、经济、文化等融入其他民族集团（或国家）的社会生活中的一种普遍现象。民族集团在这里特指由多民族构成的一个民族群体，即被嵌入的客体。民族互嵌，它是指两个民族在生存空间、人口结构、婚姻、文化、经济和政治等方面相互嵌入的客观现象或过程。民族互嵌式社区就是指建立在一定的地域基础之上，由不同民族成员组成的，多元文化之间平等相处、彼此尊重的社会利益共同体。民族互嵌型社区结构不仅表现为各民族成员在地理空间上的混杂居住，而且意味着各民族成员在交往互动的基础上形成共生共荣的交融关系。中央政府提出“推动互相嵌入式社会结构和社区环境”思路的本质是通过社会结构以及社区环境层面的调整，以期产生更进一步深层次民族的交融，在此基础上形成合理的民族社会结构和和谐的社区环境。由此可见，构建民族互嵌型社区势必会成为一种促进民族和谐的新途径。

---

① 易法敏、文晓巍:《新经济社会学中的嵌入理论研究评述》,载《经济学动态》,2009 年第 8 期。

② 易法敏、文晓巍:《新经济社会学中的嵌入理论研究评述》,载《经济学动态》,2009 年第 8 期。

③ 潘艳贤:《城市民族工作的“三合”思想——第四次中央民族工作会议精神学习札记之七》，载《民族论坛》，2014 年第 12 期。

二、加强“民族互嵌型社区”建设的重要性

民族互嵌不只是民族存在的一种状态，也是民族工作的一种方法，更是处理民族问题的一个理论。2014 年中央提出“民族互嵌”的论断，表明民族互嵌是促进民族团结、和谐民族关系的一个重要路径。

（一）建设民族互嵌型社区有利于促进民族之间的相互交流，增强民族认同

进入 21 世纪之后，随着社会转型时期的到来、工业化、信息化、城镇化、市场化、国际化的到来，城市中的少数民族人口迅速增加，各个民族在政治、经济、文化等方面的交往也逐渐加深，根据统计数据显示，全国两亿多流动人口中少数民族约占十分之一，超过四分之一的少数民族散居在非民族自治地方，城市散杂居少数民族人口约占散杂居少数民族的三分之一。各民族人口“大杂居、小聚居、交错杂居”的分布格局在现代化进程中，出现了以社区为单位的新型居住格局，之前由于各种原因制约各民族之间的交流的状况正在改善，而现在正在推进构建“民族互嵌型”社区，为各民族之间的交流交融提供了一种可能。

（二）建设民族互嵌型社区有助于维护国家、社会的稳定和长治久安

我国的民族关系一直秉承着“平等、团结、互助”的原则，在党的十八大报告中指出：全面正确贯彻落实党的民族政策，促进各民族和睦相处、和衷共济、和谐发展努力提高少数民族人民的幸福指数，习近平主席在第二次新疆工作座谈会上强调，社会稳定和长治久安是新疆工作的总目标，在提出构建民族互嵌型社区的理念时，其直接目的在于通过新疆地区开展此项建设，改变在新疆部分地区出现的民族隔阂的现象，实现各个民族之间和谐相处，进而加强民族团结，如在新疆的民族关系中出现了居住在

城南区的汉族和居住在城北的少数民族易地而居的情况[①],而这种单一民族居住的格局会造成各个民族之间的隔阂，更加不利于民族团结、社会稳定。构建民族互嵌型社区有助于各个民族之间相互了解，进而维护好社会的长治久安和社会的稳定。

（三）构建民族互嵌型社区有助于推动新型城镇化建设

十八大报告指出：城镇化未来将成为中国全面建设小康社区的重要载体，当今快速发展的新型城镇化，正成为中国经济增长和社会发展的强大引擎。城镇化往往是指“农村人口向城市集中的过程，会促发人口结构、经济结构、地域空间结构和生活方式的转型”。[②]在建设新型城镇化的过程可以通过全新的规划，打破原来单一的结构来构建一种新型的社会格局，推动在少数民族聚居地构建民族互嵌型社区，可以充分考虑在准备建设的少数民族互嵌型社区中重新整合经济、文化、社会的多元性，民族互嵌型社区建设可以用一种新的方式和途径为打破之前的单一民族城镇化建设提供可能。

（四）构建民族互嵌型社区有助于推动民族事务治理能力和水平的现代化

随着社会转型时期到来，民族地区社会发展的问题被摆在了突出位置，由此可以看出，如何推进民族地区又快又好的发展成为摆在面前需要首先解决的问题，虽然改革开放给少数民族地区带来不少的“福利”但是同时也凸显出一些问题，如一些民族地区经济上仍然面临贫困，基层组织管理缺乏凝聚力，在公共基础设施方面面临资源不足，在总体上缺乏专业的民族社会工作者的参与，这次提出的构建民族互嵌型社区，对于在民族地区积极发展民族社会工作，民族地区的经济建设、社会管理上会提供一种

① 《新疆嵌入式新村年底竣工》，腾讯网，2014年9月14日。

② 胡小武：《民族互嵌型社会的动力结构及优化模式》，载《新疆师范大学学报》，2015年第9期。

路径。可以通过社区，形成一种类似"集团"的特征，在国家和政府的财政的投入下，可以加强民族地区的文化水平的建设，不论从硬件还是软件方面，有社区作为依托，更好地发挥教育对地区经济发展的影响。社区的构建也可以在一定程度上发挥自主性。

三、加强少数民族互嵌型社区建设的路径分析

以社区的民族关系来推动整个国家层面的民族关系的发展，以贴近少数民族生活的社区为导向，构建民族互嵌型的社区，推动各民族深度交往，达到民族关系的和谐，显然已经成为维护国家安定团结的一把"亮剑"。然而，学术界对"民族互嵌社区"的研究尚不深入，本文也只是从浅显的角度对少数民族互嵌进行探讨与思考。

（一）完善"民族互嵌型社区"的相关政策法规

有计划、有步骤、有目的地推进"民族互嵌社区"。这个理论刚刚提出，还需要丰富和展开。而目前城市民族工作中仅有一部行政法规《城市民族工作条例》，此条例在立法的技术上较为粗糙，操作性不强，体现了政府对城市少数民族的照顾和支持。[①]应该培养城市少数民族自身作为城市主体的主人翁意识，同时考虑到少数民族立法的参与度，对城市发展中的民族关系所存在的问题进行深入研究。

（二）以社区文化为基点，充分发挥文化在少数民族互嵌建设中的作用

文化的特殊性是民族得以存在的关键，民族不仅是一个政治共同体，也是一个文化共同体。在我国，正是由于56个民族各具特色的文化，才构成了丰富多彩的中华民族文化。人们一切活

---

① 王飞：《少数民族流动人口城市融入的政策与法制研究论纲》，载《贵州民族报》，2012年第1期。

动都是在一定的社区范围内进行的，许多社会现象都可以在社区中反映出来。社区文化是社区存在一个重要现象，更是良好社区建设的一项重要内容，社区文化发展的好与坏直接关系到社区建设与发展状况。① 当前，在少数民族互嵌社区建设过程中，社区文化建设对社区发展和社区稳定尤其是社区内少数民族居民和谐发展起到至关重要的作用，无论是在城市社区还是农村社区中，少数民族互嵌社区建设已经是大势所趋。

（三）建立民族互嵌型社区应因地制宜，符合我国民族发展规律

“民族互嵌型社区”不同于其他普通社区，由于各地的地理环境、经济基础、人文环境不同，在建立民族互嵌社区之前一定要进行走访及论证，必要时可以在一定范围内召开听证会，广泛吸取好的建议，对社区的选址、入住的人员、嵌入方式等进行必要的科学规划。② 在因地制宜的同时，也要充分考虑本民族的发展要素，如民族自身因素、自然环境因素、社区因素，才能更好地推动“民族互嵌社区”建设。

（四）以改革社区体制为出发点，转变少数民族互嵌社区的角色

在建设民族互嵌社区过程中，要体现“以人为本”的原则。但是，现在大多数传统社区的主导者是管理者，采取自上而下而非自下而上的管理方式。要充分发挥少数民族成员的能动性，实现在稳定和谐环境下的自治，应改变自上而下的管理模式，由社区成员自己管理自己，成立互嵌社区居民大会，成员由社区的主体即各少数民族按社区人口比例进行选举产生。

---

① 刘庆龙、冯杰：《论社区文化及其在社区建设中的作用》，载《清华大学学报》，2002 年第 5 期，第 19—24 页。

② 钟彦：《服务型政府视角下的社区服务建设研究——以济南市天桥区为例》，载《山东大学》，2012 年第 2 期。

浅论各民族“互嵌式”居住格局

乔智敏*

2014年中共中央政治局召开会议，提出要积极“推动建立各民族相互嵌入式的社会结构和社区环境，促进各民族交往交流交融，巩固平等团结互助和谐的社会主义民族关系”①。2014年5月，在第二次中央新疆工作座谈会上，习近平总书记再一次强调：要“推动建立相互嵌入式的社会结构和社区环境”。②随后，2014年9月，中央民族工作会议强调，“推动建立各民族相互嵌入的社会结构和社区环境”不仅适用于新疆地区，还可以推广成为全局性的民族工作方针。③各民族“互嵌式”居住格局和社会环境理念的提出，为新时期新阶段民族工作提出了新的工作方针，坚定了我国当前民族工作的方向，彰显了中国特色民族理论的精髓和民族政策的创新，对当前我国民族理论研究和民族工作实践具有重要意义。

---

* 乔智敏，女，蒙古族，中央民族大学中国民族理论与民族政策研究院2015级民族理论博士研究生。

① 《中共中央政治局召开会议研究进一步推进新建社会稳定和长治久安工作》，载《人民日报》，2014年5月27日。

② 《习近平在第二次中央新疆工作座谈会上强调：坚持依法治疆团结稳疆长期建疆 团结各族人民建设社会主义新疆》，新华网，2014-05-30，http: //www.seac.gov.cn/art/2014/5/30/art_7611_205684.html 。

③ 《中央民族工作会议暨国务院第六次全国民族团结进步表彰大会在京举行》，载《人民日报》，2014年9月30日。

一、各民族“互嵌式”居住格局的提出

社会结构和社区环境是社会学的核心概念，社会结构指的是一个社会中社会成员的组成方式及其相互关系的稳定模式。[①]社会结构和社区环境的状态对城市流动人口、城市民族关系起着重要的作用。合理的社会结构和社区环境有利于促进社区所在地各民族间相互交往交流交融，为和谐民族关系的构建提供现实基础。同时，一个地方的不同民族在长期交往发展过程中，自然而然地形成的社会结构和社区环境也是对当地各民族关系的一种反映。社会结构和社区环境最直接的表现形式就是各民族的居住格局。

我国是一个统一的多民族国家，多民族的社会结构是多民族国家建设的基础，长期以来，我国各民族在发展过程中形成了“大杂居，小聚居，交错居住”的分布格局，随着社会主义市场经济的发展，人口流动不断增加，各民族经济交往、文化交流等方面增多，由于各民族风俗习惯、宗教信仰等差异性的存在，加之各民族间对其他民族的文化了解不是很深，在交往过程中难免会出现摩擦或分歧。三股势力发起暴力恐怖事件，使原本民族之间产生误解，加之一些不明真相的群众由于民族理论知识的匮乏，将一些社会问题贴上“民族问题”的标签，对社会主义和谐民族关系构建产生了一些不良影响。为了各民族同胞更好地适应社会主义市场经济的发展，推进全国范围内的乡村城镇化建设，加深各民族间相互了解、互相认同，增强中华民族的整体认同、各民族同胞的国家意识、公民意识，促进国家发展和民族团结，完善和细化民族区域自治制度，党和国家及时提倡“推动建立各民族相互嵌入式的社会结构和社区环境，促进各民族交往交流交融。”这是由我国统一的多民族国家的国情决定的，对我国基层民族关

① 郝亚明：《民族互嵌式社区结构：现实背景、理论内涵及实践路径分析》，载《西南民族大学学报》（人文社会科学版），2015年第3期。

系、社会稳定具有积极意义，也是对新时期新阶段民族工作方向的具体指导。

各民族“互嵌式”社区结构和社会环境的理念的提出为民族理论研究和民族工作实施提供了新的课题。这一理念提出后，学术界学者们从不同角度解读和分析各民族“相互嵌入”的概念界定、理论内涵、提出背景、实践路径等，也有的学者举出当前的例子来阐述和分析互嵌式建设研究。有的学者从社会结构和社区概念的角度分析互嵌式，认为“嵌入”是一种新型的多民族社会结构建构模式，具有多向性、主体性和平等性，其目标是建构一种有机团结。也有的学者认为，“相互嵌入式是指各民族通过交往交流交融，在社会生活、社会参与等方面都融合在一起，每个民族都离不开彼此。”[①]“各民族保持民族传统和民族个性的同时，融入中华民族的共性中，不放大个性亦不让共性取代个性。各民族成员从小玩在一起、学在一起、成长在一起。”[②]还有一部分的学者认为，各民族“互嵌式”社区要打破原来的居住模式，构建或整合新的团结社区居住模式。总的来说，当前学界对于“互嵌式”的理解存在争论，大部分学者基本上指出了“互嵌式”概念的基本模式和深层要求，认为“互嵌式”社会结构的生成因素有自然生成型和社会建构型，但是对互嵌式的具体形式、实施路径的分类还不是很明确。笔者认为，各民族“互嵌式”居住格局应该是：不同民族在长期经济上交往、文化上交流、精神上交融过程中形成的居住结构、管理制度、经济生活、思想情感上相互嵌入、相互尊重、求同存异、美美与共的格局，从而推进“你中有我、我中有你”的平等、团结、互助、和谐社会主义民族关系。因此，

① 付晓波：《像石榴籽一样紧紧抱在一起》，载《瞭望》，2014年第28期，2014年7月14日。

② 朱红梅：《推动建立“互嵌式”社会结构的一点思考》，载《中国科技博览》，2014年第47期，2015年1月12日。

各民族“互嵌式”的居住格局要分不同的阶段，首先是初级阶段，即处于“共居”“共学”“共事”的阶段。在这一阶段，地缘因素起主导作用，不同民族自然或不自然地进行往来，在经济、生活等领域共处同一单位。第二阶段是中级阶段，即不同民族生活上和谐“共居”“共事”“共学”，思想上“共乐”，形成共生互补关系，你中有我、我中有你。① 这一阶段不同民族之间能做到彼此尊重、相互认同，除了由于地缘因素的往来之外，彼此能够主动交流、乐于相互沟通了解、尊重差异性、接受与本民族不同甚至差异较大的价值观，在交往过程中可以处理好不同价值观所带来的分歧。第三阶段是高级阶段，也是党和国家构建“相互嵌入式”社会结构和社区环境的目标，这一阶段应该是各民族在认同本民族，不同民族间相互认同的基础上，充分认识到自己是中华民族的一员，能够处理好自己是本民族成员、中华民族的一员、国家公民的不同层次的角色身份，在社会交往过程中不同民族间相互认同、相互尊重，共同的价值体系不断增加，遇到问题或者分歧能够自觉地以社会主义核心价值观作为衡量标准，对国家、公民身份在情感上充分认同，能够积极参与国家各项事业的建设，为祖国社会主义现代化建设、社会主义市场经济发展、各民族共有精神家园构建做出积极贡献。

二、我国“互嵌式”居住格局的现状

改革开放以来，民族地区在城镇化、现代化影响下发生重要变迁。在我国，统一的多民族国情是构建多民族“互嵌式”居住格局的现实基础。社会主义市场经济的发展，重大经济项目的实施以及人才引进和少数民族教育的不断发展，也促使少数民族同

① 裴圣愚：《相互嵌入：民族社区环境建设的新方向》，载《黑龙江民族丛刊》（双月刊），2015 年第 1 期（总第 144 期）。

胞涌向了内地地区，使这些地区的人口结构悄悄发生着变化，一些发达城市也迈开了建设世界城市，构建和谐城市民族关系的步伐，和谐民族关系的重要性日益凸显，在此趋势下我国不同地区形成了各种居住格局。研究和分析我国当前不同地区城市各民族的居住状态，将有利于在不同地区不同民族进行多民族"互嵌式"格局的构建，分析不同模式的"互嵌式"社区优势与弊端，在实际工作中探索寻求解决方式将有利于更好地推进各民族"互嵌式"居住格局的构建。按照民族成分和城镇化程度划分，笔者将当前我国民族社区分为四类，即主体民族乡村社区、主体民族城市社区、多民族乡村社区、多民族城市社区。

主体民族乡村社区指的是单一民族乡村社区和主导民族所占比例较大的多民族社区。在我国少数民族聚居的地方，主体民族乡村社区并不少见，比较突出的有民族乡、单一民族自然村落等，这些社区大多以单一民族成分为主，在民族，语言、风俗习惯、经济生活等方面具有高度的相似性，全村社会关系建立在血缘基础之上。这一类型社区是民族聚居的最常见和最基本的形式，随着现代化进程的发展以及乡村城镇化进程的推进，主体民族乡村社区应该尽快转变角色，这些社区也逐渐发生了不同程度的变迁，一方面，随着乡村城镇化的发展及与外界其他民族的经济往来，这些社区自然而然地开始与外界"互嵌"；另一方面，在社区中占有比例较大的民族也要帮扶社区其他比例较少的民族，吸纳和包容其他民族成分的加入，在居住格局、管理制度上相互嵌入，在经济往来、文化教育上相互交流、在思想层面上互相了解相互接纳，争取转变民族社区"互嵌"层面。在我国民族地区，有许多类似的民族乡村社区，因此，在城镇化进程中主体民族乡村社区的首要任务是推动当地经济发展、完善民族地区社会条件，各个民族同胞共居，经济上共富，自然而然地形成思想上互嵌、精神上互融的互嵌式居住格局。

主体民族城市社区指的是某一民族所占比例较大的城市社区，传统的主导民族城市社区主要由某一主体民族组成，社区内部针对该民族实施一条龙服务，随着社会主义市场经济发展，城市流动人口增加，城市社会结构逐渐发生变迁，最为典型的是城市中的民族特色街、民族社区等，随着城市多元文化的发展、市场经济下民族特色街、民族社区也不断多民族化，一方面弘扬本民族经济文化，另一方面也要吸纳和尊重其他民族的经济文化。随着经济的发展、人口流动的增加，加之北京市世界城市建设和和谐民族关系的构建工作的开展，牛街如今已成为居住着回族、满族、朝鲜族、维吾尔族、蒙古族、汉族等20多个民族的街道，尽管如此，牛街作为典型性民族特色街在各民族“互嵌式”社区的构建中还需进一步加强经济交往、文化交流、精神交融的更深层次“互嵌”，由共居、共学、共事上升至共乐、共识、共有，各民族同胞不仅要生活在一起、居住在一起、学习工作在一起，更要主动“相互了解、相互尊重、相互欣赏、相互认同”，共同建设社会主义共有精神家园。主体民族城市社区在构建过程中要加强城市接纳能力、城市人口对民族特色区同胞的包容能力、也要加强特色区与非特色普通社区的认知、交流，不要让主导民族城市社区成为城市“孤岛”，在提供一条龙完善的服务体系的同时，要鼓励不同民族间相互交往交流，对不同民族的民族干部要充分信任和任用，在城市内普及民族理论知识和民族相关常识，在社会舆论上多做积极健康的舆论宣传，防止城市居民发生“拒载、拒住、拒绝交往”的现象。

多民族乡村社区指的是在社区内民族成分比例相当的乡村社区，这种类型的社区在我国南方比较常见，许多南方少数民族有着相同或相似的经济方式、语言文化、风俗习惯、宗教信仰，长期居住在同一地域自然而然地形成了在居住结构上的天然互嵌，所以社区内没有明显的哪一个民族占的比例大，各民族交错居住。

我国南方少数民族有很多处于这种长期散杂居的居住状态，形成天然的居住结构“互嵌”，这种结构的“互嵌”是因为民族共性较多，在共居层面上不需要人为牵引，因此，这一类型社区应在推进多民族“互嵌式”居住格局过程中注意完善社区基础设施建设、将传统的社区管理体系进行现代化升级、增进居民的交往，在我国南方多民族乡村社区经济发展相对落后，要加强公共基础设施建设，在推动经济发展的同时注重各民族同胞经济互嵌，多民族乡村要借助国家乡村城镇化、兴边富民等项目，着力发展经济，在经济现代化发展过程中做到互嵌，从而完善居住格局、管理制度、思想精神的互嵌，加强社区内不同民族特色经济的互补与协作，同时发挥这类居住模式下各民族彼此和谐相处的优势，进行有效的资源整合，推进经济发展、提高教育水平，增强居民参与，将处于“互嵌”初级阶段的“共居”“共学”“共事”体系完善发展，从而强化当地居民“共乐”的精神状态，推进社区各民族文化互嵌，将民族文化资源优势转变为经济优势，并在此基础上构建社区文化认同，增强社区凝聚力，从而更好地推广社会主义核心价值观体系，构建更美好的共有精神家园。

多民族城市社区指的是在城市发展过程中形成的比例均衡的多民族社区。多民族城市社区一部分是由多民族乡村社区城镇化、现代化形成的，另外也包括政府为了鼓励多民族同胞和谐相处而建构的“和谐社区”，比较典型的有新疆塔城多民族“互嵌式”社区和乌鲁木齐市“和谐社区”。多民族城市社区是各民族“互嵌式”居住格局的理想社区形态，从居住格局上讲，这种社区内没有哪个民族占有多数比例，社区各民族分布呈“棋盘状”或者“插花状”，社区具有多民族特色，社区内各民族成员能够做到主动地相互尊重、相互了解，居住层面上表现出同一聚居地方相近民族形成的互嵌，这种类型的社区基本完成了“互嵌”式民族社区构建的初级层面，但需要在精神层面上加深认识，多民族城市社区在构建“互嵌式”民族居住结构的过程中要注意传统社区管理体系现代化，鼓励和组织社区成员积极参与各民族间相互交往、交流。一般说来，在很多发达的城市社区内，城市居民往往以个人或家庭为单位，而对其他居民关注较少，如果在这样的居民关系下推进各民族“互嵌式”居住格局理念，就不能产生很好的效果，因此，在复合民族城市社区建设过程中一定要注意，社区要发挥平台作用，社区管理、社区服务平台一方面要给各民族成分的居民展示自己民族、了解其他民族的机会，另一方面也要在社区内打造和谐的社区文化，积极宣传党和国家的民族理论与民族政策、推广和学习社会主义核心价值观，将这些精神文明深深“嵌入”在社区居民的脑海里，做到主动以社会主义核心价值观为衡量标准，不使任何民族特殊化，积极贯彻民族平等团结政策，强化实现社区成员多角色身份认同、形成和谐社区文化、构建美好共有精神家园。

不论是哪一种模式的社区结构在各民族“互嵌式”居住格局的构建中最终目标都是实现居民居住格局、管理制度、经济生活、思想精神的互嵌，从而形成在精神上共识、共知、共赏，形成共有精神家园，在交往过程中你中有我、我中有你、求同存异，更好地巩固平等、团结、互助、和谐的社会主义民族关系。

三、构建各民族“互嵌式”居住格局的机遇与挑战

我国是统一的多民族国家，在我国多民族国家建设中，构建多民族“互嵌式”居住格局具有创新意义。将民族“互嵌式”社区建设作为“推动民族关系，促进各民族交往交流交融”的实践路径表明，我国民族工作、民族关系调控不仅要重视民族地方发展，还要注重民族地区社会建设、精神文明建设。然而我国幅员辽阔、民族成分众多、民族差异较大，这一方面是“民族互嵌式”

格局构建的现实基础，另一方面也要求在"互嵌式民族社区"构建过程中要因地制宜、因族制宜，具体情况具体实施，不能用同一种模式和方法，给多民族"互嵌"带来挑战。

随着社会主义市场经济的发展、现代化进程的加快，国家推进一些大型经济项目，如："一带一路"项目、世界大数据峰会等。这些项目的实施有利于带动西部地区经济的发展，流动人口的增多，为各民族经济互嵌提供了机会。同时，在民族地区推广和学习社会主义核心价值观，各民族在文化交往过程中形成共同的价值观，为各民族精神层面互嵌，共有精神家园建设具有重要意义。然而，从我国现有的民族社区结构来看，要真正实现各民族"互嵌"还任重道远。首先，互嵌式学科概念还不完善，大部分少数民族同胞们对各民族"互嵌"还不能很好地理解，被动牵引相互嵌入始终不是实现各民族"互嵌"的良好途径，要让少数民族同胞从情感上愿意主动"互嵌"还需要更广泛的知识普及和健康的舆论导向。另外，流动少数民族成员如何真正嵌入发达城市也是难题，许多发达城市居民的民族理论知识匮乏、对少数民族常识不了解，造成对少数民族同胞不是很理解、甚至有些城市居民受暴恐事件的影响产生误解，对各民族"互嵌式"理解偏差，这造成了城市接纳少数民族的能力和包容性的缺失，个别城市会出现对某一民族同胞拒住、拒载、避之不及等现象，这些外部因素一方面打消了少数民族同胞融入城市的积极性，另一方面也给各民族互嵌工作带来了压力。此外，多民族互嵌式社区的构建是一个庞大的项目，在构建多民族互嵌式居住格局的过程中，采取怎样的动力机制是很值得研究的，政府在倡导的同时是否要借助法律手段或牵引手段也是值得探讨的问题，在实际操作过程中还将面临资源整合分配不均衡、资金需求量较大等问题，这需要国家和政府行政力量作为牵引。同时，各民族"互嵌式"民族社区是一个很好的理念构想，实践过程中难免会因为不同风俗习惯、宗教信仰等的差异而产生摩擦，因此，也需要完善的应急管理体系和冲突处理机制，更重要的是要防止个别人将普通的社会问题上升到民族问题等。

总的说来，各民族“互嵌式”居住格局和社会环境的提出，为新时期新阶段民族工作提出了新的工作方针，坚定了我国当前民族工作的方向，是中国特色民族理论的精髓和民族政策的创新，对当前我国民族理论研究和民族工作实践具有重要意义。但是由于我国民族差异较大、地区情况不同，在各民族“互嵌”过程中要注意具体问题具体分析，针对不同形式的社区结构借助不同机遇分类进行深度“互嵌”，在构建各民族“互嵌式”居住格局中既要看到机遇，也要预想到可能面临的挑战，把握好机遇、规避突发事件，争取迎接和处理好这些挑战，使各民族“互嵌式”居住格局在实际民族工作中发挥作用，细化和完善民族区域自治制度，自上而下、自下而上双向推动，共同建构好各民族“相互嵌入”的社会结构和社区环境。

参考文献

[1] 中共中央政治局召开会议研究进一步推进新建社会稳定和长治久安工作 [N]. 人民日报，2014.05.27.

[2] 习近平在第二次中央新疆工作座谈会上强调：坚持依法治疆团结稳疆长期建疆团结各族人民建设社会主义新疆 . 新华网，2014.05.30.http: //www.seac.gov.cn/art/2014/5/30/art_7611_205684.html.

[3] 中央民族工作会议暨国务院第六次全国民族团结进步表彰大会在京举行 [N]. 人民日报，2014.09.30.

[4] 郝亚明 . 民族互嵌式社区结构：现实背景、理论内涵及实践路径分析 . 西南民族大学学报（人文社会科学版），2015（3）.

[5] 付晓波 . 像石榴籽一样紧紧抱在一起 [J]. 瞭望，2014（28），2014.07.14.

[6] 朱红梅 . 推动建立“互嵌式”社会结构的一点思考 [J]. 中国科技博览，2014（47），2015.01.12.

[7] 裴圣愚 . 相互嵌入：民族社区环境建设的新方向 . 黑龙江民族丛刊（双月刊），2015（1）.

[8] 裴圣愚，唐明浩 . 武陵山片区民族社区互嵌式建设研究——以湖南省靖州苗族侗族自治县为例 . 中南民族大学学报（人文与社会科学版），35 卷，第 2 期 .

“一带一路”视阈下的新疆跨界民族问题及对策研究

李　辉*

暑期在新疆进行了为期40余天的实地调研，重点了解新疆跨界民族与“一带一路”建设的关联性，及时发现跨界民族问题、分析问题产生的原因并提出对策性建议，以求更好发挥跨界民族在“一带一路”建设中的作用，将跨界民族的优势存量充分释放，帮助中国在地区合作中捭阖风云、折冲樽俎。本次调研实地走访了乌鲁木齐市、伊犁哈萨克自治州、阿克苏市、喀什地区、和田地区及其下属的部分区县、乡镇、社区和村落，所选择的调研地点主要为民族自治地方和少数民族聚居区。本次调研采用访谈法、问卷调查法、个案研究法、观察法及文献研究法等方法。在调研过程中深入基层了解跨界民族的生存现状及其发展过程中存在的问题、跨界民族的民族认同和国家认同情况、国外民族主义思潮与“三股势力”的传导机制及对跨界民族的影响等。本次调研从不同地区、不同民族、不同阶层、不同职业全方位了解跨界民族问题，力求调研结果客观、真实。

*　李辉，男，回族，1990年生，山东省肥城市人，中央民族大学中国民族理论与民族政策研究院2014级硕士研究生。

一、新疆跨界民族基本情况

跨界民族与非跨界民族相比，由于所处的特殊人文环境和自然环境的作用，在民族特征、民族发展过程和现状、民族心理素质等方面都产生了一些特殊性。

新疆位于我国西北边陲，拥有 13 个世居民族，随着改革开放的不断深入，内地省市的人口开始向新疆流动，目前新疆已有 50 个民族成分，是典型的多民族地区。在众多民族中，很多跨国界而居，成为跨界民族。本次调研所界定的跨界民族有 10 个，包括维吾尔族、哈萨克族、乌孜别克族、柯尔克孜族、塔吉克族、塔塔尔族、蒙古族、俄罗斯族、回族、撒拉族。除乌孜别克族、俄罗斯族、塔塔尔族和撒拉族外，其他 6 个民族均有本民族的自治地方。根据新疆 2013 年人口统计结果，维吾尔族有 1074.41 万人，哈萨克族有 158.54 万人，回族有 104.57 万人，柯尔克孜族有 19.85 万人，蒙古族有 18.83 万人，俄罗斯族有 1.18 万人，塔塔尔族有 4.9 万人，乌孜别克族有 1.82 万人，塔塔尔族有 0.51 万人，撒拉族有 0.45 万人。[①] 总计 1280.49 万人，占新疆总人口的 56.55%。新疆跨界民族具有以下特点：跨国界而居；与国外民族根源相同，语言文化相通；与国外同一民族联系紧密，往来频繁；新疆跨界民族多信仰伊斯兰教，与国外信仰相同等。

二、新疆跨界民族问题及原因分析

跨界民族可以在"一带一路"中发挥不可忽视的作用，这些优势存量值得挖掘和盘活。然而，在调研过程中，笔者发现了诸多跨界民族问题，而这些问题的存在将制约跨界民族作用的发挥，

① 数据来源于新疆维吾尔自治区统计局。

也将对民族团结、国家统一和边疆社会稳定造成不良影响。

（一）在发展过程中存在的不均衡和不全面问题

1. 发展不均衡问题体现在两个方面

一是民族内部的贫富差距。在一些农牧业地区，跨界民族经济发展滞后，群众收入还比较低。还有农牧民未能完全解决温饱问题，贫困人数较多，有的只能依靠政府的最低生活保障金和救助金维持基本生活。二是同一民族发展的地区差异。总体来说，北疆跨界民族的发展水平要高于南疆，城市高于农牧区。

2. 发展不全面的问题

民族地区的发展是解决民族问题的根本途径。然而，过去所提倡的“跨越式”发展被局限在经济发展上，政治、文化、社会等方面的发展存在滞后和不协调的问题。其中，在南疆地区体现较明显的即“三盲”问题。南疆很多少数民族存在着文盲、法盲和教盲的“三盲”现象。对于跨界民族而言，民族间的对比、地区间的对比和国家间的对比会很自然地出现在他们的生活逻辑中，尤其在自身生活条件不富裕，相关政策没有得到落实及愿望没有得到满足的时候。在此次调研过程中，普通民众反映最为集中的问题之一就是物价高、收入低。民生问题同样是新疆跨界民族面临的重要问题。

（二）境内外“三股势力”的渗透及破坏问题

境外“三股势力”打着“民族”“宗教”的幌子利用群众朴素的民族宗教情感，煽动宗教狂热，制造民族隔阂，伺机挑起事端、制造动乱。在新疆，“三股势力”有相互交织并形成合力之势，其危害性不言而喻。在当前，对社会稳定和民族团结构成最大威胁的莫过于宗教极端势力。宗教极端主义打着“宗教”的旗号，以“宗教”的形式，甚至以宗教信仰者的身份，从事各种破坏正常社会秩序的活动。在伊斯兰世界，无论是穆斯林群众居多数的国家还是不居多数的国家，中青年人始终是伊斯兰极端主义的社会基础和积极参与者。新疆伊斯兰极端主义通过“讲经”和编写反动书籍等方式散布反动言论。另外，他们制作和传播暴恐视频，通过手机传播极端信息，传播炸药制作的影像制品。在袭击对象上出现了几个新的变化，以往只针对汉族等其他民族，后来袭击的范围逐渐扩大，很多本民族的成员只要与他们主张不同也在袭击范围之列。另外，火车站、市场等人员密集的地方是他们首选目标，甚至冲击政府公职人员和警察，并在袭击范围上开始向疆外扩展。

（三）境外民族主义思潮的影响问题

境外民族主义思潮主要体现在“大哈萨克主义”和“双泛主义”上。其中较为突出的是哈萨克族的外流问题。2000年后，我国移民哈萨克斯坦的哈萨克族数量迅速增加，2003年至2006年，新疆每年都有2000名以上的哈萨克族群众申办移民哈萨克斯坦。2006年后，移民人数呈逐年下降趋势。据测算，1991年以来，我国正式移民哈萨克斯坦的人数是4万至5万人。[①]另外，新疆部分哈萨克族居民迁居哈萨克斯坦，在哈萨克斯坦回归政策公布后迁居人数呈上升趋势。部分有哈萨克族血统的回族、维吾尔族等其他少数民族群众申请把本人或子女的民族成分变更为哈萨克族，为去哈萨克斯坦定居做准备。我国流入哈萨克斯坦的哈萨克族主要以农牧民为主。在一些哈萨克族农牧区，存在盲目跟风的情况。一些哈萨克族村子里，甚至把办理赴哈护照当成一种时髦和攀比，很多人都办有赴哈护照，但从未办理出境。

---

① 数据来源于新疆维吾尔自治区民族事务委员会。

三、解决新疆跨界民族问题的建议与对策

（一）促进新疆各少数民族的全面均衡发展

“一带一路”建设的关键在人，新疆跨界民族是建设“一带一路”的主体性力量。跨界民族的全面均衡发展将成为融入地区合作的必备条件。针对跨界民族发展不均衡的情况，应尽快制定倾向性措施。地方政府应尽快制定措施，主动与“一带一路”建设辐射区对接，引导本地跨界民族充分参与建设。新疆跨界民族的全面发展和综合素质的提高能够让其更好地融入“一带一路”建设中，既能充分释放自身在“一带一路”建设中的优势存量，又能在“一带一路”建设中得到实惠，进一步促进自身发展，实现良性循环。发展不仅是过去所强调的经济发展，而应包括政治、文化、社会等的发展。

（二）依法加强对宗教事务的治理

处理宗教问题的基本原则，就是保护合法、制止非法、遏制极端、抵御渗透、打击犯罪。要依法保障信教群众的正常宗教需求，尊重信教群众的习俗，稳步拓宽信教群众正确掌握宗教常识的合法渠道。要重视和培养爱国爱教教职人员队伍，采取有力措施提高宗教界人员素质，确保宗教组织领导权牢牢掌握在爱国爱教人士的手中。进一步提升基层干部依法行政水平，进一步增强宗教界人士的法治观念，提高广大群众特别是信教群众的法律意识。在引导宗教与社会主义社会相适应方面，应发挥伊斯兰教在“一带一路”建设中的平台作用，宗教界挖掘教义中与和谐社会相适应的内容，主动适应“新常态”，引导新疆群众适应现代文明生活，增强教义对现实的解释力，动员信教群众参与到“一带一路”建设中。

（三）防范和打击宗教极端主义

宗教极端主义的追随者和信奉者既有社会失意者、失学失业

者、不满现实者，也有家庭出身优越、受过高等教育、具有专业技能、拥有良好社会职业而对现状不满者。因此，防范和打击“三股势力”需要综合施策，标本兼治。要并行推进国内国际两条战线，强化国际反恐合作。此外，要积极参与国际交流合作，支持不同文明和宗教之间的对话，防止极端思想和势力在不同文明之间制造断层线，共同打击消除走私贩毒、跨国犯罪、恐怖主义等非传统安全因素，为“一带一路”建设营造安全的国际和周边环境。同时，大力开展民族团结进步宣传教育和创建活动，坚决防范和依法打击境内外敌对势力在“一带一路”建设中趁机进行渗透、破坏、分裂和颠覆活动，维护各民族和睦相处、和衷共济、和谐发展的良好局面。

（四）抵御境外民族主义思潮

增强国家认同感、建设各民族共有精神家园与抵御境外民族主义思潮相辅相成，这将提升新疆跨界民族主动参与“一带一路”建设的积极性，增强其参与家园建设和增进同胞福祉的主体意识。对申请赴中亚的人员要分清层次、搞清其出国的真实目的。（1）加强法制化管理，完善法制监督体系。（2）积极引导民众的理性认识，加强主流媒体正确舆论导向作用。进一步加大对少数民族群众的宣传面，让广大少数民族群众更全面、更真切地感受发展的成果。让从哈萨克斯坦回国的哈萨克族根据自身经历介绍哈萨克斯坦的真面目，打破境内跨界民族对国外的盲目好感。（3）在“一带一路”建设过程中，同样应防止和阻断境外民族主义思潮的传播和蛊惑，从源头上阻断传播途径。

（五）坚持依法治疆，强化深入反腐

坚持全面推进依法治国和全面从严治党的战略部署。加强对基层政府尤其是县乡一级的监督，及时发现问题，妥善解决。对于村干部的腐败、不作为现象勇于亮剑，倾听基层百姓的呼声，及时了解和关注百姓反映最集中的问题，采取有力措施有针对性

的解决。要正确划分民族风俗、非法宗教活动和宗教极端活动之间的界限，按政策法规办事。强化对宗教人士、宗教活动、宗教场所、执法行为的管理，方法科学、执法文明。要建设一支政治上强、能力上强、作风上强的高素质干部队伍。基层政府要依法执政、依宪执政，纠正“极左”倾向，防止“忽左忽右”，时刻关注舆情变化，正确区分人民内部矛盾和敌我矛盾，不将矛盾扩大化。推动自治区和各级政府治理体系和治理能力现代化。提高新疆的法制化水平，猛药去疴、肃清吏治，为“一带一路”建设营造良好的国内环境，提高新疆“软实力”。

（六）适时发展完善民族关系调控机制

当前民族关系调控机制应向“一带一路”建设倾斜，增进民族团结，营造良好的国内环境，同时新疆跨界民族在共同参与“一带一路”建设过程中将加强同其他民族之间的联系，增进各民族之间的感情，在其中充分发挥自身作用，实现个人的社会价值。在全面推进依法治国的现在，应以法律调控手段为主，辅之以其他手段，根据不同地区和不同性质采取不同的调控手段。新闻媒体的舆论宣传负有不可推卸的责任。在舆论引导方面，应更加客观公正，充分考虑报道的不良后果与社会观感。应正确掌握传播规律，挖掘现实中民族团结的事迹典型，营造民族团结的舆论氛围。适当运用民族调控机制中的辅助手段，明确新疆各跨界民族的目标，那就是全民参与，共同参与“一带一路”建设的宏伟蓝图中，在目标一致、利益共享的前提下增进各民族的团结，营造手足相亲、守望相助的和谐氛围。

关于“丝绸之路经济带”新疆段社会稳定与治理的调研报告

李　晶*

2015年8月，笔者参加了吴月刚副教授带领的“跨界民族与边疆社会稳定研究”调研组，此次调研的路线为“北京——乌鲁木齐——伊犁州——伊宁县——昭苏县”，与“第二亚欧大陆桥”的新疆段路线接近，为时1个月。在此次调研途中，收获良多，现将个人所见所思所想整理成下文。

一、新疆将成为“一带一路”的桥头堡

2015年“两会”期间，全国人大代表、新疆维吾尔自治区党委书记张春贤在出席会议时向代表团成员表示，新疆将在“一带一路”中发挥桥头堡的作用，并已经开始筹划相关的配套措施。在笔者看来，新疆的确处于桥头堡位置，且“一带一路”带来的不仅是机遇，还有挑战，两者间在不断转变，以至于机遇一旦丢失，时刻有可能转变成威胁边疆稳定的重大挑战。所以，应当从长计议，先从挖掘新疆的优势资源着手，继而再有序承接“一带一路”所带来的福利，做到有备无患、有的放矢。概括而言，当前新疆的优势有三：天时、地利、人和。

---

* 李晶，男，1990年5月生，湖南省张家界市人，中央民族大学中国民族理论与民族政策研究院2013级硕士研究生。

（一）新疆历史文化积淀已久

汉代，中央政府在西域各地开始设置地方政府机构，所以，自汉代以后，新疆便已是中国不可分割的组成部分，与中原地区的经济、文化交流密切，在历史文化积淀方面存在诸多共性。如西域楼兰古国遗址出土的文书都是用汉字记载的，而葡萄、核桃、地毯等都是由西域传入内地的。陆上“丝绸之路”的开辟与发展，使沿途各民族的交往交流日渐增多，从而形成了新疆独具特色的历史与宗教文化底蕴，其中的伊斯兰文化发展至今尤为繁盛。新疆信仰伊斯兰教的民族有 10 多个，其中哈萨克族、柯尔克孜族等民族与周边国家的主体民族同根同源，且这些民族与中西亚伊斯兰国家普遍信奉的伊斯兰教派——逊尼派教义基本一致，宗教氛围浓厚，“天下穆斯林皆兄弟”，由此这些民族在交往过程中可避免许多因宗教文化差异所带来的摩擦、纠纷，这为促进我国对外经济、文化交流发展提供了有利条件。

（二）新疆地理位置优越

新疆作为“一带一路”陆上丝绸之路经济带的连接点，其地理位置的优势是其他地区无法取代的。新疆地处亚欧大陆腹地，周边与俄罗斯、哈萨克斯坦、吉尔吉斯斯坦、塔吉克斯坦、巴基斯坦、蒙古、印度、阿富汗八个国家接壤，是古丝绸之路重要通道，现在又成为第二座“亚欧大陆桥”的必经之地，战略位置十分重要。新疆具有独特的地理构造，“三山夹两盆”，南疆拥有众多矿产资源，北疆则拥有较为宜人的气候、较为发达的畜牧业，且相对地广人稀，将来可以兴建中西亚地区的国际化大城市群，缓解中国东部城市群的人口压力，推动建立各民族相互嵌入式的社会结构和社区环境①，构建一道国家安全战略的新屏障，吸引国内外优秀人才来此定居。且当前，中国的外汇储备充裕，国家站在战

① 李晓霞：《大力推进各民族的交往交流交融》，载《中国民族》，2015 年第 3 期，第 56—59 页。

略高度提出的“丝绸之路经济带”有了充足的后备资金，沿途各国也表示赞同并积极予以支持。目前是国家通过新疆拓宽对外文化、经济交往交流的渠道较为理想的时机。

（三）构筑繁荣昌盛和长治久安的新疆是民心所向

“陆上丝绸之路”的重新开通、拓展，无疑是国家稳定与发展、繁荣与昌盛的象征，关乎国家的长治久安，是民心所向。尤其在“7·5”事件后，新疆的稳定问题、安全问题受到党和国家的高度重视，人民群众迫切期待得到一个安全稳定的生产生活环境。随着交通、信息技术的快速发展，区域间差距相对缩小，在党和国家的领导下，新疆应当抓住“一带一路”建设的机遇，集中各族人民力量实现跨越式发展。

二、调研过程中发现的突出问题

（一）思想观念消极陈旧阻碍民族发展的现象较为普遍

“部分群众的思想观念落后，‘等、靠、要’的思想严重，只顾眼前利益，不关心集体的发展”，这是某驻村工作组对村民思想观念、生活态度的印象。笔者在调研过程中，于新疆农村地区待了一段时间，选取乌鲁木齐市远郊的一个村子作为观察点，全村408户，人口1072人，主要有哈萨克族、维吾尔族、回族、汉族四个民族。其中，哈萨克族378户、维吾尔族14户、回族12户、汉族4户。该村共有耕地2430亩[①]，但至今没有一亩可以使用，因为上游水源受阻，这2000多亩农田已缺水几十年，至今没人组织修复水渠，土地一直被抛荒。农田因为缺水无法种植，因而贫困成为该村的普遍现象。

从民族理论的角度分析，新疆地区各民族的文化、经济都亟

① 1亩约为666.67平方米。

待发展，而各民族在生产生活中的惰性思想首先需要被剔除。该村距离乌鲁木齐市区仅有1小时车程，如果大家心往一处想，力往一处使，修复水渠，发展“农家乐”与“牧家乐”，在形成一定规模与影响后，肯定能改变村里萧条的现状。民族的发展，归根结底是决定于社会经济发展的。[①]一个民族要发展、要生存，离不开一定的社会经济基础，而农村社会财富的创造则主要来源于人们的辛勤劳动。笔者在新疆其他的调研点发现也有类似的现象：因缺乏基本的技能且思想懒惰，有些年轻人没有固定的工作，甚至没有工作，从而在街上四处闲逛，或者聚集在网吧，极易受到蛊惑成为社会不稳定的一员。

（二）土地问题对于民族利益关系的影响较为突出

以某村为例，该村居民在20世纪80年代仍以放牧为生，之后在国家“退牧还草”的号召下，过上了定居的生活，虽然居住条件与生活条件有了较大程度的改善，但由于失去了放牧的生产方式，有的人逐渐坐吃山空，牛羊变卖所获的资金用不了多久便开始变卖土地。

“一带一路”的重要目标就是要解决沿途居民的民生问题，让更多的人享受改革开放的红利。所以，新疆农村地区的土地问题急需政府监管部门介入，也需要立法部门、执法部门密切关注以保障村民的合法权益。

（三）民族地区的基层治理水平有待提升

据笔者1个多月的了解与观察，新疆维吾尔自治区党委组织部早已注意到了这个问题，即“有些干部逐渐脱离了群众，且基层党政组织部门工作能力不足”，为此自治区党委决定，在全疆各级机关抽调20万名干部，开展为期三年的“访民情、惠民生、聚民心”活动，作为自治区党委“深化改革创新、聚力长治久

---

① 金炳镐：《民族理论通论》，中央民族大学出版社，2007年，第149页。

安"系列活动之一。[①] 笔者在与驻村干部开展访谈的过程中获知，2015 年是该活动的第二年，活动的效果显著，并有长期化的趋势，但在促进地方稳定与发展方面做得还不够。

"汉族离不开少数民族，少数民族离不开汉族，各少数民族之间也互相离不开"，任何一个民族的发展都离不开其他民族或是民族内部其他人员的帮助。更为重要的是，民族发展的关键是依靠自身的努力。商品经济、社会主义市场经济发展是我国各民族发展的必经阶段和模式。[②] 也就是说，在商品经济与市场化的浪潮下，新疆的长治久安、繁荣发展更加需要新疆本地人的努力，需要不断提升地方各级组织的治理水平，建立健全各民族干部队伍，培养各类技术人才，完善考核机制，从内部突破各种发展阻碍，为新疆实现跨越式发展、迎接"一带一路"时代的到来做好充足准备。

三、关于新疆社会稳定与治理问题的相关建议

（一）弘扬各民族优秀传统文化，坚持"双语"教育

新疆应当是一个包容的新疆，在 166 万平方千米的土地上聚居着维吾尔、汉、哈萨克、回、蒙古、柯尔克孜等 47 个民族。所以各民族需要相互了解、相互尊重、相互包容、相互欣赏、相互学习、相互帮助。[③] 更为重要的是，各民族在相互学习、追求发展的同时，也要善于扬长避短，弘扬各民族优秀传统文化。民

---

① 凤凰资讯：《新疆将抽调 20 万名干部进驻万村》[DB]，http: //news.ifeng.com/mainland/detail_2014_02/14/33829886_0.shtml#_from_ralated。

② 金炳镐：《民族理论通论》，中央民族大学出版社，2007 年，第 150 页。

③ 新华社：《中共中央国务院印发〈关于加强和改进新形势下民族工作的意见〉》，载《中国民族》，2015 年，第 4—5 页。

族文化背景对民族的发展能产生促进或消极的作用。[1]在伊宁县萨木于孜乡调研期间，笔者发觉该乡的撒拉族民族文化博物馆就较有特色，馆内收集、陈列了各种撒拉族的民族民俗物品供族人参观。

此外，笔者在与部分受访者的交谈中感受到“双语”教育对于促进人才培养、文化交流、经济发展的重要性。一方面，许多无业或是待业的少数民族居民并非不想就业，而是因为言语不通、不识汉字，所以无法外出务工或是进入附近的工厂，在他们看来，学习汉语的重要性不言而喻，很多人都愿意将孩子送到“双语”学校就读。但是，这些地区还不具备发展高质量“双语”教育的条件，所以，新疆各地应当针对少数民族群众的需求扩大“双语”教学的覆盖面与层次，且应当注重汉语与维吾尔语以外的语言文字。在调研途中，一位当地汉族年轻女教师接受了笔者访谈，她家世居少数民族聚居的伊犁州昭苏县夏塔乡，但家中几乎没有人会听、说维吾尔族等民族语言，主要与汉族邻居交往，她坦言这与语言不通有很大关系，所以，新疆境内的汉族也有必要加强“双语”学习，从而具备一定的少数民族语言听、说能力，这将有助于互嵌式社区结构的发展。

（二）促进各民族社会经济发展，坚持民族平等团结政策

在新疆居住的民族众多，其中有 7 个跨界民族，分别为蒙古族、哈萨克族、柯尔克孜族、塔吉克族、乌孜别克族、俄罗斯族、塔塔尔族。跨界民族，是指由于长期的历史发展而形成的、分别在两个或多个现代国家中居住的同一民族。[2]相对于其他民族而言，国家与地方在推动跨界民族发展方面的难度要大得多。

跨界民族的客观存在对于国家的团结统一是一种挑战，也是

---

① 金炳镐：《民族理论通论》，中央民族大学出版社，2007 年，第 151 页。

② 金春子：《中国的跨界民族》，载《中国民族》，1995 年。

一种考验，因为其易受境外势力的蛊惑或干扰。但其反过来也是国家发展边疆、稳定边疆的一种优势。跨界民族由于他们跨界而居，与境外的同民族同胞有着天然的联系，在发展对周邻国家的经济贸易联系、扩大对外开放中能起到“桥梁”和“枢纽”的作用，譬如中国在与朝鲜和韩国发展经济贸易关系时，朝鲜族在语言习俗、文化等诸多方面有着较其他民族更明显的优势条件。[①] 所以，对于生活在新疆的各个民族，尤其是跨界民族，要坚持各民族平等团结的政策，新疆才能实现长治久安。

（三）积极引导宗教与社会主义建设相适应

作为人类重要文化现象的宗教，很早就沿着丝绸之路开始了由东向西和由西向东的相互传播。作为丝绸之路枢纽的新疆，自然地成为东西方宗教传播的汇聚之地。[②] 发展至今，新疆不仅有伊斯兰教，许多地区，尤其在北疆，还有许多人信仰藏传佛教、基督教，北疆境内的蒙古族人口较多，主要信仰信仰藏传佛教，基督教信徒则主要为城市中的汉族。从文明发展的角度看，“一带一路”建设，根本上是多元文化的融通，代表了人类文明发展的新境界。[③]

在新疆即将成为“一带一路”建设桥头堡的时候，积极引导宗教与社会主义建设相适应成为一件非常重要的事情。

---

① 金春子：《中国的跨界民族》，载《中国民族》，1995 年。

② 马品彦：《新疆多种宗教并存格局的形成与演变》，载《新疆师范大学学报》（哲学社会科学版），2005 年，第 43—48 页。

③ 《宗教在“一带一路”建设中的意义》，载《中国民族报》，2015 年 1 月 27 日，第 006 版。

浅谈“草原丝路”经济带对中蒙贸易的影响

——以内蒙古为例

郭剑波*

近几年，蒙古国受煤炭、铁矿石、铜等主要出口商品价格下跌的影响，经济持续下滑，2011 年占总 GDP 的 17.3%，2012 年下降到 12.3%，2013 年为 11.7%，经济下滑最为严重的是 2014 年，当年全年经济增长估计为 6.3%。同时，中蒙贸易还存在一些待解决的问题：首先，道路基础设施薄弱、交通不畅，通道与物流是中蒙两国经贸发展的重要因素，但一直以来，中蒙之间虽然有若干个口岸对接，并且有 4710 千米的边境线，但道路与物流的问题始终制约着两国的经济和贸易发展。其次，海关手续繁杂、中国企业赴蒙古投资门槛高、审批手续时间长等因素极大地影响了中国在蒙古的出口和投资效率。最后，蒙古国存在“中国威胁论”的倡导者，担心中国过度的投资将会使蒙古国沦落为中国的经济附庸，失去经济自主权利，并极力主张予以防范。①

2013 年秋天，在习近平总书记访问东南亚和中亚各个国家期间，相继提出了共建“丝绸之路经济带”和“21 世纪海上丝

---

* 郭剑波，男，1987 年生，内蒙古包头市人，内蒙古财经大学民族发展经济学 2014 级硕士研究生。

① 杨文兰:《对当前中蒙经贸关系发展的几点思考》，载《对外经贸实务》，2015 年第 4 期。

绸之路"的重大倡议。在中国古代的丝绸之路主要有四条：第一条被称作"沙漠丝绸之路"，从洛阳、西安出发，途经河西走廊到达西域，继而通往欧洲各地，从而有着"绿洲丝绸之路"之称；第二条就是蒙古草原地带的"草原丝绸之路"；第三条位于东南沿海，被称作"海上丝绸之路"；第四条是通往印度的丝绸之路。

"草原丝绸之路"是内蒙古地区通往欧亚大陆的极其重要的贸易通道，有连接东西方经济和贸易的作用，根据其运输的货物种类特点，被称作"皮毛路"和"茶马路"。从广义上来看，"丝绸之路"就是连接东西方贸易的通道，根据国家提出的共同建设"丝绸之路经济带"的要求和国际形势，依据国家相关规划，内蒙古已被纳入"丝绸之路经济带"建设的范围。因此，内蒙古自治区在古代草原丝绸之路的基础上，提出建成现代内蒙古"草原丝绸之路"经济带的主张，对于内蒙古经济建设、社会发展有着不可替代的作用，同时"草原丝绸之路"经济带的提出，为中蒙两国发展打开了新的局面，为中蒙两国贸易的良好发展提供了新的契机。①

一、促进基础设施建设，扫平贸易障碍

贸易口岸基础设施建设是发展中蒙两国贸易的前提和基础，要求双方加大投入资金，完善公路、航空以及物流体系，加强中蒙公路、铁路的建设，并且提高口岸通货的能力，提高贸易效率。并且提议双方共同建设高铁，缩短呼和浩特与乌兰巴托间旅客和货物的运输时间，以满足两国产品的运输需求。习近平总主席在访问蒙古国期间，就交通和物流领域签署了大量的合作文件，目的也是加强双边贸易量，减少货物流通的成本。其中包括《中华

① 韩澍乔：《"一路一带"建设背景下内蒙古与蒙古国合作研究》，载《现代商业》，2015年第21期。

人民共和国政府与蒙古国政府关于发展铁路运输领域合作的谅解备忘录》《中华人民共和国政府与蒙古国政府关于发展铁路过境运输合作的协议》等[①]。

2012年，蒙古国政府要建设一条“草原丝绸之路”，将中国与俄罗斯两国进入蒙古国的运输公路对接到一起。蒙古国此次的建设目标是：建设一条高速公路。起点为阿尔坦布拉格，通往乌兰巴托，终点位于扎门乌德，这条公路全长为997千米。其次，将要进行电缆线路、天然气以及石油运输管道的铺设，全长约1100千米，建设工期为3年。此次建设有大量的国内外企业参与，其中国内公司约1000家、国外公司30家，此工程将会创造40万个临时工作岗位和固定工作岗位。蒙古国经济发展部表示，投资总额将会在蒙古国现有的一百亿美元的基础上，每年额外增加100亿美元。“草原丝路”项目建设如果启动，不仅会在蒙古国全国范围内，扩大矿业、能源的投资和增加新的发展空间，而且也将会全面提升蒙古国的GDP总值。2014年秋季，为了推动“草原丝绸之路”项目的实施，蒙古国正式成立“草原丝路”经济带的专门工作小组，并且将“草原丝绸之路”经济带建设提高到国家发展战略高度。[②]

中蒙两国新建额济纳至哈密铁路线路全长约629.8千米，全线为客货共线铁路，沿线共设中间站4处，其中，在哈密境内长约216千米，设梧桐水、骆驼圈子两个车站。该工程总投资为91.09亿元，工期为两年半。这条铁路的建成将会延伸中蒙贸易带的长度，拓展贸易种类范围，增加贸易额。中国铁路总公司与内蒙古、新疆、甘肃联合上报的额济纳至哈密铁路项目初步设计

① 马永真、梅园：《构建“草原丝绸之路经济带”的若干思考》，载《内蒙古社会科学》（汉文版），2014年第6期。

② 于洪洋、欧德卡、巴殿君：《试论“中蒙俄经济走廊”的基础与障碍》，载《东北亚论坛》，2015年第1期。

的文件会签工作已经完成，预计很快将开工建设。

联合国在21年前提议建设中蒙“两山”铁路，就是从中国阿尔山到蒙古国乔巴山的铁路，此项提议因为多种原因一直搁置。这次借助“草原丝路”经济带建设的机会，再次提议专门研究“两山”铁路建设，中国将继续与蒙古国沟通铁路建设事宜，有望将其纳入两国会晤内容，中国铁路部门积极与蒙古国交通主管部门进行衔接，希望借助此次“草原丝路”建设契机，尽快形成建设“两山”铁路良好的环境和条件。

二、推进政策措施改革，简化投资程序

在“草原丝路”经济带的推动下，内蒙古出台实施了简政放权措施，为中蒙贸易打造一条“高速路”来支持内蒙古外贸发展。根据海关总署发布的新修订《中华人民共和国海关报关单位注册登记管理规定》，取消了原有的报关员5人以上、报关企业注册资本150万元以上等准入门槛。

满洲里海关积极响应“草原丝路”建设的号召，取消原有的报关员记分制度，降低了对企业不必要的约束和干预，企业所属的报关人员可以根据自身需要自主管理。这项政策极大地缩短了报关时间，简化了报关程序。

赤峰市政府申请建立海关特殊监管区，为了发挥其在促进开放方面的独特优势，创造性地提出了边申请、边规划、边招商的审批方式，同时为企业搭建多种与海关的汇报沟通平台，极大地简化关内审批流程，缩短了整体审批时间。

通辽市为了发展外贸，进行了积极的通关改革，支持“草原丝路”经济带建设，开展属地申报、属地验放的模式，努力开拓内陆海关业务的改革方法。并且由海关对企业报关人员进行培训指导、跟踪服务，帮助企业适应新的报关政策。通辽地

区因为属地申报、属地验放等新政策的执行，业务量比往年增长 20 倍以上。海关通关政策改革极大地方便了企业，促进了内蒙古与蒙古国之间的贸易发展。

2014 年，内蒙古地方海关连同内蒙古检验检疫局联手启动“三个一”通关改革，即一次申报、一次查验、一次放行。2013 年 10 月开始全面实施，年底前实现了进口货物全流程完整的“一次申报、一次查验、一次放行”，口岸通关效率得到了极大的提高。这种海关与检疫的合作模式对提高通关效率、支持外贸增长、降低企业成本、促进两国经济发展有着重要的意义。现在关检合作的一次申报模式代替了以往的先检验、再报关的两次申报模式，使企业报关时间和成本得到减少，潜在的数据录入错误概率风险也相应降低。在查验中，海关与检验检疫要求公务人员做到一次到场、一次开箱，有效地避免了企业反复调运和开启集装箱、重复检查货物。

内蒙古各地方海关简化企业办事程序，全力支持“草原丝路”经济带的建设，下放和取消繁杂的审批过程，提速通关、提升服务、提效把关，为中蒙贸易建设打通“最后一公里”，铺设一条通往蒙古草原的“高速路”[①]。

三、促进双边关系发展，营造良好环境

习近平总书记于 2014 年 8 月 21 日访问蒙古国，并且发表了《策马奔向中蒙关系更好的明天》，提出了对中蒙关系的 4 点愿望，力求为中蒙两国关系的发展开启新的纪元。在会晤中，两国元首共同总结中蒙各领域交流、合作、发展、规划等一系列问题，并且达成重要共识，并决定将中蒙关系提升为全面战略伙伴关系。

---

① 朱雅娟：《满洲里口岸服务“草原丝路”经济带》，载《中国国门时报》，2015 年 3 月 25 日。

在这次访问过程中，双方签署了《中国人民银行与蒙古银行人民币／图格里克本币互换协议》《中华人民共和国政府与蒙古国政府经贸合作中期发展纲要》等30多份文件。

2015年1月16日，在内蒙古财经大学举办了由内蒙古社会科学界联合会和内蒙古财经大学共同主办的“中蒙经贸合作与草原丝绸之路经济带构建学术论坛”。内蒙古财经大学党委书记高金祥认为，根据习总书记提出的“草原丝绸之路”构想，内蒙古财经大学通过两国师资交流与学生的互派，加强了两国的学术文化交流；通过这个平台一方面加强草原丝绸之路经济带的建设，另一方面通过这个依托能够达到边贸交流、促进互联互通、促进人才交流互信、促进整个内蒙古与蒙古国合作的目的。

通过双方的不断努力，中蒙双边关系的发展“秉天时、得地利、应人和”，在未来政治互信将会不断加深，经贸贸易合作将稳步向前推进，文化交流将会持续扩大，两国关系将更加紧密，双边关系将会实现质的飞跃。

嵌入式社区建设在民族地区的实践

——以贵州省安顺市镇宁县城关镇为例

宋艳贺 *

2010年第五次西藏工作座谈会和首次新疆工作座谈会明确提出，将“有利于民族交往交流交融”作为衡量民族工作成效的重要标准之一。①2014年5月26日召开的中共中央政治局会议，第一次提出将推动建立“民族互嵌型社区”作为促进“各民族交往交流交融”的重要手段和基本途径。②这使各族人民“交往交流交融”的步伐加快，也为各民族和谐发展翻开了崭新的一页。“相互嵌入指的是各民族通过交往交流交融，社会生活、社会参与等方面都融合在一起，每个民族都离不开彼此。”③我国是统一的多民族国家，是多元一体的文化，同时也潜在了一些我文化与他文化的张力，嵌入式社区建设可以消除多元文化中的张力，对促进民族关系良好发展及巩固民族团结具有重要的作用。

---

* 宋艳贺，女，1988年生，贵州省安顺人，贵州民族大学马克思主义学院2014级硕士研究生。

① 胡锦涛:《深入贯彻落实科学发展观，努力推进新疆跨越式发展和长治久安》，见《新疆工作文献选》，中央文献出版社，2010年。

② 《中共中央政治局推动建立各民族相互嵌入社会结构》，2014年5月;《中共中央国务院召开第五次西藏工作座谈会》，载《人民日报》，2010年1月。

③ 杨鹏飞:《民族互嵌型社区建设的特征及定位》，载《新疆师范大学学报》(哲学社会科学版)，第36卷第4期。

一、关于镇宁城关镇嵌入式社区的调查情况

（一）镇宁县城关镇民族概况

贵州省镇宁布依族苗族自治县城关镇位于105° 45′ E，26° 4′ N，气候宜人，是政治、经济、文化的中心，是镇宁县政府的驻扎地，面积为122平方千米。2014年并村后，全镇有24个行政村，10万余人，其中少数民族4.6万人以上，包括布依族、苗族、仡佬、彝族、回族等20多个少数民族，少数民族人口占总人口的46%（见图1）。

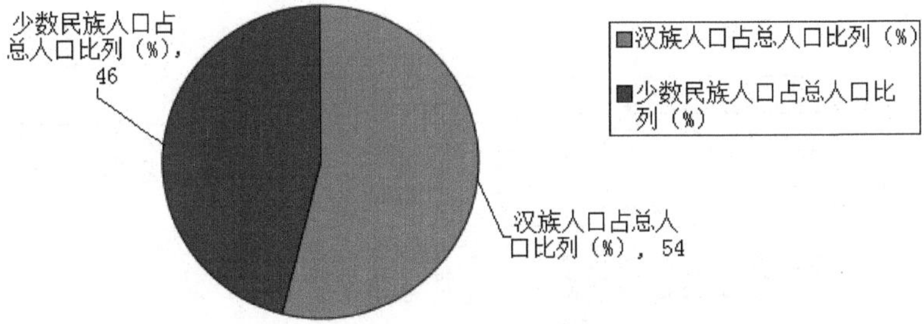

图1 2015年城关镇汉族与少数民族人口比例

（二）居住互嵌

据民国时期镇宁县志记载，镇宁县汉族人口最早为明洪武年间的屯田军队，后有江西、湖南、四川等地人员迁入，明清两代官吏遭谴的人员及经商工作者再次迁入，占总人口的四分之一。[①] 多数驻扎于今镇宁县城关镇内，而少数民族则退居于后，因此有"汉驻坝上，少数民族居坝坻"之说，各民族间出现隔离带。1949年11月21日镇宁解放，人口的居住格局稍有变化，自1978年改革开放至今，城关镇边上村寨少数民族

① 黄家服、段志洪：《民国镇宁县志》，巴蜀书社，2006年，第583页。

居民逐渐涌入城中村，形成现在城关镇汉族与少数民族杂居散居的居住格局。根据城关镇政府提供的数据，治安村作为城中村之一，总人口有 2413 人，其中少数民族人口为 501 人，占 20.7% 左右；烟棚村总人口为 1823 人，其中少数民族人口为 419 人，占 22.9%，其他村落情况基本一致。荡村是布依古寨，现受到镇宁县的特殊保护，少数民族占总人口的 92% 左右，其他行政村的少数民族人口基本在 20% 以上（图 2 为城关镇各行政村汉族与少数民族人口基数图）。其中，在校汉族学生与少数民族学生也呈现一定比例（见图 3），城关镇中学每个年级中都有不同民族的学生，少数民族基本能占到 20%—30%。

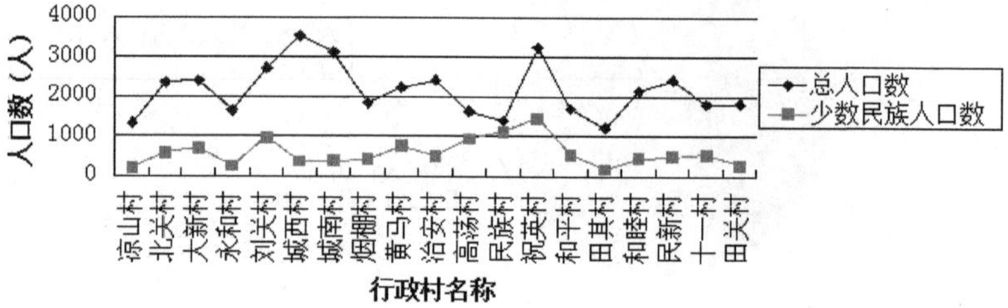

图 2 城关镇各行政村汉族与少数民族人口基数图

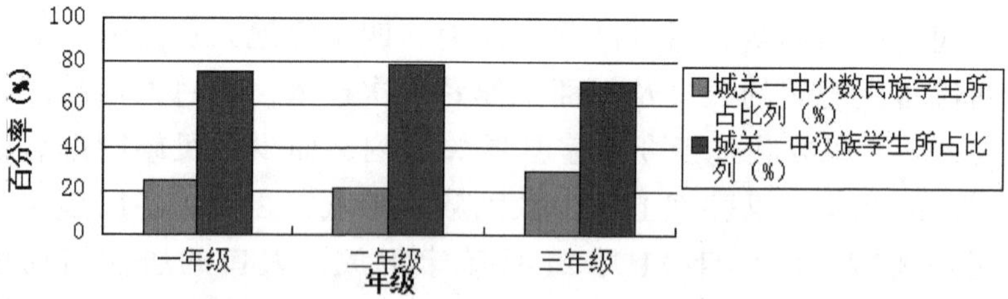

图 3 城关一中汉族与少数民族学生人数比例图

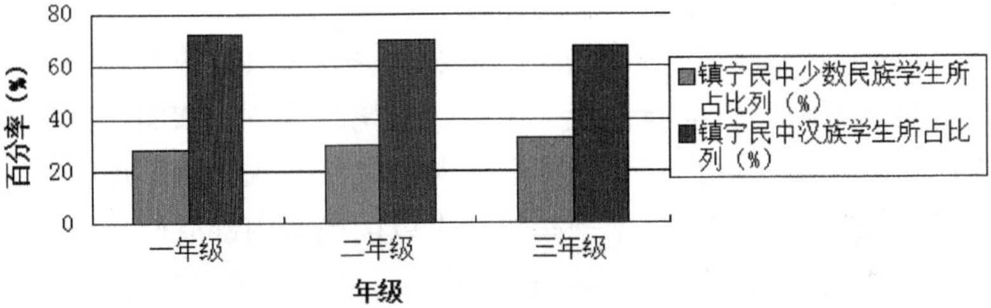

图 4 镇宁民族中学汉族与少数民族学生人数比例图

（三）文化互嵌

在城关镇向汉族居民发放的 600 份调查问卷（收回有效问卷 550 份），对少数民族语言掌握情况进行数据分析，基本情况如下。

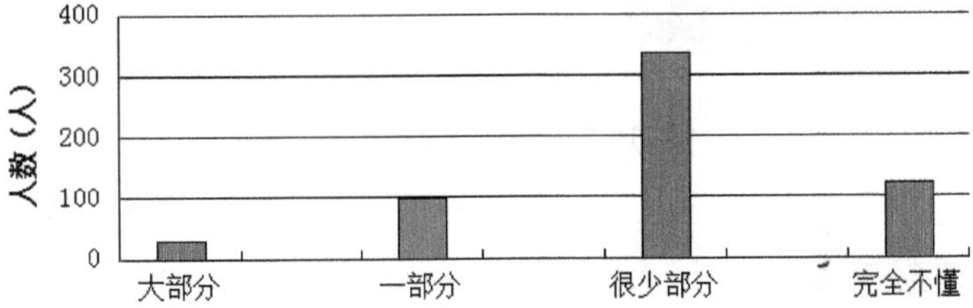

图 5 城关镇汉族居民对当地少数民族语言掌握情况

调查情况显示，在语言方面，当地汉族居民大多能听懂一部分民族语言，甚至能用简单的民族语言进行交流。而少数民族同胞基本都会讲汉语，虽然带着浓浓的地方口音，但不影响相互沟通。村寨中各少数民族来到城关镇中心居住，也过汉族节日，有宗教信仰的村民除外。每年除夕，与汉族同胞一样贴春联、门神、放鞭炮等。布依族“六月六”节日当天，镇宁的文化广场会有相应的民族节目，跳花灯、山歌也时常会伴随节日庆典在城镇中出现。

（四）婚姻互嵌

族际婚姻在促进民族关系和谐发展等方面具有重要作用。据镇宁县志记载，以前布依族、苗族、仡佬族等各民族婚姻界限相当严厉，仅限于族内通婚。[①] 中华人民共和国成立后，原有的宗亲结构被打破。城关镇中一些村寨由以前民族内部联姻逐渐走向了族际联姻，现在族际婚姻的家庭增多。从城关镇民政部门得知，现所有已婚家庭中，其中一方为少数民族或双方为不同少数民族的婚姻家庭占 35%，并呈上升的趋势（见图 6）。

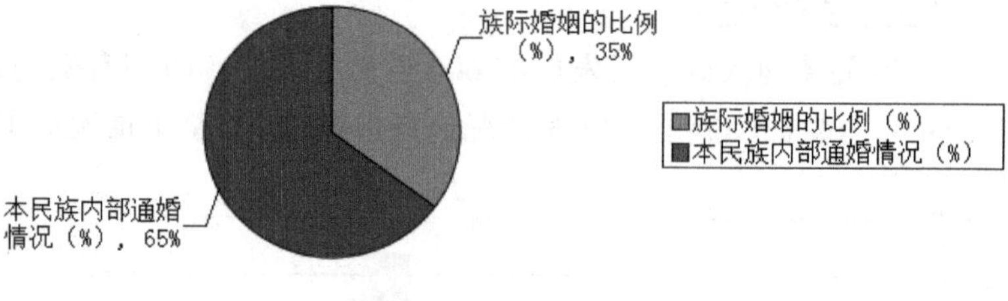

图 6 族际通婚比例

（五）经济互嵌

中华人民共和国成立初期，各村的经济类型为自给自足的小农经济，商品流通很少。随着社会的发展，道路不断扩延，房屋不断扩建，人民生活水平逐步提高，需求进一步增强。城边的村民到城镇中进行商品交换的次数与日俱增。城边村寨中的居民向城中居民提供农产品、牲畜、家禽。如城关镇的牛马市场位于城西村边上，每到周日，城边的其他村寨居民就会根据自己的需要前来购买牲畜，或将家中的牲畜拿来进行贸易交换。每周牛马市场的人数来往多时达到 800 人左右，少时也有 300 人以上，来往的多为城边村汉族、苗族、布依族等，形成

① 黄家服、段志洪：《民国镇宁县志》，巴蜀书社，2006 年，第 583 页。

一个规模较大的牛、马等牲畜的交易市场。另外，还有木材市场、药材市场等小型市场，为城镇边上的村寨提供了小型商品交换场所，使居民获得部分经济收入。现在城关镇各行政村村民每人的月平均收入可达3000元以上。各族村民也会到城中购买现代商品，如电器。形成了一定程度上的经济互嵌。有部分年轻人外出务工，经济条件好转，并在城关镇定居。近几年，因工作、经商、务工需要，城边村寨各族到城镇中心居住的人数不断增多，各民族交流互动越来越多，经济互嵌平台也越建越大。

二、镇宁县城关镇嵌入式社区形成的原因

（一）城镇化是镇宁县城关镇嵌入式社区发展的推手

城镇化，是由以农业为主的传统乡村社会向以工业和服务业为主的现代城市社会逐渐转变的历史过程，也有的学者称之为都市化。改革开放后，中国逐步放开了原有的对人口流动的控制，大量农民工流向了城市，加快了城市化的进程。城镇化战略正式在我国提出后，城关镇作为西部省份的一个小城镇，因经济条件差，城镇化建设起步相对较晚。后期，为响应国家号召，紧跟时代步伐，在国家的大力扶持及相关部门与全镇人民的共同努力下，城关镇城镇化建设正式步入轨道。随着社会的发展，人们对商品的需求不断增大，商品交换变得越来越频繁，经济模式从自然经济转向了商品经济，这为周围村寨与城中村村民交往交流提供了机会。工业化发展和学校作为城镇化的一部分，也为各民族嵌入式居住格局搭了一把手，很多家庭将子女送到城镇上学，部分学生的父母一起移居到城镇中，这让更多的民族有了交往。城镇化在一定层面上对嵌入式社区的发展起到了催化剂的作用，潜移默化地改变了城镇中民族成分的构成，成为嵌入式社区发展的推手。

（二）各民族彼此认同是镇宁县城关镇嵌入式社区发展的助手

历史让文化沉淀下来，在一定的场域里，文化的表现形式各有千秋。民族认同理论是“同一民族的人感觉到大家是同属于一个人们共同体的自己人的这种心理”的理论，即民族认同感或民族认同意识。民族认同是一个复杂的结构，它不仅包括个体对群体的归属感，而且还包括个体对自己所属群体的积极评价，以及个体对群体活动的卷入情况等。城关镇的城镇化促进了各民族的交往与交流，各种文化不断在结构上调适、模式上磨合、特质上整合，形成了新的民族文化场域，各民族文化在新场域中碰撞、激荡之后，消除了彼此的排斥力。文化上相互尊重、相互了解、相互影响并相互学习，各民族个体成员之间相互宽容、相互信任，形成了各民族彼此认同的喜人局面。各民族彼此认同为嵌入式社区的发展提供了一个温暖的环境，是一个不可缺失的助手。

（三）政府部门合理规划管理是镇宁县城关镇嵌入式社区发展的抓手

我国进入社会主义社会以后，各族人民当家做主，让各民族根本利益保持一致，政府部门相关的政策为嵌入式社区发展提供了动力。1994 年 3 月，镇宁制定了《镇宁自治县“八七”扶贫攻坚计划》，项目涉及教育、医疗卫生、基础设施建设、民族聚居区生产生活条件、发展种养业等，为城边上的村寨与城中村创造了交流交往平台。城关镇政府部门贯彻落实党的民族政策，照顾各民族的利益诉求，去除了民族主义、虚无主义的错误思想。每年布依族传统节日“六月六”、苗族传统节日“四月八”的团结月等庆典活动，相关部门都会细心规划，把党的思想、民族政策向群众宣传普及，保证惠及各族人民。因此，各族人民对政府的信任度逐渐升温，部分居民自发地从城边的乡村迁移到城中，寻找属于自己的生计方式，在维护这些新来的主人和土著居民的民族关系上，政府部门的规划与管理、支持与接纳是城关镇嵌入式社区发展强有力的抓手。

三、镇宁城关镇嵌入式社区建设的展望

（一）镇宁县城关镇在嵌入式社区中民族关系更加和谐、融洽

嵌入式社区推动城关镇形成了各民族同居住、同生活的和谐社会结构，使城关镇居民及来自其他地区的外来人口能更加深入地参与到当地经济生产生活中，为民族交融提供有利的社会环境，是促进民族关系和谐发展的助推剂。由于我国正处于并长期处于社会主义初级阶段，各民族的差异一直存在，随着城关镇城镇化进程的进一步加快，医疗、学校、住房等设施制度进一步得到完善，嵌入式社区环境也顺应形势的需要而诞生，各民族相互交往交流的机会越来越多，共同因素伴随文化同质性的增加而相应增加。政府相关的民族平等团结政策的宣传与实施，使各民族互相尊重、互相信任，各民族彼此的认同得到前所未有的增强。嵌入式社区建设是一个各民族共同整合的过程，也是加强各民族关系调控的过程，目的是更好地巩固民族团结，促进民族发展。而镇宁县城关镇正走在嵌入式社区建设的路上，民族关系也会随之更加和谐、融洽。

（二）镇宁县城关镇在嵌入式社区中经济持续互利共赢

按照马斯洛提出的需求理论，人们从心理和生理上都有不同的需求，如商品、食物、社交、友情等，越来越多的需求不得不推动人际关系的发展，城关镇嵌入式社区得以顺势发展，同时也让社会分工更加仔细。"任何个人都不能自给自足，他所需要的一切都来自社会，他也必须为社会而劳动。"涂尔干认为社会发展就是社会功能不断分化的过程。社会分工常常伴随着社会的发展而发展，城关镇边上的村寨，由于自然、地理、历史的原因，

经济方式长期为农业经济，社会不断发展，科技与经济的浪潮推动着这些古老民族一步步转变生计方式，适应当下的社会以满足自身需求。生计方式较为滞后的城镇居民放下手中的锄头和镰刀，来到这个新的环境中寻觅适合自身的生计，手工业、服务业成为刚入住城关镇城中村时的主要生计。嵌入式社区促进各民族协作程度增大，村民从中获得属于自己的利益份额，它使分工后城关镇各个部分紧密结合，分工的目的是适应生产的需要，满足人们在这个社会群体中的需求，形成共赢。镇宁城关镇嵌入式社区中良好的民族关系，将会进一步促进经济利益的互利共赢，形成一个完整的、和谐的社会圈。

（三）镇宁县城关镇在嵌入式社区中文化继续交融互鉴

“国之交在于民相亲，民相亲在于心相通”“人心是最大的政治。民族团结重在交心，要将心比心、以心换心。也就是文化之间的理解、尊重和沟通。”文化凝结着历史，文化连接着未来，文化对一个地方发展进程的影响，比经济、政治的影响更深刻、更久远。人作为文化的传承者、搬运工，将自身文化携带到一个新的文化场域，势必会遭到他文化的排斥，在此过程中，民族干部及精英人才的培养就发挥着格外重要的作用。发掘各民族的优秀文化，在新文化场域中宣传与发展、传承与弘扬，利用各民族的文化优势，增进各民族的文化认同，强化各族人民的凝聚力、感召力,维护社会的和谐稳定,为各民族团结提供思想“软环境”。城关镇居住的布依族、苗族等不同民族承载的这些文化滋养着这片土地，倡导文明宽容，求同存异，荟萃了各民族的优秀文化，通过“经济搭台，文化跳舞”鼓励各民族加强文化交流、互鉴与互融，增强各族文化的自信与自觉，对凝聚力量、振奋人心，构筑兼收并蓄的共有精神家园具有重要作用。

嵌入式社区建设，是促进各民族沟通交流、交往融合的重要举措，是一项艰巨复杂的工程，是一个社会历史过程，并不是一蹴而就的。要通过各民族互嵌达到民心相通、民族交融，夯实民族团结，这需要用心去维护与引导，需要社会各界的不懈努力。这是个新课题，也是个新挑战，应抓住战略机遇，巧妙地完成嵌入式社区建设，不急于求成，而乐见其成。

嵌入式社区建设研究
——以西昌市春城社区为例

依何阿妞*

2014年5月28日，习近平总书记在第二次中央新疆工作座谈会上首次提出“推动建立各民族相互嵌入式的社会结构和社区环境”。在当前复杂的国际形势下，习近平总书记及时、明确地提出了这一正确的指导方针。

一、社区及嵌入的含义

“社区”一词最早提出源于德国社会学家滕尼斯于1887年出版的《社区和社会》一书。在他看来“社区”是通过血缘、邻里和朋友关系建立起来的人群组合，它的基础是“本质意志”。而现在大部分学者将社区定义为“聚居在一定地域范围内的人们所组成的社会生活共同体，而这个共同体是若干社会群体或社会组织形成的一个生活上相互关联的大集体，是社会有机体最基本的内容，是宏观的社会缩影。”当然，在构成社区的基本要素上认为一个社区应该还要包括一定数量的人口、一定范围的地域、一定规模的设施、一定类型的组织和一定特征的文化。

嵌入式社会结构和社区环境中，“嵌入”的原义是指一个事

* 依何阿妞，女，1978年生，四川省美姑县人，中南民族大学民族学与社会学学院2015级硕士研究生。

物包容于其他事物之中或一个系统有机结合进入另一个系统之中的现象，表现出事物之间相互联系的密切程度。“相互嵌入”包含的意义就是指在保障各民族相对稳定的社会构成的前提下，通过引导性的相互嵌合、主动的相互融合、相互包容和取长补短，形成一个新型的社会结构和社区环境，使最终形成彼此紧密联结的利益共同体、思想共同体、文化共同体和情感共同体。“相互嵌入式”是各民族群众（至少是两个及两个以上的民族）在彼此平等尊重基础上的和平共处、互相促进和互相依靠，是生活上的高度包容、情感上的深度融合、文化上的相互学习和经济上的共同发展。

二、民族工作的三个重要时期

在全球经济一体化的今天，经济利益的分配不均导致世界的政治格局不稳定，要正确面对自己遇到的问题，可以肯定的是，中国上下五千年的历史积累已经为现在的中国民族团结共同发展奠定了坚实的基础。1981 年在讨论和解决新疆民族关系问题时，邓小平就提出过“汉族离不开少数民族，少数民族离不开汉族”；1990 年 8 月，时任中共中央总书记的江泽民到新疆视察时再次指出这个“两个离不开”的重大意义，同时将其进一步发展完善为“三个离不开”的思想，即“汉族离不开少数民族、少数民族也离不开汉族、各少数民族之间也相互离不开。”既充分考虑了我国民族关系的历史因素，又全面反映了我国民族关系的生动现实，并着眼于我国民族关系的长远发展，充分表达了全国各民族的共同愿望。现在为了应对分裂势力和恐怖分子的威胁，进一步促进 56 个民族的交流交往交融，共同维护我国社会的和平与稳定，习近平总书记又提出了新的治疆指导方针“推动建立各民族相互嵌入式的社会结构和社区环境”。它不仅作用于发展新疆少数民族地区，还作用于全国各少数民族地区追求共同繁荣发展，也给我国在制定民族政策上指明了新的道路。

三、西昌市春城社区的建立背景

2010年全国人口普查显示，我国42个少数民族在各省市区都有分布，分布范围最小的民族也遍及25个省市，少数民族人口在100万以上的城市已达12个，56个民族都有的城市已达13个。这一数据说明“大杂居，小聚居”的生活方式一直以来就存在并且范围在不断扩大，各民族相互嵌入的居住格局更是难以更改，而推动和发展嵌入式民族社区已经成为民族工作中的一个重要问题。

（一）西昌市的人口数量及各民族所占比例

西昌市是四川省凉山彝族自治州的州府，属于县级市，也是攀西地区政治、经济、文化的中心，位于川西高原的安宁河平原。2005年户籍登记有35个民族，总人口584308人，其中：汉族472388人，占总人口数的80.85%；彝族90203人，占总人口数的15.44%；回族15574人，占总人口数的2.70%；藏族2127人，占总人口数的0.36%；蒙古族1263人，占总人口数的0.20%；其余30个民族2745人，占总人口数的0.50%。以2010年11月1日零时为标准时点进行的第六次全国人口普查结果显示，全市常住人口数为712434人。汉族人口数为529825人，占74.37%；少数民族人口数为182609人，占25.63%，与10年前相比增加59877人，比例上升5.74个百分点；其中，彝族人口数为160303人，占22.50%。[①] 从这个统计数据来看，5年内人口数量在上升，少数民族所占比例也快速提升，民族间的交往交流交融符合历史发

① 《凉山日报》，2011年6月11日。

展的规律。

（二）西昌市春城社区情况

西昌市春城社区位于西昌市新城南片区，北邻航天大道、南靠海河、西接民族风情园、东邻火把广场、邛海湿地公园、泸山风景区，是第一个打破旧有单一民族生活方式的，引进现代的优质物业管理模式的新型社区。这一说法并不夸张，2000 年前后，凉山在大范围内几乎是机关企事业单位的集体院落，原有居民居住在棚户区，没有专业的物业管理，由于观念落后，基本上就是汉族和彝族两个人口数量较多的民族各自形成单一民族社区。社会治安、生活设施、人员结构都大大阻碍了西昌城市的建设与经济的发展，导致民族之间关系不够协调，这是不利于城市建设发展的。春城社区的建设与逐步完善促进了其他社区的重新改建与思想观念的开放，促进了各民族之间的交流交往交融，也使过去单一的民族生活模式逐步转变为各民族嵌入式社区的生活模式。

四、各民族嵌入式春城社区建设带来的有利方面

（一）减少了优秀民族人才的流失

嵌入式社区的发展把各民族人才留在了西昌工作，也吸引了西昌以外的优秀民族人才来到西昌工作，优化了人才结构，加快了西昌的经济发展和城镇一体化的步伐。政府加大力度改造春城社区的周边环境，改建海河、邛海与湿地公园，打造海河天街商业区以吸引更多的商家进驻发展民族旅游业，改善过去脏乱差的社区环境，吸引汉、彝、藏、回等十几个民族入住春城社区。

（二）使各民族在嵌入式社区生活中学会相互包容

社区民族成分增多，难免会因为风俗习惯的不同而产生一些矛盾。比如，彝族传统的“家支”观念中族群和地域认同感较强，凡遇生老病死之事，他们总会杀猪宰羊。过去，较为单一的生活

模式使他们无法理解与体会回族的信仰和感受，这使嵌入式的社区生活产生一些问题，但是在街道办事处、物业或其他民族人员的耐心解释下，彝族人民意识到有的行为是对回族人的一种不尊重，就逐渐改变了自己的一些做法，这样不仅避免了两个民族之间的矛盾和冲突，而且加深了民族之间的友好感情。各民族间的相互包容，既增进了各民族之间的友谊，也提升了各民族的自身修养，但在过去单一的社区里，这是不可能发生的。另一个例子是：过去有人说彝族“语言沟通难、文化素质低、生活习惯不好”，这是对彝族不公正的说法，每一个民族都有其先进和落后的一面，不能以点代面地看待一个民族，在春城社区组织的多种文艺活动中，彝族人的能歌善舞改变了其他民族对其固有的认识。在每次的社区活动中，彝族的达体舞、藏族的锅庄舞与弦子舞、摩梭人的篝火舞等都带给人们不一样的视觉和听觉感受，进一步增进了各民族之间的感情。

（三）激发了各个民族的爱国热情

春城社区海河帝景有一个彝族伍姓老党员，年龄已达87岁，每个月要交党费时他会提前到银行把要交的党费钱全部换成崭新的，然后拄着拐杖亲自交到党支部，每次的党支部会议他都风雨无阻地参加。他常说：“没有中国共产党，哪有我们现在美好的生活。”在少数民族地区有很多这样的党员，跟随中国共产党就是他们一生的信仰。继西藏“3·14”和新疆“7·5”事件以后，全国各族人民更加坚信民族之间必须团结友好相处、维护祖国的和平与稳定，拥护中国共产党的领导才是正确的选择。“攘外必先安内”，如今生活在现代社会的人们更应该清醒地面对当下发生的一切，必须正确地明辨是非。如果56个民族不团结，那么祖国就会被国内外的敌对势力分裂掉，那么国将不国，百姓的幸福生活从何谈起？应该像彝族伍同志一样时刻以《中国共产党章程》严格要求自己并且去影响身边的人，坚决反对和打击任何想分裂祖国的敌对分子，要擦亮眼睛认清形势，共同维护祖国的和平与发展。社区也应不定期开展爱国主义主题宣传活动，使各族人民的政治素养不断提高，对祖国的未来也充满坚定的信心。

（四）加强民族归属感的认同

"归属感"是弗洛姆（E.Fromm）理论中的术语，意指心理上的安全感与落实感，美国著名心理学家马斯洛在1943年提出"需要层次理论"中认为"归属和爱的需要"是人的重要心理需要，只有满足了这一需要，人们才有可能"自我实现"。因此，民族归属感是一种非常重要的民族心理，特别是以其文化和价值归属感为核心。经济的快速发展直接带动了西昌的全面发展，西昌作为攀西地区的中枢地理位置，各民族在"大杂居，小聚居"的生活方式下隔阂已经减少，而且在生产生活中相互鼓励和帮助，都把自己融入这个多民族的新型社区建设中，不再觉得西昌这个城市只是汉族生活的地方，而意识到西昌乃至整个凉山的建设都是需要靠各民族共同努力的，民族在此时已经没有身份上的明确划分。加上在安全舒适的居住环境下人们都找到了归属感，这种归属感就是民族归属感，是完全在多民族共同生活交融中逐渐形成的民族间的相互认同。每个民族都意识到，这里就是他们的家，他们赖以生存的家。这样各民族就会把自己全身心地投入本地的经济文化及城市发展建设中。在这种相互激励、相互交流中削弱了民族间的相互不信任及相互猜忌，淡化了某些非常强的民族分界意识。彼此交融，共同繁荣，你中有我，我中有你。在长期的工作生活中民族归属感让各民族更加坚信自己不仅是少数民族而且更是中华民族不可缺少的一员，都以自己是中国人而由衷地感到骄傲与自豪。

（五）团结起来积极打击与防止毒品和艾滋病的蔓延，加强对自身及周围的宣传与防范

各民族在春城社区嵌入式生活中明确了自己当家做主的责

任和义务，并且自觉地投入全世界都非常重视的这个社会问题工作中。据资料记载，1995 年 6 月，凉山彝族自治州在云南遣返的吸毒人群中发现首例艾滋病毒（HIV）感染者；截至 2008 年 8 月底，凉山彝族自治州累计发现艾滋病毒感染者 9861 例，其中发病 413 例，死亡 306 例，因艾滋病毒死亡者 78 例。这些触目惊心的数据总是让外界谈凉山地区而色变。其后果是，直接影响和阻碍了一些彝族人在当地乃至其他城市的学习、工作和生活，并且有时会失去与别人公平竞争的机会，影响了他们的工作积极性和主动性。在推动少数民族嵌入式社区的建设进程中，民族的包容性也会帮助化解某些人自身存在的自卑感。在沟通交往中，其民族自尊心会逐渐提升，一种“绝不给自己民族丢脸”的思想指引着各民族朝着友好共进的方向前行。各民族人民不再逃避毒品与艾滋病等现实问题，而是积极加入打击和预防的队伍中，彼此监督、彼此鼓励，努力阻止这些严重的社会问题在和谐社区中蔓延。这种无形的包容和团结重新焕发着凉山各族人民的自信心，这是一种民族团结下逐步建立起来的民族自信心，有利于各民族嵌入式社区的健康发展。

五、结语

西昌市春城社区的建设是各民族嵌入式社区建设中比较成功的一个社区，但其建设道路是任重而道远的。要不断在民族关系建设中取其精华、去其糟粕，坚持正确的民族政策与方针。推动建立各民族相互嵌入式的社会结构和社区环境的指导方针是利大于弊的，当然在共同的生活中难免会有新的矛盾出现，但是只要坚决拥护中国共产党的领导，维护祖国的和平与稳定，那么这些矛盾是可以在民族大团结中化解的，相信中国梦的实现将指日可待。

参考文献

[1] 张会龙 . 论各民族相互嵌入式社区建设：基本概论、国际经验与建设构想 [J]. 西南民族大学学报，2015.

[2] 郝亚明 . 民族互嵌型社区社会结构和社区环境的理论分析 [J]. 新疆师范大学学报，2015.

从“跨文化适应模型”视角看高校民汉同宿现象
——以石河子大学 Z 学院为例

孙荣垆*

新疆地处多民族、多宗教地区，新疆的大多数高校拥有相当数量的少数民族同学。为了增进各民族同学间的相互了解，促进民族团结，近些年新疆高校正在积极推行民汉同校、同班、同宿的措施。目前，新疆大学、新疆师范大学等新疆高校都已实行民汉同宿的宿舍管理方法。石河子大学积极顺应这一潮流，在全校范围内推行民汉同宿的模式。石河子大学 Z 学院于 2012 年 9 月开始大量招收少数民族学生，开设民族班。2015 年 7 月学院共有学生 954 人，其中少数民族学生 134 人，设 4 个民族班，分别是 2012 级旅游管理专业 1 班、2013 级法律专业 1 班和 2 班、2014 级法律专业 1 班。Z 学院中的学生来自 14 个少数民族，他们是维吾尔族、哈萨克族、柯尔克孜族、回族、锡伯族、东乡族、纳西族、蒙古族、满族、苗族、侗族、土家族、藏族、彝族。其中维吾尔族学生 63 人，哈萨克族学生 41 人，回族学生 12 人，其他民族学生共计 18 人。Z 学院在学校的政策指导下实施民汉同宿的宿舍管理办法，在新生入学报到时，按照同年级、同专业安排少数民族学生和汉族学生混住。到 2015 年 7 月，石河子大

* 孙荣垆，男，1990 年生，河南省项城市人，石河子大学政法学院 2014 级硕士研究生。

学 Z 学院民汉同宿的宿舍共 77 个，其中男生宿舍 28 个，女生宿舍 49 个；民汉同宿宿舍中只有 1 名少数民族学生的有 23 个，占民汉同宿舍总数的 30%，民汉同宿舍中至少有 2 名少数民族学生的有 54 个，占总数的 70%，且以维汉、哈汉混住为主。

一、"跨文化适应模型"理论及运用

在全球化的背景下，来自不同文化背景的人产生更多的接触，这使得文化适应现象日益普遍。在文化适应过程中出现的问题也越来越多。越来越多的社会学家、人类学家和心理学家关注人们在文化适应过程中出现的问题。对文化适应这一现象进行系统性、科学性的研究始于 20 世纪初期。最早对文化适应这一现象进行科学研究的是美国人类学家 Redfield，Linton 和 Herskovits。1936 年，他们在前人研究的基础上撰写了研究报告《文化适应研究备忘录》，首次对文化适应做了定义，并确定了文化适应的研究课题和研究方法。[①] 目前，在文化适应研究上已取得了很多成果，西方学者提出了多个文化适应的理论和模型，由加拿大著名跨文化心理学家约翰 · W · 贝里（John W. Berry）提出的"跨文化适应模型"就是其中之一。该模型根据文化适应者对母文化和被适应文化的不同态度，将文化适应分为四种不同的类型。如表 1 所示。

① 孙进：《文化适应问题研究：西方的理论与模型》，载《北京师范大学学报》（社会科学版），2010 年第 5 期，第 45 页。

表 1① 文化适应的类型

<table>
<tr><td></td><td colspan="3">是否希望保持自己原来的文化身份和文化特征</td></tr>
<tr><td rowspan="3">是否希望和客居国的其他社会成员建立和保持积极良好的关系</td><td></td><td>是</td><td>否</td></tr>
<tr><td>是</td><td>融合</td><td>同化</td></tr>
<tr><td>否</td><td>分离</td><td>边缘化</td></tr>
</table>

贝里的“跨文化适应模型”注重对文化适应者心理的研究，从文化适应者的主观动机上来研究文化适应的状态，并没有过多考虑外在客观环境对文化适应状态的影响。

二、民汉同宿中的文化适应现象

“文化适应是指拥有不同文化背景的社会成员通过相互接触，给接触的一方或者双方带来文化模式改变的一种社会心理现象。”② 在民汉同宿的条件下，汉族学生面对的是和自己文化背景不同的少数民族同学。对于少数民族学生来说，石河子大学的文化氛围和他们母文化背景差异也比较大，尤其是维吾尔族和哈萨克族同学，他们更需要在文化上有一个适应过程。因此，在民汉同宿的条件下，汉族学生和少数民族学生都要面对文化适应问题。

近些年，新疆高校推行的民汉同宿措施也引起了部分学者的关注，尤其是从事高校管理研究学者。他们针对目前新疆高校在推行民汉同宿的过程中出现的问题，从民汉同宿的作用、族际交

---

① Berry , J .W *.Psychology of acculturation : Understanding individuals moving between cultures*. Brislin : R.W . (Ed .) *.Applied Cross -cultural Psychology* .Newbury Park : Sage , 1990 : 245.

② 孙进:《文化适应问题研究:西方的理论与模型》,载《北京师范大学学报》(社会科学版), 2010 年第 5 期，第 45 页。

往、高校管理等方面进行了研究，提出了一些切实可行的建议。但很少有学者从文化适应方面对新疆高校的民汉同宿问题进行研究。石河子大学Z学院从2012年起实行民汉同宿，到如今已近3年，期间总结了一些经验，同时在实施过程中也出现了一些问题，如何使民汉同宿模式得到良好的发展，促进各族学生和谐相处，加快各族学生的适应过程和对不同文化的理解及尊重，值得进一步探索。为了更好地了解民汉同宿的状况和民汉同宿中的文化适应问题。笔者在2015年4月选取石河子大学Z学院作为调查点，运用调查问卷法和访谈法对学院的民汉同宿状况和民汉同宿中的文化适应问题进行了调查。

三、调查方法和内容

此次调查我们采取调查问卷和访谈相结合的研究方法，以问卷调查法为主，非结构式访谈法为辅。共向石河子大学Z学院学生发放问卷250份，并保证14个少数民族中的每个少数民族都至少有1名学生填写问卷。其中，回收有效问卷199份，未收回问卷和无效问卷有51份。在有效的199份问卷中，汉族学生有119份，维吾尔族学生有28份，哈萨克族学生有22份，回族学生有12份，苗族、锡伯族学生各有2份，藏族、东乡族、纳西族、满族、侗族、土家族和彝族学生各有1份，柯尔克孜族学生问卷有3份，蒙古族学生有4份。[①] 根据贝里的“跨文化适应模型”，在本次调查问卷中重点了解以下四个方面的情况。

（1）对于和其他民族同学同宿的意愿；

（2）融入民汉同宿的意愿；

（3）民汉同宿中舍员关系的状况；

① 本调查对10人以下的少数民族不做百分比统计。

（4）民汉同宿中舍员的满意度。

在访谈中，我们重点向石河子大学 Z 学院的老师了解学院民汉同宿管理的方式和民汉同宿中舍员的相处情况；同时访谈了 5 名在民汉同宿中住宿或曾经住宿过的学生，了解他们对民汉同宿的态度和感受。

四、调查结果分析

根据本次调查的问卷和访谈资料，我们将所了解的石河子大学 Z 学院民汉同宿中不同民族学生间学生的相处情况及存在的文化适应问题等进行归纳整理，并做出了相应的分析。

表 2 刚分宿舍时对于与其他民族同学混住的意愿

选择结果 / 民族	希望	不希望	无所谓	总计
汉族（数量 / 百分比）	27/23%	71/60%	21/17%	119
维吾尔族	4/14%	11/39%	13/47%	28
哈萨克族	7/32%	3/14%	12/54%	22
回族	4/33%	1/8%	7/59%	12
柯尔克孜族		1	2	3
蒙古族	1		3	4
藏族			1	1
满族			1	1
苗族		1	1	2

续表

民族＼选择结果	希望	不希望	无所谓	总计
东乡族			1	1
纳西族			1	1
锡伯族	1		1	2
侗族			1	1
土家族	1			1
彝族			1	1
总计	45；23%	88；44%	66；33%	199

从表2中我们可以看出，无论是汉族学生还是少数民族学生，对与其他民族同学住在一起都产生了不同程度的抵触情绪，汉族学生的抵触情绪更大。如果不是学校实施这一制度，少数民族学生和汉族学生几乎不会自主地住在一起。

表3① 与其他民族学生同住会有哪些不方便

民族＼选择结果	饮食	住宿习惯	宗教信仰	交流认知	其他
汉族	68	83	48	31	37
维吾尔族	15	14	8	2	2
哈萨克族	14	8	8	2	1
柯尔克孜族	3	1	2		
蒙古族	3	2	3		
回族	8	4	2		

① 该问题可进行多项选择。

续表

民族 \ 选择结果	饮食	住宿习惯	宗教信仰	交流认知	其他
藏族	1				
满族	1				
苗族	1		1		
东乡族	1				
纳西族			1		
锡伯族	2				
侗族					1
土家族		1			
彝族	1				

表3中的数据反映了在民汉同宿的情况下，汉族学生和少数民族学生都认为，饮食、宗教信仰的不同是给彼此带来不便的主要原因。同时，生活习惯上的不同也会影响舍友关系。从W老师那里我们了解到，该院民汉同宿学生中因个人生活习惯不同而引起的宿舍矛盾最为普遍，个人的一些不良生活习惯，尤其是晚睡、抽烟等恶习更是阻碍了民汉同宿舍员间良好关系的建立。可见，在民汉同宿学生中影响舍友关系的因素，既有文化方面的，也有个人方面的。

表4 是否支持不同民族学生混住在一起

民族 \ 选择结果	是	否	不知道	总计
汉族（数量/百分比）	18/15%	89/75%	12/10%	119
维吾尔族	9/32%	17/61%	2/7%	28

续表

选择结果 民族	是	否	不知道	总计
哈萨克族	12/55%	7/32%	3/13%	22
回族	3/25%	6/50%	3/25%	12
柯尔克孜族		2	1	3
蒙古族	1	2	1	4
藏族		1		1
满族			1	1
苗族	1	1		2
东乡族		1		2
纳西族		1		1
锡伯族			2	2
侗族	1			1
土家族	1			1
彝族	1			1
总计	47/24%	127/64%	25/12%	199

表 4 中的数据显示，被调查的汉族学生有 75% 不支持民汉同宿，仅有 15% 的汉族学生支持民汉同宿。而少数民族学生中支持民汉同宿的比例要高于汉族学生。其中哈萨克族学生支持民汉同宿的比例最高，达到 55%，而维吾尔族学生是反对民汉同宿比例最高的。从总的样本情况来看，有 64% 的学生反对民汉同宿，只有 24% 的学生支持民汉同宿，汉族学生在 Z 学院的人数居多，因此在整体上压低了该院学生支持民汉同宿的统计数据。表 2 和表 4 中的数据都可以在一定程度上直接反映 Z 学院学生对民汉同

宿的态度，虽然两个表所反映的结果在具体数值上有差距，但都反映了该院无论是汉族学生还是少数民族学生对民汉同宿都有比较大的意见，尤其是汉族学生。结合访谈资料不难看出，来自疆外的汉族学生在与同宿舍的哈萨克族、维吾尔族学生相处时更容易出现关系紧张的局面。被调查到的一个哈汉混住宿舍中，两名哈萨克族学生的日常行为对宿舍内其他学生没有表现出应有的尊重，致使宿舍关系紧张，最终两名哈萨克族学生被调出该宿舍。有很多是因为个别人生活习惯上的原因而导致的矛盾，结果却造成了汉族学生对所有哈萨克族学生形成负面印象。这也反映了大一阶段民汉同宿的宿舍中较易出现的问题和矛盾。

表 5 是否会因宿舍制定的规则改变自己的习惯

（数量 / 百分比）

选择结果 / 民族	会	不会	不知道	总计
汉族	71/60%	33/28%	15/12%	119
维吾尔族	7/25%	16/57%	5/18%	28
哈萨克族	7/32%	10/45%	5/23%	22
回族	6/50%	4/33%	2/17%	12
柯尔克孜族	1	2		3
蒙古族	2	2		4
藏族		1		1
满族	1			1
苗族	1	1		2
东乡族		1		1
纳西族	1			1

续表

民族＼选择结果	会	不会	不知道	总计
锡伯族	1	1		2
侗族		1		1
土家族	1			1
彝族		1		1
总计	99/50%	73/37%	27/13%	199

表 5 是对宿舍成员融入宿舍意愿度强弱的测试。调查结果显示,有 60% 的汉族学生愿意为宿舍制定的规则而改变自己的习惯,是所有接受调查学生中比例最高的。维吾尔族学生是最不愿意为宿舍制定的规则而改变自己习惯的。可以看出，少数民族学生出于自身民族身份的考虑，即便是在宿舍成员达成共识的基础上，也会更多地坚持自己的民族习惯。根据访谈资料我们得出结论：相较于大一学生，高年级学生所住的民汉同宿的宿舍中，少数民族学生和汉族学生都对彼此的认识有了改变。汉族学生渐渐消除了之前对少数民族学生抱有的一些偏见，少数民族学生在具体的生活习惯上也更多地考虑了宿舍其他民族学生的感受，更加注意自己的言行。从低年级到高年级，民汉同宿中不同民族舍友间的了解程度不断增进，彼此也更加尊重对方。“民汉同宿”在促进各民族学生相互了解、增进民族团结方面的作用较为明显。

表6 宿舍成员的相处状况

选择结果 民族	好	一般	差	总计
汉族	16/13%	72/61%	31/26%	119
维吾尔族	7/25%	14/50%	7/25%	28
哈萨克族	11/50%	7/32%	4/18%	22
回族	5/42%	5/42%	2/16%	12
柯尔克孜族		3		3
蒙古族	1	2	1	4
藏族	1			1
满族		1		1
苗族	1	1		2
东乡族		1		1
纳西族		1		1
锡伯族	1	1		2
侗族		1		1
土家族		1		1
彝族	1			1
总计	44/22%	110/55%	45/23%	199

根据表6中的统计数据，从整体上看，Z学院民汉同宿舍舍友相处的情况较好，民汉同宿舍友间的关系维持在可控范围。77%接受调查的学生认为，宿舍成员之间在相处上不存在大问题；

23% 接受调查的学生认为，所在宿舍舍友间关系不好。宿舍成员关系不好的学生中，汉族学生和维吾尔族学生所占比例较大，哈萨克族学生在宿舍成员关系好的学生中所占的比例较大。结合访谈资料我们不难发现，民汉同宿中汉族学生和少数民族学生之间很少出现关系特别好的情况，相处较好的民汉同宿学生中，汉族学生和少数民族学生都能做到彼此尊重对方的风俗习惯，大家相处得比较融洽。但是，由于民族文化方面的差异，不同民族间的学生成为知心朋友的情况是比较少见的。即便是少数民族学生和汉族学生相处得比较融洽，能够做到相互熟知，少数民族学生仍然在较多的时间里与本民族的学生在一起。在 Z 学院民汉同宿中最普遍的情况是，汉族同学和少数民族同学之间都能互相尊重，但由于文化差异，他们有交往但是不深交；少数民族学生的大部分时间都是和本民族的学生在一起度过的。在一些民汉同宿的宿舍中，出现了一些矛盾纠纷，有调换宿舍的情况。但这些矛盾多半是因为个人生活习惯不同所致。从内地来的有些汉族学生在民汉同宿中容易出现不适应现象，但在学校民汉同宿的宿舍制度下他们会留在原宿舍，有的学生在情感上仍不适应与少数民族同学住在一起。这些汉族学生在文化适应上出现“分离”的状态，和宿舍中的少数民族学生关系一般。

五、结论

本文是运用贝里的“跨文化适应模型”来分析石河子大学 Z 学院的汉族学生和少数民族学生在民汉同宿情况下的相处状态。在民汉同宿的情况下少数民族学生和汉族学生在文化适应上是双向的，少数民族学生要适应汉族文化，汉族学生要适应少数民族文化。影响民汉同宿中舍员关系的因素既有来自个人生活习惯差异方面的，也有来自民族文化差异方面的。无论是对汉族学生还是少数民族学生来说，出于宗教信仰、风俗习惯等文化差异考虑，他们从心理上更愿意和本民族的同学住在一起。虽然在意愿上，都倾向和本民族学生住在一起，但大部分汉族学生和少数民族学生都能接受和其他民族学生混住。汉族学生能做到尊重少数民族学生的风俗习惯，但不愿深入了解；而少数民族学生则会花更多的时间与本民族的学生在一起，他们对本民族的文化认同感更强。文化适应在民汉同宿学生中有年级方面的差异，因文化差异给民汉同宿舍舍员造成的文化冲击在大一时表现得更明显，随着舍友相处时间的增加，舍员之间的文化冲击趋于减弱。而在这个过程中，舍员对彼此的文化也会有更加深入的了解。民汉同宿对汉族学生和少数民族学生都有好处，对汉族学生而言，能学习和了解更多的其他民族知识，提高自己与其他民族交往的能力；对少数民族学生而言，可以提高自己的汉语水平，提升自己适应社会的能力。

石河子大学Z学院的民汉同宿管理尚处于探索阶段，在这个过程中出现一些问题是正常的。民汉同宿的宿舍管理制度，有利于各民族学生的相互了解，有利于学生消除对其他民族学生的偏见，有利于长久的民族团结。针对Z学院民汉同宿中出现的问题，在坚持不搞特殊化、不强调某一民族意识、按学校规章制度处理宿舍纠纷、采取说服教育为主的做法下，要充分考虑民族文化差异的因素，对少数民族学生和汉族学生要采取适应其特点的工作方式。汉族学生尤其是来自疆外的学生，要增加其对少数民族文化的了解；少数民族学生要帮助其养成良好的个人生活习惯，培养换位思考意识。同时，学院要加强民汉同宿舍管理，开展各种形式的主题活动，让汉族学生更多地了解少数民族文化，如举办宿舍文化节等，营造良好的民族团结氛围。

参考文献：

[1] 孙进．文化适应问题研究：西方的理论与模型 [J]. 北京师范大学学报（社会科学版），2010（5）．

[2] 刘志宏．新疆高校民汉合宿现状及社会功能初探 [J]. 社科纵横，2013（4）．

[3] 孟琪，谷建杰．民汉学生混合住宿与高校民族团结教育研究 [J]. 科技信息，2013（22）．

[4] 刘青广，王红萍，马玉香．民汉同宿：提高少数民族大学生结业能力的有效途径 [J]. 新余学院学报，2013（1）．

[5] 吴新平，徐艳．新疆少数民族大学生视界中的族际交往 [J]. 新疆大学学报（哲学．人文社会科学版），2011（2）．

[6] Berry，J .W .Psychology of acculturation：*Understanding individuals moving between cultures*. Brislin，R.W .（Ed .).Applied Cross -cultural Psychology .Newbury Park：Sage，1990.

武汉市新生代少数民族农民工消费研究

蓝 雯*

一、武汉市新生代少数民族农民工的基本情况

（一）少数民族农民工的民族及分布状况

武汉市地处九省通衢的湖北省，这里南北东西铁路纵横，人员流动大。作为中部崛起的领头羊，武汉市汇集了全国各地来的农民工，其中不乏许多少数民族农民工。第六次全国人口普查结果显示，武汉全市常住人口 9785392 人，其中少数民族人口 17 万人。

由于各种因素，形成了几个相对比较集中的聚居区，如武昌起义门、汉口二七街、洪山区马家庄聚居区和蔡甸军山镇龙湖回族自然区的回族聚居区，以及黄陂区蔡甸乡张河村田家湾、大富庵的土家族聚居区。此外，回族在聚居上的一个特点就是聚寺而居，武汉市现对外开放的民权路清真寺、二七街清真寺、紫阳街起义门清真寺周围都分布着几个回族聚居区。

（二）少数民族农民工的来源及生存状况

武汉市少数民族流动人口数超过了世居少数民族，民族成分多，但以回、维吾尔和土家族为主，来自全国各地但主要以西北和鄂西地区为主。

回族主要来自河南、青海、甘肃等地，河南回民大多从事牛

---

* 蓝雯，女，1994 年生，畲族，江西赣州人，中南民族大学民族学与社会学学院 2015 级硕士研究生。

羊肉店铺生意。而来自青海、甘肃（尤以青海为甚）的回民大多从事拉面馆生意，每个大学旁边都有好几家兰州拉面馆，据统计，武汉共有200多家清真拉面馆。虽然这些餐馆称为拉面馆，但其实际经营的面食种类远不止拉面，还包括炒面、拌面、新疆大盘鸡、刀削面等众多面食品种。

新疆维吾尔族在武汉经营的餐饮业类型主要包括有固定门面的餐厅和流动性的街头烧烤。汉口的维吾尔族餐厅主要集中在江汉、桥口两个区，大约有14家。

近年来，武汉的土家风味餐馆有明显增多之势，土家族是湖北省的主要少数民族之一，集中居住在恩施土家族苗族自治州和宜昌长阳土家族自治县。武汉的不少土家风味餐馆的经营者都来自恩施和宜昌，以土家族居多，也有部分汉族。

二、新生代少数民族农民工消费的基本方式及现状

（一）物质生活消费

调查中，笔者发现新生代少数民族农民工的工资待遇虽然较老一代农民工有了很大提升，不过就城市生活水平而言依然显得捉襟见肘，无法与城市青年媲美。笔者在中南民族大学周边一家清真拉面馆采访了一个来自青海循化的回族小伙（该拉面馆的师傅，只有他一个人会做拉面），他的穿着十分朴素，戴着白帽。他告诉笔者，自己每天早上8点上班，晚上11点才下班，完全没有节假日，天天除了吃饭、睡觉就是在拉面馆做拉面，除日常生活必需品以外他很少购物，一是没时间，另外也是为了省钱。当笔者问及他平时空闲了做什么时，他说：“就是你看到的这些，日复一日、年复一年、周而复始。”

（二）精神文化生活消费

笔者在小东门建材市场调查时，寻访到了几个来自恩施的土

家族青年，他们年龄都很小，其中一个只有 16 岁，但个子很高，看着比实际年龄成熟，还有一个才刚成年。他们离家刚半年，略显稚嫩、青涩。当笔者问及空闲时间做什么时，他们告诉笔者一般就是上网聊天、打游戏，没有什么更高的追求，对未来也没有任何计划。

新生代少数民族农民工进入城市后，其自身所带来的乡土社会的气息有所改变，穿着打扮与城里人无异，思维和价值取向更加多元化。与其父辈有一个明显区别，即他们不再只想赚钱就回老家，而是希望通过自己的努力，真正地融入城市生活。然而，受文化素质和经济收入的制约，而且为他们提供的文化设施少之又少，新生代少数民族农民工的精神文化生活层次总体水平较低。

个案访谈 1：HL，男，27 岁，青海循化回族，2013. 7. 19

现在西苑西北化隆拉面馆工作。经朋友介绍与拉面馆老板一起从青海来到武汉，是拉面馆唯一一位会做拉面的师傅。每天早 8 点开始工作，一直到晚上 11 点才下班，就住在拉面馆附近，没有节假日。平日闲暇时间就上网，主要是聊天和玩游戏。精神文化生活消费几乎没有。不知道未来去哪里、做什么，对未来没有计划。在与 HL 的交谈中，发现他不愿意提及家里人，对“从家里得到支持”一项，他选的是“没有得到任何支持”。也许，HL 生活在一个不太美满的家庭里，也许这也是他不远千里从青海来到武汉谋生的原因之一。

个案访谈 2：MY，男，26 岁，青海湟中回族，2013. 7. 23

现在吉庆街一家兰州拉面馆工作。由于觉得青海不好赚钱，他于 2007 年只身来到武汉谋生，曾在中南民族大学工商学院附近的拉面馆工作过，嫌生意太好、太忙，而工资水平和其他地方一样就离开了。经朋友介绍来到现在所在的拉面馆。这家拉面馆 24 小时营业，实行两班倒，MY 告诉笔者，他每天工作 12 个小时，每月工资 1000—2000 元，一年寄一次钱回家，一次寄 1 万多元。

MY的家里有三个男孩，他排行老二。问及他的婚恋情况时，他说之前家里给自己找了个女友，自己没看上。在这里有一两个武汉朋友，平日空闲时就和他们一起消遣，经常跟着他们去滚石音乐厅唱歌、看别人跳舞，上网少，很少逛街。不喜欢和拉面馆的其他老乡一起玩，对未来没有任何计划，走一步看一步。

三、存在的问题

（一）盲目从众、攀比心理

鉴于农村与城市间的巨大差异，新生代少数民族农民工的心理落差较大，一时间不能很好地适应。面对城市的新鲜事物，不知如何是好，这种情况下他们容易模仿城市同龄人或当地朋友的消费风格。久而久之会产生盲目从众的攀比心理，加上中国人爱“面子”的传统心理，觉得自己不能跟别人相差太远，于是产生“面子消费”，即消费行为不完全是为了实际需要，更多的是出于炫耀和达到满足“面子”的目的。

新生代少数民族农民工之所以追求“面子消费”，主要是因为贫富差距，炫耀性消费至少可以使其与城市里的同龄人在表面上看起来平等。一些新生代少数民族农民工喜欢“面子消费”、超前消费，是与其从小没得到尊重有关，他们想找到一种最简便的方式，让别人尊重他。比如笔者在吉庆街拉面馆见到的那位叫MY的回族青年。

个案访谈3：“我的几个武汉朋友经常带我到这附近的一家叫‘滚石’的音乐厅去玩，我们喜欢在那里看别人跳舞、唱歌。我不喜欢和拉面馆的其他老乡一起玩，他们太土了。”一位来自青海湟中的名叫MY的回族青年告诉我。

（二）“月光”现象

笔者在访谈中发现，新生代少数民族农民工普遍存在眼高手低、工作耐力低等现象。受教育程度的提高,生长环境的改善,使得在他们身上很难再找到像上一代农民工所具有那种吃苦的精神。他们总是不断地尝试、渴望能找到一份既轻松又挣钱多的工作。

新生代少数民族农民工虽然是农村户口，家庭条件不是很优越，但是家里孩子少，有的还是独生子女，因而他们的家庭压力较轻，肩上的担子相对于老一代少数民族农民工而言减轻了不少。在这种背景下，他们的消费行为就比较自由，消费观念往往较前卫。他们的工资可以满足自己日常所需，不用像老一代农民工那样要省着钱往家里寄，不再为攒钱而使自己变成“苦行僧”——这是不同于父辈的显著特点。新生代少数民族成为新一代“月光族”。

（三）精神文化生活消费需求低

新生代少数民族农民工来自不同地区，受教育程度会随着地域和性别而有所差异。笔者到湖北美术学院附近的一家大西北清真拉面馆做调查，店主是一个来自青海的30岁左右的年轻人，当得知笔者此行的目的时，表现得特别热情，但略带尴尬地对笔者说自己没有读过书、不识字，笔者正准备一题一题地读给他听时，他说可以让正在读小学的女儿念给他听。笔者注意到这家店里，除了他和女儿外，还有他的母亲，以及一个十七八岁的女生，估计是他的妹妹，一直在埋头看漫画书，笔者没有机会同她攀谈。在广益桥清真寺附近的一家牛羊肉店铺里，一位来自河南的回族阿姨告诉笔者，青海那边的穆斯林受教育程度较低，重男轻女思想较为严重，尤其是女性，几乎接受不到任何教育。如果新生代少数民族农民工连最基本的文化知识都不具备，何谈文化消费呢?

四、农民工应提升各方面素质，转变消费观念

内因决定外因，外因通过内因起作用，所以要引导新生代少数民族农民工培养合理的消费观，让他们必须从自身抓起，转变价值观念，努力提升自身素质。新生代少数民族农民工从农村来到城市是为了更好地生活，更有尊严地生活，但由于新生代少数民族农民工大部分没有受过较高程度的教育，我们在调查中发现，他们中的大部分只有初中文化水平，还有一部分几乎没有接受过任何教育。笔者调查的新生代少数民族农民工几乎都没有在武汉报班学习的欲望，无论文化水平高低，都没有继续学习的打算和动力。正所谓知识改变命运，新生代少数民族农民工应该树立宏大的理想和远大的抱负，不应该走一步算一步，应该为未来制订清晰的计划和明确的目标。他们年纪都很小，笔者在调查中接触到的最小的一个农民工只有 16 岁，最大的也不过二十七八岁，他们正值大好年华。

基于此，笔者建议新生代少数民族农民工要利用闲暇时间多看书看报多学习，提升自己各方面的素质，重点培养自己的文化兴趣和爱好。在消费方面与时俱进，转变自己的消费观念，树立科学消费、绿色消费的观念，从自身实际出发，结合自己的兴趣和爱好，遵从时代潮流，选择适合自己的消费、休闲方式。

五、结语

新生代少数民族农民工作为一个新生的社会力量，在消费与闲暇生活活动方面具有既不同于老一代少数民族农民工又异于城市同龄人的特点。根据布迪厄的观点，这是他们作为一个社会群体建构自身的方式，并因此产生了社会差异。他们选择的消费方式与他们自身的社会地位与收入水平密切相关，这是作为少数民

族农民工的一面；而作为“80后”的年轻人，他们也通过自己的方式来彰显其异于父辈们的特殊性。作为城市中的一个独特群体，新生代少数民族农民工的消费观反映了他们的社会融入情况，直接关系城市民族工作的开展效果与城市和谐民族关系的构建。因此，要推动其积极的消费与闲暇生活方式，社会各界都应做出努力，尤其是新生代少数民族农民工自己。但无论他们选择何种生活方式，我们都不该多做评判，社会应积极地去接纳和引导他们。

参考文献

[1] 刘传江．第二代农民工的市民化面临挑战 [J]. 湖北日报，2006（7）.

[2] 刘怀廉．中国农民工问题 [M]. 北京：人民出版社，2005.

[4] 李培林，李强，马戎．社会学与中国社会 [M]. 北京：社会科学文献出版社，2008.

[5] 黄传会．中国新生代农民工 [M]. 北京：人民文学出版社，2011.

[6] 王御覃，冯刚民．新生代农民工融入城市生活丛书：认识篇 [M]. 武汉：武汉大学出版社，2010.

[7] 刘俊彦．新生代当代中国青年农民工研究报告 [M]. 北京：中国青年出版社，2007.

[8] 孙立平．关于农民工问题的几点基本看法 [J]. 中国农村研究网．

[9] 朱力．中国民工潮 [M]. 福建：福建人民出版社，2002.

[10] 杨婷．有个人群叫农民工 [N]. 中国经济时报，2004.

[11] 国务院研究室课题组 [编]. 中国农民工调研报告 [M]. 北京：中国言实出版社，2006.

[12] 张永红．农民工休闲消费的现状与对策分析 [J]. 消费经济，2011(02).

[13] 吴漾．论新生代农民工的特点 [J]. 东岳论丛，2009（08）.

[14] 丁志宏．我国新生代农民工的特征分析 [J]. 兰州学刊，2009（07）.

[15] 姜桦．新生代农民工的梦想照进现实 [J]. 生意通，2010（04）.

[16] 严翅君．长三角城市农民工消费方式的转型——对长三角江苏八

城市农民工消费的调查研究 [J]. 江苏社会科学，2007（03）.

[17] 田圣炳，陈森 . 新生代农民工消费密码 [J]. 销售与市场（管理版），2011（06）.

[18] 唐有财 . 新生代农民工消费研究 [J]. 学习与实践，2009（12）.

[19] 汤伟伟，梁瑞兵 . 新生代农民工消费习惯与消费心理研究综述 [J]. 法制与社会，2012（30）.

民族地区“失依儿童”社会问题探析
——基于四川凉山彝族“失依儿童”的个案分析

周国起*

由于特殊的历史地理原因，四川省大小凉山地区的11个国家级贫困县集中连片，贫困面之广、贫困度之深，居全国前列。近年来，凉山又成为毒品和艾滋病的重灾区，纯朴善良的彝族同胞也未能逃脱毒品和艾滋病的魔爪，越来越多的家庭破碎，凉山地区彝族孤儿及其他失去家庭依靠的儿童达数万人。2015年由四川凉山彝族“失依儿童”木苦依五木写的“最悲伤”作文《泪》，使四川凉山地区彝族“失依儿童”引起社会的广泛关注。2012年央视新闻对这些“失依儿童”进行过报道，政府、基金、慈善组织等各种帮扶机构纷至沓来，救助这些失依的孩子们。在由中华红丝带基金、凉山彝族妇女儿童发展中心、中央民族大学中国少数民族研究中心联合主办的“善行凉山：救助失依儿童联合行动沟通交流会”上，来自中央民族大学西部发展研究中心副主任侯远高指出，“目前通过政府救助、社会救助等形式，已令约1.3万名四川省凉山彝族自治州的‘失依儿童’得到了救助”。但是大凉山里还有许多像木苦依五木这样的“失依儿童”，据统计，尚有1万多名[1]“失依儿童”徘徊在社会救助体系之外，并且面临着许多有关成长的社会问题，需要政府和社会各界的大力支持

* 周国起，男，1990年生，福建江夏人，北方民族大学马克思主义民族理论与政策专业2014级硕士研究生。

和帮助，更多地给予他们爱的关怀。

一、凉山彝族“失依儿童”产生的原因

基于社会生活和学术研究，多数学者认为“失依儿童”是指由于各种原因失去生身父母抑或是因其他各种原因无法得到成年人的正常照顾且只能由社会中的他人或是机构支持才能维持自己生活的16岁以下儿童[2]，而凉山彝族“失依儿童”产生的原因是多重的，但可以归纳为以下5个方面：

（一）经济落后，贫困问题较为突出

大多数凉山“失依儿童”的家庭都相对贫困、落后，这是导致大量“失依儿童”存在的根本原因。凉山彝区80%的贫困人口居住在海拔高达2500—3000米的山区，气候条件恶劣，土地贫瘠，农业水利设施欠缺，只能种植一些耐寒、耐旱的农作物，如洋芋、苦荞等，经济收入较低。据统计，2012年凉山彝族自治州年人均GDP为14306元，远远低于全省和全国17339元和25575元的平均水平。按照2011年中央贫困标准2300元计算，彝族贫困人口有62万，占彝族总人口的13.33%；按照恩格尔系数计算，彝族仅为51.29%，只处于温饱状态。[3]另外，特殊的地形、地貌使自然灾害频发，这就大大增加了凉山彝区的返贫率。如2011年凉山彝族自治州会理县连续遭受暴雨洪涝灾害，造成经济损失多达6000万元[4]，部分当地群众又重新陷入贫困。所以，凉山的扶贫攻坚任务还很艰巨，形势还不容乐观，彻底消除贫困，走向繁荣进步的道路还很漫长。由于贫穷，很多孩子父母没钱看病买药，以至于去世；有些孩子的父母为了讨生活而外出打工，却又因各种原因没有回到家中，从而导致“失依儿童”的存在。

（二）医学知识普及率低，医疗卫生条件相对落后

“凉山全州每千人口实有床位2.74张，低于2010年全国3.56

张的水平；卫生技术人员13411人，每千人口卫生技术人员2.8人，每千人口执业（助理）医师1.24人，每千人口注册护士0.91人，分别低于全国6.3人、1.79人和1.52人的平均水平；每个乡镇卫生院平均只有2.6人，每千人口乡镇医生0.93人，每千人口村卫生员0.07人，分别与全国平均水平1.3人、1.46人相差甚远。全州卫生机构平均缺员率为50%，县卫生机构缺员率为30%，乡镇卫生院缺员率达70%以上。”[5]医疗条件造成了彝族人民看病难的问题。在凉山彝族偏远地区，受彝族宗教文化传统的影响，仪式治疗疾病依然占主导地位，医生治病救人的工作主要由“毕摩”和“苏尼”两类神职人员承担。他们不仅是宗教人员，更是当地彝族人生活中的“医生”。几乎所有的当地彝族人，无论家庭经济、家庭地位、家庭状况如何，都倾向于请“毕摩”“苏尼”来治病。对于多数彝族农村家庭来说，生病后首选的治疗方式是“作毕”。在凉山地区的农村，存在不少医生无法治疗而经“毕摩”做仪式治愈的情况，也有“毕摩”“作毕”后不见效果转而求助于医生的事实存在。“毕摩”的仪式确实存在一定程度的心理暗示作用，然而对于重大疾病的医治，还是要依靠更科学有效的现代医学。当地彝族家庭对现代医学缺乏充分认识，加之当地农村医疗条件落后，往往耽误了病人最佳治疗时机。当地彝族父母的病逝直接使他们的孩子成为“失依儿童”。

（三）暴力犯罪、吸毒贩毒、艾滋病困扰

途经凉山彝族自治州的成昆铁路被称为毒品犯罪的“黄金通道”。据相关资料记载，自20世纪40年代以来，凉山彝族自治州就被境外毒品犯罪分子利用，成为毒品从“金三角”地区入境后由滇入川并输往全国的重要集散地。当前凉山彝族自治州毒品泛滥的地区绝大部分在中华人民共和国成立前就是毒品盛行地区，许多毒品犯罪分子的家庭成员都有毒品犯罪史，当地彝族认为种植、运输、贩卖毒品是祖辈流传下来养家糊口的本事而非犯罪。在一些彝族聚居区，受"有酒大家喝，有肉大家吃，有烟大家吸"的彝族传统习俗影响，民间普遍存在以提供毒品为招待贵宾最高规格待遇，更加导致了毒品吸食在当地的泛滥。[6] 由于吸毒"共针"现象的泛滥，加之婚前性行为和多性伴侣行为的存在，伴随而来的是艾滋病的流行。据统计，到 2012 年，凉山彝族自治州累计检测出的 HIV 感染者已超过 6000 例。另据专家估算，拥有近 200 万彝族人口的凉山彝族自治州实际感染人数不少于 2 万人。更为严重的是，在艾滋病感染者中，彝族占 91.54%; 15 岁至 40 岁的青壮年占 96.52%; 男性占 90.49%; 农民占 94.4%。[7] 在吸毒、贩毒、艾滋病和犯罪"夹击"下，许多家庭被摧毁，而家庭的支离破碎导致了"失依儿童"的存在。

（四）教育缺失，文化程度较低

凉山彝族的贫困问题较为严重，这导致了彝族受教育的年限较短，文化素质较低。当地彝族认为，只要接受更高的教育，就会有更好的工作，就能提高自己的生活水平，提升自己的社会地位。然而，由于我国劳动力过剩和大学生就业压力增大，导致大学生就业率较低。而当地彝族同胞感受到的现实也是孩子在千辛万苦完成初等或中等教育后，依旧不得不重回田间地头，重操家务旧业，无法实现改变生活处境和提升社会地位的目标。这些直接影响彝族家长让孩子接受教育的态度，最终导致"知识廉价"和"读书无用"的观念的盛行。彝族家长们认为，供孩子读书就是为了让孩子毕业后不用过像他们一样的生活。但如果孩子毕业后生活得不到改善，读书的费用就成了毫无意义的投入。

（五）生活习惯和消费观念的影响

"喝在酒上，穿在银上，用在神上"，这是历史上凉山彝族地区彝族群众生活习惯和消费观念的真实写照。受特定生存环境、社会历史背景和心理文化积淀的影响，酒几乎到了"无处不在、无处不有"的地步，形成了一种"以酒当茶、杀牲待客、来客必敬”的共喝、共吃、轻功利、重人际的民族文化心态。无节制的饮酒，成为导致彝族“失依儿童”悲剧的一个不可小视的因素。

二、“失依儿童”生存发展面临的问题

凉山彝族“失依儿童”是凉山地区最大的弱势群体。他们为何被称作“失依儿童”，就是因为他们失去了父母的依靠，失去了可以为其提供温暖的家庭。他们面临着诸多问题，总结为以下 3 个方面：

（一）生长环境困难，生活无助

据有关方面的调查结果显示，“被调查的 4231 名彝族儿童总营养不良率为 12.69%，其中轻度 8.74%（占 68.90%），中度 2.74%（占 21.60%），重度 1.21%（占 9.50%）；营养过剩率为 7.97%，其中肥胖率为 1.77%（占 22.26%），超重率为 6.06%（占 77.74%），营养良好率为 79.34%，其中中度和重度营养不良率占 3.6%，比重较高，其中‘失依儿童’占据了重度和中度营养不良孩子的大多数”[8]。凉山彝族地区“失依儿童”有很多都生活在国家级贫困县，他们缺乏基本的生活保障，缺乏食物和营养，大多身体发育不良，在生活方面尚不能完全得到保障，更何况医疗卫生，疾病得不到及时医治，卫生保健难以实现，他们的生活状况不容乐观。

（二）失学情况较为严重，教育缺失

“小学生年流失率平均达 25%，初中达 11%（这是州教委提供的数据，实际调查高于此数）。尤其令人忧心的是：流失的学生中，绝大部分是女生，女生的巩固率十分低。据统计，从 2004 年到 2007 年，女生在这四年的巩固率分别为 27.89%、26.7%、28.0%、30.59%。这表明，有 70% 的彝族女童没有能接受完小学阶段的教育就已失学，大多数只读完一、二年级后即

回家逐渐成为新的文盲；流失量最大的是实行一类体制的中小学生。如：喜德县民族中学，2006 年有学生 570 人，2007 年 430 人，2008 年 326 人，2010 年上学期 234 人，平均每年流失学生 100 多人；昭觉县民族中学，2008 年有学生 523 名，目前有 270 名流失了，流失率高达 48.4%；四开希望中学，2009 年有 229 人，2010 年 118 人，流失率达 43.9%；竹核中心校，2001 年有 43 名小学生毕业后全部升入初中，但只有 20 名去既觉中学和民族中学报到，目前只有 3 人在校学习，且这 3 人均属经济来源有保障者。”[9] 凉山彝族地区失学率、辍学率比较高，虽然国家实行免费义务教育，但是这些孩子连肚子都填不饱，又如何能在学校安心读书？许多“失依儿童”的家里没有劳动力，只有自己辍学在家照顾弟弟妹妹，或者回家种田糊口，或者为维持生计而外出打工。这些都是造成较高的失学率、辍学率的主因。除此之外，事实上有很多的“失依儿童”是由爷爷奶奶或者父亲方面的亲属抚养，因为监护人家里本来孩子也多或者监护人是吸毒人员，而未能得到良好的教育和抚养。

（三）依附关系丧失，生活适应困难

儿童的依附关系是建立在自我与他人内在关系模式的基础上，这些模式影响着儿童对自己和对他人的看法以及如何适应环境和解决问题的能力，所以依附关系是最终决定社会适应的品质。而对于凉山彝族自治州“失依儿童”来讲，他们很难形成安全可靠的依附关系，在生活照顾、亲密关系、自我概念和人际互动等方面都产生了很大的危机感，尤其是他们在经历情感无助、经济无靠以及监护权被转移的复杂过程后，容易诱发精神官能症和孤僻绝望的心理，他们对后续的社会适应将变得更加困难。

三、解决“失依儿童”问题的相关思考

少数民族地区“失依儿童”问题是一个社会问题，解决这个问题既需要社会的关注，又需要政府和社会的共同努力。解决的办法可以归纳为宏观与微观两个大方面：

（一）宏观方面

1. 搞好扶贫工作，物质扶贫和精神扶贫并重

大力发展好凉山地区的经济，切实落实好国家的扶贫政策，将扶贫资金用到位，用到刀刃上，发展具有当地特色的经济产业，真正改变凉山地区和彝族同胞的生活，提高彝族人民的生活水平。凉山地区旅游资源和矿产资源丰富，政府应加大开发力度，积极打造彝族文化乡和彝族文化旅游线，利用好彝族旅游资源，造福于彝族人民。人类历史证明，一个地区、一个民族的进步文明，总是体现在物质和精神等诸多方面，因此，仅对凉山彝区进行财力扶持是远远不够的。政府在对贫困地区物质扶贫的同时，应多制定一些智力扶贫策略，用现代文明去充实他们的精神世界，助推彝族贫困者自我脱贫和自我发展，肯定彝族贫困者在脱贫中的主体地位。在扶贫中满足贫困者的需要、提高贫苦者的能力和素质。在政府与社会的扶贫过程中，只有遵循物质扶贫与精神扶贫并重的原则，才能助推实现当地彝族的可持续发展，才能让彝族“失依儿童”摆脱贫困。

2. 大力发展教育事业，提高人们的素质

政府应加大对凉山彝族“失依儿童”教育的投入力度，提高彝族社会、彝族家庭对教育重要性的认识，突出地方性、民族性的教学方式和教学内容，并且开展多种形式的技术培训和继续教育。同时搞好希望学校和社会支教工作，使这些“失依儿童”能拥有较好的学习环境，以良好的文化知识提高他们认识社会和改变环境的能力。普及好生育知识，合理控制好家庭人口的增长，

提高人口素质。计划生育是我国的一项基本国策，但是彝族地区出于特殊民族政策，人口的自然增长控制比较宽松。因此，在凉山彝族自治州加强计划生育的监管力度，规范计划生育工作，做好计划生育政策的宣传和对育龄群众的计划生育教育，合理控制家庭人口的增长，引导当地彝族形成"摈弃糟粕、少生快富"的人文环境，是一项非常重要的工作。

3. 建立社会力量的参与机制，发展民族本土 NGO

当前，在凉山彝族自治州开展工作的 NGO 多为外部介入的国内、国际组织，他们面临着语言障碍、文化风俗差异以及难以长期深入彝区工作的一系列问题。因此，积极发展由彝族精英发起、依靠彝族传统文化、凝聚彝族自觉意识的彝族本土 NGO 成为一个必然趋势。彝族本土 NGO 既有能力选择和吸收外来文化，又有能力挖掘彝族自身的传统文化；既能够获取外部资源和信息，又能够整合内部力量。例如，"凉山彝族妇女儿童发展中心"依靠当地彝族社会资源、在凉山彝族自治州各级政府和国际组织的支持下，培训彝族青年知识分子和乡村志愿者，形成工作团队，创造了一种由民族内部发起的公益组织运作模式，积极对彝族"失依儿童"进行相应的心理辅导和作业辅导，在生活中尽可能地帮助他们。

（二）微观方面

1. 政府加大对"失依儿童"的社会保障投入

政府部门做好对凉山地区的"失依儿童"的统计工作，针对"失依儿童"的特点，制定具体的有针对性的帮扶政策和措施。对已经入学的"失依儿童"，可以为其提供每月 600 元的生活补贴，保障这些已经入学的"失依儿童"生活上的无忧，使其安心就学。同时建立正规的由政府支持的"失依儿童"之家，这些机构有别于儿童福利机构，是更为人性化的可以给予孩子们关爱的家园。在"失依儿童"之家中，政府应配备专职的员工，员工的职责类似于孩子父母，可以更好地监护孩子。政府还要配备一定数量的兼职教师和心理辅导人员，教育好“失依儿童”，对“失依儿童”在成长中所遇到的心理问题，进行及时的心理辅导，帮助他们健康成长。

2. 加大社会慈善机构和组织的参与力度，使“失依儿童”的救助由政府主导型向社会帮扶型转变

“失依儿童”多为没有父母的儿童，需要的是社会的关爱与支持。中国红十字会等社会救助机构，应深入彝族地区基层，把社会各界对“失依儿童”的捐款，按户如实地发放到每一个“失依儿童”手中，同时更多志愿者陪伴孩子们，也可以为一些“失依儿童”找寻善良的人家予以收养。社会上各种基金组织用以帮助孩子的钱款，应设立一个统一的管理机构——这个机构必须是透明、公开的，统一分发给孩子们钱与物，使他们花钱有度有节，健康成长。

3. 维护“失依儿童”的法律权益

凉山彝族自治州基层的司法机关根据国家各方面的法律规定，严厉打击各种侵害儿童的违法犯罪行为。根据《继承法》，切实维护“失依儿童”的合法继承权，保障“失依儿童”的经济来源。做好“德古”陪审制度的推行工作，向彝族同胞宣传法律知识，使社会各界对“失依儿童”的法律保障有明确的认识。严厉打击各种雇佣“失依儿童”充当工人的行为，保障“失依儿童”的生存权。对“失依儿童”还有其他监护人的，依据法律，让“失依儿童”重新获得被监护的权利，并且司法机关指定相关人员保障这项权利的落实，做好“失依儿童”法律保护工作。

参考文献

[1] 王珍．凉山：1万多名“失依儿童”亟待救助．中国民族报，2012(4).
[2] 闫学长．家庭功能缺失对民族地区失依儿童社会化的影响及对

策——以四川凉山彝族自治州布拖县地区为例．贵州民族大学出版社，2013：45-47.

[3] 陶际恒，赵青兰．凉山彝族自治州贫困问题的原因探析．理论纵横，2013（7）.

[4] 刘浩，赵晓霞．凉山彝族地区反贫困研究．中国当代史研究，2013（20）.

[5] 苏杰．努力缩小民族地区卫生发展差距．中国农村卫生，2013（8）.

[6] 周文瑞，宋雪．2010年凉山州艾滋病流行情况及防治现在调查．亚太传统医药，2011（7）.

[7] 宁二．艾滋病阴影下的彝人自救．南风窗，2012（7）.

[8] 李晓淳，杨进，谭萍．四川省凉山彝族儿童营养状况调查．中国学校卫生，2010（5）.

[9] 马林英，罗凉昭．凉山彝区教育发展现状调查及对策建议．西南民族学院学报（哲学社会科学版），2010（21）.

促进民族间交往、交流、交融新途径

——新疆察布查尔县民族社会工作初探

白　辰*

2014 年 9 月召开的中央民族工作会议明确提出："加强各民族间交往交流交融，尊重差异，包容多样，创造各族群众共居、共学、共事、共乐的社会条件，让各民族在中华民族大家庭中手足相亲、守望相助。"这一观点的提出，最重要的意义在于为民族工作的开展指明了方向，开辟了全新的视角。搞好民族工作可以从文化的角度、人的角度出发，拉近民族间人与人的距离，争取人心，使我国的民族理论和政策发挥最大的作用。

中国是一个统一的多民族国家，民族与社会是密切联系的。随着社会的快速发展，工业化、城镇化快速推进，使我国少数民族的分布状态和民族交往格局、各民族的发展进程、少数民族群体的社会结构和社会需求等发生了较大的变化。因此，在新的形势下，我国以往的民族工作理念、内容、方法都受到了很大的挑战，需要进一步创新工作机制。而"民族社会工作"在社会工作的价值理念基础之上，还要结合少数民族文化的特点来处理少数民族各项事务。

* 白辰，女，1988 年生，锡伯族，新疆乌鲁木齐市人，新疆师范大学马克思主义民族理论与政策 2014 级博士研究生。

一、相关理论问题阐述

（一）民族社会工作的界定

当前我国与民族社会工作相近的概念有"民族工作""民族地区工作""民族地区社会工作""民族工作社会化"。

"民族工作"是党和政府关于民族地区工作和针对少数民族群体及民族人士工作的总称，它包括政治、经济、社会事务等多方面内容；"民族地区工作"是针对少数民族聚居区（行政区）的各项工作；"民族地区社会工作"可以有两种理解：一是可以把它理解为"在民族地区开展的社会工作"，这既包括面对少数民族的社会工作，也包括在此空间范围内开展的面对非少数民族的社会工作。二是可以把它理解为针对民族地区的社会工作。"民族工作社会化"是在党委和政府领导下，运用政策、法规、经济、行政等手段，整合政府各部门和社会各层面的资源，全方位支持民族工作的一整套思维。①

从现今我国民族社会工作研究的成果来看，我国的民族社会工作还处于起步阶段。对民族社会工作内涵的界定也存在不一样的理解。郑杭生主编的《民族社会学概论》中提到，民族社会工作是社会工作与民族工作的交叉，它的定义是："政府和群众团体依据国家的民族政策，在社会工作的理论与方法指导下，对在物质和精神方面面临困境的少数民族的个人和团体所实施的一系列救助服务活动。"② 此外，还有许多学者对此有相应的界定。

无论学者们对民族社会工作的内涵如何界定，从整体上看，民族社会工作是以社会工作专业价值及其理论为指导，以非主体民族及其环境为服务对象，运用社会工作的专业知识与技巧，发掘和激活自身潜力，进而实现自我发展的学科。这里需要指出的是，

① 王思斌：《民族社会工作：发展与文化的视角》，载《民族研究》，2012 年第 4 期。

② 郑杭生主编：《民族社会学概论》，中国人民大学出版社，2011 年。

民族社会工作的对象不仅仅是需要帮助的少数民族，还包括生活在少数民族地区人数较少的汉族或者其他民族。

（二）民族社会工作的意义

2010年6月25日，中共中央政治局委员、国务院副总理回良玉在给“民族地区社会工作与社会建设论坛”的致信中指出：“发展民族地区社会工作，对创新民族工作方法、维护民族地区稳定、促进各民族共同繁荣发展具有重大意义。”①具体来说：第一，民族社会工作能够有效衔接制度文本、政策和制度执行、微观需求，发挥桥梁作用。第二，民族社会工作能够通过优化项目方案、监控项目过程以及实施全过程的项目评估，来完善针对民族地区或少数民族的社会福利项目，从而提高资源使用效率。第三，民族社会工作能够从民族地区或少数民族的实际需求、价值取向以及社会文化环境出发，通过“文化敏感”的工作策略、方法和技巧，来满足“案主”②多样化的服务需求。第四，民族社会工作要摆脱“输血型”发展模式的制约，通过调动本土资源和“案主系统”③的主体参与，提升各民族自力更生的能力。

二、查鲁盖路西街社区现状

察布查尔锡伯自治县成立于1954年，是全国唯一一个以锡伯族为主的多民族聚居自治县。该县根据地域划分了五个社区：果尔敏路东街社区（一区）；果尔敏路西街社区（二区）；查鲁盖路西街社区（三区）；查鲁盖路东街社区（四区）；法里春社

① 陈菲：《回良玉致信民族地区社会工作与社会建设论坛要求做好民族地区社会工作促进各民族共同繁荣发展》，中国政府网，2010年6月25日。

② “案主”是社会工作服务的对象，是社会工作服务的直接受益人。

③ “案主系统”指个人家庭、团体、组织或社区。

区（五区）。[①]

（一）调研发现之一：查鲁盖路西街社区工作人员的基本状况

查鲁盖路西街社区现共有社区工作人员 18 名，其中党支部书记 1 名，社区主任 1 名，党支部副书记 1 名，其他具体情况见表 1、表 2、表 3。

表 1

基本情况 / 人数 百分比	总数	性别		年龄				员工类型		
		女	男	25—30岁	31—35岁	36—40岁	41—45岁	干部	公益性岗位	大学生村干部
人数	18	11	7	2	5	4	7	9	7	2
百分比 /%	100.0	61.1	38.9	11.1	27.8	22.2	38.9	50.0	38.9	11.1

表 2

基本情况 / 人数 百分比	总数	民族					
		锡伯	维吾尔	汉	回	哈萨克	柯尔克孜
人数	18	8	2	4	1	2	1
百分比 /%	100.0	44.4	11.1	22.2	5.5	11.1	5.5

① 本文所涉及的社区数据都是本人在社区实习半个月期间由社区的工作人员所提供的 2013 年最新数据。

表 3

基本情况 / 人数百分比	总数	文化程度			
		本科	大专	中专	高中
人数	18	3	9	2	3
百分比 /%	100.0	16.7	50.0	11.1	16.7

从以上数据我们可以看出，其员工的基本状况有以下几个特征：

第一，从社区工作人员的男女比例来看仍以女性为主，从年龄来看主要集中在 35 岁以上，40 岁至 45 岁的较多一些。调研中发现，由于社区是基层单位，工作人员数量很少，大部分社区工作人员的年龄偏大，虽然年龄大的工作人员有非常丰富的工作经验，可是在具体的工作中不难看到，有的年龄偏大的社区工作人员会因为各种原因早退、晚到或者以入户检查为由不来单位。

第二，从社区工作人员的类型来看，社区工作人员中社区领导 3 名，社区干部 6 名，公益性岗位 7 名，大学生村干部 2 名。社区中公益性岗位的工作人员较多，是一个社区的重要力量。因为他们不仅在社区担任了一定职务，大部分还是“包片干部”，他们需要每周定期入户调查居民的状况，并且熟练掌握所管辖区所有居民的基本家庭情况，所以他们经常需要加班入户了解情况。上级领导还会定期检查“包片干部”对所管辖区内居民家庭情况的掌握程度。他们是基层干部中最贴近老百姓的，居民们无论什么时候、有什么事情都会去找“包片干部”来解决问题。但是，公益性岗位的工作人员一个月的工资只有 1000 元，有时会多给 200 元的补贴。在与“包片干部”的访谈中可以感觉到，他们从事的是较累、也较委屈的工作，国家给予他们的补助很少。

第三，从社区工作人员的民族成分来看，民族成分相对于城市的社区来说还是比较多，对于有需要帮助的不同少数民族居民基本上有相应少数民族社区员工为其提供服务。

第四，从社区工作人员的文化程度来看，处于偏低的水平。最高学历是本科，有 3 名，占总数的 16.7%。一些社区工作人员由于文化水平较低，没有接受过系统的社区工作培训，都是根据自己的经验来办公，在与居民交流、理解等方面也会受到一定的限制。对于大学生村干部来说，虽然他们满怀信心，希望把社区建设好，但有些事情无法做到位，工作受限。

（二）调研发现之二：查鲁盖路西街社区工作人员的工作状态

社区是我们生活中不可缺少的一个综合的群众基础机构，对于居住在一个固定区域内的居民，起着一种桥梁作用；它是我们信任的一个基础机构，也是与居民群众生活息息相关的基层组织。它是民族社会工作发挥功能的最重要的渠道。通过在查鲁盖路西街社区的实习调研发现，该社区的工作方式、方法有值得借鉴之处，也有需要进一步改善的地方。

1. 值得学习之处

第一，对于社区的“包片干部”来说，他们对于居民的基本情况非常了解，他们大多住在所管辖的区域内。因此，对于每个家庭住在哪里，有几口人，都从事什么工作，婚姻状况如何，是否流动人口，是什么民族等都很清楚。这是民族社会工作者必备的工作素质之一。

第二，社区对于流动人口资料的掌握也及时和准确。每个社区的综合治理部门每年都会对流动人口进行一次普查，对于所管辖的流动人口出租房屋的情况有详细记录，每一个出租户都有一个相应的案卷，案卷里对租户的信息、房东的信息、出租房屋的信息都有详细的记录。这样，如果流动人口出现问题或者需要帮助时，都能及时地找到相应的资料。对于少数民族地区的民族社会工作者来说，能够掌握社区居民的第一手资料是非常重要的一项工作。

第三，社区的办公硬件设施很好，为所管辖社区的居民提供了图书馆、医疗室、医疗康复室、亲子游乐园、青少年活动室等各种便民活动场所。这些便民活动场所可以拉近居民与工作者、居民与居民之间的关系，有利于民族社会工作的开展。

2. 需要进一步改善之处

第一，经过对社区工作人员的访谈了解到，社区的工作人员基本上没有接受过专业的社会工作或者民族社会工作的培训。他们认为自己所做的工作是社会工作，遇到涉及少数民族的问题时，因为长期居住在少数民族地区，所以自然知道要根据少数民族的状况来处理。在平时的工作中，社区、县政府等相关机构较少进行有关各少数民族文化背景、风俗习惯等的集中培训。即使培训，也是一种理论式的教学，只要对自己工作没有影响，也不会花费很多精力研究这些。平时基本上也是依靠自身经验和自己所掌握的少数民族知识来进行工作的。对于民族工作者来说，一定要有"文化敏感"，面对不同的少数民族，若不了解各少数民族的文化背景和风俗习惯，就无法从少数民族的角度出发，无法知道为什么少数民族群众会这样做，也无法开展下一步工作，不能及时解决少数民族的困难和问题。

第二，社区的工作人员对于所管辖居民的状况十分了解，对于流动人口资料也能及时掌握。但是根据实地调研发现，在社区工作人员入户调查时，有些居民会产生一种厌烦情绪。因为在相同的时间段里，社区、社区内的不同部门都去调查情况，而调查的资料又基本是一样的。这是由于社区的资料库建设不完善造成的，这种重复的工作不仅会使居民产生厌烦的情绪，也会使居民和社区工作人员的关系变得紧张。

第三，对于党和国家有关少数民族的各项政策，社区的工作人员会采取各种各样的方式及时向居民介绍，主要宣传方式有宣传画、宣传报、图画册等。但是接到这些宣传画册的居民，却很少会认真阅读。当他们到社区办理事情却办不成的时候，由于不了解政策，就会很生气，尤其有的居民是刚从牧区来的少数民族群众，在沟通上存在问题，也容易与社区工作人员产生矛盾。民族社会工作的一项重要任务就是在居民与政府之间起沟通作用，有效衔接制度文本、政策和制度执行、微观需求。怎样让居民真正了解党和国家的民族政策，保障少数民族群众的权益，是民族社会工作者的重要工作之一。

三、对察布查尔锡伯自治县民族社会工作构建的思考

通过对察布查尔锡伯自治县查鲁盖路西街社区的实习调研发现，县级社区的管理在一定程度上是比较规范、细致的。在对社区工作人员的访谈和调研中也发现，他们虽然没有进行过系统的、专业的有关民族社会工作的培训，但是他们却注重平时的工作细节和小事。我国是多民族国家，开展民族社会工作是十分必要的。对于如何规范民族社会工作，怎样进行民族社会工作，笔者试从以下几点做简要概述。

第一，加强民族社会工作的制度建设，建立和完善注册和管理机构。社会工作对于中国来说是“舶来品”，发展得并不是很完善，对于将社会工作本土化的民族社会工作来说更是一个全新的领域。作为一个新的领域，加强制度建设，建立和完善注册和管理机构是十分必要的。这是对一个新的领域的认可，也希望让更多的人关注它，得到老百姓的认可。另外，相关机构应该根据不同少数民族地区的实际情况，实施不同的政

策性规定和配套措施。

第二，大力发展有关少数民族地区社会工作的教育和培训。民族社会工作是一个新的领域，我国起步较晚，师资力量和教育经验都很匮乏。所以，相关部门要重视民族社会工作的教育工作，在各大院校设立专业，招收大学生尤其是各少数民族大学生来学习。在少数民族地区培养少数民族的社会工作者具有先天的优势，少数民族社会工作者不仅了解本民族的文化，而且能理解其他少数民族的处境，让他们在少数民族地区开展民族社会工作可以达到事半功倍的效果。另外，还可以对已经在社区工作的工作人员进行有关民族社会工作的培训，让他们可以学习到更加系统、专业的有关社会工作的价值理论和工作方法。

第三，加强社区工作人员对民族政策、民族制度、民族地区法律法规等的学习，这不仅有利于社区工作的开展，也有利于工作人员与居民之间的沟通，做居民与政府之间的桥梁。民族社会工作者不仅要把相关的政策、制度、法律法规传达给居民，而且要了解它们是否符合居民的实际情况，遇到不符合的情况时要及时向上级汇报。

第四，加强社区工作人员对少数民族文化习俗、历史传统等的学习，使社区工作人员有一定“文化敏感”。通过调研，虽然“包片干部”对居民的状况很了解，但是对于少数民族的文化背景却只了解一些表面的东西，甚至是不了解的。这样在处理少数民族纠纷、解决少数民族困难时，难免就会与少数民族群众产生误会和摩擦。在这种情况下，社区工作人员不能总是根据自己的经验去解决问题，而要找出问题发生的根源，有的放矢地开展工作。

参考文献：

[1] 常宝，元·巴特尔．民族社会工作 [M]. 华东理工大学出版社，2013.

[2] 王思斌．社会工作导论 [M]. 北京大学出版社，1998.

[3] 郑杭生．社会学概论新修 [M]. 北京：中国人民大学出版社，1998.

[4] 察布查尔锡伯自治县概况修订本编写组．新疆察布查尔锡伯自治县概况 [M]. 民族出版社，2009.

[5] 王思斌．民族社会工作：发展与文化的视角 [J]. 民族研究，2012（4）.

[6] 任国英，焦开山．论民族工作的基本意涵、价值理念和实务体系 [J]. 民族研究，2012（4）.

[7] 王旭辉，柴玲，包智明．中国民族社会工作发展路径：“边界跨越”与“文化敏感”[J]. 民族研究，2012（4）.

[8] 高岩，韩阳阳．浅谈民族社会工作在我国实现的途径 [J]. 学理论，2012（29）.

浅析城市少数民族流动人口对城市民族关系的影响

刘育言 *

2014年9月28—29日，中央民族工作会议暨国务院第六次全国民族团结进步表彰大会在北京举行。会议指出，改革开放以来，我国进入了各民族跨区域大流动的活跃期，做好城市民族工作越来越重要。对少数民族流动人口，不能采取“关门主义”的态度，也不能采取放任自流的态度，关键是要抓住流入地和流出地的两头对接。要把着力点放在社区，推动建立相互嵌入的社会结构和社区环境，注重保障各民族合法权益，坚决纠正和杜绝歧视或变相歧视少数民族群众、伤害民族感情的言行，让城市更好地接纳少数民族群众，让少数民族群众更好地融入城市。①

一、城市少数民族流动人口的特点

城市少数民族流动人口是指从少数民族聚集的牧区、山区和农村进入城市的非当地城市户籍的少数民族人口。通常是指原来生活在少数民族地区、现流入城市的人口。城市少数民族流动人口的特点主要表现在以下几个方面：

---

* 刘育言，女，1990年生，河南省开封市人，云南民族大学马克思主义学院马克思主义民族理论与政策2014级硕士研究生。

① http://news.163.com/14/0929/20/A7BA26CE00014SEH.html .（网易新闻）

（一）城市少数民族流动人口的流动范围不断扩大

改革开放初期，少数民族流动人口主要是由居住地向周边的城市流动。这个时期由于交通比较闭塞，流动范围比较小，信息不便，少数民族人口与外界的联系不多。随着改革开放的不断深入、城市化进程不断加快、信息化水平不断提高，国家在政策上放松了对流动人口的限制，生活在偏远地区的少数民族人口开始向沿海大城市流动。现在少数民族流动人口的流动范围打破旧格局，向全国各大、中、小城市流动，并且散居在汉族及其他民族之中，呈现出多、广、散的特点。

（二）城市少数民族流动人口数量快速增长

目前，我国少数民族流动人口已经超过3000万人，大部分流入东部沿海发达地区。广东省珠三角城市群在1982年第三次人口普查时，少数民族人口不足2万人，目前已接近200万人。北京市在1953年第一次全国人口普查时，少数民族人口有16.85万人，2010年第六次全国人口普查时，少数民族人口达80.1万人。[①]上海市于1990年第四次人口普查时，少数民族人口6.22万人；2000年第五次人口普查时少数民族人口达到10.41万人，10年增长67.4%；2010年第六次人口普查时，少数民族人口27.58万人，同2000年第五次全国人口普查相比，少数民族人口增加17.17万人，增长165.54%。[②]

（三）城市少数民族流动人口总体受教育水平低，就业单一

少数民族主要居住在偏远落后地区，经济发展水平偏低，现代化建设和教育水平比较落后，部分山区普及九年义务教育比较

① http: //www.cssn.cn/dybg/gqdy_gqcj/201404/t20140401_1054005.shtm.（中国社会科学网）

② http: //www.cnsaes.org/homepage/html/resource/res22/1078.html/http: //www.stats.gov.cn/tjsj/tjgb/rkpcgb/dfrkpcgb/201202/t20120228_30403.html.（第四次、第五次上海市人口普查公报）

困难，人口文化素质偏低，以至于城市少数民族流动人口的文化素质总体偏低。城市少数民族流动人口的就业范围狭小，主要从事民族餐饮、民族土特产以及加工等行业。少数民族流动人口就业主要是依靠地缘、血缘和朋友的介绍，很少能进入事业单位。以甘肃兰州市为例，少数民族流动人口中在餐饮等行业做服务人员和个体工商户的人相加起来，比例达到 42.4%，甚至有相当数量不足 18 岁的人员在餐馆打工；15—44 岁从事餐饮服务业的人员、个体工商户、待业及其他人员占这个年龄段人口总数的 78.1%。①

二、城市少数民族流动人口对城市民族关系的影响

少数民族流动人口对城市的影响日益凸现，最明显的是各民族之间的文化交流机会增多，多元一体的中华文化凝聚力增强，从而促进了城市民族关系的快速发展。但是，城市少数民族流动人口也给城市的发展、民族间的交流带来一些问题，对城市民族关系的发展产生一些消极的影响。城市少数民族流动人口，是一把“双刃剑”，对城市民族关系的发展有利也有弊。

（一）城市少数民族流动人口对城市民族关系的积极影响

少数民族流动人口的合理流动，是实现民族交往、促进各民族共同发展进步的有效途径。目前我国少数民族人口大量涌进城市，对于促进城市经济社会发展，改善城市民族关系有着积极影响。城市少数民族流动人口对城市民族关系的积极影响主要表现在以下几个方面：

1. 加强了多元一体格局的中华民族文化凝聚力

中国是一个统一的多民族国家，过去大多数人对这个概念的

① 林钧昌、赵民：《西北地区城市化进程中的流动人口与民族关系研究》，载《黑龙江民族丛刊》，2014 第 1 期。

认识仅仅停留在历史课本上，甚至部分中老年人只知道维吾尔族、藏族和回族等民族，对其他少数民族基本没有概念。在城市化进程中，大量的少数民族人员涌进城市，并将各自的民族文化也带进了城市，将本民族的饮食、服饰、文化传播到城市中。例如，全国各个城市中随处可见的兰州拉面、朝鲜族冷面等民族餐饮业，不同特色的民族文化在城市中交流与碰撞，促进了城市文化多元一体的形成，进一步巩固和发展了中华民族文化多元一体化的格局。

2. 促进了城市和民族地区经济社会的发展

马克思曾指出："各民族之间的相互联系取决于每一个民族的生产力、分工和内部交往的发展程度。"经济关系作为民族关系的基础，对城市民族关系的影响发挥着重要的作用。① 随着城市化进程的不断深入，我国形成了大规模的民工潮，包括城市少数民族流动人口在内的大量劳动力涌入城市，满足了城市对大量劳动力的需求，更直接促进了城市经济社会的发展。与此同时，城市少数民族流动人口从城市中学到了先进的科学技术、生产技能，不仅改善了自己的生活，而且改善了少数民族地区的落后的经济社会发展状况。

（二）城市少数民族流动人口给城市民族关系带来的消极影响

城市少数民族流动人口大量涌入城市，在促进城市民族关系的同时，也带来了一些不利于民族关系和谐发展的问题，由民族问题引发的社会矛盾开始逐渐增多，使城市民族关系进一步复杂化。城市少数民族流动人口给城市民族关系带来的消极影响主要表现在以下几个方面：

---

① 牛燕军：《少数民族流动人口对城市民族关系的影响——以乌鲁木齐为例》，载《新乡职业大学学报》，2012 年第 1 期。

1. 城市社会的偏见影响和谐的城市民族关系

美国社会学家密歇尔·戈登认为，偏见与歧视是衡量民族关系的两个重要变量。① 城市居民对少数民族流动人口的偏见以及来自城市的制度性歧视与非制度性歧视等在很大程度上会引发群体性摩擦甚至冲突，将会严重影响到城市居民与城市少数民族人口之间的相互认可程度，影响到少数民族流动人口对城市社会的认同，势必会产生民族关系问题。② 由于城市少数民族流动人口大多来自偏远落后的民族地区，进入城市后有的人仍旧保持本民族特有的文化传统习俗，与城市中的现代文化格格不入。而有的城市居民由于跟少数民族缺乏沟通和了解，对城市少数民族流动人口存有误解和偏见。城市居民对城市少数民族流动人口的偏见和歧视，在一定程度上会影响城市民族关系的和谐发展。

2. 民族问题本身的敏感性影响城市民族关系

近年来，随着网络的普及和通信技术的发展，同一民族人员之间的联系愈加紧密，一旦发生民族事件，通过 QQ、微信朋友圈、微博等通信软件在短时间内迅速传播，加上现代交通的便利，能使同一民族的流动人口迅速聚集起来，如果处理不好，矛盾将进一步扩大，对和谐的城市民族关系产生消极影响。有时，仅仅因为当事双方是两个不同民族的人，就将事件上升为民族事件，严重影响民族团结和国家安定。③

---

① 沈林、张继焦、杜宇、金春子：《中国城市民族工作的理论与实践》，北京：民族出版社，2001 年，第 108 页。

② 汤夺先：《试论城市少数民族流动人口问题与城市民族关系》，载《黑龙江民族丛刊》，2008 年第 1 期。

③ 尹素琴：《流动的力量——和谐民族关系视野下的少数民族流动人口的探析》，载《黑龙江民族丛刊》，2011 年第 5 期。

三、加强城市少数民族流动人口服务与管理的对策与建议

党的十八大报告中强调，“完善和创新流动人口和特殊人群管理服务”。政府职能部门在进行服务与智能管理时，要考虑到少数民族的特殊性，在对他们的宗教信仰、风俗习惯充分了解的前提下进行服务与管理。我国经济社会发展的现状决定着在相当长的一段时间内，城市少数民族流动人口还将持续增多。政府和社会力量需要全面协调，发挥自身对和谐城市民族关系的积极作用。

（一）加强政府职能部门对城市少数民族流动人口的服务与管理工作

1. 加强政府主导的少数民族流动人口劳务输出和劳动力的服务与管理工作

在中国城市化进程中，少数民族流动人口对城市的经济社会发展有着至关重要的作用。但是大多数少数民族流动人口缺乏就业信息而未能外出打工，或在城市中找不到合适的工作。所以应由政府部门牵头，组织少数民族人员进城务工，为城市少数民族流动人口提供更多的正规就业机会。政府出面组织劳务输出工作，可以有效地保障少数民族流动人口的利益，避免在城市工作中受到不公平的待遇，更能避免因城市少数民族流动人口在工作中受到不公平待遇而破坏和谐的城市民族关系。

2. 加强少数民族流动人口流出地政府与流入地政府的协调与合作

城市少数民族流动人口流出地政府应该对流动人口进行相关政策、法律等方面的教育工作，特别是帮助城市少数民族流动人口正确认识民族之间的关系，不能利用自己民族身份的特殊性，

不遵守城市的法律和政策，影响城市民族关系的和谐发展。特别是流出地政府应该对流动人员进行技术培训，提高他们的就业能力。城市少数民族流入地政府应对流动人口提供就业信息、医疗、社会等方面的基本保障，让流动人口更容易地融入城市生活。

（二）加强社会力量对城市少数民族流动人口的服务与管理工作

1. 鼓励和支持社会中介力量参与服务及管理工作

随着城市少数民族流动人口的快速增长，城市中汇集了各个民族的精英代表，他们成为自己民族的代言人。政府应积极吸纳少数民族精英代表参与服务与管理工作，发挥他们作为民族代言人身份的优势，对城市少数民族流动人口进行政策、法律方面的宣传教育，帮助少数民族流动人口适应城市的生活，弥补政府职能部门管理的空缺部分，协调解决好城市少数民族流动人口的相关问题，促进城市民族关系的和谐、稳定发展。

2. 将城市少数民族流动人口纳入城市社区化服务与管理

所谓流动人口的社区化管理，是指在政府的统一领导、宏观调控，以及有关职能部门的积极配合和指导下，基层社区以社区资源为基础，运用社区管理的机制与手段，促进社会整合与稳定。[①] 政府职能部门可以通过少数民族流动人口居住的社区为流动人口提供相关的服务，在保障他们权力和利益的同时，使其逐渐参与到社区的管理中，让流动人口对城市社区有归属感。社区还可以为城市少数民族流动人口提供就业信息、就业技术培训等服务，不断提高他们的就业能力，保障城市少数民族流动人口的合法权益；动用社会力量开办农民工子弟学校，接纳少数民族流动人口子女入学，公办学校应对符合条件的适龄儿童开辟绿色通道，使他们能够就近入学，接受义务教育；开展法律法规教

① 朱力、陈如：《城市新移民——南京市流动人口研究报告》，南京大学出版社，2003年。

育和咨询服务，使其知法懂法，并能维护自身的合法权益。[①] 加强社区化服务与管理，不仅能加强各个民族流动人口的交流交往，更能促进城市民族关系的协调发展。

（三）加强服务，积极引导少数民族流动人口融入城市社会

1. 积极推动城市少数民族流动人口管理向服务型发展

目前，政府职能部门对城市少数民族流动人口的管理比较滞后，通常是发现问题才开始处理，长此以往，对民族之间的交往非常不利。同时政府职能部门对于城市少数民族流动人口的工作，缺乏服务理念。如果对城市少数民族流动人口只谈管理，不谈服务，不利于流动人口接受管理和遵守法律规范，更不利于国家的稳定和发展。党的十七届五中全会通过了第十二个五年规划建议，《建议》中对推进行政体制改革提出了方向性要求，即进一步转变政府职能，建设法治政府和服务型政府。这也说明了对城市少数民族流动人口的管理要向服务型转变的重要性。

2. 大力培养和使用少数民族干部

认真贯彻全国人才工作会议精神，建设实施一项工程，即实施少数民族流动人口素质提升工程，提升外来少数民族劳动力素质，打造少数民族精英队伍。[②] 少数民族干部是党和政府联系少数民族群众的重要桥梁和纽带，是做好国家民族工作的重要骨干力量。少数民族干部对于少数民族的文化、宗教信仰、风俗习惯有着更为深刻的了解，更容易让少数民族产生亲切感。对于管理城市少数民族流动人口中遇到的纠纷和问题，他们起着关键性的、

① 宿光平：《城市少数民族流动人口问题思考》，载《河北师范大学学报》，2015 年第 3 期。

② 段成荣、迟松剑：《我国少数民族流动人口状况研究》，载《人口学刊》，2011 年第 3 期。

汉族干部无法替代的作用。[①] 在城市中大力培养和使用少数民族干部，同时加强对少数民族后备干部队伍的建设，对于引导城市少数民族流动人口融入城市社会生活起着至关重要的作用。

① 汪霞：《民族问题与和谐社会——浅谈城市少数民族流动人口管理》，载《经纪人学报》，2006 年第 1 期。

麦盖提县少数民族教育调查报告

张　艺*

随着科学技术和经济文化的大发展，大量人员来到新疆，并为这里带来了经济的发展与教育上的变化。人们开始加大对教育事业的投资、注重人才的培养。但新疆在教育事业和对人才的培养方面与内地沿海地区相比仍有较大的差距。经济的发展离不开教育，社会的稳定离不开教育，新疆兵团同步实现新疆的社会稳定与长治久安目标更离不开教育。虽然在新疆已经普及了九年义务教育，但是接受高年级教育的人员仍比较少，主要存在师资力量、家长对教育重视不够，以及家庭经济条件不佳等问题。为了进一步了解麦盖提县少数民族人员的受教育现状，针对麦盖提县人对教育的重视程度、民族教育政策是否得以落实进行了一次调查。

一、麦盖提县少数民族文化程度调查

麦盖提县位于喀什地区东部，塔克拉玛干大沙漠西南边缘。地处北纬 38° 25′ —39° 22′，东经 77° 28′ —79° 05′ 之间。境域南北宽 136 千米，东西长 160 千米，总面积 1.52 万平方千米。麦盖提县于民国十七年（1928 年）八月从巴楚县析置建县。建县前系巴楚县西南部的一个重镇，隶属喀什噶尔行政区，民国

* 张艺，男，1991 年生，汉族，新疆喀什人，新疆师范大学政治与公共管理学院马克思主义民族理论与政策 2014 级研究生。

三十二年（1943 年）改由莎车督察专署管辖；1956 年，莎车专署撤销,麦盖提县隶属喀什专署(行署)管辖至今。麦盖提辖 9 乡、1 镇、4 场，即巴扎结半乡、希依提墩乡、央塔克乡、吐曼塔勒乡、尕孜库勒乡、克孜勒阿瓦提乡、库木库萨尔乡、昂格特勒克乡、库尔玛乡、麦盖提镇和五一林场、胡杨林场、园艺场、良种场。县内还驻有生产建设兵团三师四十三团、四十五团、四十六团、前进水库管理处和驻疆部队某部农场（恰斯农场）。①

2014 年，麦盖提县总人口 277353 人，其中男性 139350 人，女性 138003 人；农业人口 197770 人，非农业人口 79610 人。该县有维吾尔族 229674 人、汉族 46536 人、回族 615 人、蒙古族 40 人、藏族 101 人、乌孜别克族 46 人、土家族 85 人、满族 30 人、哈萨克族 2 人、其他民族 205 人。②

（一）调查地点与方法

本次调查地点在新疆喀什地区麦盖提县麦盖提镇。主要对少数民族受教育程度进行了调研访谈。此次调查访谈了 168 人，都是维吾尔族。笔者认为，麦盖提县各地区少数民族受教育程度基本相同，因此抽样调查的这些地区较有代表性。

本次调查采取抽样调查法，主要是访谈和通过相关部门收集资料等。

（二）调查数据分析

本次调查访谈的 168 人中有 7.14% 是没有上过学的，这些没有上过学的人基本上都是年纪较大。90.48% 的人接受了初级、中等教育，而接受过中等（高级）教育的人是比较少的，只占 5.36%，大部分人集中在初级教育和中等（初级）教育。接受高等教育的人仅占 1.79%。如表 1 所示，被调查人员基本上都接受

① 见《喀什地区志》。

② 数据源于 2014 年的统计，来自麦盖提县统计局。

了普通教育，仅为小学和初中文化水平的人所占比例较大，接受过中等教育的人比较少，大专及大专以上的人则更少。分析产生这种现象的原因，主要是当地人对教育不重视、经济发展滞后、消息闭塞。

表 1 麦盖提县少数民族文化程度调查分析

文化程度	大专及以上	高中	初中	小学	未上过学	总计
人数	3	9	54	89	12	168
所占比例 /%	1.79	5.36	32.14	52.98	7.14	100.00

注：表 1 的数据是通过访谈得到的。

1986 年 4 月，我国颁布了《中华人民共和国义务教育法》。[1] 教育法的颁布，普及了中等（初级）教育，为人们接受较高层次的教育提供了可能。全国大力推广的义务高中教育在南疆三地州已经实施，并且有望于 2015 年在这些地区全部实施，让这些地区的孩子都能够接受更加良好的教育。

虽然新疆的教育事业发展迅速，给孩子们提供了良好的学习条件，但是从整体上看新疆信息滞后、资源缺乏、教师和资料缺少，尤其是少部分群众的思想意识跟不上发展的节奏，他们认为能够识字就好，这在一定程度上阻碍了新疆教育事业的进一步发展。这些问题带来的最终结果是人们对教育重视不够，有些学生中途辍学回家，接受高等教育的人比较少。图 1 中的数据反映了麦盖提地区学生接受教育程度的基本情况，接受小学、初中教育的人较多，但接受更高层次教育的人较少。

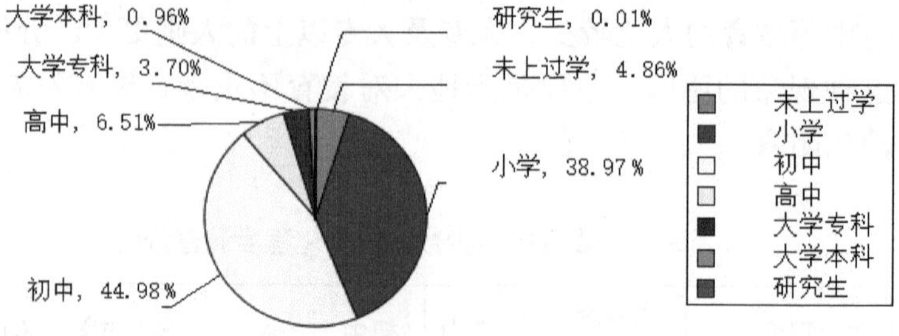

图 1 麦盖提县人受教育程度状况

* 注：此图中数据来自麦盖提县统计局在 2010 年全国第六次人口普查时的统计数据。

二、麦盖提县少数民族接受教育所面临的问题

新疆实行的教育是“双语”教育和普通的汉语教育，麦盖提县的学校大部分是“双语”学校，但是也面临着一些问题。

第一，教育的观念滞后。

少数民族家庭一般生的孩子比较多，家里的花销比较大，经济压力大。家长普遍认为孩子能够读书识字就行，女孩迟早要嫁人，男孩能提早挣钱、为家里补贴家用是最好的，家长对教育缺乏重视是最大的问题。

第二，教学师资力量缺乏。

麦盖提地区有 1 所高中、2 所初级中学，还有 1 所完全中学。学前教育和小学教育机构有：45 所幼儿园，61 所小学。从以上数据和学校的建设情况来看，有一部分学生在上完小学或者初中后就辍学回家了。出现上述情况，一方面与个人家中的经济收入有关，另一方面是因为专业老师缺乏，“双语”老师少，并且教学资源不够，这与滕星教授认为的“新时期双语教育凸显出来的主要

问题是缺少合格的双语师资和双语教材”基本一致。[①] 最终，导致教学质量跟不上，学生的德智体美教育不能得到很好地开展。另外，对于少数民族学生来说，他们在学前教育和小学教育期间接受“双语”教学不够，而有些学生则要去较远的地方求学，对新接触的事物和环境感到不习惯、不方便，导致学生无法全身心地投入学习。

第三，经济条件落后。

新疆处于内陆地区，地形复杂多变，尤其是南疆地区，在生产力和经济发展还没有得到较大改善的情况下，教育事业是较为落后的。新疆南疆在20世纪80—90年代主要靠人力进行经济建设，在2008年之前主要的运输方式是畜力，在2008年以后由于北京奥运会的召开，给中国带来了前所未有的经济发展机遇，新疆南疆由畜力经济时代转变为机力经济时代。这个时期的经济发展对南疆的教育事业产生了至关重要的影响。

（一）人力经济时期

人力经济时期，从20世纪60年代兵团走进新疆开始，到20世纪80年代，新疆一直是靠人力进行生产，用独轮手推车、背篓等工具进行开垦。这个时期民族之间的交往比较少，人们的经济收入也少，只有少部分人进行民族之间的经济交往。当时懂得其他民族语言的人员也比较少，主要是因为南疆的地貌以戈壁和沙漠为主，地广人稀，交通非常不便利，道路一般是土路，人们很少出远门，只在小片固定地区进行经济交往。这就出现了小片地区民族间的贸易经济交往。小片地区民族间的经济交往以餐饮、日常用品和农机具为主，此外还包括一些具有民族特色的服饰。地区之间距离较远的民族，经济贸易往来也比较少。没有经济的发展，就没有教育的发展，在这个时期人们对教育不太重视，只有一部分人认识到教育的重要性。

---

① 白英、滕星：《民族文化传承与双语教育发展》，载《思想战线》，2015年第2期，第58页。

（二）畜力经济时期

这个时期交通工具主要是牲畜，以驴车、骡车和牛车为主，马车次之，偶尔会用骆驼载货。相比而言，这个时期南疆的道路交通已经比较便利了，外来物资相对较多，先进的科技被引进，人们的生活水平普遍得到提高，交通工具不再使用人力而改用蓄力。交通的便利，使少部分拥有富余资金的人有条件跳过畜力而直接换机力车进行民族间的经济交往。各民族间从原来的小片区域经济交往慢慢地拓展到更远的区域，甚至与国外一些地区进行经济贸易交流。自此人们开始对教育逐渐重视起来，知道教育是改变自身或者一个家庭的关键。有觉悟的少数民族家庭开始重视孩子的教育问题，着重培养孩子学习更多的文化知识，使他们能够凭借自身能力走出去，了解外面的精彩世界。

（三）机力经济时期

自 2002 年喀什通火车，到 2008 年北京奥运会的成功举办，新疆南疆的经济迅猛发展，交通更加便利，民族间的交流更加频繁，教育水平得到不断提高，学校一般用“双语”进行教学，会多民族语言的人增多。民族间的交往更加简单，经济贸易往来增多，不再是以前区域化的小农经济，而是以大型贸易经济为主的商品经济，如南疆的瓜果出口贸易、红枣的集约化加工贸易等。大型商品经济贸易带动了各民族经济的发展，使民族间的交往不再像以前一样，在这个时期基本形成了具有少数民族特色、商品种类繁多的市场经济，少数民族与汉族之间的经济交往已经不以民族划分。此时，国家对南疆的教育也十分重视，大力培养既懂得本民族文化又有高学历的少数民族学生。国家实施了很多有利于南疆学生上学的优惠政策，增加了少数民族学生上学的机会。

根据调查得到的数据（见图 2）显示，麦盖提县 2014 年的人均纯收入为 8000 多元。麦盖提县地处南疆地区，经济比较落后，交通不便利，大多数居民靠农耕为生，经济来源单一，收入不高。

虽然已经普及了义务教育，但对于一个家庭来说，供其所有孩子上学的费用确实有点高。

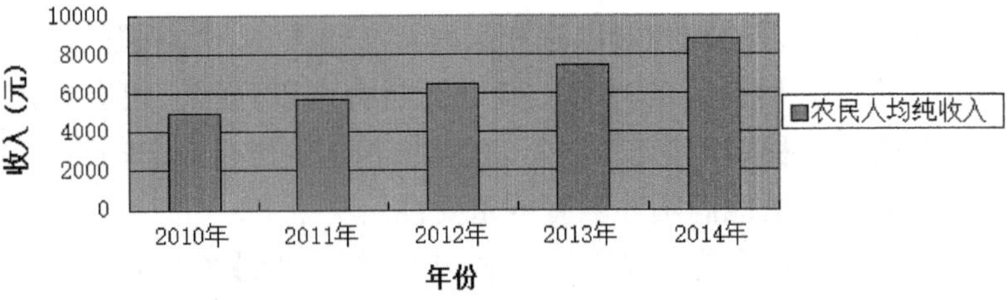

图2 麦盖提县人均纯收入

个案：我采访过一个维吾尔族家庭，这个家里有4个孩子，老大和老二是大学生，老三和老四只是初中毕业。我问在家务农的老三："为什么没有继续上学，你的哥哥姐姐都是大学生，你的爸爸对教育也很重视，你上高中应该没有问题吧？"老三回答："家里有6口人要吃饭，哥哥姐姐要读书，家里只有40亩棉花地和30多只羊，已没有钱供我读书，其实我的成绩也不好，也有不读书的想法，所以只能在家种地。"

可以说是落后的经济阻碍了教育的发展，减少了人们接受更高教育的机会。如果有更好的教学资源和坚实的经济基础，这种现象就会少得多。

三、对麦盖提地区民族教育的建议

九年义务教育的实施使麦盖提县的人基本上都接受了初等、中等教育。但是，由于上述问题，使麦盖提县接受高等教育的人较少，少数民族人群中的这种现象更为突出。面对教育落后的问题，政府部门在南疆三地州实行了十二年义务教育制度，并且大力推进“双语”教育。对此，笔者提出以下看法与建议。

第一，改变教育观念。

新时期良好的教育对国家和家庭意义重大，一个富强的国家，一定要给予人们良好的教育，良好的教育可以强国，可以富家，可以促进社会稳定地向前发展。对家长和学生进行观念教育，要用实际的例子给他们阐述教育的重要性。

第二，大力推进“双语”教学，切实提高少数民族教育质量。

语言对于学生来说是至关重要的。少数民族学生学好“双语”，能使他们更快地掌握知识，从而提高学习质量。姚文遐认为：“没有少数民族教育质量的提高，就没有新疆教育事业的全面发展……要切实转变教育观念，创新发展模式，以汉语教学为突破口，积极推行‘双语’教学，加快推进少数民族教育教学改革……”①但是，新疆实行“双语”教育的时间比较晚，根据访谈结果得知，麦盖提地区的“双语”教师很少，而聘请“双语”老师的结果也不令人满意。在这种情况下，一定要加大对教师的培养力度，另一方面可以采取学前教育只用汉语授课，到小学再用民汉“双语”教学的措施，民汉语言一起学。这样既可以从小树立民族团结观念，又可以提高学习效率。

第三，注重教育资金投入的合理性。

黎英认为：“新疆对教育的投入已经居高了，但是新疆内部教育结构不合理，片面强调教育的投入，偏重数量、规模，没有对质量和成果有正确认识，粗放式加大教育投入。”②要保障学生有一个好的学习环境，让学生能够安心学习，不因外部条件导致学业荒废。资金的投入不全是国家的粗放型投入，也有民间慈善

① 姚文遐：《新疆少数民族教育现状与发展思路》，载《实事求是》，2013年第3期，第76—80页。

② 黎英：《新疆教育现状思考》，载《合作经济与科技》，2015年，第180—181页。

机构以及个人的“点对点”具体式的教育扶贫。国家是大方向，如建立一个小型的图书馆，为学生提供一个好的读书环境，从小培养读书习惯，增加学生的知识储备量，扩宽他们的视野。慈善机构和个人是细节的处理，对家庭贫困的少数民族学生给予一定的经济和物质上的扶持，以协助教育质量的提高。

四、结语

麦盖提县的少数民族基本上接受了良好教育。在麦盖提县，虽然已经普及了义务教育，但是接受高年级教育的人员比较少。在师资力量、教育质量和家长对教育的重视程度等方面存在一些问题。面对这些问题,我们要加大对教育的投入力度,大力推进“双语”教学，提高该地区的教育质量，这对维护社会稳定和国家的长治久安有一定的促进作用。

参考文献

[1] 中华人民共和国义务教育法.

[2] 白英,滕星.民族文化传承与双语教育发展[J].思想战线,2015,(02):58-63.

[3] 姚文遐.新疆少数民族教育现状与发展思路[J].实事求是，2013,(03):76-80.

[4] 黎英.新疆教育现状思考.合作经济与科技，2015:180-181.

[5] 杨瑞旭，蔡文伯.新疆少数民族教育政策的发展历程研究.兵团教育学院学报，2013:(05):1-4.

[6] 邓和平，方建华.新疆学前双语教育质量评价指标体系探析.兵团教育学院学报，2015，(03):7-10.

[7] 张国庆.少数民族教育优惠政策的正当性分析.前沿，2015，(01):92-95.

和谐社会视野下三营镇和谐家庭亲情责任的构建

马学骄*

一、概念解读

和谐社会是我国在2004年提出的社会发展战略目标，指和睦、融洽并且各阶层齐心协力的社会状态。中国共产党第十六届中央委员会第四次全体会议正式提出了“构建社会主义和谐社会”的概念。自2005年以来，中国共产党提出将“和谐社会”作为执政的战略任务，“和谐”的理念成为建设“中国特色的社会主义”过程中的价值取向。社会主义和谐社会要求以人为本，促进科学发展，推动整个社会的全面进步，人民富裕安康，社会稳定有序、充满活力，全体人民群众各尽所能共同缔造和谐共处的社会。和谐发展、幸福美满的家庭，为个人的成长和事业的发展提供了坚强后盾和可靠保障。

和谐家庭以情爱为纽带，以家庭成员的全面发展为目标，以经营共同拥有的积极向上的家庭为价值取向，以民主平等、团结友善的家庭（邻里）人际关系等为主要内容。家庭和谐，指的是家庭内部之间夫妻感情关系融洽、代际关系良好、家庭与家庭之间和谐、家庭与社会环境和谐四个方面。胡锦涛在党的十七大报

* 马学骄，1991年生，甘肃平凉人，宁夏大学政法学院马克思主义民族理论与政策专业2014级硕士研究生。

告中首次提出加强“家庭美德”和“家庭责任”建设,倡导建立“男女平等、尊老爱幼、互爱互助”的社会风尚。这是新时期我们党高度重视家庭建设的集中体现。事实上，创建和谐家庭是在新时期贯彻科学发展观和构建和谐社会的背景下，将和谐理念与和谐精神寓于各类家庭创建活动中的重要体现。

中国的传统家庭观念比较看重亲情，亲情行为是人们自觉的行为,是一种本能。而责任与其不同,责任是个人分内应做的事情,是处于各种不同社会地位的人应当承担的一种义务。有亲情存在,责任便会退而次之。但是在当今这个生活压力较大的社会，亲情和责任是分不开的。比如，疼爱妻子儿女、孝敬父母老人，这既是彼此间亲情的体现，在展现亲情的同时也履行了责任，所以调整家庭内部关系时最基本的是将亲情和责任联系在一起。

社会是由诸多家庭组成的，每一个人都在不同的家庭环境中生活。家庭是否和谐，不仅关系到每个人的幸福和每个家庭的稳定,更关系到整个社会的健康与稳定,甚至事关和谐社会的建设。和谐社会的构建首先应从营造和谐家庭开始。构建和谐社会是一个庞大、复杂的社会系统工程，需要首先搞好基础建设。而营造和谐家庭，是构建和谐社会的基础性建设，是庞大系统工程中的一个“子系统”。构建和谐社会应首先抓好和谐家庭建设。建设和谐家庭就是要用家庭成员之间的和谐来促进社会人际关系的和谐，用邻里之间的和谐来促进社群、村居的和谐，从而推动和谐家庭建设向更高层次的升华，为促进社会的和谐发展、社会的文明进步贡献力量。

二、和谐家庭亲情责任的基本内容

“好婆婆”“好媳妇”“好女婿”是固原市原州区开展的评选项目，旨在弘扬中华民族孝老敬老的传统美德，在全社会形成良好的社会风尚，进一步形成尊老爱亲、家庭和睦、邻里融洽、文明和谐的家风，带动社会风气的好转，进而促进和谐社会的建设。笔者比较赞同费孝通在《江村经济》中指出的有关“家族”的概念，“家庭这个名词，人类学家普遍使用时，是指一个包括父母及未成年子女的生育单位。中国人所说的家，基本上也是一个家庭，但它包括的子女有时甚至是成年或已婚子女。有时，它还包括一些远方的父系亲属”①。不过笔者认为对此应该进行更加细化的补充：和谐的家庭，成员包括步入老年甚至暮年的祖父辈，和谐的家庭关系，必须加进子辈、孙辈与老辈之间的亲情责任关系。

（一）上下代之间的责任类型

狭义的代际关系是就单个家庭内部而言的，指亲代与子代的关系。代际关系在人类的生存和发展过程中是权利与义务对等的体现，是相互保障关系。在中国，赡养父母是子女义不容辞的义务。这里的“义务”是与“责任”合而为一的，义务即责任。中国上下代之间是一种反馈模式：子代对长辈的赡养与长辈对子代的抚养共存，即甲代抚养乙代，乙代赡养甲代，体现了父代与子代的平衡性。笔者调查研究的三营农村就是这种典型的反馈模式。

1. 祖孙亲密无间型的和谐责任关系

中国传统的代际关系是亲代抚养子代成长，待子代成年之后反过来赡养年老体弱、已丧失劳动能力的亲代。从质上来说是一种双向平衡的“哺育”与“反哺”的关系。但随着社会生活的提高和生活压力的增大，这种平衡关系被打破，并生成了第三种关系，即亲代抚养子代成人，即使年老体弱，也需要再一次去哺育抚养子代的子代，即孙代。若干年之后，亲代享受子代和孙代共同的“反哺”。

对老年人来说，抚养孙代一方面是不小的责任，另一方面也

---

① 费孝通：《江村经济》，北京大学出版社，2012年10月，第29页。

是精神上“天伦之乐”需求的满足。祖父母对于孙子辈，往往爱护有加，宽慈无比，有俗言“孙子比儿亲，另是一房分”[①]“隔辈亲，亲又亲”，这种亲密无间的隔辈亲似乎成了人类的一种自然规律。老人疼爱孙辈的程度远远超过疼爱自己的儿女，爷爷奶奶亲孙辈，孙辈也爱爷爷奶奶。

2. 公婆与儿媳间、岳父母与女婿间责任义务型的和谐关系

公婆与儿媳间之所以被笔者定义为责任义务型的代际关系，是因为虽然法律没有对婆媳关系做出定义，也没有明确指出婆婆与儿媳间的义务和责任，但是婆媳关系属于家庭中父辈与子辈的关系，儿媳在和自己的儿子婚姻关系存续期间，与儿子享有同等的义务和权利。又如费孝通先生在《江村经济》中指出：“家庭纠纷更经常地发生在儿媳与婆婆之间。人们理所应当地认为婆婆是儿媳的潜在对手。她们之间发生摩擦是司空见惯的，因而关系和睦就会得到特殊的赞扬。”[②]婆媳之间无血缘纽带的维系，天生非母女般亲近。因而，在三营的各个村落，家庭内纠纷少，婆媳关系与公婆关系处理好的儿媳也总是被人称赞和羡慕。获得“好媳妇”“好婆婆”等这种荣誉称号的人成为模范。

常言道：“家家有本难念的经”，其中一本叫“婆媳经”。自古以来婆媳关系就很复杂。随着时代变迁，婆媳之间的矛盾也随之升级。在家庭中，两代人之间的矛盾和冲突最明显和最常见的就是婆媳关系不和。这是因为婆媳关系除了代际关系外，还是一种同性关系。站在心理学角度，弗洛伊德提出“同性相斥”的概念，认为婆媳是由于非血缘的同性关系，彼此间天然会存在一种排斥情绪，不仅是对同性，也是对“情敌”的排斥。但是“好婆婆”马志兰却有自己的“诀窍”：她首先完成了从“局外人”到

① 固原市原州区党史区志编纂委员会编：《固原市原州区志》，方志出版社，2010年，第1115页。

② 费孝通：《江村经济》，北京大学出版社，2012年，第45页。

"自己人"的转化。与"自己人"相对的就是"局外人"(非家庭成员的状况或身份)。从家庭结构上说,父子关系是家庭内的关系,是自家人,儿媳妇是外来人,她们是从别人家嫁进来的,在父母眼里不管儿媳怎样总是外人。这是老观念。

在笔者的认知范围内,岳父母与女婿间的关系同婆媳之间的关系是一样的,同为责任义务型的代际关系。女婿是女儿的丈夫,在中华文化中,女婿为"半子",意指半个儿子,有时直接称呼女婿为儿子。除了常见的岳婿关系外,有一种特殊的"女婿类型",是"被招了的女婿",俗称"倒插门",即过去说的"入赘",就是男方到女方家居住生活,做上门女婿,婚后属于女方家的成员。按封建传统习俗,二人所生子女随女方家的姓。

3. 父母与子女亲密有间型的和谐责任关系

父子关系是随着母子关系的建立而建立的一种血缘人际关系,伴随着父子关系的形成,"儿子与父亲"的角色概念就出现了,父子之间的义务与责任也就随之出现。在笔者的理解范围内,责任产生于社会关系中的互相承诺。父亲对儿子承担抚养、教育等社会化职责,儿子在父亲老了的时候有赡养、精神慰藉等义务,这个过程中的责任也就是中国传统社会中提倡的"孝"。父母与子女关系,是法律上所指的父母与子女间权利和义务的总和,又称亲子关系,是人际交往中基本的情感因素,父母与孩子之间有天生的亲切感。笔者认为,他们之间是一种亲密有间型的责任关系,彼此因血缘关系的基础连接而天生亲密,同时又因孩子们长大成人,有了自己的小家庭后,追求个人权利与幸福而使彼此间产生了一定的距离。

在三营农村家庭成员关系中,占第一位的是父母与子女的关系,而非学者们普遍提出的夫妻关系,夫妻关系是居于第二位的。[①] 文化人类学认为：灵长目的母亲核心团体与一个男性——"父亲"——形成永久的结合是人类生活成为可能的首要转变。母亲的伴侣担负起男性的角色，所以，父子关系是随着母子关系建立而建立的一种血缘人际关系，是最原始的社会关系之一。伴随着这种父子关系的形成，"儿子与父亲"的角色概念就出现了，父亲与儿子之间的义务与责任也就随之出现。而母亲与儿子之间既是一种天然的血缘关系，又是一种抚养与报答的责任关系。由于多年的共同生活，使双方已经形成一种习惯性的依恋关系。

（二）夫妻之间紧密型的和谐责任关系

夫妻是在存续的婚姻关系中男女双方的称呼，又称配偶。古代的夫妻关系立法采用夫妻一体主义。但实质上实行的是夫权主义，妻之人格为夫之人格所吸收，妻子的活动由丈夫代表，妻子的权利由丈夫行使等。现在夫妻间彼此平等，在三营农村家庭成员关系中，自 1980 年以后，多为媳妇当家，由家庭主妇说了算，较大的家政抉择,夫妻共同商议,家务劳动遵从"男主外,女主内"。从法律上讲,夫妻关系包括夫妻人身和夫妻财产的权力义务关系。男女结合后是一个整体，不分彼此，是私人整体关系。夫妻关系自古被认为是家庭中最重要的关系，笔者认为现在夫妻彼此间是一种紧密型的责任关系。在笔者的认知里，夫妻关系除了是财产和人身的依附关系外，更是一种相亲相爱，相濡以沫的亲情依恋关系和双方在建设幸福家庭目标下勤勤恳恳工作和生活的建设性合作关系。

（三）邻里之间社交型的和谐责任关系

代际间的责任关系既可发生于家庭中，也可以发生于社会范围之内。马克思说过："人是一切关系的总和。"社交范围内，人与人之间各种各样的关系，无时无刻不在影响着人们的生活。邻

---

① 固原市原州区党史区志编纂委员会编：《固原市原州区志》，方志出版社，2010 年，第 1115 页。

里关系，也是其中一项十分重要的关系。在中国传统的人际关系里，每个人与生俱来要和生活在周围的他人形成一个大的人情网络，所以邻里间的关系被笔者定义为社交型的责任关系。俗话说："远亲不如近邻。"据笔者观察，三营镇农村社会社交型的邻里关系大概有三种类型：（1）关系冷漠，互不关心。此类型的邻里之间只是见面偶尔打招呼，不互帮互助，这种类型主要发生在搬迁移民村中，他们由于接触时间短，彼此不了解。（2）斤斤计较，遇事互不礼让，矛盾不断。彼此间发生小事就大吵大闹的邻里关系。但由于现在人素质的普遍提高，这种情况每个村都已很少见。（3）亲密相处，关系甚好，甚至彼此过度关注的邻里关系。这种类型占大多数。

三、和谐家庭亲情责任的构建

家庭为人的社会化创造了条件，家庭和谐是所有人的共同愿望。好的家庭亲情责任关系就好比一张由多根线编织起来的没有漏洞的救生网，爷孙间、夫妻间、婆媳间、父子间、岳父母与女婿间，甚至是邻里间都是一根根丝线，是必不可少的织网材料，彼此间不紧不松地交叉起来才能使其发挥安全功效。也正是有了这样一个个和谐的家庭，才有了榜样的示范力量，才有了更多好家庭的出现，从而促进美好社区的建设和社会的安康祥和。

（一）加强亲情责任的重要意义

和谐家庭亲情责任的构建是个体发展的基础和社会和谐的基石，年轻的子代与孙代能为对父辈与祖辈敬"孝"，也就是积极地履行自己所担负的亲情责任。孝道作为一种"道"，也有着自己恒常的结构，即列维—斯特劳斯所说的意义上的无意识结构。[①]

① 黄娟：《社区孝道的再生产：话语与实践》，社会科学文献出版社，2011年，第253页。

从孝道信仰上加强对亲情的责任，也恰好是时代的需求，对我们整个大的社会背景而言，意味着在变迁时代对人生意义的终极追求，也是当下对和谐社会道德建设的践行。

对亲情责任的加强，就是对“孝”的肯定与发扬。“孝”是中国传统文化里最为基本、最悠久，影响也最为深远的伦理观念。《古兰经》规定：除了崇拜真主安拉，孝敬父母是居于首位的。不能不尊重父母，必须顺从父母，并把此作为传统文化存续下来，保障了每个小家庭的和美融洽，对每一个中华儿女进行着内心的洗涤——“濡化”。

亲情责任的意义是从对人性的发掘中领会到的，亲情责任的加强就是要树立对亲情关系的敬仰，在对自身尊严与价值的追求中更好地实现对家庭内部成员奉献的意义，营造和睦的家庭氛围。只有当每一个独立的个体尊重生命、尊重自己、尊重长辈、尊重他人的时候，也只有当每一个人心里念及别人、感恩别人为自己的付出、友爱他人的时候，一个社会的道德正气方能弥漫在我们幸福的生活里。

（二）亲情责任意识的塑造

对亲情责任的加强，从表面上看是由社会小单元家庭内部的代际关系维系，引申来看，这种善念的“孝敬”为指导的思想是有利于社会稳定的。现在社会亲情责任的加强带给我们的正能量是：以人为本、和谐平衡的可持续发展理念为现代社会道德建设带来有益启发。

依据三营的社会实况，同时为了顺应时代的变迁，这里农村家庭中的代际关系和传统文化中“孝”的观念以及伊斯兰教对“孝”的解读，对解决家庭养老问题起着至关重要的作用。因此，将代际“亲情责任”意识植入普通民众心里，以及从孩子着手加强培养其“亲情责任”的自觉意识，将会对改善和解决三营镇养老问题产生久远的影响。

第一，以亲情责任塑造为出发点，必须破除“代际间不平等互惠”的观念，要有超越“价值创造”的思维，并不存在谁对家庭付出多的问题。这其实也是代际“亲情责任”得以存在的一个基础，当然也是和谐家庭与和谐社会得以构建的一个不可或缺的条件。

第二，在子女“亲情责任”的塑造中，已为人父母的中间一代要始终坚持用中华民族优秀的“孝”文化去教育下一代、塑造下一代。这也是他们自身应该承担起的传承优秀文化传统的一种责任。

第三，在关心和保障老一代物质生活的同时，更应该关心老年人的精神世界。随着人们物质生活水平的不断提高，老年人对子女给予其的物质生活的需求逐步弱化，很大程度上都希望子女提供家庭养老所必需的亲情环境——精神关怀。在不远的未来，经济意义上的养老责任会被精神意义上的养老责任所代替。在三营镇农村里，子女给予父母的亲情关怀远不能满足老年人的精神需求。秉承中华民族几千年历史的家庭“孝亲”文化传统，中国老年人在精神养老方面所必需的亲情环境要求理应是比较高的。因此，传承和发扬中华民族家庭伦理的优秀文化传统是已为人父母的子女们必须承担的“亲情责任”。

参考文献

[1] 哈吉，苏毓衡．古兰经查询笔记 [M]. 香港基石出版有限公司，2001.

[2] 黄娟．社区孝道的再生产：话语与实践 [M]. 社会科学文献出版社，2011.

[3] 费孝通．家庭结构变动中的老年赡养问题 [J]. 北京大学学报，1983（3）.

[4] 贺雪峰．农村家庭代际关系的变动及其影响 [J]. 学海，2008（4）.

[5] 马坚 . 古兰经 [M]. 中国社会科学出版社，2012.

[6] 固原市原州区党史区志编纂委员会 . 固原市原州区志 [M]. 方志出版社，2010.

[7] 费孝通 . 江村经济 [M]. 北京大学出版社，2012.

[8] 张琳 . 漫谈孝的道德 [J]. 孔子研究，1988（4）.

浅析新时期部分贫困地区傈僳族的扶持问题

陶　韬*

傈僳族人口多、居住分散、贫困面大、返贫率高，在扶贫攻坚过程中面临一些特殊问题和困难。要想从根本上解决某些地区傈僳族的贫困问题，仅仅靠中央、各级部门的投入，靠各级党委和政府以及一部分傈僳族领导干部是不可能的。在中央、省级相关部门的大力支持下，要从根本上改变部分贫困地区傈僳族生产环境恶劣、整体人口素质偏低等问题，使傈僳族人民自己觉醒，提高自身素质，变“要我发展”为“我要发展”。同时，要积极贯彻《国家“十三五”兴边富民行动规划》《扶持人口较少民族规划》《少数民族事业规划》，以及各民族省区《经济社会发展规划》，将国家的重大项目与傈僳族民族地区的项目密切结合起来，进一步促进民族地区基础设施互联互通，提高对外开放和经贸合作水平。

一、傈僳族贫困地区的现状及原因

第六次人口普查数据显示，傈僳族人口约 73 万人，其中云南境内有 66.8 万人，是云南省人口较多的少数民族之一。国内的傈僳族主要聚居在怒江、维西、丽江等地，由于历史遗留下来

---

* 陶韬，男，1990 年生，江苏省扬州市人，云南民族大学马克思主义民族理论与政策 2014 级硕士研究生。

的政治、经济、社会和文化问题，加上特殊的自然地理环境、落后的生产力发展水平、各项事业投入严重不足等原因，相对来说，这些地区总体呈现出经济贫困落后、贫困面大、贫困程度较深、返贫率高的现状。近年来，党和国家采取多种措施进行扶持，加大了扶贫力度，但是返贫率一直居高不下，扶贫效果不佳，始终不能赶上其他民族和地区。以当地农民纯收入为例，怒江傈僳族自治州农民纯收入为 1447.8 元，维西傈僳族自治县农民人均纯收入为 2468 元。[①] 从基础设施建设情况来看（以楚雄彝族自治州为例），楚雄彝族自治州傈僳族主要居住在金沙江沿岸及海拔 1300—2000 米以上的高山峡谷，居住区生态环境恶劣，水源枯竭，土地匮乏，自然灾害频繁，群众基本处于靠天吃饭的状态。大多数傈僳族地区由于地处偏远，加上基础薄弱、投入少，造成交通、能源、农田水利等基础设施建设相对落后，在一定程度上制约了傈僳族地区的发展。

（一）居住环境恶劣，居住地分散

目前傈僳族人口约 84% 居住在山地，约 10% 居住在高原、丘陵，只有约 6% 居住在坝子上，高寒边远地区，耕地瘦薄，人与耕地矛盾突出，土地承载负担较重，加之滑坡、泥石流等自然灾害频发，部分地区已丧失生存条件。如怒江傈僳族自治州 98% 以上地区都是高山峡谷，全州 72 万亩耕地中，76.6% 是坡度 25° 以上的土地，陡坡垦殖、广种薄收的耕种方式加剧了生态恶化。[②] 并且傈僳族大分散、小聚居的状态，也不利于其民族内部的交流，制约了傈僳族及其地区的发展。

（二）丰富的资源得不到合理开发利用

我国大部分傈僳族聚居在三江并流区域，虽然地处偏僻，但

① 《傈僳族研究会会刊》，第 6 期。

② 《破解发展难题 推进科学跨越——为云南省四个特困民族发展建言献策》。

蕴藏着丰富的矿藏、水能、生物能等资源。然而，有些傈僳族地区资金短缺，技术人才奇缺，没有能力开发这些丰富的资源，即使部分资源得到开发，大多数也是其他民族或发达地区开发商所为，真正享受到本地资源福泽的不是当地老百姓。这一方面造成傈僳族地区资源严重流失；另一方面未能促进当地经济的发展，甚至出现“抱着金饭碗要饭”的现状。

（三）优秀的民族文化得不到很好的挖掘、整理、保护和传承

傈僳族有着许多优秀的本民族文化，尽管它在20世纪以前没有文字，但20世纪后却拥有了自己的文字：一是维西傈僳族自治县哇忍波创造的音节文字；二是后来发明的34个音节文字；三是外国传教士以拉丁文字改造的老傈僳文；四是1957年国家帮忙创造的拼音文字，即新傈僳文。本来这些文字可以用来对不认识汉字的傈僳族人进行政策宣传、教授知识和传递消息等，但是除了老傈僳文和新傈僳文在少部分傈僳族地区使用外，其他两种音节文字没有人去研究和保护，更谈不上传承。傈僳族有阔时节、刀杆节等传统节日，有“上刀山下火海”等绝技，有以“摆时”“木瓜”“幼益”三大调为代表的优秀民歌，有傈僳族民间传说、神话、史诗和谚语等民间文学。近年来，又涌现出了一大批有名的傈僳族民间艺人和民间歌手等，但由于这些民族文化得不到很好的保护，一些传承人得不到必要的扶持和帮助，一些民族文化濒临失传，难以将这些丰富的文化资源优势转变成经济资源优势，继而惠及傈僳族人。

（四）教育资源受限，影响傈僳族人民的整体素质

云南省15个特有民族平均受教育年限为5.54年，其中傣族平均受教育年限为5.6年，傈僳族受教育年限为4.37年；民族文盲率达20.78%，其中傣族文盲率为15.79%，傈僳族文盲率为

32.87%。[①] 以丽江市玉龙纳西族自治县为例，在全县文盲中，少数民族文盲率较高，其中傈僳族文盲率高达 60%。目前傈僳族地区小学教育阶段的辍学率、失学率较少，但是中学阶段以后的失学率剧增。即使是完成高中学业的学生，在选择学校和专业时一般也会放弃自我意愿，依照自己的家庭经济情况而定，进而形成了较大就业压力。教育落后，导致傈僳族在科技和其他行业人才奇缺，有些行业的傈僳族人才几乎为零。教育事业和其他社会事业发展滞后，也造成傈僳族科学文化水平偏低、各类人才缺乏，成为制约傈僳族民族发展的重要因素之一。

（五）傈僳族干部人才匮乏

傈僳族干部和人才数量与本民族的人口比例不相适应。相比其他民族，傈僳族干部人才队伍的知识结构、专业结构不合理，干部人才储备不足。就目前全国拥有 70 多万人口的傈僳族来说，傈僳族领导干部偏少，尤其是处级以上的领导干部。据调查，怒江傈僳族自治州傈僳族人口占总人口的 52.6%，但当地傈僳族干部在所有干部中所占的比例只有 30%。

二、解决傈僳族地区贫困的对策

（一）积极改善生存环境

从根本上改善傈僳族生活生存环境的有效途径有两条：一是实施扶贫搬迁；二是继续实施退耕还林工程。但从目前情况看，扶贫搬迁不可行，因为就云南的地理条件来说，已经没有平地和坝区可供大规模人口搬迁。所以，傈僳族地区只能加大退耕还林力度，据此可以采取以下措施：（1）大力发展林果经济，尤其是适合山区发展的核桃、花椒等产业；（2）通过提高傈僳族农民的

① 摘自云南省广播电视局内部资料。

补助标准，把部分傈僳族农民转为林业工、护林工进行扶持，所有不具备粮食生产的地区都种植林木。做好退耕还林工程，搞好生态环境建设，不仅关系到傈僳族及其地区的发展，也关系到全省乃至全国生态和经济可持续发展的战略。

（二）努力解决傈僳族生活贫困等问题

中央和云南省委、省政府应该采取特殊政策和措施，优先解决傈僳族人民居住、温饱等问题，加大对交通、能源、广播电视等基础设施建设方面的投入；从可持续发展的角度出发，扎实推进产业扶持、劳动力培训和转移工作；解决杈杈房、木板房、木楞房等住房困难问题和人畜饮水、医疗卫生条件差问题；在傈僳族地区的开发项目，必须与傈僳族地区环保、旅游结合起来；提高扶贫标准，实行选点集中扶贫制，做到扶贫一地、脱贫一地，标本兼治；利用傈僳族地区资源丰富的特点，由中央、云南省两级政府协调引进实力较强企业到傈僳族地区开发资源，增加傈僳族群众收入，解决傈僳族劳动力剩余问题；把贫困地区傈僳族纳入贫困低保对象，对贫困傈僳族家庭给予生活补助；引导傈僳族参加农村医疗合作，提高医疗补助等。只有从根本上解决生活贫困问题，同时改善生活环境，才能提高贫困地区傈僳族的再生产能力及其“造血”功能。

（三）采取措施挖掘、整理、保护和传承傈僳族优秀民族民间文化

政府应该通过增加投资、加强培训、进一步挖掘整理等措施保护民族文化，建立和提供民族文化交流保护的平台，使民族文化的保护和传承由民间行为转变为政府行为，使民族文化进一步发扬光大。

而地方民间文化保护组织应该做好以下工作：（1）加强对傈僳族文化的宣传、研究，扩大其知名度。傈僳族传统文化有很多独到之处，这些优势只有在与外界的交流中才能显示出来，其价

值也只有得到外界更多的关注才能得到更好体现。同时，对傈僳族传统文化进行深层次的文化学术研究也是很有必要的，因为学术研究在一定程度上对民族文化的宣传起到了推动的作用。（2）培养本土传统文化继承人。当地民众是与自然历史、文化资源关系最密切的人，也是民族文化的缔造者，所以要保持民族文化的“活力”，仅仅依赖行政主管部门是难以实现的。只有培养本土传统文化的继承人，让他们从民族文化保护和发展中受益，由此才能带动更多民众参与到民族文化的保护中，增强他们保护本族文化的自觉性和积极性，才能真正实现民族文化长期有效的保护。

（四）采取特殊政策扶持傈僳族教育事业

通过加大教育投资、增加师资力量、提升教师待遇等措施改善傈僳族地区的教育条件；制定特殊政策，在县、市、省级院校创办傈僳族学习班，对傈僳族进行特殊的教育扶持。根据调查得知，很多傈僳族学生辍学不是因为个人素质低，而是因为家境困难，因此经济上的扶持是有必要的，让贫困傈僳族学生完成学业，应该成为各级政府努力的方向；在县、州、市开办民族学校，招收大量傈僳族学生就读，拓宽学生视野，提高学生综合素质；制定优惠政策，对傈僳族学生在升学、就业等方面进行倾斜照顾，以此鼓励傈僳族学生完成学业、继续深造；同时向各级党委和政府申请举办免费的科技知识与劳动技能培训，向傈僳族传授知识与技能，以促进社会事业的发展。

（五）加强对傈僳族干部的培养任用

2009年云南省委办公厅出台文件规定，省级机关和省属垂直部门在招录公务员时，招录5人以上的按不低于三分之一、招录10人以上的按不低于15%的比例招录少数民族人员；事业单位招聘工作人员时，少数民族人员一般应占招聘总人数的三分之一以上，同等条件下优先聘用少数民族人员；云南省属国有企业也要积极聘用少数民族经营管理和专业技术人员。根据目前傈傈族干部队伍状况和使用情况及傈僳族发展的现实需要，充分利用这些有利条件，做好省级机关、州市党委部门和事业单位傈僳族干部在职任用情况的调研，有理有据地向各级领导汇报，着力解决傈僳族干部比例与总人口比例失调问题。此外，还要立足于贫困地区，要求制定特殊政策，每年从傈僳族地区选拔一些优秀分子到中央、省、市机关锻炼，拓宽视野，增长才干；按傈僳族人口比例，优先安排一些优秀大中专毕业生到中央、省、市机关锻炼、任职、学习；从基层选拔一些干部在省、州市机关及其职能部门工作，在自治州、自治县按自治条例，提升傈僳族干部的比例；充分重视处级、厅级傈僳族干部的培养和使用问题，切实解决傈僳族干部后继乏人问题；公开选拔干部时要特事特办，充分考虑到傈僳族的特殊性。

“一带一路”背景下民族地区非物质文化遗产旅游开发与协作机制研究

——以鄂尔多斯地区为例

杨　阳　柏贵喜*

联合国教科文组织第32届大会于2003年通过了《保护非物质文化遗产公约》，“非物质文化遗产”被首次提出，并由此获得了概念与范围上的界定。我国于2004年8月正式颁布《全国人民代表大会常务委员会关于批准〈保护非物质文化遗产公约〉的决定》，标志着在世界非物质文化遗产保护政策的框架下，中国有了自己的政策制定与执行举措。少数民族非物质文化遗产作为各少数民族社区、群体或个人世代相传并被视为文化遗产组成部分的传统文化表现形式，以及与传统文化相关的实物和场所，逐渐被人们所认识与关注。2011年，第十一届全国人大常委会第十九次会议通过的《中华人民共和国非物质文化遗产法》则为非物质文化遗产的保护提供了法律保障，将非物质文化遗产的保护工作上升为国家意志。“一带一路”国家战略秉持和平合作、开放包容、互学互鉴、互利共赢的理念，规划构建联结亚非欧大陆、畅通国际通道，实现各国人民相知相交、和平友好。内蒙古鄂尔多斯地区既是古代丝绸之路发源的重要地区，也是构建“丝绸之路经济带”的重点地带。它距蒙古国直线距离300余千米，境内

* 杨阳，男，1991年生，苗族，贵州六盘水人，中南民族大学研究生院研究生。柏贵喜，男，1963年生，回族，安徽寿县人，中南民族大学教授，博士生导师。

公路、铁路便捷，航空线至今已开通 42 条。辖区内“羊煤土气”资源丰富，民族文化浓厚，社会环境和谐稳定，多元文化交织。在“一带一路”背景下，鄂尔多斯地区重点关注少数民族非物质文化遗产的旅游事业，不仅有天然的文化环境做铺垫，更有较为发达的基础设施做支撑。

鄂尔多斯地区作为内蒙古自治区高速发展的代表，是蒙古族的聚居地之一，是开放沿边合作的前沿阵地，是草原文化传承与发展中部的重要地区。2005 年，鄂尔多斯市人民政府出台了《鄂尔多斯市非物质文化遗产保护工程实施方案》，标志着安排、部署全市非物质文化遗产保护工作的开始。2007 年，鄂尔多斯市委、市政府出台《关于进一步加快文化发展的决定》，把“非物质文化遗产保护工程”列为“十大文化工程”之一。2009 年第十一届亚洲艺术节、2010 年首届鄂尔多斯国际那达慕大会、2015 年第十届全国少数民族传统体育运动会等极具民族风情活动的承办，也促进了鄂尔多斯草原文化的传播，推动了其文化产业的发展。随着“一带一路”建设的推进，更多像鄂尔多斯一样的西部少数民族地区得到了继改革开放、加入世贸以后的第三次飞跃的机会。开发少数民族非物质文化遗产旅游，从人民层面、地方层面、国家层面来看，都具有重大的发展潜力。

在此背景下，鄂尔多斯地区根据国家政策、结合自身实际、依托地区特色，制定并实施了一系列保护、开发少数民族非物质文化遗产旅游资源的政策。在助力产业结构调整、实现发展方式平稳过渡、推动民族文化保护传承方面产生了巨大的推动促进作用。本文结合调研资料，对当前鄂尔多斯地区少数民族非物质文化遗产保护与开发的成就和存在的问题进行初步分析，虽然观点尚显幼稚，但也尝试提出当前背景下民族地区适宜推广的构建非物质文化遗产旅游开发协作机制的对策和建议。

一、鄂尔多斯地区非物质文化遗产旅游开发的成就

近年来，鄂尔多斯市各级政府按照国务院和内蒙古自治区人民政府关于加强非物质文化遗产保护工作的有关要求，组织全市文化工作者、动员全社会力量开展了卓有成效的非遗普查、整理、保护等工作，取得了比较显著的成绩。具体说来，主要有以下几个方面。

（一）以政府为主导，落实普查统计

2010年，内蒙古自治区人民政府将鄂尔多斯市整体列入"鄂尔多斯文化生态保护区"，以加强地区民族文化事业的建设。截至2015年初，全市已经普查、整理非物质文化遗产项目276个，非遗资源线索700多条，分布在全市8个旗区。已普查的非物质文化遗产项目共涵盖16个类别，其中传统戏剧、民间文学、传统技艺、民间习俗类资源最为丰富，分别占调查项目总数的9%、10%、16%和21%；具体数量为：传统戏剧项目24个、民间文学类项目30个、传统技艺项目46个、民间习俗项目59个。曲艺、杂技、其他类型资源比较稀缺，均占项目调查总数的1%左右。在项目整理方面，鄂尔多斯市非物质文化遗产保护中心和各旗区经过几年的努力，建立起比较完备的非遗资源数据库。一是纸质档案，全市共编纂文字资料44册，共计19．2万字，其中编纂市、旗两级普查成果汇编本14册，镇级汇编本30册。二是电子档案，所有普查形成的文字材料全部录入电脑，电子数据资料共53G，对录入数据的电脑实行专人管理。三是照片档案，对普查的110个项目进行数码照相，共拍摄照片1540余幅。四是音像档案，全市共完成调查项目录音77小时，录像124小时，音像资料139盒。五是实物档案，共收集民间作品、实物257件。[①]

① 数据来源于鄂尔多斯市文化局非物质文化遗产保护中心。

（二）发掘非遗项目，加强申报工作

近年来鄂尔多斯市在非物质文化遗产项目的保护方面着力出去，对全市濒危项目书籍、高价值项目书籍、特色明显的项目书籍等30多个项目书籍进行收集、整理和研究，先后出版了《鄂尔多斯民间歌曲》《鄂尔多斯民间故事》《鄂尔多斯民间音乐简述》《鄂尔多斯民族民间舞蹈集成》等，为非物质文化遗产项目名录的整理工作做出了较大贡献。此外，注重非物质文化遗产项目的申报工作，特别是向上一级单位进行申报的工作。以鄂尔多斯市某代表旅游景区为例，该景区以“成吉思汗祭典”这一国家级非物质文化遗产项目为基础，于2013年提出高水平推进“祭祀文化挖掘保护、旅游品牌宣传促销、重点工程建设管理、景观环境持续打造、惠民工作稳步开展、服务功能拓展提升”的六项重点工作,开始着手将“成吉思汗祭典”申报为世界级非物质文化遗产。同年2月底，该景区负责人赴元上都遗址学习考察“申遗”相关工作；3月初，开始准备申报文字、视频资料，按照申报要求落实具体工作，并以实际行动对至今已有近800年历史的“成吉思汗祭典”进行保护与传承。2015年，景区管理委员会召开专题会议，强调做好旅游区双“申遗”工作，即“成吉思汗陵”申请世界级物质文化遗产工作和“成吉思汗祭典”申请世界级非物质文化遗产工作，全力开创景区转型发展新局面。

（三）规划特色项目，加强地区宣传

近年来，当地领导充分意识到鄂尔多斯地区作为以蒙古族为主的草原文化富集地区的旅游资源优势，积极响应《鄂尔多斯市非物质文化遗产保护工程实施方案》（2005）、《中共鄂尔多斯市委、鄂尔多斯市人民政府关于加强公共文化服务体系建设的意见》（2008）、《鄂尔多斯市十二五期间发展规划》（2011）等政策规划，基于草原旅游、文化旅游的理念，开发了诸如响沙湾、九城宫等新一批极具地方特色的自然景区。全市各级行政部门也不断加大

对非物质文化遗产旅游开发的宣传力度，充分利用报刊、广播、电视、网络等手段广泛宣传地区项目，进一步增强全社会成员对非物质文化遗产的保护意识，营造了良好的社会氛围。从2005年开始，市、旗两级相关部门以“文化遗产日”“草原文化遗产日”为契机，通过举办庆祝活动、报刊专版宣传等形式，加强非物质文化遗产保护相关法律法规和知识的宣传教育，让全社会充分重视和分享非物质文化遗产的丰富价值和发展成果，增强人民群众对非物质文化遗产保护的意识，努力形成全社会关心、爱护并参与保护的良好氛围。

（四）加强区域协作，引入学术机构

“成吉思汗祭典”作为某景区的重要活动，一直以来都是景区管理部门特别关注的项目。为了能够提高景区知名度，景区管理委员会积极响应上级单位号召，在鄂尔多斯市旅游局等单位的牵头带动下，与西安等历史古都实现协作发展，成立“西部帝王陵”旅游线路，积极响应“一带一路”构想下的旅游业发展号召。此外，在地区发展上不做孤立的制高点，依托自身较为成熟的发展模式与较为知名的声誉，协同鄂尔多斯市各旗县景区，共同打造鄂尔多斯草原旅游共同体。随着“一带一路”构想的推进，该景区管理委员会在上级部门的领导下，举全区之力、全市之智，为将景区申报为世界级物质文化遗产，将“成吉思汗祭典”申报为世界级非物质文化遗产，积极创建成吉思汗基金会、成吉思汗研究院、成吉思汗研究学会等学术机构；并引进了一批学术研究方向对口、精通互联网技术的蒙古族青年人才，为申报工作进行学术材料的整理，开展具有创新意义的学术研究。此举将旅游事业与文化事业真正地结合到一起，并为景区未来的发展贡献了一批不可多得的文献材料，使地区旅游业发展达到了一个新高度。

二、鄂尔多斯地区非物质文化遗产旅游开发的协作困境

鄂尔多斯地区的少数民族非物质文化遗产旅游开发工作，虽然取得了不少成就与经验，但是面对机构模式、人力结构、资金投入等地区发展的现实，仍然存在一些需要面对的困难。

（一）缺乏法制活力，督导力度不足

法律保护作为非物质文化遗产保护的途径之一，从国家、自治区到市级机关单位所制定的法律、政策、法规，在宏观层面上对非物质文化遗产的开发与保护给予了实实在在的法制保障。然而，宏观层面的法律、政策却不一定能适应具体情况，例如鄂尔多斯市下辖1个区和7个旗，具有地广人稀的地域特征，且区域内多有沙区、高原，因此在落实各项法律法规的过程中难免会出现落实不到位的情况。具体表现在：基层旗县缺乏独立的非遗保护机构，专门从事非物质文化遗产保护的人员很少且人员专业素质薄弱、保护观念滞后，其中大部分人员因身兼多职而无法深入研究单个项目，这对非物质文化遗产的传承与保护极为不利。而资金的下拨、发展模式的审核、工作人员的绩效，特别是非物质文化遗产保护的成效却又是难以用量化标准来评判的。在民族地区进行非物质文化遗产旅游开发的过程中，应实施贴合地域性、民族性的配套政策，完善的督导审核机制正亟待构建。

（二）投资结构老化，缺乏公平竞争

在市场经济竞争下的旅游开发，景区的投资、运营应该实现一种有效的评级、流转模式，以优化投资结构、提高竞争意识。但在实际调研中发现，大多数景区由于曾经在BOT模式[①]中遭受在政府机构的话语权降低、合约商违约等负面影响，逐渐形成

① BOT（build-operate-transfer），即建设—经营—转让。

了政府管控与私企运作的两种极端投资运营模式的对立。通过调研走访发现，两者在实际运行中的发展基础、方向与水平也有着天壤之别，受制于地区经济转型、资金流速降低等因素，缺乏政策偏移的私企运作景区，其发展缺乏稳定资金来源、客流来源，面对巨额的偿债压力与新债务风险，很多缺乏稳定财政投资与政策扶持的非政府旅游机构，只有通过抬高景区票价的方式来缓解运营困境。

（三）资金来源单一，资本协作不强

结合目前的经济发展形势来看，旅游业的发展既要实现基础设施建设的完善，又需要引导市场资源进入景区以实现资源价值向经济价值的转化。从建设初期来看，基础设施建设、旅游资源宣传还是以财政投入为主，部分私企运营的景区由于缺乏财政投入，且目前正处于地方经济恢复期，使得这部分景区只能选择自筹资金或申请贷款。加之内蒙古地区地处祖国边疆，远离消费需求市场，多重因素制约下更导致其投资回报率低、周期长。不论是地区投资的回收，还是当地民众的生活水平的提升，甚至是基础设施的维护，都受到了严重制约。就目前来看，各级政府所做的工作主要是资金上的补助，其中包括每年给予非物质文化遗产传承人的补助，搜集、整理、宣传非物质文化遗产调查资料，组建传承基地等。运营投资仅靠政府的宏观把握与支持是不够的，缺乏民间非政府主体的保护助力，对非物质文化遗产的保护投资不够深入，就难以将非物质文化遗产的文化价值及历史价值转化为经济价值。

（四）地处边疆地区，内部竞争同质

鄂尔多斯地处祖国偏北地域，距中蒙国境线直线距离仅 300 余千米，虽然因地势平坦、开发难度小使得辖内交通基础设施较为发达，但却难以摆脱远离华中市场的窘境。目前，鄂尔多斯与陕西、宁夏共同组建的西部帝王陵旅游联盟将各地区具有历史、

文化价值的旅游资源共同推向市场，这一举措使得鄂尔多斯地区更加接近了华中地区，实现了主动接触、主动宣传，对于地区旅游开发成效显著。以 2012 年为例，全市接待旅游者 592.91 万人次，同比增长 17.1%，其中入境旅游者 34315 人次；实现旅游总收入 125.39 亿元，同比增长 31.96%，为联盟建成以来最近 6 年增幅最大年份[①]。虽然跨区域合作得到了发展,但对当地非物质文化遗产旅游的开发却缺少了内部协作，许多景点内设项目存在同质化问题，且微观层面上疏于管理与规范的旅游开发也让部分表演项目的质量存在问题。

（五）缺乏循环协作，风险防范滞后

这里所说的循环协作，包括非物质文化遗产旅游开发从项目申报、招投标开发、建设管理、运营回收、传承沿袭、品牌塑造的整个循环协作机制。目前对当地的非物质文化遗产旅游开发，仍然存在部分环节的发展滞后问题。以国家级非物质文化遗产“鄂尔多斯婚礼”为例，现今已作为一种以舞台剧为表演形式的非物质文化遗产，虽然在鄂尔多斯地区广为传播，却没有形成一个统一的品牌，而是由不同景区各自组织演出。投入市场却盲目竞争的“鄂尔多斯婚礼”项目，在缺乏统一品牌的情况下，只能在地区内部竞争，加速内耗。因此，相比于“成吉思汗祭典”这种有统一地点、统一规划的非物质文化遗产旅游资源，如“鄂尔多斯婚礼”类的旅游资源在表现上就显得不很成熟。加之景区发展程度不一、资金充裕程度不同，特别是游客接待量的季节性波动明显，使得很多景区在面临市场季节性风险等问题时，暴露出基础不够扎实、风险防范滞后的缺陷。

① 数据来源于鄂尔多斯市旅游局。

三、鄂尔多斯地区非物质文化遗产旅游开发的协作机制建议

(一)完善地方立法，落实各级目标

对少数民族非物质文化遗产的立法保护，应遵循立法原则，本着加强对少数民族非物质文化遗产的保护，防止其消亡，继承和弘扬少数民族优秀传统文化及促进少数民族地区经济社会发展的立法宗旨来进行。首先，行政保护应当是在非物质文化遗产自身特有规律的基础和前提下进行。其次，加快对非物质文化遗产民事保护的立法。由于非物质文化遗产突破了原有的著作权、商标权和专利权的传统知识产权内容，因此，需要建立对传统文化知识产权的保护制度。同时，应综合考虑著作权法、专利法、商标法、商业秘密和反不正当竞争法等现有知识产权制度中可以用于非物质文化遗产保护的内容，并创立适合非物质文化遗产保护的法律机制。针对鄂尔多斯市两项国家级非物质文化遗产——“成吉思汗祭典”与“鄂尔多斯婚礼”，内蒙古自治区与鄂尔多斯市政府应分别立法，具体制定有针对性和倾向性的地方性立法规范，明确在保护上述两项国家级非物质文化遗产方面的政府责任，促进落实监督。

(二)引进社会力量，实现协同发展

一个民族的非物质文化遗产，其精神内涵是凝聚于民族群众内心的，在具体的旅游文化开发上，必须认真理清思路、辨明主次、认清现实，将景区项目与非物质文化遗产保护相结合、将地区风情与市场需求相区别，加强鄂尔多斯地区各景区资源的相互整合，以实现一种非改造型的民俗传承。在此基础上的区域内协作机制，应该是一种以传承民族文化、展示民族发展、提炼民族精神为目标的模式。承认市场在经济中的决定作用，辅之以政府调控，引导社会各界力量，使社会全体成员发自内心地产生一种

响应地区发展、传承民族文化的自觉参与、自愿合作意识，从而推进鄂尔多斯地区的整体发展。带动相关社会各方加强投资，加大保护力度，推动国家级非物质文化遗产成为世界级非物质文化遗产。

（三）拓宽融资渠道，实现价值转化

针对鄂尔多斯当地具备旅游价值的非物质文化遗产的保护，应当是一种基于目前景区基础、结合市场需求与地区特色的开发保护模式。然而，反观鄂尔多斯地区景区的资金来源，主要以财政拨款、门票收入、纪念品收入与餐饮住宿收入为主，个别景区甚至由于归属和景区性质问题，难以在景区内部建设上获得财政拨款。中小景区的发展在得到项目却得不到资金的情况下，只能向金融机构申请贷款。若遇经营不善、市场萎靡等情况，无法按时偿还贷款的情况就会发生。因此，如果希望通过景区的开发实现对非物质文化遗产的保护，必须解决开发的资金源问题，并形成一条循环、健康的资金链。可以尝试将财政支出与景区门票相结合、景点评级与游客量相结合、宏观机构贷款与微观项目众筹相结合、景区收支体系与民众生活水平相结合、融资融券与发展基金相结合的“五个结合”思路，拓宽景区发展的资金来源，保障非物质文化遗产保护的资金流量稳定，促进奖惩机制与问责评估机制的相互补充，以实现稳定发展速度、稳定资金来源为发展前提，最终实现旅游价值、文化价值向经济价值的转化。

（四）改变人事结构，加强国际协同

根据调研情况分析发现，鄂尔多斯地区出现内部非物质文化遗产旅游事业拟合不强，缺乏协同、协作机制的情况，很大程度上是受人事制度的影响。当地存在的表演团体性质大体有两种，我们暂且称其为事业编制与企业编制，其中事业编制的管理较为有序，有较好的福利待遇与晋升培养机制，而企业编制由于仰仗于景区自身的投资方、运营方，受限于成本控制，往往难以获得收入以外的福利或缺乏合理的培养机制。此外，面对当前部分蒙古族青年逐渐淡忘蒙古语、不识蒙古文的情况，越来越多的私有机构出于成本控制与特色发展的角度考虑，开始采取从蒙古国招聘临时演员的方法。为此，应当积极改进旧的人事编制，将考评、创新评估纳入晋升考核当中，让目前属于不同编制的工作人员能够实现对向流动，促进彼此的活力提升。此外，针对蒙古族淡忘蒙古语、不识蒙古文的情况，应该首先考虑的是推动国内的蒙古文化教育的开展，加强“一带一路”地区的人力资源流动，应以地区合作成效为实证，争取国家政策为目标，实现国际协同发展。

（五）实现流转机制，降低市场风险

建立健全非物质文化遗产旅游资源的开发协作机制，不仅要完善政策、规划，更要加强对实际运作的督导、考核工作。应该明确地区特色，打造民族品牌，防止地区间的资源出现同质化开发的情况。为此，应该加强地区保护意识的构建，并逐步推广到品牌构建与项目开发当中。首先，要提高全民对少数民族非物质文化遗产的保护意识。通过提高民众的文化自觉，激发大家的责任意识，增强民众对传统文化的认同感。其次，应结合地区传统特色构建文化基地，通过文化保护、文化沿袭、文化教育，实现非物质文化遗产的品牌化构建。再次，应加强专门化人才引进和专业化人才培养，通过理论研究与基地实验相结合的方法，创建符合实际的季节性项目、人员、资金流转供给机制，实现地区和谐发展，降低旅游市场季节性风险的冲击。因此，要不断探索、实践、贯彻非物质文化遗产保护的原则，使民族地区少数民族非物质文化遗产旅游资源能够得以在“一带一路”的背景下进行合理开发，并能在此基础上构建协同协作机制，反作用于非物质文化遗产的保护与传承。

参考文献

[1] 龙运荣 . 近十年来我国少数民族非物质文化遗产研究述评 [J]. 贵州师范大学学报，2012，（01）：58-65.

[2] 柏贵喜等 . 坚持和完善少数民族非物质文化遗产保护政策研究 [J]. 中南民族大学学报，2012，（03）：01-06.

[2] 韩小兵 . 中国少数民族非物质文化遗产保护的法制特色 [J]. 黑龙江民族丛刊，2013，（01）：125-131.

[3] 祁恒峰 . 鄂尔多斯民族文化建设的历史性跨越 [J]. 鄂尔多斯文化，2008，（01）：25-29.

[5] 刘春玲 . 论内蒙古非物质文化遗产对中华文明的贡献 [J]. 阴山学刊，2015，（01）：16-20.

[6] 郝建平 . 内蒙古非物质文化遗产保护浅析 [J]. 前沿，2009，（12）：99-101.

[7] 牟延林，吴安新 . 非物质文化遗产保护中的政府主导与政府责任 [J]. 现代法学，2008，（01）：179-186.

[8] 陈兴贵，李虎 . 论非物质文化遗产保护效果的评价 [J]. 重庆三峡学院学报，2011（01）.

“一带一路”背景下河西走廊文化复兴研究

王燕茹*

2013年9月，国家主席习近平在哈萨克斯坦纳扎尔巴耶夫大学演讲时提出建设“新丝绸之路经济带”。同年10月，习近平在访问东盟时又提出了“21世纪海上丝绸之路”的建设构想。2015年2月1日，张高丽在推进“一带一路”建设工作会议上强调：努力实现“一带一路”建设良好开局，并深刻阐述“一带一路”是在古丝绸之路的基础上形成的一个惠及更多地区合作发展的理念和倡议，是依靠中国与相关国家共同的文化认知和资源共享以及产品资源流通，借助既有的双多边关系、全面搭建行之有效的区域合作平台，旨在借用古代“丝绸之路”的历史符号，高举和平发展的旗帜，主动发展与沿线国家的经济合作伙伴关系，共同打造政治互信、经济融合、文化包容的利益共同体、命运共同体和责任共同体。河西走廊作为古丝绸之路上的一颗璀璨明珠，在“一带一路”中占据十分重要的地位。

一、河西走廊的历史和区位特征

古丝绸之路由张骞出使西域开辟，它是以长安（今西安）为

---

* 王燕茹，女，1989年生，甘肃省武威市人，北方民族大学马克思主义学院2014级硕士研究生。

起点，经甘肃、新疆，到中亚、西亚，并联结地中海各国的陆上通道（也可称为“绿洲丝绸之路”）。一般可分为东、中、西三段，而每一段又都可分为中、南、北三条线路。其中东段由长安到玉门关、阳关，三线均从长安出发，向西行，进入古浪峡。走出峡口，天高地阔，一望无垠，便是河西走廊。河西走廊是贯通东西丝绸之路的主动脉，东起乌鞘岭，西至古玉门关，“其北部伸入沙海中的石羊河、黑河下游绿洲，自古又是通往宁夏、河套以至蒙古高原腹地的天然要道，南部穿越祁连山脉诸出口又可通往青藏高原腹地。”[①]与北部沙漠、南部高原地区相比较，河西走廊的自然条件和通行条件更加优越，史称武威为“河西都会，襟带西蕃、葱右诸国”之地，敦煌为“华戎所交一大都会”。由此可以看出有着“丝路咽喉”之称的河西走廊是丝绸之路中最重要的一段，也可称之为丝绸之路的黄金段。

西汉初年以来，汉政府对匈奴一直采取消极防御的边关政策。汉武帝继位以后，一改消极防御的被动局面，开始主动出击。公元前133年后，汉武帝派出大军深入匈奴游牧区追击20余年，使“匈奴孕堕殰，疲极昔之”。从此，汉朝开始在长城以北屯垦戍边，并开发出大片农业区。公元前121年骠骑大将军霍去病统率1万多名劲骑，开始向河西地区进击，河西战役的胜利使匈奴彻底退出河西地区，故而汉乐府有诗曰：“失我祁连山，使我六畜不蕃息；失我焉支山，使我嫁妇无颜色”。据《汉书·地理志》载：公元前104年，西汉政府设置酒泉郡与张掖郡，前101年设武威郡，前88年设敦煌郡。

自河西四郡建立后，河西走廊正式并入中原王朝的版图中，因河西走廊接四境而扼三边而被称为“天下要冲、国家藩卫”，历来为兵家必争之地。自汉、经魏晋的分裂割据，隋代对河西的

① 李并成：《河西走廊历史地理》，甘肃人民出版社，1995年，第2页。

经营管制是空前的，派大臣专门到河西管理丝路交通，后有炀帝庞大规模的西巡。唐代，凉州成为唐帝国重要的政治、经济、文化中心。唐帝国为了和吐蕃、大食角逐国际统治地位，在河西和西域展开较量。吐蕃人在公元 727 年攻陷瓜州后，大肆掠夺，史书记载吐蕃人自称从此连老百姓也穿上了上等的好衣服，生活状况发生了巨大的改变，由此可以看出河西之富庶、地位之重要。不仅如此，河西也是唐帝国与突厥汗国（后来的回鹘）争夺北方大草原统治地位的大后方之一。河西走廊以其独特的地理自然环境，成为青藏高原吐蕃、北方草原突厥两个强大民族政权与唐交往、冲突的中间缓冲地带，充分说明了河西走廊在历代政治版图中的重要地位。

就今天而言，河西走廊更是国家交通网与经济发展的大动脉，是不可替代的重要通道。陇海兰新线成为中国连接俄罗斯西伯利亚大铁路之外的第二条亚欧大陆桥。河西走廊就是这条新亚欧大陆桥的重要组成部分和必经之地，是联结亚欧大陆东西、辐射南北的重要枢纽。另一方面，早已建成通车的江苏连云港至新疆霍尔果斯的高速公路，自东向西，纵贯河西走廊全境，使新疆与内地紧紧地连接在一起。因为新疆关系着国家的战略安全，这个安全又涉及国家在世界格局中的地位，涉及国家领土安全、资源安全和国家未来发展。连接新疆的高速公路、铁路、石油管道、西气东输等关系国计民生的工程，都通过这里把新疆和内地紧密联系起来。从这个意义上来讲，河西走廊关乎国家战略、社稷民生，其地位不可替代。

二、河西走廊多元文化的交融与共存

河西走廊自古以来地处民族交往迁徙的要道，许多民族都曾在这里聚集停留，早在先秦和秦汉之际就有戎、羌、氐、大夏、居留、乌孙、月氏、匈奴等族在此活动，后来匈奴强大起来，赶走了月氏人和乌孙人。自汉武帝开辟河西走廊后，河西走廊就成为西域“诸国”与中原王朝沟通的重要通道。南北朝时，匈奴、氐、羌、鲜卑等先后在甘肃境内建立了前秦、后秦、后凉、南凉、北凉等政权，共同呈现出河西多民族杂居的事实。到了隋唐五代时期，吐蕃人、吐谷浑人、仲云人、温末人、蔡微人、于阗人、吐火罗人、粟特人、回鹘人、突厥人等都曾生产生活在河西这块独特的土地上。有唐一代，突厥、吐谷浑、吐蕃、回鹘、党项等民族先后进入河西走廊。在河西重镇凉州的胡人一度曾达七成以上，“凉州大小十城，胡居七城，汉人仅占三成不到”。盛唐时期入居河西走廊的边地民众人数就更多了。敦煌遗书《沙州图经》所记的“石城镇”就是胡商聚居之地。安史之乱后，来自青藏高原的吐蕃入居河西走廊，“吐蕃化”成为此时期河西地域文化的主要形式。而归义军时期敦煌十一乡之一的“从化乡”更是中亚九姓胡人曹、安、康、石、史等的聚居地。在以上这些民族中，有些民族历史悠久，如吐蕃人、回鹘人，再加之他们分布范围广，族群势力强大，便形成后来河西走廊藏族、回族的基本框架。另一些民族由于存在时间较短，部落实体相对较小，活动范围狭窄等原因，形成了一个民族次一级的民族因子。还有一类的民族如匆匆过客，仅留下一瞬光芒便从此消失，如乌孙、月氏、塞种等。然而无论是哪个民族，它们在河西走廊地区都留下了自己的足迹，诚如李星星先生关于民族走廊的界定：“众多少数民族聚居，少数民族传统文化色彩浓郁，积淀的历史文化丰厚，具有古老性、残存性、变异性和流动性等特点”[①]。河西走廊地区作为一个历史形成的民族走廊地区，其特征符合上述界定。

“河西走廊处于蒙古文化圈与青藏文化圈的边缘地带，也是

① 李星星：《论“民族走廊”及“二纵三横”的格局》，载《中华文化论坛》，2003年第3期。

中原汉文化、西域文化乃至波斯、地中海文化有效辐射之区域，各种异质文化在这里碰撞、交流与整合，构成了一幅色彩斑斓的文化景象。"[①] 河西走廊长期吸纳、汲取这条通道上荟萃的各类文明来滋养自己，促进了自身经济文化的发展和繁荣。佛教和佛教艺术自两汉之际经河西传入我国内地，十六国时众多的西域佛僧来到河西，译经授徒，蔚然成风。凉州、敦煌等地成了我国佛经翻译的中心。自前凉开始，上至达官贵族下至平民百姓，皆信佛教，广修塔寺，开凿石窟，而位于武威天梯山石窟造像和鸠摩罗什塔等无不是中亚与西域的建筑、雕塑艺术与河西地域风格有机结合的作品。放眼今日河西走廊，佛教遗址不胜枚举，从东向西，武威海藏寺、凉州白塔寺、张掖马蹄寺、金塔寺，酒泉文殊山及敦煌莫高窟、榆林窟等一大批石窟佛寺，使"河西地区不仅仅是地理上、交通上的走廊，而且堪称世界上独一无二的规模壮观的石窟艺术走廊。"[②]"河西走廊"在文化方面也曾独树一帜。十六国时期，河西地区在五凉政权控制下，"秩序安定，经济丰饶，既为中州人士避难之地，复是流民移徙之区，百余年间纷争扰攘固所不免，但较之河北、山东屡经大乱者，略胜一筹"[③]。在这种情势下，不少中原学者栖身于河西地区，随之而来的便是中原先进文化的西迁。尤其在前凉、北凉时期，统治者礼贤下士，数目众多的学者士人纷纷在经学、文学、史学、哲学、艺术等方面发表见解，著书立说，因此河西走廊的文化出现了繁荣兴盛的局面，河西一跃而成为北方文化中心。在乐舞方面河西的中原乐舞，在与西域文化融汇结合的过程中，逐渐"杂以胡声"，形成以《西凉乐》

① 张力仁：《文化交流与空间整合——河西走廊文化地理研究》，科学出版社，2006年，第2页。

② 邵如林：《中国河西走廊》，甘肃人民美术出版社，2000年，第8页。

③ 陈寅恪：《隋唐制度渊源略论稿》，北京：生活·读书·新知三联书店，2002年影印本，第43页。

为代表的河西乐舞艺术，并在隋唐宫廷中长盛不衰。之后又从中原远播至朝鲜、日本、印度等国，至今还有一部分保留在日本的雅乐节目之中。而在民间广为盛行的胡旋舞、西域百戏、杂技及胡服、胡食等，也都是最初在河西流行并经河西传播，风靡于内地。现今，河西走廊拥有被称为“活着的敦煌变文”的民间文学《河西宝卷》，有浓郁民族特色的裕固族的民间文学《格萨（斯）尔》、传统服饰和传统婚俗，天祝藏族民歌，肃北蒙古族服饰，有深厚历史文化底蕴的敦煌艺术（音乐、舞蹈、美术、雕塑）以及具有浓厚生活气息的河西民歌和地方小调。可以说，河西走廊到处都是先辈们留给我们的历史文化宝藏，这些文物古迹所蕴含的深厚历史文化内涵，将是河西走廊在新的历史条件下进行文化创新最宝贵、最值得珍视的资源。

三、“一带一路”中河西走廊多元文化的发展途径

河西走廊地区拥有丰富的文化遗产，既包括线性文化遗产、点式文化遗产，又包括自然文化遗产。以长城和丝绸之路为代表的线性文化遗产所在的线性区域内散布着大量以古堡、古庙、寺院为代表的点式文化遗产和自然遗产。如何将点与线紧密结合，是河西走廊文化产业发展的重点所在。

第一，应整合、规划河西走廊的历史文化资源，以武威、张掖、嘉峪关、敦煌四个核心城市为发展基础，以玉门、酒泉和金昌为连接点，打造“新丝绸之路”的精品旅游带。其中，重点打造武威“天马”文化旅游区、张掖裕固族民族风情文化旅游区、嘉峪关长城文化旅游区和敦煌“飞天”石窟文化旅游区，形成点、线、面相结合的区域旅游一体化共生体系。在这个共生体系中，旅游线路的设计主要是以重走张骞出使西域之路和马可波罗进入

中国之路，同时参观横亘在河西走廊上的历代长城、烽燧、古堡等军事遗迹，寻找中原文化和西域文化在河西走廊地区共同留下的历史遗迹为主，感受和体验那个时期的边塞豪情。除此之外，沿莫高窟、大佛寺、马蹄寺、天水麦积山石窟、夏河拉卜楞寺等汉传及藏传佛教寺庙，重走玄奘西天取经之路，体会佛教文化传入中国的历史过程和路线。除了历史文化遗产，河西走廊亦有绵延1000多千米的自然生态链。由于“河西走廊位于青藏高原与内蒙古高原之间，被腾格里、巴丹吉林、库姆塔格等沙漠环抱，山地—绿洲—荒漠—沙漠成为主要的生态系统”①。沿着河西走廊，游客可以品鉴到祁连山雪山冰川风光、湿地绿洲、森林草原、丹霞地貌、戈壁荒漠等多种地质地理景观，欣赏河西走廊地区多样的自然风光、感悟自然生态对人类生存的重要性。

第二，应注重品牌文化的建设。随着“新丝绸之路经济带”战略构想提出并实施，河西五市区应积极推进跨区域的交流与合作，加强市与市、区域与区域之间的深度融合。在此过程中，政府相关部门应充分利用河西走廊丰富的文化资源，树立品牌意识，继续扩大特色文化产业园的建设与发展。在敦煌文化产业园、武威雷台天马文化产业园、张掖祁连玉文化产业园的基础上，深刻挖掘开发河西走廊的民俗文化精髓，打造富有竞争力的文化产业园区。目前，《丝路花雨》《大梦敦煌》的成功巡演使人们更加深刻地认识到民族文化所具有的巨大市场潜力和影响力、感染力。借助上述文化产业的成功经验，政府可以对《西凉乐舞》《河西宝卷》进行开发。同时，应进一步加大对丝路文化和河西走廊的宣传与推介，推陈出新，使其成为西北旅游活动中的亮点和精品，可以借鉴武威“天马文化旅游节”、金昌“骊靬文化旅游节”、敦煌“葡萄文化旅游节”的经验，举办“丝路国际文化艺术旅游节”，

① 王靖文、黄卓：《甘肃河西走廊文化产业发展问题研究》，载《经济师》，2015年第1期。

使河西走廊与中亚、欧洲等国以此为平台和载体，扩大彼此间经济、文化交流。艺术节可采取由武威、金昌、张掖、酒泉、敦煌五个城市连年分别举办的形式，这样既可以促进河西地区城镇规划和城市建设，又可以进一步提高河西走廊在国内外的知名度，吸引国内外相关企业、商家和艺术团体及大量观光旅游者，同时也有利于进行招商引资发展地方经济。

第三，要树立正确保护理念，强化自我危机意识。要实现河西走廊的文化复兴，就要做好丝路文化的保护工作，使更多的人参与进来，形成政府与群众认同的合力，而不是由政府举办几次活动或是毫无意义地空喊口号。所谓保护理念，就是不断增强大众对河西走廊缤纷多彩的民族文化的理解与认识，在各类学校展开形式多样的教育，在当下文化全球化潮流面前，把祖辈创造的优秀的民族文化的根保存下来，传承下去。所谓强化自我危机意识，就是要增强传承的“自我意识”、树立民族文化已面临失传的危机意识，使人们普遍形成保护民族文化的自觉意识。民族文化是各个民族在长期的生活劳动中创造出来的，凝结着劳动人民文化传承的回忆。对于民族文化，我们应该给予充分的尊重和肯定，激发各民族的积极性和主动性，使河西走廊丰富的文化在发展中真正转化为一种资源。

综上所述，“丝绸之路”犹如一座历史的丰碑，它不仅为以丝织品为主要贸易内容的中国和西方各国间的经济交流建立过辉煌功绩，而且还成为中西方人们交流思想和文化的“宗教之路”“文化之路”和“友谊之路”。作为“丝绸之路”重要节点和组成部分的河西走廊，应紧紧抓住“一带一路”机遇，以文化产业复兴为重要抓手和突破口，实现河西走廊的再度繁荣。

“一带一路”与云南民族文化多样性

和 昕*

2013年9月至10月，习近平在访问中亚四国和印度尼西亚时分别提出了建设“丝绸之路经济带”和“21世纪海上丝绸之路”的战略构想。云南作为中国面向南亚、东南亚地区的“桥头堡”，“一带一路”既是对“桥头堡”战略的最新升级，也是深化云南改革开放、促进云南快速发展的重大历史机遇。① 少数民族传统文化是各少数民族长久以来在生产生活中不断沉淀积累起来的产物，也是中华民族文化不可分割的重要组成部分。

一、云南民族文化多样性是“一带一路”的重要内容和必要保障

“一带一路”建设既是国家层面的重大战略决策，也是一项宏伟而庞大的系统工程，是沿线国家政治、经济、文化、社会、制度等诸多领域的立体型建设，是以经济建设为主体、文化建设为支撑的有机统一体。云南地处边疆，是古代南方丝绸之路的要

---

* 和昕，男，1993年生，河南省信阳市人，云南民族大学马克思主义学院马克思主义民族理论与政策专业2013级硕士研究生。

① 朱雄关、姜瑾：《云南在“一带一路”战略中的优势分析与对策思考》，载《楚雄师范学院学报》，2015年第4期。

道，是中国面向西南开放的重要“桥头堡”，是“一带一路”建设的连接交汇战略支点。《推动共建丝绸之路经济带和21世纪海上丝绸之路的愿景与行动》中指出：“发挥云南区位优势，推进与周边国家的国际运输通道建设，打造大湄公河次区域经济合作新高地，建设成为面向南亚、东南亚的辐射中心。”因此，充分发挥云南的区位优势和作用是顺利推进“一带一路”建设的需要。

云南的文化多样性一直是云南民族文化的繁荣发展的动力和源泉。无论哪个民族的传统文化，都是在长久的生产生活实践中积累而来的。民族文化是民族社会历史发展的产物，是一个民族的重要特征，是一个民族认识世界、了解世界、改造世界的智慧经验总结，与民族的历史、情感、语言等客观因素紧密地联系在一起，这决定了一个民族的文化不是突然产生的，而是一个民族在长期的历史发展过程中经过不断沉淀积累起来的总和。历史是不断发展的，在各民族交融程度不断加深的基础上，以生物多样性为基础的文化多样性为各民族文化的交流、革新提供了动力源泉。不同文化之间的张力关系也为人类文化的存在和发展提供了不竭的动力。文化多样性的存在为特定文化的选择提供了多种可能性，而对新的可能性的尝试和探索，恰恰是文化创造性与活力的重要表现。正是因为云南民族文化的多样性，才使各民族之间能够相互借鉴，取长补短，使各自的文化能够保持活力。因此，文化多样性是人类创造活力的需要，是各民族共同的精神动力，同时各民族之间的文化交流也开阔了各自的视野，丰富了各自思想与智慧，为社会存在和发展提供了良好的实践知识、经验和方法。因此，文化多样性是“一带一路”建设的社会根基和民意基础。

在推进“一带一路”过程中需要和谐的社会环境，这是“一带一路”建设及云南经济社会发展的重要基础。在云南25个少数民族中，有 16 个民族跨境而居①，与境外同宗同源的民族有着千丝万缕的联系。外交是内政的延伸，保护云南民族文化多样性特征，尊重各民族发展和传承本民族文化的权利，是我国民族政策一直遵循的原则，是维护“一带一路”建设所需和谐的国际和国内环境的必由之路，也是“一带一路”的题中应有之意。

保护和传承民族的文化是维护民族平等团结的重要标志。文化没有先进落后之分，每个民族都有传承本民族文化的权利，这也是增进各民族相互了解的重要手段。民族传统文化不仅属于该民族自身，同时也是全人类共有的文化宝藏。民族文化是一个国家、一个民族的标志，民族文化在国家关系、民族关系中也是一个非常敏感的因素。一个国家或一个民族往往会把对自身传统文化的态度视为对本国或本民族的态度，严重地甚至会伤害到民族自尊心和民族情感，进而影响民族关系，甚至会产生民族矛盾影响社会的稳定。习近平总书记在云南考察时提出，把云南建设成为“民族团结进步示范区、生态文明建设排头兵和面向南亚、东南亚辐射中心”。其中民族和睦、宗教和顺、社会和谐是民族团结进步示范区建设和面向南亚、东南亚辐射中心建设的重要内容和必要保证，而民族和睦、宗教和顺、社会和谐的关键因素便是文化的和谐，没有文化的和谐就不可能有民族和睦、宗教和顺及社会和谐。所以，以文化和谐为基础的文化多样性就理应成为“一带一路”建设的重要内容。

二、“一带一路”背景下云南民族文化多样性发展的影响

云南民族文化多样性在“一带一路”建设推进中有着十分重

① 云南的跨境民族有汉、壮、傣、布依、彝、哈尼、拉祜、傈僳、景颇、阿昌、怒、佤、独龙、德昂、布朗、苗、瑶 17 个民族。

要的作用，同样，“一带一路”对云南民族文化多样性也会产生不小的冲击。

（一）旅游业发展对民族文化多样性的冲击

文化要发展，就必须接受时代的考验，中国的各少数民族在现代文明的冲击下，其传统文化总体表现出逐渐衰退的趋势，从文化多样性的角度，抑或从民族文化自觉的角度看，这种变化趋势都是不利的，要改变这一状况，较好的方法就是尽快地让传统文化遭受强势文化的冲击，在传统文化仍具较强生命力时使其自身在这种冲击下寻找到一条与现代文明协调的新的发展道路。

在文化全球化的语境下，旅游开发所带来的外来强势文化会造成民族文化和地方文化的变异，正如全球化的本质是一把“双刃剑”一般，旅游业的发展对民族文化多样性的发展也产生了正反两方面的影响，旅游在为文化多样性提供展示平台的同时，也使得各民族的传统文化受到不同层次、不同程度的冲击。旅游业作为云南省的新兴产业和支柱产业，在带来经济效益的同时，也带来了文化保护与传承方面的问题。如何解决旅游业对传统观念的冲击和对文化发展的影响？商业化、庸俗化的倾向该如何调和？对于云南各少数民族来说，经济发展固然重要，但对自身文化的传承与保护同样不可小觑。

（二）民族文化研究和保护力度不足

云南地处西南边陲，复杂多变的自然条件孕育了众多独具特色的民族文化，但是民族地区特殊的环境又导致了云南民族文化研究和民族文化保护机构的不健全。首先，部分地方领导对民族文化工作不重视，如：在人员配备和财政拨款方面对文化工作扶持不足，有些民族地区基层文化站仍然缺乏相关的专业技术人才。其次，基层文化服务机构建设不足，在云南很多地方都存在基层文化设施建设“形式化”的现象，只注重有形的建设而忽视了无形的服务，设施是文化服务的载体而非目的，文化工作者的缺乏和管理不当也是文化基础设施在使用中缺乏效率的原因；最后，文化研究机构存在不足，研究范围偏窄，民族文化产业研究机构设置不足，文化产业基础理论研究亟待加强，文化产业人才培养力度不够，文化产业理论研究与文化产业实体脱节，民族地区艰苦的条件也制约了文化专业人才向民族地区流动。

（三）民族文化传承力度不足

民族文化的发展离不开传承，各民族文化都是中华民族文化的重要组成部分，然而随着社会的进步，少数民族文化正在面临着衰弱趋势。地域性的民族优秀文化特别是少数民族的文化，在全球经济化、观念趋同化的大背景下逐渐被淡化，有的出现了“濒危”的现象，甚至逐渐消亡。民族文化传承问题是民族文化式微的主要因素之一。首先，文化全球化已经渗透到人们生活的每个角落，即使是偏远的民族地区也能享受到便捷文化带来的便利，很多民族文化却面临文化全球化和当地强势文化的双重冲击，云南作为各种文化交流碰撞的前沿阵地，民族文化流失、趋同、融合的现象显得尤为严重。[①] 其次，“经济人”理论告诉我们，人思考和行为都是目标理性的，唯一获得的经济好处就是物质性补偿的最大化。在现代化的冲击下，人们为了追求更好的生活表现出了一定的趋利性，加之民族文化产业发展主客体的缺位，民族文化式微在某种程度上成为一种必然。

三、对策与建议

多样性是人类文化生命之所在，各民族的文化背景和历史发展都不尽相同，各民族绚烂多彩的多样性文化在维护民族平等团结、促进各民族文化繁荣发展、促进少数民族和民族地区经济发

① 杨文顺、特姆：《全球化背景下云南多样性民族文化的碰撞与发展》，载《云南民族大学学报》（哲学社会科学版），2009 年第 2 期。

展等方面都有着积极的影响。云南在“一带一路”建设中不仅拥有得天独厚的空间区位优势，在民间交往、政策机制、发展互补等方面也有着不可取代的优势条件。要实现云南民族文化多样性的延续和发展，就必须牢牢抓住“一带一路”建设的大好机遇，在促进区域经济发展的同时，不仅要注意保持民族文化多样性的延续与传承，也要正视民族文化的合理变迁。

（一）正确引导民族文化产业的发展

民族文化多样性是民族文化产业发展的前提和基础，民族文化产业化也为多样性的民族文化提供了进一步发展的空间和条件。充分利用云南民族文化多样性的特点，积极发展民族文化产业，打造一批兼具地方特色和民族特色的文化产业品牌，是促进民族团结进步、边疆繁荣稳定的必由之路。

首先，树立正确的民族文化产业发展观。正确处理民族文化传承保护与文化产业化之间的关系。不能有只讲传承保护不讲产业开发的孤立保护观，也不能有只讲开发而忽视传承保护的绝对开发观。树立正确的民族文化产业发展观有助于保护与传承民族文化，因此，在民族文化产业发展中要牢固树立“先保护传承，后开发利用，在保护传承中开发利用，在开发利用中保护传承”的民族文化产业发展观①。

其次，要避免民族文化产业发展中的主体边缘化现象。文化是民族的重要特征，在文化产业开发中本民族成员理应是受益者和发展的主要目标。但对于云南各少数民族来说，经济社会发展水平的滞后制约了当地民族文化产业化发展的道路，而在以政府主导的文化产业开发模式中，理应作为产业开发主体的群众并没有享受到应有的收益和发展，甚至因开发而导致其支出高出所得。长此以往必然会造成当地社会文化的变迁，不利于民族文化的传

① 杨文顺、特姆：《云南民族文化多样性的保护和发展研究》，载《黑龙江民族丛刊》，2012年第6期。

承与保护。

（二）加强民族地区公共文化服务体系建设

由于历史和地理等多方面原因，云南大部分民族地区经济社会发展较为缓慢，公共文化建设相对滞后，民族文化是包括本民族在内的全人类共同拥有的财富，文化来源于生活，也必须在生活中继续发展。构建民族地区公共文化服务体系，繁荣发展少数民族文化，有助于形成忠诚守信、团结互助、善良有爱的淳朴民风，培育坚韧不拔、自强不息的奋斗精神，营造和谐的社会氛围。

文化是培育人民、促进发展的智力支撑，要实现云南各民族共同团结进步、共同繁荣发展，就必须构建公共文化服务体系，繁荣发展民族文化，就要广泛、充分地调动人民群众的积极性和创造性。云南有取之不竭用之不尽的民族文化资源，这是维系"两个共同"和"三个离不开"的坚强纽带。

（三）加大民族文化保护与传承力度

建立健全各级各类非物质文化遗产保护传承中心，把民族文化资源的保护纳入经济社会发展规划和城乡建设规划，加快建立非物质文化遗产保护体系，加强各级民族文化保护区、特色文化保护区和民间文化艺术之乡和各类民族文化传习馆（所）的建设，着力培养一批有影响力的民族民间文化传承人。

试论草原丝绸之路及其当代价值

王　萌*

2013年秋天，习近平主席在访问中亚和东南亚国家时，分别提出建设“丝绸之路经济带”和“21世纪海上丝绸之路”两大倡议，赋予了古丝绸之路以崭新的时代内涵。丝绸之路是古代中国对外交往的大通道，横贯欧亚的陆路交通干线上，因早期贸易以丝绸为主而得名。丝绸之路主要有4条：其一为“陆上丝绸之路”，从洛阳、西安出发，经河西走廊至西域通往欧洲，也被称为“沙漠丝绸之路”；其二为贯通蒙古高原地带的“草原丝绸之路”；其三为东南沿海的“海上丝绸之路”；其四为西南地区通往印度的“茶马古道”。

“草原丝绸之路”是指中原汉地通过蒙古草原向西沟通欧亚大陆的商贸大通道，是丝绸之路的重要组成部分。作为当时游牧文化交流的动脉，它的路线由长城沿线向西北穿越蒙古高原、南俄草原、中西亚北部，直达地中海北陆的欧洲地区。因贸易以大量牲畜皮毛、珍奇珠宝和茶叶为主，这条通道又叫“皮货之路”“珠宝之路”和“茶马之路”。“草原丝绸之路”是当今世界上开通时间最早、距离最长、影响深远的文化线路，东西方文化在这里汇聚交融，深深影响着欧亚各国的社会发展与历史变迁，它辉煌的历史已成为今天全人类的财富。

---

*　王萌，女，1991年生，内蒙古赤峰市人，北方民族大学马克思主义学院马克思主义民族理论与政策专业2014级研究生。

一、"草原丝绸之路"的形成过程

（一）先秦时期"草原丝绸之路"的初步形成

"草原丝绸之路"的开通时间至今还没有确切定论。有学者认为，原始社会农业与畜牧业分工后，北方草原就存在着一条沟通东西的道路。今天的考古发现似乎也证实了这一点。在中国东北地区到新疆的北方草原地带都发现了十分密集的新石器时代（原始社会）青铜文化器物，二者之间似乎存在着某种联系。而中国北方草原地区早期青铜文化中的青铜器、金器和中原地区商周青铜器的类型和纹饰，在某些方面与蒙古国、俄罗斯、中亚等地的相同性,则证实了早期东西方文化交流的历史事实①。无独有偶，在新疆塔克拉玛干沙漠腹地的罗布泊小河墓地中出土了大量距今3500—4000年（夏朝时期）的毛织物。丹麦的许多遗址也出土了大量毛织物。通过比较，北欧和新疆地区的毛织物有很多相似性。事实证明，草原丝绸之路的西端一直可以延伸更遥远的北欧地区。1993年《纽约时报》刊文称，在一埃及木乃伊的头发上发现一束中国丝绸，科学家经过显微镜、红外线和化学分析确认这束丝绸来自公元前10世纪（西周时期）的中国，这为我们研究古代丝绸之路提供了重要实物依据。这一新的考古发现表明，中原地区可能通过草原通道与西方进行文化交流，横贯欧亚的古代贸易活动很早就已经在进行了，而我国对草原丝绸之路的记载最早出现在先秦时期的《穆天子传》中。周穆王曾到过昆仑山西王母国。穆王从今陕西长安出发西行，过山西雁门关至西王母国。穆王回程时驻雷首，犬戎宴请。犬戎是西周时较活跃的北方游牧部族，居今天山西北部和内蒙古呼和浩特地区。那么，穆王的西行路线当是内蒙古河套地区往西，过中亚草原。这正是今

① 张景明：《北方草原金银器产生的历史条件及早期草原丝绸之路的开通》，载《大连大学学报》，2012年第2期。

天的“草原丝绸之路”。[①]

（二）游牧民族对“草原丝绸之路”的发展

“草原丝绸之路”的发展是沿线国家和不同民族人民共同努力经营开辟来的。北方游牧民族的雄起、西迁、入主中原与中原王朝的兴盛、衰亡，都在不同时期对草原丝绸之路产生了深刻的影响。历史发展的进程中，北方游牧民族势力逐渐强大，控制着北方草原，并往往加强与中原地区农耕经济的交流。如匈奴、月氏、乌孙、突厥、回鹘、契丹、蒙古等北方游牧民族，他们都曾先后经营着草原丝绸之路并在商贸、文化交流中发挥过积极的作用。

北方游牧民族突厥和回鹘对“草原丝绸之路”的发展有重要影响。公元6世纪中叶，蒙古草原上的霸主突厥人建立了突厥汗国政权，其全盛时，疆域东至大兴安岭，西至咸海，南抵波斯、印度的阿姆河南，加强了各种古代文明之间早已存在的联系。在唐代晚期，吐蕃兴起，占据了河西走廊，割断了“沙漠丝绸之路”，但“草原丝绸之路”依然畅通无阻。当时控制“草原丝绸之路”的是善于经商的回鹘人，回鹘人凭借地处要冲之优势，控制了东西方交通的命脉，他们不仅与中原、吐蕃、西夏及东北的契丹、女真交往频繁，而且也与西方的波斯、印度、大秦保持着直接或间接的商业交往，繁荣了丝绸之路。[②]游牧民族的发展，客观上有利于丝绸之路对外文化的交流，游牧民族率先打通了欧亚大陆文明中心陆路交往通道，在东西方经济文化交流方面发挥了巨大的作用。

（三）蒙元时期“草原丝绸之路”的鼎盛

蒙元时期，横跨欧亚的蒙古汗国冲破了欧亚各国的封建疆域。

---

① 洪用斌：《草原丝绸之路概述》，载《内蒙古金融研究钱币文集（第四辑）》，2003年3期。

② 樊保良：《回鹘与丝绸之路》，载《兰州大学学报》，1985年第4期。

在窝阔台汗时期，正式建立了驿站制度，“每一个驿站，常备有400匹良马，供大汗信使往来备用。所有专使都可以有替班的驿马，他们留下疲惫不堪的马匹，可在那里换上健壮的马匹。即使在离开大道的多山地区，那里没有村落，各城镇彼此之间又相距遥远，皇帝陛下也同样指示建起同样的楼房，提供各种必需品，并照常定期配给马匹”①。从元上都出发的“草原丝绸之路”受蒙元帝国的保护，道路畅通无阻。西亚、欧洲、阿拉伯、波斯、中亚的商人通过“草原丝绸之路”往来中国，商队络绎不绝，其中最为著名的就是意大利商人马可·波罗。1275年，马可·波罗来到元上都，受到忽必烈的接见，回国后写下了著名的《马可·波罗行纪》，书中详细介绍了元上都上层社会的繁荣，在中世纪的欧洲一度成为“天方夜谭”般的神话。

不仅“有朋自远方来”，而且中国的西行者也奔波在这条丝绸之路上，并在这里还留下他们的“足迹”。其中耶律楚材、邱处机、乌古孙仲端、常德和列班扫马等人都著有价值较高的游记，详细记录了他们往来西域的沿途见闻、山川道里、风土人情。其中，列班扫马不仅是历史上第一个出访西欧的中国人，他撰写的游记也堪称中国人第一部详细记述欧洲的见闻录。其中有关意大利和法国等地的奇风异俗，都被他栩栩如生地写进了游记中②。蒙元时期不仅商贸发达还出现了东西方宗教共存互荣的景象，《马可·波罗行记》中也有记载，元世祖忽必烈对马可·波罗讲过这么一段话：有人敬耶稣，有人拜佛，其他的人敬穆罕默德，我不晓得哪位最大，我便都敬他们，求他们庇佑我③。“草原丝绸之路”的发达，使东

① 《马可·波罗游记》中的“中央法令”。

② 樊保良:《蒙元时期丝绸之路简论》,载《兰州大学学报》(社会科学版),1990年第4期。

③ 贾宝维、包春喜:《蒙古帝国的建立与基督教的再度东传》,载《内蒙古社会科学》(汉文版),2010年第6期。

西方文明的交流空前活跃，开放的元朝高度繁荣。

（四）明、清时期“草原丝绸之路”的衰落

明清两朝处于我国封建王朝的晚期，文化保守、社会动荡。北方草原时有战争发生，明王朝关闭边境互市，修筑的长城一度滞碍了“草原丝绸之路”的发展。清朝时期，与西方茶叶贸易的“草原丝绸之路”较为繁忙但再也没有了往日的辉煌。1171年，漠西蒙古的一支土尔扈特部武装起义摆脱沙俄的压迫就是沿着这条“草原丝绸之路”回到了大清的怀抱。明中后期到民国初年，灾荒不断，山东、河北、山西、陕西等省的流民开始“闯关东”“走西口”来到草原地区谋生，山西商人活跃在“草原丝绸之路”，不仅垄断了北方的贸易，更是将触角伸向了伊犁、莫斯科、西伯利亚和大阪。至此，古老“草原丝绸之路”完成了最后的繁荣。

二、历史上“草原丝绸之路”形成的原因与作用

（一）形成原因

“草原丝绸之路”的形成，与自然因素息息相关。整个欧亚大陆东西绵延1万多千米，地形复杂，气候多样。只有在北纬40度至50度之间的中纬度地区形成了一片世界上最宽广的草原地带。这条天然的草原通道横贯欧亚大陆，向西可以连接中亚和东欧，向东南可以通往中国的中原地区，使横贯东西成为可能。与地理因素相比，不同的经济形式使“草原丝绸之路”成为历史的必然选择。从蒙古高原到中亚、西亚是游牧民族的主要生活区域，人们主要从事畜牧业，这里盛产牛、马、羊及皮、毛、肉、乳等畜产品。逐水草而居使人们的经济生活极易受着自然气候条件的制约，无法抵御自然灾害，也无法满足自身对生活资料的需求，缺乏粮食、布帛等农产品的必要补充。而古代中原地区的经济又是典型的农耕经济，盛产粮食、纺织品、手工制品等。中原

地区与草原地区在经济上的互补、但又非平衡的关系使游牧民族与外界接触成为其寻求自身存在与发展的内在动力，也成为形成“草原丝绸之路”的基础动因。同时，草原民族流动性强，以马为主要交通工具使沟通东西的辐射面更广、传播速度更快，这也有利于“草原丝绸之路”的发展。

（二）历史作用

“草原丝绸之路”从中国先秦到近代活跃了数千年，游民民族成为传递东西方文化的使者。“草原丝绸之路”受草原文化的深刻影响，同时也深深地影响着草原文化，塑造着草原文化。这条丝绸之路上所体现的包容豁达、合作共赢、开拓进取是草原文化的精髓也是丝路文化的内核。草原丝绸之路将游牧文明带向了世界，为东西方的发展注入了强劲的活力。“草原丝绸之路”是一条文化交流的大通道，东西方先进的生产技术、天文物理、绘画艺术和宗教文化在这里交织、碰撞、升华。中国的四大发明沿着丝绸之路传入西方，为后来西方新航路的开辟和文艺复兴运动提供了条件，对西方社会的发展影响深远。而西方的绘画、艺术特别是宗教文化的传入又丰富了东方文化，佛教的传入更成为其给予东方最好的礼物。同时，中华文明通过“草原丝绸之路”传往中亚、西亚远及欧洲和北非，大大扩充了汉文化圈的影响范围。不同文明间互相对话、互相学习、互相激励，使人类文明空前繁荣。“草原丝绸之路”的开通使东西方人们开阔了眼界，丰富了已有的历史地理知识，形成了人类认识世界、认识不同民族的新格局。

三、内蒙古搭上“一带一路”发展快车的路径

“草原丝绸之路”的辉煌是一笔丰厚的文化遗产，承载着人类共同的美好记忆。“一带一路”的提出拉近了历史与现实的距离，更为全世界昭示了光明的未来。“一带一路”提出后，沿线各国

积极响应，特别是亚洲基础设施投资银行的成立与自贸区的签订展现了我国全面对外开放和走向世界的决心与信心。现阶段，我国正在加紧推进“一带一路”建设规划，内蒙古位于“草原丝绸之路”的核心区，占据了天时地利人和的优势。近几年，内蒙古边境贸易总量不断扩大，经济持续平稳快速增长。内蒙古应发挥自身优势，紧跟“一带一路”建设步伐，抓住时代赋予的全新机遇。

（一）传承草原文化，促进互信共赢

草原文化不仅是游牧民族的根，也是它的魂。草原文化历史悠久、特色鲜明、内涵丰富，是久居广袤草原的游牧民族世代相传的精神内核。辽阔的草原、奔腾的骏马、闲适的游牧生活塑造了草原文化开放包容、崇信重义、和睦友善，充满刚性的开拓进取精神等特点。马在游牧生活中起到决定性作用，它的流动性特点开拓了放牧者的政治和文化视野，使其眼界更开阔，胸襟更博大，能更虚心地学习外来先进事物。在漫长的历史长河中，草原文化一直以动态的形式吸收着东西方文化的养分，与各民族文化相互交融、汇聚，不断为中原文化注入活力，共同造就了博大精深的中华文化，开创了中华民族文化的多元一体格局。

文化的力量深深影响着社会生活的各个方面，凝聚着民族的生命力和创造力。包容互鉴、互信共赢是草原文化的传统。而“草原丝绸之路”沿线国家有着相同的草原文化背景和共同的历史记忆、情感共通，弘扬草原文化有利于进一步促进各国间的互信、交流与合作。内蒙古应大力开展多样的对外文化交流活动，展现灿烂的游牧历史文化，拓宽国际合作的情感媒介。以草原文化为纽带，让更多国家和地区了解丝绸之路，了解内蒙古，了解中国，为今后的区域合作发展凝聚合力。

（二）连接东北亚，扎实推进中蒙俄经济走廊

2014 年 9 月 11 日，国家主席习近平在出席中蒙俄三国元首会晤时提出共建“丝绸之路经济带”倡议，获得俄罗斯和蒙古国

的积极响应。"丝绸之路经济带"同俄罗斯跨欧亚大铁路、蒙古国草原之路倡议相对接，打造中蒙俄经济走廊。"一带一路"中蒙俄经济走廊涵盖了东北亚的经济整合，并最终融合在一起通向欧洲，形成欧亚大陆经济整合的大趋势。其中，在草原丝绸之路上的内蒙古有着得天独厚的区位优势、能源优势和人文优势。内蒙古位于祖国的北大门，东西延伸2400千米，与蒙古国和俄罗斯山水相连，依托黄河中上游和环渤海经济圈以及自身的能源优势，在油气管道、路桥、信息传输系统、物流等基础设施建设上大有可为。

能源合作是"一带一路"中蒙俄经济走廊建设的重要内容。随着我国经济的持续发展，对能源特别是对石油、天然气等清洁能源的需求快速增加，加强与俄、蒙内陆国家的能源合作不仅能扩展能源来源、减少海运压力，还有利于提高资源供应的安全性。内蒙古地域辽阔，地下矿产丰富，稀土、煤炭、铝、锌、风能等资源居全国之首，其中稀土更占据了世界市场的优势。俄罗斯油气资源丰富，蒙古金属矿产最具规模，我国内蒙古地区与俄、蒙两国的能源合作具有高度的互补性和共生性。内蒙古在推进我国与其他两国能源合作中应寻求联合经营、产量分成、技术服务等多种互利共赢模式，加强石油、天然气、金属矿产等领域的技术交流与协作，攻破在能源开发、加工、运输等方面的技术难关，解决好利益分配问题，共同打造区域能源合作的新格局。

口岸经济是祖国北大门重要的开放平台。内蒙古依托"三北"区位作为"一带一路"向北开放的前沿阵地。目前，全区有铁路、公路、航空口岸19个，已形成了全方位立体化的口岸开放格局。但沿边口岸地区经济发展滞后、口岸发展水平低、基础设施与服务落后已成为制约发展的主要问题。立足长远，内蒙古在加强国际铁路、公路互联互通的基础上，应创造投资环境，提高生产要素流动活力，培养支柱产业做大做强。重点加强口岸加工、物流、电子商务、服务园区等建设，提高口岸经济的发展层次，并积极引入先进的管理和服务模式，优化口岸金融、治安等综合服务。依托口岸经济，内蒙古应规划建设现代国际物流中心。依靠区位优势，向东怀抱京津冀经济圈向东北亚、沿海地区辐射发展，向西集结呼包鄂经济圈向西北城市辐射，向北服务中国—俄罗斯自由贸易区，使物流中心辐射远、俄罗斯及欧洲中东部。

"一带一路"不仅是陆路海路的互联互通，更是信息化互联网的互联互通，内蒙古应着力打造使自身成为连接东北亚和蒙俄两国的信息枢纽，开发适于中小企业、商家和个人进行技术合作、经贸服务和人文交流的综合信息服务平台，促进东亚与俄罗斯地区间信息的快速交流，为"一带一路"中蒙俄经济走廊注入活力。

（三）以现代产业体系拓展经济发展新支点

加强农牧业合作，发展现代农牧业。内蒙古拥有广袤草原和丰富的家畜品种资源，是我国重要的畜产品生产加工输出基地。改革开放以来，内蒙古农牧业发展成就令人瞩目，但仍面临资源和市场的双重约束、发展经济与保护环境的双重压力、国内外市场的双重挑战①。发展现代农牧业，内蒙古应加强农牧业基础设施配套建设，健全和推广农牧业疫病防控、良种培育等科技服务体系以促进科技成果转化。同时，鼓励社会资本进入农牧业投融资以激发产业活力，促进规模化养殖做大做强。并增强农牧民的话语权，寻求企业与农牧民合理的利益联结机制，让农牧民分享第二、第三产业在加工、销售中的部分利益。搭乘"一带一路"发展快车，内蒙古还应积极开展与蒙、俄两国在农牧业经济技术、经营管理、生态保护等方面的合作，促进彼此之间土地资源、作物栽培、农林牧品种等资源优势互补，并鼓励我国农牧业龙头企业"走出去"，到蒙古、俄罗斯建设农林牧业科技示范园，共享

---

① 郭键：《创新机制转型升级 加快发展现代畜牧业》，载《实践》（思想理论版），2014年第8期。

农林牧技术成果和经济效益，实现互利双赢。

推进金融合作创新，营造大市场。金融是现代经济发展的核心与血脉，“一带一路”建设，离不开金融的支持。内蒙古发展在争取国家政策性银行的基础上，应鼓励境外银行入驻来激发市场潜力，进一步完善双边金融合作以便利双方本币结算与支付，扩大双边贸易。同时，内蒙古为更好地融入“一带一路”，解决投融资难问题，政府应积极利用新兴互联网金融，不断拓展金融合作创新，利用互联网众筹、产业基金、ppp 模式①、跨区域融资等多种形式促进大众民营资本参与“一带一路”基础设施和重点项目建设中来营造大市场。

深挖精品，发展旅游经济。当今，世界文化产业正快速崛起，旅游业已经成为新常态下推动国民经济发展新的增长点。内蒙古旅游资源丰富、类型多样，草原文化灿烂夺目，包含以蒙古族文化为代表的民俗文化资源与历史文化资源，以及草原、沙漠、温泉、森林、冰雪等生态资源。内蒙古应丰富草原文化内涵，深入开发草原生态旅游名片，强化跨境旅游服务合作，以“草原丝绸之路”为纽带，培育和构建通向国内外的文化产业体系，将内蒙古推向国际。

① PPP 模式：Public Private Partnership，政府与社会资本合作模式。

“守”与“离”①：一个民族村落的文化该何去何从

——基于贵州荔波县瑶山乡拉片村瑶族文化的思考

韦芝珊*

“少数民族文化是中华文化的重要构成部分，少数民族优秀传统文化是建设中华民族共有精神家园的重要源泉。”②在新常态下，工业化和城镇化的范围不断向民族地区深入，“民工潮”使民族文化的主体丧失，一体化与民族文化多元性的冲突，使“元文化”遭受到巨大的冲击，少数民族文化该何去何从？本文讨论在“守”和“离”背景下一个民族村落文化的“延续”与“断裂”现象，并做一些思考，试图为建设中华民族共有的精神家园倾尽微薄之力。

一、民族村落：一次华丽的转身

（一）拉片村概况

拉片村地处南方喀斯特地区，属岩溶地貌，位于荔波县城西

---

* 韦芝珊，女，1992年生，贵州省荔波县人，贵州民族大学马克思主义民族理论与政策专业2014级硕士研究生。

① 根据周大鸣的概括，农民工的类型有四种，即“离土不离乡”“不离土也不离乡”“不离土却离乡”和“离土又离乡”，本文所指的“离”均为最后一种，相应地，“守”的含义为“守土又守乡”。

② 郝亚明：《少数民族文化与中华民族共有精神家园建设》，载《广西民族研究》，2009年第1期。

南部，是瑶山乡政府所在地，距县城35千米，毗邻小七孔景区。全村共474户，1754人（女性832人，男性922人）。农业人口1726人，占总人口的98.40%；非农人口28人，占总人口的1.60%；外出务工劳力816人，占总人口的46.52%。（如表1所示）

表1 拉片村人口状况表①

	男性	女性	农业人口	非农业人口	有劳动能力	外出务工
人数	922	832	1726	28	1376	816
占总人口的比例/%	52.57	47.43	98.40	1.60	78.45	46.52

全村有1所小学，12个村民小组。该村有瑶(白裤瑶)、苗、水、布依等民族，其中白裤瑶（瑶族支系之一）占95.6%，是该村的主体民族(如图1所示)。村民的主要收入来源为种植业、养殖业、旅游业及劳务输出。

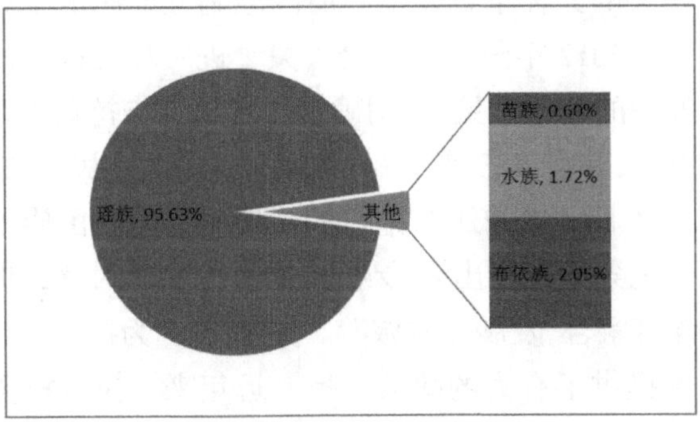

图1 拉片村民族成分比例图

① 该数据于2015年8月从贵州省荔波县瑶山乡拉片村村民委员会获得。

拉片村的瑶族群众在长期的劳动实践中形成了独具特色的文化，包括建筑文化（禾仓、吊脚楼）、钟鼓文化（猴鼓舞——国家非物质文化遗产）、服饰文化（蜡染、刺绣被列为国家级非物质文化遗产）、陀螺文化（省定陀螺训练基地）、饮食文化（中华第一长席——瑶王宴）等。

（二）昔日的贫穷与今日的发展

荔波瑶族有白裤瑶、青瑶、长衫瑶三个支系，主要聚居于瑶山和瑶麓的两个瑶族乡，拉片村是“白裤瑶”主要聚居地，被称为“白裤瑶之乡”。在过去，瑶山拉片村几乎是贫困的代名词，新中国成立以前，瑶族受统治者和周边民族的压迫，迁徙无常，居无定所，多数人居于山洞内。中华人民共和国成立以后，大部分瑶族人民过着狩猎和采集的生活，是合法的执枪民族，因民族文化保存完整，被称为“人类文明的活化石”“东方印第安人”。

20世纪80年代新华社记者报道了瑶山艰苦生活，引起了党中央的高度重视，时任总书记的胡耀邦同志亲自做出批示，此后，又有乔石、胡锦涛、朱镕基、李克强等国家领导人到此调研、考察。在党中央的关怀下，该地政府因地制宜地制定了有利于地区发展的政策。2012年国务院出台《关于进一步促进贵州经济社会又好又快发展的若干意见》，明确提出要重点支持瑶山、麻山深度贫困区的发展，并在“三州”民族地区打造原生态民族文化旅游区。2015年5月1日，贵州颁布施行的《贵州省促进民族团结进步条例》第二十三条中也指出：“保护民族特色文化村寨，促进民族文化与旅游深度融合，发展乡村旅游。”[①] 这些都为拉片特色民族村寨旅游的发展提供了有力的政策支持。近年来，拉片村凭借着丰富多彩的瑶族文化，打造出了一套较为成熟的民族文化旅游发展模式，瑶族人民的生活水平有了显著的提高，出现质的飞跃。

① 《贵州省促进民族团结进步条例》，载《贵州民族报》，2015年第1期。

二、现象：瑶族文化的走向

（一）繁荣背后的萧条

瑶族文化旅游业繁荣发展。当地政府先后投入大量资金建设和保护瑶族文化实物载体，如瑶族文化展示厅、瑶王府、感恩碑、牛头铜鼓塑像、图腾柱林、纺织棚等。该村一批独具特色的瑶族文化被列入国家级或省级非物质文化遗产名录，如 2007 年陀螺竞技被列为省级非物质文化遗产名；拉片村被定为贵州省陀螺训练基地；2008 年猴鼓舞被列入国家级非物质文化遗产名录。除此之外，拉片村还先后被评为省级“民族团结进步示范村”“贵州最具魅力民族村寨”、国家 3A 级旅游景区、省级优秀少数民族特色示范村寨、“第六次全国民族团结进步模范集体”“首批全国少数民族特色村寨”“全国民主法治示范村”等。如今该村已形成一套较为完备的民族文化旅游发展模式，加之其毗邻小七孔风景区，形成了一条相互带动的旅游利益链条。据该村村支书介绍，在旅游旺季，村内一天大约能接待 500—600 名游客，而仅门票单价就有 80 元，加之村内的其他服务项目，该村的旅游业收入是较为可观的。

文化传承主体——“人”的缺失。调研之初，笔者主观地认为当地村民会对该村的发展充满憧憬，但经多方调查后发现事实并非如此。多数村民依然热衷于外出务工，即便是当地“猴鼓舞”的传承人（瑶族小伙、瑶族姑娘）也是如此。在此列出与传承人交谈时的对话，分别以甲、乙、丙、丁代指受访者。

问：你们喜欢跳猴鼓舞吗?

甲：一般 乙：不喜欢 丙：喜欢 丁：一般 ……

问：你们喜欢待在村里吗？

甲：不喜欢 乙：不喜欢 丙：一般 丁：一般 ……

问：为什么不喜欢在村里呢？

甲：村里没出路 乙：村里没意思 丙：村里没前途 丁：没钱花 ……

问：如果有机会还会到外面打工吗？

甲：会 乙：应该会 丙：可能会 丁：会 ……

由上述可知，多数村民更愿意出去务工，从村委会得知当地外出务工的人数居高不下，留守村内的劳动力 560 人，占人口总数的 41 %，外出劳动力 816 人，占 59 %，尚在该村的多数村民也表示在村里没出路。在新常态下，日益增长的物质文化需求与现阶段无法满足之间的矛盾支配着村民的行动，这些需求驱使村民挤进“打工”的洪流中，出现“空壳村”现象，文化主体的移位使得原本生机勃勃的拉片村变得格外萧条。

（二）“繁荣与萧条”现象的原因分析

政府与旅游开发公司控制整个村寨的利益链条。拉片村民族文化旅游采取政府引导、专家定位和策划、旅行社促销、公司管理、群众参与（即政府 + 专家 + 旅行社 + 公司 + 群众）的运作形式，在此过程中虽可以有效吸收社会资本，提高各方积极性，但由于整个操作过程由政府与旅游开发公司进行，公司与政府完成利益划分，村民基本上没有发言权，因此参与程度较低。据了解，村寨的门票售价为 80 元，全部为旅游公司所收取；该地有政府出资建造的旅馆，客房单价最低为 168 元，旅游旺季时客房每天爆满，当地政府和旅游公司的收入是较为可观的。由此观之，拉片村旅游业的发展，主要获利者是当地政府和旅游公司，跟村民没有太多关系，当地的村民依然过着贫困的生活。

村民的收入普遍偏低。拉片村耕地面积 712 亩，人均耕地 0.40 亩，低产田土面积占总面积的 100%，农田灌溉主要依靠望天水解决。[①] 属岩溶地貌，土地较为贫瘠，加之政府为自身利益考虑，严格控制当地农家乐的数量和规模（据了解，当地现今只有 13 家农家乐），村民的收入较低。另一方面，现代文明驱使人们重构自己的生活方式，追求便利的城市生活方式成为村民们的共同愿望，可在农村无力改变贫穷落后的现状，于是，村民纷纷离开家乡到外务工，人与土分离，“空壳村”便成为当地一道独特的“风景线”，人烟稀少使得当地显得较为萧条。

（三）拉片村瑶族文化发展的两种态势

考古学家张直光教授把中西方在历史转型中的文化差异概括为“连续”与“断裂”，笔者试图将这一现象引入到新常态下民族文化的研究上，以此来解释现代文化与传统民族文化发生碰撞而引发的现象。“众所周知，民族文化是一个民族长期的积淀，在历史的长河中，有些文化在生产力水平落后的状态下生成，随着人类社会的进步和发展，这种文化的生存背景消失了，于是，这种文化已经成为落后的或者说已经成为不合时宜的文化，当属淘汰之列。”[②]

延续。拉片村是“白裤瑶”的主要聚居地之一，“白裤瑶”群众在长期的社会实践中创造了丰富多彩的瑶族文化。瑶族的文化体现在瑶族人民生活的方方面面，是特定生态背景和历史人文环境相结合的产物，是新旧文化多次层叠整合的结果，更是瑶族人民为了适应自然生态环境和社会文化环境所进行的一种文化调适，这些丰富多彩的瑶族文化包括建筑文化、铜鼓文化、服饰文化（蜡染、刺绣、纺织）、陀螺文化、饮食文化（瑶王宴、瑶山竹筒饭）、丧葬文化、婚恋文化、信仰文化、图腾文化、岁时节日文化、歌舞文化等。这些文化多数都以展示厅、生态博物馆等

---

① 该数据于 2015 年 8 月从贵州荔波县瑶山乡政府获得。

② 杨昌儒：《浅伦布依族文化的旅游开发》，载《贵州民族学院学报》（哲学社会科学版），2003 年第 2 期。

形式被保护和传承下来，且部分文化已被列为省级或国家级非物质文化遗产名录成为重点保护对象，走进拉片村可以感受到一股浓郁的民族气息。

断裂。文化与自然环境和人文环境密切相关。斯图尔德认为，“文化生态学研究人类集团的文化方式如何适应环境的自然资源，如何适应其他人类集团的生存，即适应自然环境和人文环境”[①]。近年来，随着当地经济的发展特别是旅游业的蓬勃发展，加之外出务工人口的增多，瑶山人民在生活环境、思想、生活方式上发生了巨大的变化，时过境迁，一种“现代流行文化”不断渗入整个村落。这种“新文化”必然与瑶族传统文化之间发生博弈，而在这场博弈中瑶族传统文化处于劣势，强大的“新文化”使传统文化不得不在这场博弈中妥协，于是，瑶族部分文化开始发生或者正在发生断裂，如部分瑶族青年不再穿民族服饰、不再说瑶族语言、婚俗简化等。

三、反思：关于拉片村瑶族文化的几点思考

（一）“延续”与“断裂”现象是社会发展的产物

从某种程度上看，在“守”与“离”背景下的拉片村瑶族文化所出现的“延续”与“断裂”现象是少数民族文化不断调试与适应现代文化的结果，拉片村虽保留了较为完整的瑶族文化，但也出现了较多的文化“断裂”现象。现阶段的人们（特别是农民）倾向于追求物质层面上的满足，我们在惋惜一些民族文化出现“断裂”的同时，也要以一种开放的心态去看待该种现象，这是社会发展到一定历史阶段的产物，也是在新常态这个特殊时期，少数民族文化呈现出的“断裂中连续”现象。在现代文明的冲击下所

① 黄淑娉、龚佩华：《文化人类学理论方法研究》，广东高等教育出版社，2013年。

发生的“断裂”，带来的只是短暂性的彷徨，随着人们对文化自觉意识的不断加强，“断裂”的伤口会慢慢愈合，并重构出新的少数民族文化的生长机制。

（二）在文化传承中要注重“人”的作用

少数民族文化的传承与保护是个永久的课题，在文化的传承过程中，专家学者大多注重研究文化如何传承和保护，应采取何种方式进行保护和发展，但或多或少都忽略了一个重要的问题，即传承的主体——“人”的问题。随着经济的发展，人们在思想上发生了巨大的转变，外出务工成为一种时尚，“空壳村”现象也越来越严重，导致了少数民族文化传承主体“人”的流失，使少数民族文化的传承变成了一纸空谈。“人”是文化的灵魂，留住村民，是对传统民族村寨保护最具意义的关键，有了“人”少数民族文化的保护和传承才具有践行的意义和基础。但在此过程我们应该清楚认识到，人创造了文化，优秀文化反过来又可塑造人，这是永恒不变的真理。

（三）发展特色民族产业，留住瑶族文化传承主体

拉片村靠近广西，气候炎热、降水充沛，可利用其独特的环境优势发展特色产业，增加村民的收入，减少“空壳村”现象。积极发展特色种植业，根据当地的地理环境及光照条件，因地制宜地发展亚热带水果、绿色蔬菜的种植，如种植血橙、蜜柚、油茶、火龙果、提子、脆红李等；积极发展特色养殖业，充分发挥瑶山乡自然优势，有计划、有步骤地培育瑶山鸡、黑山羊、黑猪，开办冷水养殖等特色养殖业；积极发展民族特色产业，拉片村独特的瑶族文化，可利用这一优势发展特色民族手工艺品、民族饮食、民族蜡染、民族刺绣等，以此让村民能在自家门口就业，留住守住村民，留住瑶族文化传承的主体。

（四）发展性保护，发展是最好的保护

瑶族文化是中华民族文化的组成部分，也是建设中华民族共有精神家园不可或缺的部分。对民族文化的保护与对出土文物的保护不同，不应只停留在对书架上的历史文献、博物馆里的陈列物的保护上，而应更多地展现民族群众的生活场景；不能为了保护而保护，而应尽量满足民族群众期盼美好生活的发展需求。于是，发展性保护模式为适应这一社会发展趋势应运而生，它有助于破解保护与发展的纠结和困境。然而，何谓“发展性保护模式”呢？保护性发展模式是指在经济社会和现实文化超常态发展，导致民族传统文化发生剧烈变迁的特定时期，因为民族文化已经难以完整地、原状地长期保存下去，必须在适应发展中才能得到有效保护。为了适应经济社会和文化发展的变化趋势，将文化保护与文化发展视为一个统一体，采取立足保护、着力传承、引导发展的方式，积极指引民族文化传承优秀、特色文化的基础上，创新发展时代文化，形成保护、传承、创新一体化的发展格局，从而实现民族文化保护与文化发展良性互动的文化保护暨文化发展模式。① 因此，发展性保护是民族文化保护的理想模式。

参考文献：

[1] 林耀华．民族学通论．中央民族大学出版社，1997.

[2] 杨圣敏．中国民族志（修订本）．中央民族大学出版社，2008.

[3] 和少英．民族文化保护与传承的“本体论”问题．云南民族大学学报（哲学社会科学版），2009（06）.

[4] 胡映兰．论乡土文化的变迁．中国社会科学院研究生院学报，2013（06）.

[5] 杨昌儒．也谈民族文化的创新．贵州社会学院学报（哲学社会科学

① 喇明清：《灾后重建中民族文化“发展性保护模式”探讨——由地震灾后羌族文化保护引发的思考》，载《西南民族大学学报》（人文社科版），2010 年第 12 期。

版），2011（02）.

[6] 瑶山白裤瑶族：从以狩猎为生到端上“旅游饭碗”[EB/OL]. http: //news.xinhuanet.com/travel/2014-10/26/c_127141657.htm.

[7] 荔波人民政府门户网站 [EB/OL].http: //libo.gov.cn/xxgk/.

[9] 瑶山拉片村——“原始民族社会遗留的活化石”[EB/OL]. http: //travel.gog.com.cn/system/2015/01/13/014046206.shtml.

民族旅游区手工艺品的开发和利用
——以重庆市洋人街和磁器口为例

张丽珍 *

在我国，旅游区的定义主要表现为社会经济、文化历史和自然环境统一的旅游地域单元。它一般包含许多旅游点，由旅游线连接而成。从民族区的定义我们可以知道，民族旅游区手工艺品，是指民族区或人类生活、生产旅游区人，根据自身文化，加工发展的艺术品。有关民族艺术，是指具有民族、国家历史和文化特色的艺术。一般而言，民族艺术包括土生土长的艺术或称之为“自创艺术”；也包括吸收外来因素而后将其转化为本国艺术与传统，从而变成本民族的艺术。民族艺术的发展在我国起源很早，早在古丝绸之路时，我国就与西域的很多国家进行商品贸易活动。2013 年 9 月，国家主席习近平在访问哈萨克斯坦时提出构建“丝绸之路经济带”；2013 年 10 月，习近平在出席亚太经济合作组织领导人非正式会议期间又提出中国愿同东盟国家加强海上合作,共同建设“21 世纪海上丝绸之路”。“丝绸之路经济带”和“21 世纪海上丝绸之路”被并称为“一带一路”。①

从这些信息我们可以看出，“一带一路”对我国各行各业都有很大的影响，它将推动我国经济、政治、文化的全面发展。目前，我国已规划好“一带一路”的示意图。

---

* 张丽珍，女，1988 年生，贵州天柱人，中南民族大学民族学与社会学学院 2015 级硕士研究生。

“一带一路”的提出，使与之相对应的旅游业的发展备受关注，各地的旅游资源也在不断地整合。大数据时代的到来，社会信息化、网络全球化的趋势加强，更是加速了旅游业发展的步伐。在这种情况下，我们更应充分利用资源优势，加速发展。前文说过，“一带一路”是我国“古丝绸之路”的延伸，它在古代横跨了亚洲中部，把中国和西亚欧洲陆路贸易联系起来，这些广阔的市场给我们带来了很多便利。可见旅游网络化已成为趋势，在这种情况下我们更应该加重旅游业特色工艺的发展，让我们在激烈的竞争中占据有利的地位。从图中 1 可以看出，重庆市位于我国西南部，是西部地区的直辖市，其经济发达，旅游业发展早，也是“一带一路”开发关注的特色城市，可作为“一带一路”的代表。下面，笔者将以重庆市的洋人街和磁器口为个案“对旅游区”特色手工艺品进行简要分析。

一、调研概况

重庆位于北纬 28° 10′ —32° 13′，东经 105° 11′ —110° 11′，地处较为发达的东部地区和资源丰富的西部地区的结合处，东邻湖北、湖南，南靠贵州，西接四川，北连陕西，是西南工商业重镇和水陆交通枢纽。重庆辖区总面积 8.24 万平方千米，南北宽 450 千米，东西长 470 千米。全市共辖 19 个区、19 个县。重庆人口以汉族为主体，此外还有土家族、苗族、回族、满族、彝族、壮族、布依族、蒙古族、藏族、白族、侗族、维吾尔族、朝鲜族、哈尼族、傣族、傈僳族、佤族、拉祜族、水族、纳西族、羌族、仡佬族等 55 个少数民族。少数民族人口总数为 193 万人，目前多姿多彩的民俗风情已成为重庆重要的旅游资源。

在众多的旅游区中，笔者选了两个景点作为研究对象，一个是磁器口，另一个是洋人街。

磁器口古镇位于重庆市沙坪坝区嘉陵江畔，它起源于宋代，是嘉陵江重要的水陆码头。拥有“一江两溪三山四街”的独特地貌，在古代曾因“百日里千人,入夜后万盏明灯”,而有“小重庆”之称。

重庆美心洋人街占地4万平方米，位于重庆南岸区南滨路四期工程大佛寺大桥下游段，它集小吃街、酒吧街、游乐园、休闲公园、欧洲风情园等功能为一体。一些特色的标语，大多搞笑而经典，让人在开怀一笑的同时，引发深思。这些特有的多元素风情让人流连忘返。

二、“一带一路”背景下，磁器口和洋人街的特色产品开发现状

（一）手工艺品缺乏

改革开放以来，我国的经济得到快速发展。在磁器口古镇，你会发现很多特色产品，比如茶道、特色糍粑，还有陈麻花……瓷器口的麻花特别出名，它起源于清代末年，以其特有的香脆风味名闻天下。对于磁器口旅游业来说，特色食品的开发只是旅游业发展的一小部分；旅游是一种休闲产业，还应该发展相应的特色产业。可是经实地调查发现，当地的特色手工艺产品特别稀少，几家零星的商店在经营，我们可以清晰地发现其特有的标志——浙江义乌。就浙江义乌产品，笔者也进行了一些个案访谈，如采访了西南大学的罗某，在对她进行的访谈中，她也提到过她所遇到过的很多类似的现象，很多景区的手工业产品单一，甚至还看到过很多怪现象。很多不同省份、不同景区手工艺品都出自同一个地方——浙江义乌。她希望以后能看到不同的特色产品。

（二）现存手工艺品特色不明显

对手工艺产品来说，历史的特色文化很重要。一种文化，就是一部社会特有的发展史。文化具有多元性的特点，在多元文化

的互动中，我们更应该保护其个性的发展，也只有保护好文化个性的发展，我们才能在激烈的竞争中占优势地位。根据旅游局和实地调研得出统计数据显示：2015 年磁器口旅游消费中，食品占总消费量的 70%，特色手工艺品仅占总消费量的 14.5%。陈丹在《略论旅游发展对西藏手工业的影响》中写道："1990 年，全区民族手工业产品中，民族特需商品占 70%，工艺品和宗教用品占 20%，生产用品占 10%，近年来旅游纪念品和民族特需商品的比例有所上升，部分民族手工业行业旅游纪念品的比重已超过 50%。"[①] 就 1990 年的这些数字可以看出，特色产品在西藏特色文化中的重要性。而与比西藏特色旅游区手工艺产品相比，磁器口的特色手工艺产品明显不足，亟待提高。

（三）产品不宜于保存

对于商品来说，有需要才有市场，特色手工艺产品属于旅游商品，它的发展应该适应社会发展的趋势，才能在竞争中占据有利地位。通过一些旅游局的调查结果显示：大量游客多以休闲游为主，长途奔波，大家更愿意选择一些便利的旅游方法，购买一些容易携带、有特色的手工艺品。但在现有的旅游手工艺产品中，却发现如下特点：一是没有自己的特色。二是产品不适宜长时间保存。三是产品设计成品整体体重太大，不适宜随身携带。这些产品的缺陷势必会给当地的旅游发展带来一定的影响。人们在旅游过程中会根据自身需要来选择商品。怎样让产品符合市场的发展规律，符合大众生活需求，是当下应该解决的问题。

（四）手工艺产品价值不高

价值有两种说法，一种说法是价值可以分为精神价值和物质价值；另一种说法是价值可表现为感知价值，感知价值具有 6 个维度：包括便利价值、服务价值、感知价值、美感价值、玩乐

① 马凌、保继刚：《感知价值视角的传统节庆旅游体验——以西双版纳傣族泼水节为例》，载《地理研究》，2012 年第 2 期。

价值和社会价值①。从这一系列有关价值的定义,我们可以看出人们对价值的评判程度。以磁器口手工艺产品为例，如果在民族旅游区销售的手工艺品都为普通标准化批发的义乌工业品，要说精神价值、感知价值、当地特色价值真的就无从谈起。要真正让民族地区的商品有价值，笔者认为就应该在了解自己民族历史的前提下，发展适合自己价值的社会文化。

三、原因分析

（一）对民族手工艺品的重视不够

一是文化的发展是一个长期的过程，需要各部门进行长期的配合发展。随着社会的发展，我国已经投身社会信息化、经济全球化的发展大潮之中，人们更加注重对快速经济的发展，在追求高效率、高产值。而对于民族文化艺术品这种既需要历史研究，又得结合市场文化的发展，需要长时间资金和人力的大力投入。就这些原因，一般商家不太愿意从事文化产业经营项目。二是近年来，党和政府对少数民族地区进行了大力扶持，民族经济发展，民族区人民的生活水平得到了明显的提高。但目前，从景区的调查情况来看，旅游区少数民族的手工艺品水平亟待提高。

（二）受媒介和社会大众的影响

媒介是信息传播的平台，信息的传送将会对市场产生很大的影响。新中国成立至今，对民族情况的报道如下：一是认为少数民族在政策上有平等的权利但经济文化落后，需要国家的大力扶持；二是认为文化是具有变迁性的，民族区在发展中应该学习优秀先进的文化并改变原有的生活方式，以促进其民族地区社会的发展；三是认为民族文化是一种特色，我们应该保留这种

① 陈丹:《略论旅游发展对西藏手工业的影响》,载《中国藏学》,2010 年第 2 期。

其特色文化，促进文化多元性的发展。除媒介的影响外，社会的教育制度同样也触动着我们的生活。正因为快速经济的发展，人们更应对自身特有文化给予重视和关注。

（三）民族自身的原因

我国的少数民族地区受历史和地理因素的影响，长期以来经济文化的发展都比较落后。中华人民共和国成立后，我国实行了民族平等政策，少数民族在政治上得到了平等的权利，但其他方面和汉族相比，还存在着很大的差异。还有一些政策上的因素，普通话的推广，导致很多少数民族对自身文化缺乏自信。在一些少数民族地区，一些现象凸显，很多民族语言出现了断层；很多年轻人都不愿意学习自己本民族的文化。

四、对策分析

（一）政策上，应坚持以政府为导向，建立协调机制

应制定一个长期的规划，政策应立足长远发展，并狠抓落实。

1. 政府加大投入，完善相应机制。尤其应该对有特色手工艺的企业或个人给予大力支持。特色手工艺文化是一种民间传统艺术，它的传承和发展都依赖于人，所以我们应该给民间艺术以足够的空间。第一，政府应提高对民族特色产品的关注度，提高从事民间艺术的工匠艺人的社会地位。让社会和从事该行业的个人都认识到该行业的重要性，让民间艺人更愿意从事自己的行业。社会的认同度的提升，不仅可以提高经济效益还有利于加深他们对自己行业的认同，提高工作热情。第二，政府可以组织一些手工艺品培训活动，对技术高的艺人给予一定的奖励，用激励机制促进传统文化的传承与发展。对培训学员给予相应工作安排，同时在政策上给予一定帮助，从而培养学员的学习热情。

2. 加强立法和健全监督。在特色手工业产品的发展过程中，

政府部门要制定相关的法律、法规，使整体运营具有一定的规范性。这样，当遇到问题时，我们便可有章可循。同时有相应的监督机制，才能使产品的整体规划正常实施。

3. 相关的各部门要相互配合、共同促进、共同发展。避免权限分工模糊、交叉管理，要明晰权限、提高效率、加大资金投入，让民间艺术工业能顺利开展。

（二）从社会角度看，通过教育，建构多层次特色教育体系

目前，在现有的教育体制中，我们基本上只关注语文、数学、英语等需要升学考试的科目。一般而言，学校和家长对传统民间文艺的关注比较少。基于此，我们可以在小学阶段开设一些民间艺术课，让孩子们从小更多地了解自己本民族的特色文化，培养对艺术的热爱，懂得如何去保护和传承特色文化。在其他阶段的学习中，我们也可以组织相应活动。如剪纸比赛、民间艺术演讲比赛，等等，从而增进人们对民间传统艺术的了解。特别是在技工学校，应该设立相应的专业，力争使理论和实践充分结合。

充分利用高科技和网络资源，提高民族特色文化的影响力。利用好现代信息资源，加强地方文化形象建设，打造特色品牌。另外，加强对外宣传力度，根据自身历史发展优势，形成自己的品牌。能让游客在最短的时间内看到旅游区发展的特色文化，在普遍性的前提下，使个性得到充分发展。

（三）对于民族区来说，个人的地位和利用

个人一定要先熟悉自己的历史文化，找出适合本地区发展的资源，在传统的基础上进行创新。力争使本地区的优秀资源适应当代文化发展的潮流和市场需求，集思广益，最终打造出属于本地区发展的品牌，打开销路。

大力发展民族特色示范村，在民族地区起好带头作用。让一些成功的特色村寨，总结自己的成功经验，利用媒介进行推广，从而使各地都能较好地结合自身的资源优势充分发展地区经济。

云南民族文化交融研究
——以剑川白族为例

陈砚燕 *

放眼当今世界，全球化趋势越来越突出，国与国之间的关系也越来越密切。中国顺应这种潮流，致力于开创对外开放新格局，2013年9月、10月，由习近平主席提出了建设"新丝绸之路经济带"和"21世纪海上丝绸之路"的战略构想，简称"一带一路"。"一带一路"的推进需要中国与沿线国家共同努力，在此过程中存在着诸多不同文化之间的碰撞现象。按照马克思主义民族理论的观点，民族最终将走向融合、消亡之路。然而，这个过程是漫长的，在推进"一带一路"的大背景下，我们要正视民族文化交融这一现象，尊重差异、包容多样，从而共同打造政治互信、经济融合、文化包容的利益共同体、命运共同体和责任共同体。

一、剑川白族的历史文化概述

借助于今年云南大学第七期暑期学校提供的诸多便利，笔者选取了素有"文献名邦"的大理剑川作为田野点。在半个多月的田野调查中，最让笔者印象深刻的就是，从建筑到宗教再到歌舞等诸多方面无一不体现了民族文化之间的交融，这是剑川白族自

* 陈砚燕，女，1992年生，吉林省延边朝鲜族自治州人，云南民族大学马克思主义学院2014级硕士研究生。

身兼收并蓄的文化特点使然。剑川县历史悠久、文化积淀深厚，在这个总人口 18 万左右的县里，有六个国家级文物保护单位。白族人口占总人口的 92%，这是剑川白族文化得以较好保护传承的重要原因。对于剑川这两个字的含义没有统一说法，目前有两种解释较为普遍：（1）以河命名。黑惠河流下游的那一段叫作剑川，这段河的流速像挥舞宝剑一样快，因此把这条河流所在的地方叫作剑川。（2）以形命名。金华山形如宝剑，山体有三道弯宛如川道，剑川因此得名。剑川的建筑风格极具特点，以剑川古城为例，它是典型的明清时期的建筑群，也是一个汉文化与白族文化互济交融而形成的一个四方形的网状古城池。古城街道结构至今几乎未变，建筑格局保存完整，这个古城池对于我们今天研究明王朝如何发展城市建设具有重要意义。

在信仰方面，剑川白族在保留本民族崇拜的同时，尊儒崇佛，民风淳朴，人们大都性情温和，雅致尚文的情怀可从家家户户房屋的花木、书画式的布局中略见一二。同时，剑川又有“中国木雕工艺之乡”的美誉，一方面木雕业的发达与其自身农业不发达密不可分，剑川县属于高寒地区，不利于农作物的生长，在农业收入不足的情况下，剑川男人外出打工，从事木雕、建筑、石雕等行业来补给家庭收入。另一方面，当地人为了更好地过日子，一直重学重仕，认真学习、吸收外界优秀文化。因而，这里形成了以儒家文化为主导的多元文化，文人书画气息很浓厚，并一直延续至今。

二、剑川白族文化所体现的兼收并蓄

大理白族自治州剑川县，白族人口占 90% 以上，在全国是白族人口占全县总人口比例最高的县，也是白族文化极具代表性的一个县域。在这里，白族文化与其他民族文化的交融性表现得淋漓尽致，以下论述内容将主要围绕白族建筑文化、宗教文化、音乐文化所体现的兼收并蓄来谈。

（一）白族建筑中的汉白文化交融

白族日常生活中最能给人直观感受的是剑川县民居建筑风格，剑川古城尤为突出。剑川古城是明清时期的建筑群，建筑格局保存完整，体现了汉文化与白族文化的互济交融。在这里，白族合院式民居建筑比比皆是。白族合院式的民居建筑素以典雅细致著称，三房一照壁、四合五天井、六合同春式的建筑风格最为典型，它们是白族文化与汉族文化长期交融的结果，其中最普遍的是三房一照壁式的建筑。所谓三房一照壁是由一幢正房、两幢耳房和一道照壁组成的庭院。庭院里的院落布局很注重对称性，前后左右平衡。照壁、大门、山墙上的彩绘图案与斗拱上的雕刻图案也十分讲究对称性，体现出了浓厚的儒家的中庸思想。

同时，建筑图案以带有吉祥寓意的梅、竹、牡丹等植物为主，也有"八仙过海"这类的来自汉族内地道教题材的图案，配上庭院里摆放的盆景或栽种的石榴树，十分和谐。不仅庭院的布局十分讲究，连左右两扇大门上都会很对称地贴着字画，画以花草树木居多，字则以楷书、隶书为主。大门两边的门楹上贴着精心准备的对联，书写优美，对仗工整。

（二）外来宗教与本土宗教之间的交融

在剑川县，宗教的包容性十分明显。当地人以本主崇拜、佛教与道教为主要信仰。这虽然是三种不同的信仰，但在当地人的信仰体系中是交融而不冲突的。除了本主崇拜，佛教和道教都是外来的。以阿吒力教为例，它是佛教的密宗，其来源有印度说、中原说、吐蕃说等不同看法，例如，黄心川认为阿吒力教从印度直接传入，主要依据是经他研究发现："大理密教保持了印度佛教密宗的特色，甚至印度教的一些祭祀仪礼……”①；学者侯冲在对南诏、大理国写经与画卷进行大量考证研究后认为，大理佛教“并无直接传自印度的痕迹，说明大理地区的密教也传自中国内地”②。尽管对阿吒力教的来源有争议，白族人却早已将这个外来的宗教内化于自身的信仰体系之中。

这种宗教文化的交融，在剑川县金华镇金华山上的朝斗盛会上体现得尤为明显。朝斗盛会是道教的重大仪式，在剑川每年会举办两次，第一次在六月初一至初六举行，第二次举办的时间是九月初一至初九，活动的地点在金华山上的金华寺。首先说金华寺的名称，人们最初会认为这是佛寺，然而这却是个道观。据做法事的道长介绍，金华寺以前是佛寺，而后改成了道观。当地人的信仰很具包容性，不介意金华寺这个听起来像佛寺的叫法，因而金华寺的名称便一直沿袭了下来。在朝斗盛会期间，很多去参会的当地人会在前往金华寺的途中去拜石雕像佛教四大天王之一的“石将军”毗沙门，然后再去朝斗盛会上拜道教的神仙。当被问及宗教信仰时，他们会说自己信佛教，也信道教，同时在村子里也有诸如“大黑天神”类的本主信仰。

（三）传统白曲与当下音乐元素的交融

剑川是白曲的主要发祥地之一，有“白曲之乡”之称。剑川白曲分为短调和长歌两类，短调俗称“白族调”，长歌俗称“本子曲”，也叫“大本曲”。大本曲是深受白族地区喜爱的说唱艺术，内容取材与曲目多选自汉族文化，例如《梁山伯与祝英台》《铡美案》。有关它的起源虽存有很多争议，但它确实是“白族民间叙事传统与汉文化特别是汉族传统说唱艺术两方面相结合的产

① 黄心川：《中国佛教密宗史·序》，中国社会出版社，1995年，第19页。

② 云南省社会科学院宗教研究所：《云南宗教史》，云南人民出版社，1999年，第42页。

物，是汉、白文化交流互动的结果"[①]。在今天剑川县沙溪的石龙村依然可以听到有人唱白曲，他们唱的多是传统的白曲。改革开放后，白曲的内部形式发生了相应变化。以从石龙村走出去的白族歌王"小阿鹏"为例，他演唱传统的白族调时增添了许多动作、加入了摇滚类元素，没有了白族调的许多规范。对此，"小阿鹏"的父亲姜老伯表示，他很欣慰走出去的儿子丰富了白族调的内容。

剑川白族文化深深体现出了各民族文化之间的交融，究其原因，兼收并蓄的文化特点发挥了主要作用。白族是次生形态甚至是再次生形态的民族，其先民是极具包容性的，囊括了南下古羌人、云南当地的土著人和元明前从中原进入云南的部分汉族。按照白族学者何叔涛的看法，"把云南历史上的南诏与大理政权都看成一个民族所建立，并把这个民族共同体称为'南诏—大理民族'"[②]，而白族是在其基础上演化而来的，承袭了南诏、大理政权开放进取、善于学习的兼收并蓄的文化特点。从白族与中原民族交往的历史来看，可以追溯到南诏国时期。在13位南诏国国主中，有10位接受过唐王朝的册封，在很长一段时期里都与中央王朝保持着一定的臣属关系。汉白之间长期的交往联系，加上白族本身十分包容、善于吸收文化精粹的特质，使白族日常生活的方方面面都体现出民族文化的交融性。

三、民族文化交融与各民族共同繁荣

随着族际通婚、外来务工、经商等因素的增加，许多不同民族的人们涌入云南，使云南成为名副其实的"民族文化大花园"。

---

① 董秀团：《白族大本曲的文化内涵及传承发展》，载《云南民族大学学报》，2012年第2期。

② 何叔涛：《南诏大理时期的民族共同体与兼收并蓄的白族文化》，载《云南民族学院学报》，2003年第2期。

北部连接“丝绸之路经济带”，南部连接“海上丝绸之路”的地理优势使得云南起着内陆门户与桥头堡的作用。因此，云南民族关系和谐与否、民族之间凝聚力的强弱直接影响着“一带一路”建设的成败。民族文化交融不仅体现在云南白族人民身上，云南其他的少数民族以及其他地区的其他少数民族也存在民族文化交融的现象。例如，丽江塔城乡的洛固村，是以纳西族和藏族为主体的聚居地，这里的纳西族与藏族在宗教、民俗、语言等方面都有着一定的交融；广西的“刘三姐”又是壮族与汉族文化交融的产物。那么，文化交融应怎样理解？

首先，从交融一词来看，它在《现代汉语词典》中被解释为“融合在一起，水乳交融”①。可见，交融是一种互相渗透的，你中有我、我中有你的动态过程。体现在民族文化上，交融表现为不同民族文化要素的互动与吸收。对于民族文化交融一词，有学者这样理解：“民族文化的交融，既包括处于深层次结构上的价值观念、思维模式、心理特点的互相学习、互相接近、互相认同，也包括处于表层结构上的语言、宗教信仰、生活方式、文学艺术以及表现在衣食住行方面的风俗习惯的互相学习、模仿、吸收”②。还有学者认为，“民族间的文化交融是各民族相互认同、关系和谐的体现。各民族之间的交往和交流的正确发展的常态应当是在相互学习、相互影响和渗透的基础上形成不同文化的交融，从而实现在相互认同的基础上实现民族关系的和谐发展”③。由此可见，如果说民族融合是实现共产主义时民族发展的走向，那么民族文

① 中国社会科学院语言研究所：《现代汉语词典》（修订本），商务印书馆，1998年，第629页。

② 杨须爱：《“民族交融”的科学内涵及实践意义》，载《贵州民族研究》，2014年第2期。

③ 何叔涛：《交往、交流、交融是中华民族多元一体的基础》，http: //society.yunnan.cn/html，2015年4月26日。

化交融是走向民族融合中共同性不断增加的过程，这个过程是长期性的，第六次全国民族团结进步表彰大会上也提出"加强各民族交往交流交融，尊重差异、包容多样"①，而不是提出加快民族文化的融合，这是基于对民族关系发展规律的正确认识。"民族融合乃是一切民族的消亡，全世界形成一种与民族共同体完全不同的新的统一的'全人类共同体'"。②它依据民族自身发展规律而产生，不可以靠行政等强制性手段推进。

因此，在对待民族文化交融这一现象时，我们要做到在态度上尊重差异、包容多样。民族文化的多样性是客观存在的，对民族差异的正确理解是自觉贯彻落实民族政策的重要条件。费孝通先生在《中华民族多元一体格局》一书中提到，"中国之所以有如此强大的生命力、凝聚力，原因很多，其根本的原因是中国由多民族组成统一的国家，华夏汉族起了主干作用，其他各民族也做出了不可磨灭的贡献"③。因而，我们要尊重每个民族起源、发展等不同的多元现实，顺应各民族相互联系、相互交融的一体趋势，不仅在我国要这样坚持，在与他国交往过程中也要有这样的基本态度。

在行为上，我们要立足实际，不要急于求成。文化形成与发展的过程是漫长的，各民族文化的交融也在潜移默化中进行。民族文化的交融要立足于各个民族的实际，尊重民族发展的规律，这是云南民族关系和谐、民族工作成功的原因，也是我国与其他国家、地区、民族间和谐交往所应秉持的原则。全球化下的今天，国家、地区、民族的密切交往使民族文化的交融成为必然。正视这种必然是一个国家文化保持持久生命力的需要，也是国家、民族守护共同利益，增强民族凝聚力，共建和谐世界的必要条件。

① 习近平：《在中央民族工作会议上的讲话》，载《甘肃日报》，2014年9月30日。

② 徐杰舜：《民族理论政策简明教程》，广西教育出版社，1988年，第63页。

③ 费孝通：《中华民族多元一体格局》，中央民族大学出版社，2003年，第126页。

多彩贵州语境中江口春节风俗的文化变迁

艾燕芳 *

春节俗称“过年”，传统名称为新年、大年、新岁，但口头上又称度岁、庆新岁、过年，是中华民族最隆重的传统佳节，在春节期间，江口县各个地方都要举行各种庆祝活动。这些活动均以祭祀祖神、祭奠祖先、除旧布新、迎禧接福、祈求丰年为主要内容，形式丰富多彩，具有浓郁的地方特色。回顾历史，贵州一直是个发展落后的地区。喀斯特地貌，阻碍了贵州与外界的交流。可是正是在这种情况下，贵州又保存了完整的文化体系，很多的文化风俗到现在都还保存完好。在多彩贵州的品牌效应下，贵州的很多民族传统文化得以绽放光彩。

春节，即农历新年，是中华民族最盛大、最热闹、最重要的一个古老传统节日。在江口县地区，传统意义上的春节从腊月二十八便开始了，一直到正月十五才结束，但其真正结束的时间要延续到正月二十。春节期间江口县独特的祭祀活动和庆祝活动不断，其中以除夕的活动最为热闹和隆重。

一、多彩贵州的建设语境

“2005 年，在贵州文化产业的发展史上绝对称得上是具有里

---

* 艾燕芳，女，1991 年生，贵州铜仁市人，中南民族大学美术学院 2015 级硕士研究生。

程碑意义的一年，这一年里，以‘多彩贵州’为品牌的一系列活动为贵州文化的发展写上了浓墨重彩的一笔。‘多彩贵州’其涵盖了贵州的文化特色，提供了贵州的文化符号，呈现着异常灿烂的民俗，综合反映了贵州文化的特色。在它的指导下去打造各种知名度、公信度和美誉度都高的文化品牌。”① 在“多彩贵州”品牌开发背景下，江口县重视“传统”“回归”“本真”之取向，强调自然与人文生态相协调，并把它作为文化建设的主线，形象生动、主题鲜明地面向本土、面向全国、面向未来进行展示。江口县作为其中一个点，借助此次“多彩贵州”这个高端平台，在“一带一路”经济带的带动下，向外界宣传江口旅游文化，向外界展示江口丰富多彩的民俗民风。

二、江口地域环境与人文特色

（一）地理位置

江口县位于贵州东北部，是联合国“人与生物保护圈”保护网、国家自然保护区，素来有“鱼米之乡”之称。东与铜仁市毗邻，南与黔东南岑巩县相连，西与石阡县、印江县接壤，北抵松桃苗族自治县。文化的相互融合，造就了江口县丰富的文化内涵。江口县处于中亚热带中纬度地区，属亚热带季风湿润气候区，位于梵净山迎风坡向；气候特点是四季分明，无霜期长，雨量充沛，水热同期，光热同季，受梵净山的影响，小气候特点突出。

（二）人文特色

江口县境内山清水秀、峰峦叠嶂、溪流纵横、飞瀑悬泻、景色迷人。有佛教名山梵净山（见图 1），早在明万历以前这里的佛教就很盛行。因喀斯特地质地貌的作用，使整个梵净山具有了

---

① 杨惠：《全球传播语境下的多彩贵州》，《新闻窗》。

雄伟、险峻和神奇的特点，它几乎囊括了所有保存完好的森林植被和自然景观。

图 1

江口最早形成于春秋战国，属黔中郡，唐属黔中道，元置省溪，提溪长官司，明永乐二十年（公元1414 年）改隶铜仁府并延至清朝，民国二年始建江口县。历史上，“由于特殊的地理位置与时代的政治背景，梵净山曾在太平天国农民运动影响下，开展了历时 11 年、波澜壮阔的红号军起义，现存有省级重点保护遗址‘三角庄’‘三元屯’根据地”①。在这里还有被誉为“中国土家第一村”的云舍土家村寨，集人文、历史旅游于一体，保留着古朴、独特的民俗风情；明清年间遗留下的众多民舍、中国“四大发明”之一造纸术原始手工造纸工艺古代作坊等遗留至今；还有被称为“中国戏曲活化石”的傩坛戏。县内交通便利，有渝怀铁路过境，另有湘黔线可通达全国各地；航空方面有铜仁大兴机场，可飞赴湘、渝、黔三省会；公路方面有 201 省道自东向西贯至全境，其中有去往梵净山的旅游专线。

三、江口春节传统习俗及其文化呈现

（一）江口的春节独特习俗

从进入腊月开始，新年就来了。人们开始各种忙碌，就是为

① “无瑕如白色”，《江口县》，好搜百科。

了过好春节。怎么庆祝春节，在历史发展中，形成了一些比较固定的风俗习惯，很多至今都还保存着。而且节日的安排，大都与人们的信仰、礼仪、农事活动密切相关。比如，在江口县，每逢腊月三十，人们会把自己家的里里外外包括外面的臭水沟都打扫得干干净净；腊月三十贴春联、接财神；正月初一早起不梳头、不倒洗脸水、不扫地，以防刮大风或者下大雨；正月十五有玩龙灯等一系列的活动，都与人们的生活息息相关。

1. 腊月二十八

（1）办年货

这一天，是旧年的最后一个“场”（当地方言，意思是赶集），也被当地人称为“赶蜂场”。集市非常热闹，各种春节所需的食品、用具应有尽有，鸡鸭鱼肉，蔬菜瓜果，小吃点心。来赶集的人在这一天都穿着新衣，大都带着上家人一起来，有的是为了凑热闹，有的是为了买年货。这一天来赶集的人和卖东西的商贩至少都比平常多两倍，街上是人挤人。到回家的时候往往都等不到车，有的只能走路回去。很多人都是早上去赶集下午才回到家里。也许就因为人多所以才称之为“赶蜂场”。据当地人说，这一天赶集完以后，要等到正月初八才会有人在街上卖东西，而且人还特别少。

2. 大年三十

（1）贴春联

有一种说法，春联一贴，就不能讨债。不论欠多少钱，也不论多么急着用钱，都只有等到出了正月再讨要。当地人一般都会在腊月二十以前去别人家讨债。如果人家家门口已贴好春联，你去要，那叫“抠”人家的门神眼，对双方都不吉利。一些欠债户，甚至早在腊月二十七八就贴好春联了，就是为了不让债主上门。其实，贴春联还有另一层意味，就是增加年味，同时也希望一家人能够红红火火。每一副对联都写满了一家人对于新年的希望。

（2）扫尘

把家里上上下下、里里外外通通打扫一遍，包括全家人的床单、被套；平常都没人打扫的臭水沟在这时也要打扫一遍。一方面是为了打扫干净地方，毕竟有些地方一年就打扫一次，到过年的时候就都要收拾干净。另一方面是说要把一切穷运、晦气统统扫出门，寓意辞旧迎新。

3. 年夜饭

大年三十这一天，全家人都在忙碌着，当然是为了可以早点儿吃饭。村里一直有这样的一个习俗，就是大年三十要比一比谁家的年夜饭最早开席，所以常常有人在中午 12 点就吃“年夜饭”了（如图 2）。一家人要团聚在一起吃年夜饭，而且要把初一晚上的饭都给煮上，即所有的饭菜都要多做一点，到初一那天就吃除夕晚上剩下的饭，就是要从今年吃到明年，寓意年年有余。除夕之夜，一家人欢聚在一起，等待天黑。天一黑，就开始给全村各家各户发蜡烛，人们把蜡烛插在木房的柱头上，还有自家的院坝上，到处灯火通明。小孩子还拿着烟花到处跑，有调皮的小孩还去偷偷把人家的蜡烛抽走，不过，大人们并不会训斥他，反而还很高兴。全村的每一个角落都被照亮（如图 3）。全家人围坐在火堆旁，把瓜子、花生、水果、糖等好吃的东西全都拿出来，大家边吃边聊天，场面十分热闹。一家人聚在一起，通宵达旦，称之为“守岁”。半

图 2

夜还要起来开门迎接新年的到来，还要去水井边舀一桶水，到路边去捡一点木材，象征进财。

图 3

4. 大年初一

清晨起床不要忙着梳头发，这是初一禁忌；不可以往外倒水，水要倒在专备的盆中；不可以打扫卫生，要等到中午才可以，据说是为了防止刮大风、下大雨；早饭不可以见到米饭，不然夏天会有很多“饭蚊子”，所以，早上各家都是蒸红粑粑，煮米豆腐吃。

图 4

吃过早饭，人们开始“玩年”了，村子里的人相互串门。这天不管是谁家，只要客人去串门，主人就会拿瓜子、糖果或是烟来做招待。这天，村里的很多人会买火纸、鞭炮，带着孩子到自家田里给已故亲人上坟。除了清明节，就在这一天要给亲人扫墓。

5. 正月初二至十四

从正月初二开始走亲戚，走亲戚是有规矩的，拜年的第一家是最亲的人，而且必须在初二去。一般来讲，初二要到外公外婆家，初三到姑姑家，从初五开始去一些其他的亲戚家。

正月初六以后，村里的人就聚在一起商量“玩龙灯”（见图 4）。“玩龙灯”是有讲究的，从“扎”到“出”（也就是从开始制作到

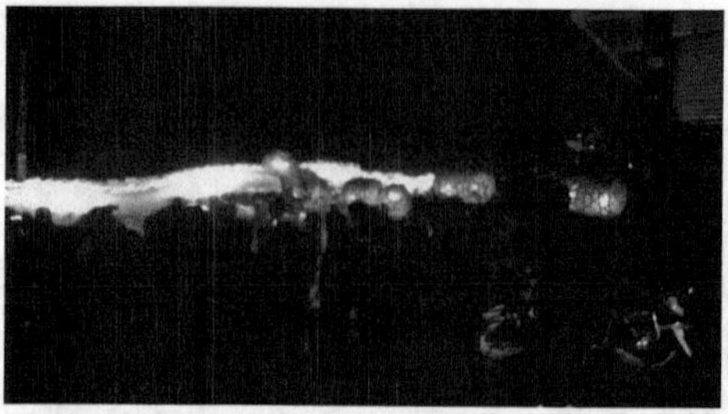

图 5

正式玩）都有规矩和说法。龙灯会一直玩到正月十五晚上，称为“结灯”。

“出龙灯”不仅是在自己的村子里“出”，还要到周边的村子“出”，一般来讲，一个晚上一个村子。龙灯是哪个村的，哪个村子就是正月十五元宵节看灯。去周边的村子“出龙灯”，首先要向那个村子下帖子，那个村子决定了接龙灯，“玩龙灯”的人才去。而且那个村子还要煮夜宵给玩龙灯的人吃，玩龙灯的人被称为“灯客”，把吃的夜宵叫作“灯酒饭”。玩灯的人吃完夜宵就回家了。不过，这时天已经快亮了。回家睡觉，等着去下一个村子“出龙灯”。

关于龙灯起源，当地人是这样说的：土家族在很早以前没有舞龙的习惯。传说，有一年，久旱不雨，禾苗枯黄，溪河断流，来了一位能掐天气晴雨阴旱、能算人间祸福的算命先生。他对土家人说：“大家不要愁，今天午后未时排云，戌时下雨，城内下三分，城外下七分。”他的话被治水的龙王得知了，龙王心想凡间有如此能人，还要我管什么水！顿生嫉妒之心，便赌气将玉皇大帝命他在城内城外的下雨量倒改过来。结果，大雨倾盆，水淹城内，房屋倒塌，淹死了许多人。这事被当地土地爷报告给玉皇大帝，玉皇大帝把龙王打入天牢，命令魏征七天后将龙王斩首示众。龙王知道后便向算命先生求情，算命先生点化龙王去找人间的天子。于是，龙王找到当朝天子李世民，并求得李世民的原谅，李世民答应让魏征不杀他。当李世民向魏征提起此事时，魏征固执地不答应。李世民没有办法，只得到斩杀之日留魏征下棋，将斩杀的时辰避过去，龙王便可逃过一劫。但是令李世民没有想到的是，魏征在与他下棋的时候已灵魂出窍，把龙王杀死。龙王死后，认为李世民不讲信用，便夜夜在其房门外喊冤。李世民后来与其灵魂交谈，让其放过自己。龙王说：“我死了，什么都没有。”李世民这才知晓他没有“前程”（当地俗语，意指没有生活来源），后来李世民命民间百姓制作九节金龙，到各村寨起舞，使人们敬奉老龙王，让它到各家各户去领“前程”。这样，就有了“龙灯”，久而久之，舞龙也成为土家族的传统习俗，人们通过这样的活动祈求来年风调雨顺，获得大丰收。

6. 正月十五

正月十五是元宵节，这一天要看灯，看的就是“龙灯”。这天是村子里“龙灯”结灯的日子。和大年三十有类似的习俗，唯一不同的是烧纸的顺序。这天也是“送年”，人们晚上要吃汤圆，汤圆都是用糯米做的，里面不包馅。这一天，要把大年三十晚上留下来的树头烧完，这个树头被当地人称为“年豆老”（当地方言）。等火熄灭了，新年也就结束了。

图 6

（二）江口春节传统饮食文化

1. 米豆腐

米豆腐是铜仁市著名小吃，但是很多人不知道只有江口县的人做得多，它是当地人过年必不可少的食物。米豆腐的制作方法：将大米淘洗、浸泡后加水磨成米浆，然后加碱熬制，等半熟的时

图 7

候将其揉搓成长条。它可以用来做菜，也可以当成饭煮着吃（如图 6）。

2. 红粑粑

红粑粑是当地传统食物，色泽鲜艳，口味软糯。逢年过节、订婚、建屋、做寿、小孩满月和周岁时，人们都要做红粑粑。其制作方法：取适量泡好的糯米，用红紫草染红，制成红米待用。糯米、籼米按 4 ∶ 6 的比例搅拌均匀，用清水泡 1—2 小时后捞出，沥干水分，舂成米粉，再用筛子过筛，放在案板或簸箕上。取适量米粉，放入沸水锅中调成熟芡，再倒回米粉中反复搓揉，直到揉成粑团。将揉好的大粑团分成一个个的小圆粑，每个粑上滚满红米，放入蒸笼蒸 1—2 小时，即成红粑粑。可趁热吃，也可冷却后煎、烤而食，或用甜酒煮着吃。还可在制作时加入棉菜（田边的一种野菜），制成“棉菜粑粑”，用桐梓叶包起来蒸，味道更好（如图 7）。

3. 腊肉

腊肉是一道具有地方特色的美食，在当地也是必不可少的。其肉身干燥，肥膘透明，较长时间保存而不腐败，是冬季肉食制品。制作方法非常简单，只是需要大量木材。一般情况下，是将买来的猪肉用调料腌制一下，直接挂到炕上熏。比较好的熏肉木材有柏树枝、果皮和甘蔗皮。经常熏肉的地方也可以烤火，冬天人们就围在火边聊天。白白的肉渐渐变成黑黑的，清洗后则呈现金黄色。

4. 扣肉

扣肉（见图 8）在很多地方被称为梅菜扣肉，“特点在于颜色酱红油亮，汤汁黏稠鲜美，扣肉滑溜醇香，肥而不腻，食之软烂醇香。梅菜吸油，五花肉又会带着梅菜的清香，梅菜和肥五花肉的搭配真的可以说是恰到好处”[①]。这是当地人待客时必不可少的一道菜。凡请酒席的人家必有梅菜扣肉。当然，过年时也是各家必备的一道菜。

图 8

5. 粉蒸肉

粉蒸肉（见图 9），当地方言叫作“面肉”，是用米粉和猪肉制作而成。其制作方法：将肉用调料腌制后加入米粉，可以在米粉里加一点红色食用颜料。拌匀后装碗蒸熟就可以吃了。过年时制作的面肉是红色的，不仅颜色漂亮，吃起来也更香。

图 9

（三）江口春节的独特仪式及艺术表现

1. 大年初一不扫地

江口县至今还保存着这一习俗，除夕前要打扫干净房屋，大年初一不扫地、不倒垃圾，并准备一个大桶来盛废水，午饭前不外泼。大多数人都是在初一的凌晨迎接新年，这时就是新年的开始，人们会燃放爆竹和焚烧纸钱，并且自家人还会把木材放到堂屋里，意为进财，以示美好事物的开始。正月初一早上不扫地，否则会扫走运气，破财。只有到了到午饭以后，才可以扫地。在

① 《做一道经典粤菜，梅菜扣肉（原创）》，网页博客。

这一天，有些人因地太脏了而提前打扫，但也要等到吃过早饭才能打扫。否则，家里的老人不会同意。

2. 除夕祭祖

图 10

除夕祭祖是当地人非常重视的春节祭祀活动，除夕的前一天，人们就打扫“家仙”（当地俗语，见图 10）。除夕早上人们也要拜“家仙”，人们隆重对待的是除夕下午的祭祖活动。人们将桌子摆在堂屋中间，桌子上摆两碗饭、两双筷子，筷子要放在碗的上面，并摆放几盘菜，其中必有肉；将 5 杯茶并列摆放；燃 6 根香，3 根插在堂屋左边的檐柱下，3 根插在堂屋中间的“家仙”上，同时点一根红蜡烛。接着，就焚烧纸钱，放爆竹。“家仙”是木制的，放在堂屋的正中央。有的人家在“家仙”上放已故家人的照片和“天地君亲师”的匾额。每逢过年，全家人都要到堂屋里拜拜，先焚烧纸钱，再作揖向祖宗祷告，祈求祖宗保佑家人健康、来年顺顺利利。最后，把杯子里的茶水倒在地上，表示请祖先享用。祭祀仪式完毕，真正的年夜饭就开始了。这时，年夜饭里的所有美食都被放在桌子上。但是，不能急，饭还不可以吃。这时还要焚香和烧纸钱，全家人要再一次作揖、祈祷。之前祭祀祖先的饭，这时就可以拿来吃，当地人认为吃祭拜祖先的饭会得到祖先的庇护。一般情况下，这个饭会先给小孩或者年长者吃，希望祖先保佑他们健健康康、平平安安。“祭祖是祖先崇拜的一种文化现象，祖先崇拜是鬼魂崇拜的一种。其崇拜对象，就其本质而言就是鬼魂，但它与被崇拜者之间有血缘关系，即祖先亡灵。当地人认为，即使人死了，其灵魂不灭。祖先会在过年过节的时候回到自己曾经生活的地方。庇佑后人平安兴旺。"①

3. 金钱杆

"金钱杆",当地人又称其为"打洋钱"。金钱杆长 0.8 米左右，取拇指大小的竹子，在竹子的两头凿孔并穿上铜钱，每一头都有横、竖两组铜钱挂在竹子中间，还在两头挂上红色的线。一般是成对制作。在表演时，竹子和铜钱会随着表演动作发出声音，与乐器和歌曲的节拍合在一起，别有一番风味。

二人对打（一旦一丑），是"金钱杆"舞蹈的主要表现形式。因旧社会有"女不出闺"的礼俗,旦角和丑角都由男人扮演。"旦角在服饰上，穿百褶裙，多为绿裙彤衣，衣短裙长且裙系上衣内；在头饰上，多为'素面'粉妆，无特殊脸谱。丑角则穿汉服对襟衣，镶白色云边，衣袖长于手背，青蓝色裤，裤脚口较大，腰间系带，有时不插烟斗，鼻梁中画一'凸'形白斑，多为简单小花脸谱，抑或于眼眸四周画白色眼圈，或加黑色花纹，亦有在嘴周围画一红圈，画法多样，务求滑稽。表演时，旦角或卖弄风情，或含情脉脉;丑角则竭力挑逗,极尽丑态。俨如'中国南方二人转'(东北)。一旦一丑的表演动作常常比较单一，舞者用金钱杆，或斜或正、时左时右、忽上忽下地敲打自己的脚踝、背腰、肩膀、后臀、四肢和地面等处，旦角偶尔也爬上丑角肩膀，俗称'骑马马'，以示动作变化。"②

"'金钱杆'，作为江口劳动人民长期生产、生活和漫长历史岁月中逐步演绎的智慧和文化结晶，是一门自成体系、在江口地

① 余宏刚、樊凯:《河南桑坪镇岭岗村余氏春节祭祖民俗探析》，载《南宁职业技术学院学报》，2012 年，第 17 卷第 5 期。

② 陈秀媚:《浅析江口土家族"金钱杆"艺术形态》，载《文艺生活·文海艺苑》，2013 年。

区广为流传且形成了具有完整民俗内容和独立特殊形式的民族民间舞蹈。早期‘金钱杆’，形式上是一项独立的舞蹈艺术，为花灯表演内容之一。发展过程中经民间艺人整理创新，逐步脱离花灯表演，发展为‘单人动作’‘双人动作’‘多人合动’数百种。双人动作有鸾凤和鸣、滚龙缠腰、杆逗情郎、龙凤呈祥。”① 多人动作有叉腰原地转抖杆、堆积如山排抖杆、跷脚敲腿弯掌拍。“金钱杆”舞蹈内容、动作和唱词一般都是表现土家男女爱情、百姓生产生活的，寓意“求财、祈福、送寿、迎新、庆节”等，偶尔亦随环境需求及时间变化而不断变化动作、唱词，以求吉祥如意。

4. 龙灯

用竹子扎成龙的头、身、尾三部分，龙头、龙尾各一节，龙身九节，节节用布相连，伸屈自如。现今，龙眼已由原来的蜡烛改为电光。一般用蓝竹划篾片扎成龙头、龙尾，再用粗篾条编成10余米长的筋脊，一节龙身约长0.2米，龙头、龙身和龙尾联在一起，大约长14—16米，还须单独糊制一个龙珠。“出龙”时，每一个把柄由一人擎举，龙头和龙尾活灵活现，异常威武。作为当地习俗，玩龙灯的表演花样颇多，如“二龙戏珠”“二龙戏水”等，表演时鼓乐齐鸣。玩龙灯，是江口县春节期间最热闹的传统节日文化活动之一。每年元宵节，除县城内要举行一年一度的玩龙灯活动外，各村寨里也会举办。

5. 龙灯词

“龙灯”进寨进家，主人家要摆香烛、桌案，用好酒、好菜迎接“龙”。“灯头老爷”与主人家对讲吉利话，给主人家送祝福、送平安。此时，赞龙灯、赞好事、赞太平盛世，搭红放炮，一派喜气，好不热闹。龙灯词大致描绘了这样的内容，比如，“龙头高上三点黄，祥龙进到我宅堂；进屋就把吉利讲，满屋生辉喜洋洋；

① 陈秀媚:《浅析江口土家族“金钱杆”艺术形态》,载《文艺生活·文海艺苑》,2013年。

灯笼元宝堂屋照，照得我家亮堂堂；我家虽无好酒菜，先来一杯慢慢讲；龙头老爷你莫笑，再来一杯又何妨。”

四、江口春节文化习俗的变迁

随着经济的不断发展，人们的生活在各方面都得到了改善，但同时文化习俗也随之改变，在江口县，饮食和春节习俗的改变尤为突出。

（一）禁忌仪式变迁

1. 除夕开门

过去，在除夕晚上，人们要带上茶、香、纸钱去村里的水井边祭拜，迎接新年。一般是在夜深人静时，人们大都在休息，只由家中的男主人出去祭拜。回家的时候，他要打一桶水，捡几根木材。现在，人们生活富裕了，祭祀时带去供奉物品种类增多，水果、花生、瓜子都成了祭拜的常备供品。有的年轻人为了方便，就在自家院子里拜，祈求新的一年有好运。

2. 守岁

由于人们生活条件好了，许多人吃完饭后就出去玩。家里常常只剩下老人。“守岁”时,已没有了过去那种热闹的场面。过去，人们会把好吃的东西留到守岁这一天，大家一起吃。现今，即使过节时的食物丰盛，也不足以吸引人。令人们最兴奋的事，是晚上放烟火，几乎每家都会买烟火，等到大年三十晚上放。

3. 除夕洗脚

按照当地说法，大年三十晚上最重要的一个习俗就是洗脚。据当地的老人说，他们的祖先过去生活在深山密林中，刀耕火种、上山下河全靠一双得力的脚，除夕这天就不再出门劳作了，一家人聚在温暖的火塘边，让脚好好地歇息歇息，用热水洗脚，好好侍候一番劳累了一年的双脚，并慢慢将之演变成当地的一种习俗。

“大年三十晚上的脚洗得好！”这是当地人关于大年三十洗脚的一句俗语，就是说，在大年三十晚上洗个脚，寓意来年会给人带来好运气。一般是由晚辈给长辈洗脚，这也是表达亲情的一种方式。现今，有的人已经忘记了这个习俗，有些人甚至都不知道，长辈们也已不再要求晚辈帮自己洗脚了。

过去，在江口县人们认为过年是全家团圆的日子，也是一年中最美好一天。过年之前，每家每户都要贴春联、打扫院子、放爆竹等。年夜饭也是一个很重要的仪式。这一天，全家人都要参与年夜饭的制作。做好年夜饭后，要先盛出一部分用于祭拜祖先，并点燃香烛、焚烧纸钱，请祖先享用。接着，全家人按辈分顺序依次坐下，围在一起吃团圆饭。家中最年长的人坐在桌子的最上方，年纪最小的坐在最下方。各家还要跟别人家比一比，谁家年夜饭吃得早。饭后，晚辈要依次给长辈们拜年，而长辈们大都会给他们些压岁钱。除夕夜，老人会在自家的火塘里点起火堆，全家人都要去火堆旁烤一烤，祈祷来年红红火火，火烧得越旺，代表来年越好。过年期间，当地会举行舞龙灯活动，舞龙灯的队伍走乡串寨，十分热闹。现今，越来越多的人淡忘了禁忌习俗，“甚至年夜饭已从家里走向酒楼，‘团圆饭’丰富却引不起人们的食欲，压岁钱已由几角钱变成大面值的钞票等。由此可见，传统仪式逐渐被现代消费行为所取代，过年更像是一个普通假期，远不像从前那样占有主导地位。”[①] 现今，舞龙灯等民间活动在江口地区的许多地方已经消失了，更多的人偏向于大城市的娱乐方式。

（二）饮食改变

过去，为了过好年，从腊月开始人们就一直在忙碌。现今，社会经济发展了，人们的生活用品丰富了，各种食品原料和成品在超市里都可以买得到，这使人们节省了很多准备年货的时间。

① 魏嘉桐：《寻回渐淡的年味——社会学视角下的城市春节文化》，载《承德民族师专学报》，2010 年。

商品丰富了，却在一定程度上削减了准备年货时家人之间交流的喜庆气氛和快乐心情。另外，由于商品的标准化，各地人们过年的饮食口味又大致相同，年货的地方特色逐渐消失，有些地方的传统食品也逐渐消失。在江口县，许多年轻人不会制作传统饮食，也不了解其制作方法，只有老人知道一些。过年时，增加了许多外来食品，水果大多都是外地产的。近年来，糕点等也成为当地人的日常食品。

（二）走亲访友习俗变迁

今天，江口县大部分地区的走亲访友习俗还完整地保存着，但远不及过去。由于交通便利，原本一天多能到达的路程，缩短至一两个小时。以前，去亲戚家至少要待一晚。现今，基本上是当天去当天回，这使亲友之间的联系减少了，亲族观念也在淡化。甚至有的人除了去自己的父母家，与其他亲戚都是电话联系，内容大多是出于礼节的问候。未来，这种亲族观念将会继续淡化。

这些改变足以说明，社会越发展，我们的物质生活越丰富，可供人们的选择越多，我们传统的饮食和生活习惯也改变得越多。而且随着文化水平的提高，人们更加相信科学。“现代科技手段的发展，改变了传统的春节文化的形式。首先，现代化的传播手段，如电视、网络等，使传统春节文化的生活方式由‘群聚’变为现在的分散化、家庭化的活动趋势，从而使一些传统的年节文化内容及形式受到一定程度的冷落。”①

五、江口春节多彩文化的回归

春节仪式主要有扫尘、沐浴去秽、祭灶、贴对联、守岁、吃年夜饭、生旺火、燃香、迎新爆竹、祭祖、拜年等，每一种仪式

① 李松洁：《春节习俗变迁的社会学解释——以20世纪30年代以来黑龙江地区为例》，载《文化长旅》，第42—44页。

都有相应的一套完整的仪式规范。其中，祭祀仪式是春节节日活动的核心。节日器物主要有春联、窗花、爆竹、灯笼和桃符等。节日精神需要从两个方面来说：一方面对于参与的人来说，仪式动作和仪式空间带给人的感受是刻骨铭心的，节日精神潜移默化地被人们所认同和信仰；另一方面，标志着远去的某些东西再次回归。如“金钱杆”，随着现代文明和传统文化的不断碰撞，原本已显得相当脆弱的“金钱杆”作为一种传统文化已逐渐衰微，为数不多的表演“金钱杆”老艺人相继离世。但过去金钱杆只是男人参与，现在却也有女人在表演，而且参与活动的人数越来越多，在一定范围内使这一文化又重新焕发了生机。在当地，这一活动甚至演变成一项大众化的体育活动。这说明，传统节日文化“金钱杆”得到了传承与发扬，使节日精神得以体现。

在现代的商品经济下不管艺术形式如何多种多样、如何变化，其改变的只是潮流，而不变的是传承。即便现在出现文化的多元化，各种表现形式五花八门，但都是表面现象。其深层次的、经久不变的，也最为经典的，仍是中国的传统文化。

参考文献

[1] 朱晓明，冯国宝．历史环境生机——古村落的世界．中国建材工业出版社，2002.

[2] 李松洁．春节习俗变迁的社会学解释——以 20 世纪 30 年代以来黑龙江地区为例 [J]. 文化长旅，42-44.

[3] 春节的变迁．纪事，36-37.

[4] 李如淘．昆明都市春节习俗的传承与变迁．今日民族 / 传承文化，1-3.

[5] 张卫华．民间和乡土美术是美术教育的宝贵资源 [J]. 宁德师专学报（哲学社会科学版），2010.

[6] 吴平 .2014“多彩贵州”原生态文化国际论坛综述 [A]. 原生态民族文化学刊，2014.

[7] 关春玲，柳诗丹．云南少数民族传统生态文化研究综述 [A]. 经济师，2014（07）.

[8] 闫晓燕．民俗艺术的觉醒与回归——记"2011 北京．中国民俗艺术国际论坛" [J]. 学术研究，2013，3 下（06）.

[9] 张媛媛．回归传统的盛宴，共享欢乐的节日——记首届安徽省民俗文化节 [N]. 江淮．文化广角，2010（06）.

[10] 吴建冰，杨树喆．回归民间与走向世界：全球化语境下民族作家的困惑与抉择 [J]. 民族文学研究，2002（02）.

[11] 徐爱华．春晚：传统节日的现代仪式变迁 [J]. 青海社会科学，2012（03）.

[12] 张玉胜．让传统节日回归民俗本源 [N].2013.

[13] 黎帅．土家族年俗的田野考察——基于湖北来凤县舍米湖村的调查 [A]. 三峡论坛，2014（06），总 280 期．

[14] 左振廷．核心符号与社会变迁——西江苗族丧葬仪式的元话语 [N]. 河西学院学报 .2014，30（01）.

[15] 王霄冰．文化记忆，传统创新与节日遗产保护 [J]. 中国人民大学学报，2007.

[16] 周邦华．构建公共文化服务体系建设新时期群众文化品牌——"多彩贵州"文化品牌活动建设的思考 [J]. 群文天地，2009（03）.

[17] 余宏刚，樊凯．河南桑坪镇岭岗村余氏春节祭祖民俗探析 [J]. 南宁职业技术学院学报，2012，17（05）.

[18] 杨慧．全球语境下的多彩贵州 [N]. 新闻窗，2007（03）.

[19] 叶春生．岭南春节风俗嬗变的动因与中介 [A]. 河南社会科学·春节文化及其传承研究专题，2010，18（01）.

弘扬民族文化，建设精神家园
——以贵州黔东南侗族大歌保护传承为例

潘丽凤*

一、精神家园

家园是人们生活所居住的地方，是实实在在的物质的东西。精神家园，则是一种肉眼无法看到，只能凭借内心感受的意识性东西。它是一种世界观，一种思维方式，一种人们生活中的共同价值取向。习近平总书记在十八大报告中阐释中国梦时指出："构建中华民族共有精神家园，是实现中华民族伟大复兴的必然要求。精神家园是建立在文化认同基础上的精神文化和价值体系，其核心是共同理想和信念。中华民族共有精神家园，是中华民族认同和尊崇的心灵寄托、灵魂安顿和精神归宿的安身立命之所。"习近平对中国梦的科学阐释，不仅为实现中华民族伟大复兴指明了正确方向，而且也赋予中华民族共有精神家园以崭新的内容。

精神，从某种程度上讲就是一种信仰。唯物论指出，物质决定意识，意识对物质具有能动的反作用。生活离不开物质，物质对生活起决定性作用；反之，作为一种意识的精神家园，对物质的指导作用，在一定程度上能决定物质的发展态势。中华文明历

* 潘丽凤，女，1990 年生，侗族，贵州省黔东南人，贵州民族大学民族学与社会学学院 2014 级硕士研究生。

经几千年而不衰，晚清时西方列强合力企图瓜分中国而未果，日本法西斯的坚船利炮最终也不能战胜伟大的中华民族。其根源在于，生死存亡的关头，是中华民族自强不息的民族气节和民族精神将无数力量汇聚在一起，战胜了艰难险阻。一个没有精神的民族是可怕的，无论是过去面对民族存亡，还是应对现今社会主义建设，精神的价值永远不会衰退。精神家园就是将精神汇聚在一起，构成一个庞大的系统，它或许是一种行为准则的集合，或许是一种道德规范的速成，在人们的生活中起引领作用。

今天，在文化多样化体现中，各少数民族文化表现出"各美其美"的和谐共生、共存，又"美人之美"，以自身丰富的文化内涵滋养着其他不同文化的繁荣发展，彰显中华多元文化"美美与共"的特性。侗族大歌从一个方面也体现了中华民族的文化传统、思维方式和民族精神，承载着民众的智慧和人类的文明，对贵州黔东南地区人民构筑美好精神家园起到一定的推动作用。

二、侗族大歌在建设精神家园中的不可替代性

"大歌"，侗语称"嘎老"（gal laox）或"嘎玛"（gal mags）。"嘎"，歌也；"老"和"玛"，有大的意思，也有众多和古老的意思。作为侗族三大文化（鼓楼、风雨桥、大歌）元素之一的侗族大歌，是侗族地区建设精神家园不可或缺的要素。它作为一种多声部、无伴奏、无指挥、无固定曲谱的民间合唱艺术，无与伦比的独特性使其得以流传至今并远播海内外。1986 年，在法国巴黎金秋艺术节上，侗族大歌被认为是"清泉般闪光的音乐，掠过古梦边缘的旋律"。2005 年，侗族大歌被列入"国家级第一批非物质文化遗产代表作名录"，并被推举至世界"人类口头及非物质遗产代表作候选项目"。2009 年 9 月，联合国教科文组织将侗族大歌收入"人类非物质文化遗产代表作名录"。侗族大歌，作

为一种文化载体，它在侗族地区人民的精神家园建设中扮演着不可替代的角色。

（一）侗族大歌增强了侗家人的民族自尊心、自信心、自豪感

高亢激昂的侗族大歌，洋溢着侗族同胞乐观、自信、坚毅的精神，体现出人们对美好生活的期盼。大歌是侗歌最优秀的演唱方式，它是多人不同声部的合唱。每到岁时佳节，侗族同胞往往会穿上节日盛装，聚集到鼓楼内外，少则几十人，多则上百人，共同展现侗家人美丽的歌喉，歌唱劳动，歌唱爱情。侗族大歌的种类有鼓楼大歌、声音大歌、童声大歌、叙事大歌、礼俗大歌等，它的声音优美，旋律动听，被誉为“最有魅力的复调”。在侗家人看来，大歌有“歌养心”的作用，这种无指挥、无乐器的多声部合唱似天籁之音，早已成为侗家人的精神食粮，他们以会唱大歌为荣，自觉地将大歌看作是侗族文化的重要元素之一，并引以为豪。

（二）侗族大歌作为无形的纽带将侗家人紧密联系在一起

在侗族地区,有一种带有军事性质的联盟组织制度——侗款，按照侗款，侗族同胞共同商议各项事宜，订下款约，大家共同遵守,以维持社会秩序。如果说侗款作为一种有形的社会组织制度，以其行为准则的约束力将侗族同胞联系在一起，那么侗族大歌就如同一种无形的精神纽带，以其民族文化因子，将侗族同胞紧紧地联系在一起。每到岁时佳节，侗族同胞都要唱大歌，在欢迎宾客时，也要唱大歌，侗家人离不开大歌，大歌早已成为他们生活的一部分。侗族大歌，不再仅仅是一种音乐的表达形式，它更是侗家人普遍认可的一种文化载体。有侗族人的地方不一定有侗族大歌，但是有侗族大歌的地方一定有侗族人。

（三）侗族大歌在侗族人中的心理认同作用

斯大林认为，一个民族应该包含四个要素：共同语言、共同地域、共同经济生活、共同心理素质。侗族大歌,作为一种文化载体，

在侗族地区得到普遍认可和接受，因为它在侗族同胞心中产生了一种文化共鸣。如同侗族鼓楼和风雨桥一样，侗族大歌这种文化表达方式早已潜移默化地生根于侗族同胞的心中，广大侗族同胞将其看作是本民族的标志之一。这种文化的心理认同作用，成为侗族人精神家园建设中必不可少的要素之一。

三、优秀民族文化的保护传承与精神家园建设的一致性

（一）优秀民族文化的传承保护与精神家园建设的同一性

“由于民族社会内部的发展，或由于不同民族之间的接触，因而引起一个民族的文化的改变，我们称之为文化变迁。”[①]赫斯科维茨在《涵化——文化接触的研究》（1938）一书中指出：“由个别分子所组成而具有不同文化的群体，发生持续的文化接触，导致一方或双方原有文化模式的变化现象”[②]，我们称这种现象为文化涵化。文化变迁和文化涵化，虽然是两个不同的概念，但在某种程度上两者也有共通性，即两种文化碰撞之后，一种文化被另一种文化取代，或者两种文化共同走向第三种文化的现象。历史上“地无三尺平”的贵州，其闭塞的交通使许多少数民族文化得以保持独特性，然而，随着交通设施的完善和信息技术的发展，现今许多民族文化正在发生改变。侗族大歌，作为侗族文化的代表，也未能幸免。侗族大歌在社会变迁中，作为一种文化因子，也因受外界的影响而发生了改变。在商业化日益严重的今天，侗族大歌被许多商家“包装”，并以一种商品的形式推广出去，却

① 黄淑娉、龚佩华：《文化人类学理论方法研究》，广东高等教育出版社，1998 年。

② 周立军、卢迪：《东北满族民居演进中的文化涵化现象解析》，载《第十五届中国民居学术会议论文集》，2007 年。

忽略掉了侗族大歌本身作为一种精神文化存在的独特性。侗族大歌的文化属性也走向功利，发生了从“歌养心”到“歌谋生”的转变。

一个没有文化的民族是可悲的民族，不注重文化保护的民族，只能眼睁睁地看着本民族的传统文化从历史的长河中消失。历史上许多民族消失了，早已屡见不鲜，侗族大歌也面临着存亡的危机。侗族大歌是侗族文化的一部分，有效地保护和传承侗族大歌，有利于侗族精神家园建设；反之，对侗族大歌的保护和传承失利，将会在一定程度上影响其精神家园建设。

（二）弘扬民族优秀的文化，共建美好的精神家园

在侗族地区，侗族大歌是一种民间音乐形式，也是一种生活方式，它更是一种民族文化。对侗族大歌的传承和保护，是侗族精神家园建设的一个重要组成部分。整体决定部分，部分对整体起促进作用，有效地保护和传承侗族大歌，对侗族精神家园建设将起到积极的促进作用。侗族大歌的传承和保护在一定程度上会推动侗族精神家园建设，而侗族精神家园建设也会指导侗族大歌的传承和保护工作。在侗族大歌的传承和保护过程中，更该抓住其原生态的东西，抓住大歌这个文化因子，同时更应该把握其文化内涵。各民族要重视经济腾飞、政治昌盛，也应重视文化繁荣和文化传承。民族文化软实力的提升是中国梦的重要内容和重要目标，也是构建中华民族共有精神家园的重要举措。在侗族精神家园建设中，应保持一种“民族的才是世界的”态度，只有真正保留侗族大歌的“地域性”“精神性”，侗族大歌才能走得更远。

侗族大歌是侗族人民在社会生产生活中创造出来的优秀民族文化，体现了侗族人民的文化创造力，对侗族文化及其民族精神的传承和凝聚起着非常重要的作用。联合国教科文组织保护非物质文化遗产政府兼委员会评委认为，侗族大歌是“一个

民族的声音，一种人类的文化”①。文化的力量是一个民族的重量、一个社会的考量、一个国家的分量。侗族大歌是我国千百年来阶级社会的产物，侗族大歌能近千年而久唱不衰，正是因为它彰显了侗族文化的力量，成为精神文化的瑰宝，铸造了侗族文化的灵魂。总之，侗族大歌博大精深，应在继承中发展，在发展中继承，令它保持长盛不衰，让子孙后代拥有这一丰富的精神食粮，使它绽放出更加璀璨的光彩。

四、结语

在全面建成小康社会、实现中华民族伟大复兴的中国梦的进程中，人民群众需要丰富多彩的文化生活，精神家园也需要丰富多彩的民族文化来滋养。“文化是民族的血脉，是人民的精神家园”，民族个体文化对建设精神家园有着重要的影响。侗族大歌是侗族人民长期劳作智慧的结晶，是人类优秀的文化遗产，同时也是中华民族文化的重要组成部分。各民族精神家园的构筑需要各民族文化的滋养和支撑，特别是优秀的民族文化。侗族大歌是侗族人民在历史发展演变过程中创造出来的优秀民族文化，它不仅呈现了侗族文化的独特魅力，同时也彰显了中华民族文化的魅力，是中华民族文化的瑰宝。当今时代，文化是民族凝聚力和创造力的重要源泉，是综合国力竞争的重要资源，也是经济社会发展的重要支撑，丰富精神文化生活成为国人的热切愿望，建设精神家园也已成为各民族的重要任务，各民族建设美好精神家园，须弘扬各民族的优秀文化。

---

① 孙岩：《一个民族的声音，一种人类的文化——谈侗族大歌》，载《语文学刊》，2010年23期。

参考文献：

[1] 申茂平．侗族大歌赖以产生的生态环境及其嬗变与保护．贵州民族研究，2006（04）．

[2] 杜成材，吴树平．侗族大歌：因和谐而生．中国民族，2009（01）．

[3] 龙昭宝，龙耀宏．侗族大歌生成新探．兰台世界，2015（09）．

[4] 龙耀宏．侗族大歌的保护与发展问题．贵州民族大学学报，2014(05).

[5] 阿土．侗族大歌．贵州民族研究，2003（04）．

[6] 郝亚明．中华民族认同：中华民族共有精神家园的建设目标．广西民族研究，2011（01）．

[7] 朱碧波．中华民族共有精神家园研究述评．创新，2012（04）．

[8] 邱伟，卢金慧．浅论中华民族共有精神家园．湖北省社会主义学院学报，2013（01）．

[9] 丹珠昂奔．建设各民族共有精神家园．民族论坛，2015（08）．

论举办全国少数民族传统体育运动会的时代价值
——以第十届全国少数民族传统体育运动会为例

宋　冰*

习近平总书记强调："中华优秀传统文化是中华民族的突出优势，中华民族伟大复兴需要以中华文化发展繁荣为条件，必须大力弘扬中华优秀传统文化。"少数民族传统体育是中华文化的重要组成部分，蕴含了少数民族丰富的人文资源、凸显了少数民族丰富的创造力、传承了少数民族悠久的历史文明、印证了少数民族悠久的历史轨迹，是民族身份的象征、是民族文化的显著标志、是建设中华民族共有精神家园的宝贵资源。举办全国少数民族传统体育运动会，不仅对保护、传承和弘扬民族优秀文化具有非同寻常的意义，而且对圆好中华民族一家亲的团结梦、实现各民族走向现代化的发展梦、共筑中华民族的伟大复兴梦具有不可忽视的推动作用。

一、第十届全国少数民族传统体育运动会举办的几大亮点

2015年8月9日至17日，第十届全国少数民族传统体育运

*　宋冰，女，1990年生，贵州省毕节市人，贵州民族大学马克思主义民族理论与政策专业2014级硕士研究生。

动会（以下简称“第十届全国民运会”），在内蒙古鄂尔多斯市隆重开幕。56个民族的运动员代表齐聚一堂，在歌与舞的交织中，奏响了“平等、团结、互助、和谐”的时代欢歌，诠释了凝聚中华五千年文明的“民族情·中华魂”。第十届全国民运会呈现出以下几大亮点：

（一）地点

本届全国民运会是继第二届民运会后，时隔33年第二次在内蒙古举办；也是首次在非省会城市召开的全国民运会。本届民运会火种采集仪式选择在鄂托克前旗的城川延安民族学院旧址举行。

（二）仪式

本届全国民运会，为贯彻落实中央八项规定，体现了“安全、团结、节俭、热烈”的办会原则，火炬传递首次采用互联网方式传递；开幕式和闭幕式均安排在白天举行；取消了对全国民族体育先进集体和个人的评选表彰活动。

（三）项目

本届全国民运会，为推动全民健身和传承民族文化，首次在竞赛项目中新增了民族健身操（是2013年由国家民委发布的中国首套民族健身操，音乐改编自具有民族特点的歌曲《我们共同的家》，融合了20多个民族的舞蹈元素，共有56个节拍，寓意56个民族）。

（四）民族

本届全国民运会，为推广少数民族传统体育，首次允许汉族运动员按一定比例参加竞赛项目中的集体项目和表演项目，成为我国56个民族的运动员首次齐集的一次运动会。火炬手方队，由身穿民族节日盛装的56个民族的优秀青年代表组成。

（五）竞赛

本届全国民运会，比第九届全国民运会多设立了4个一等奖；

为突出 56 个民族的参与性和群众性，不设金牌榜、不搞总积分排名。

二、全国少数民族传统体育运动会举办的时代价值

第十届全国民运会，是党的十八大和 2014 年中央民族工作会议以来，国家举办的第一个规格最高、规模最大、影响最广的大型综合性民族体育赛事。它的时代价值，主要体现在政治、文化、经济和社会等方面。

（一）政治价值

1. 是维护和巩固国家统一的重要形式

国家统一是各民族人民共同发展的可靠保障。举办全国民运会，有利于振奋民族精神，增强民族凝聚力，促进民族大团结。第十届全国民运会，有来自全国 31 个省、自治区、直辖市的 34 个代表团及港澳观摩团参加，56 个民族齐聚一堂，共享盛会。一是满足了各民族人民的情感需要，使“四个认同”思想深入人心，从而培养各民族的中华民族共同体意识；二是给海峡两岸提供了文化交流的机会，增强了内地与港澳台地区人民之间的相互了解；三是各民族通过参加或观看运动会，体会到“各美其美、美人之美、美美与共、天下大同”的深刻含义，培养了集体荣誉感，提升了民族的自尊心、自信心和自豪感，激发了他们的爱国主义热情。

2. 是展示各民族团结进步事业持续发展的重要平台

举办全国民运会，是贯彻党和国家民族政策和落实《民族区域自治法》《全民健身计划》的具体体现。全国民运会的举办，给各民族提供了欢聚一堂、切磋技艺、交流情感、共叙友情的平台。一是 56 个民族首次同台竞技，彰显了党和国家对民族工作的高度重视，展示了“平等、团结、互助、和谐”的社会

主义新型民族关系，凸显了“各民族一家亲”的精神面貌；二是通过全国民运会的盛况，展示了我国民族团结进步事业和民族体育工作取得的成就。三是4年的筹备工作，增强了大会举办地政府组织大型比赛的能力，培养了一批民族体育的优秀人才，推动了民族团结进步事业持续健康的发展。

（二）文化价值

1. 是增强文化认同，建设中华民族共有精神家园的重要纽带

习近平总书记指出：“加强中华民族大团结，长远和根本的是增强文化认同，建设各民族共有精神家园，积极培养中华民族共同体意识。”一是从历史走来的少数民族传统体育，承载着少数民族的价值取向，体现着少数民族的自我认同，是建设各民族共有精神家园的重要纽带。二是少数民族传统体育有着人类最初文化的印迹、包含民族优秀文化的元素，可以为中华民族共有精神家园的建设提供丰富营养。三是全国民运会的举办，营造了各民族相互学习、交流、合作的氛围，体现了构筑各民族共有精神家园的美好愿景，形成了“各美其美、美人之美、美美与共、天下大同”中华民族命运共同体的文化自觉。

（2）是传承民族优秀文化，保护非物质文化遗产的重要载体

习近平总书记强调：“一个国家、一个民族的强盛，总是以文化兴盛为支撑的。没有文明的继承和发展，没有文化的弘扬和繁荣，就没有中国梦的实现。”起源于生产劳动的少数民族传统体育，有着强大的生命力、鲜明的民族特征和广泛的群众基础，是人类文明宝库中的瑰宝。一是据统计，“第十届民运会期间在核心区开展各类文化活动近40项，参与总人数超过35万人次”，推动了传统文化的复兴；二是通过全国民运会，许多民族体育非物质文化遗产得以传承、弘扬和推广，如《瓦达牧》；三是举办全国民运会，有助于培养民族文化自信，尊

重文化差异性和维护世界文化多样性。

（三）经济价值

1. 是促进举办地经济社会快速发展的助推器

举办全国民运会是对举办地综合实力的检阅。通过举办全国民运会，举办地的基础设施得到完善，现代服务水平和城市知名度、美誉度得到提高。一是第十届全国民运会期间，“鄂尔多斯市确定了35个机关单位负责对口接待各代表团和港、澳、台来宾，选择了18家酒店作为民族运动会定点接待酒店”，助推了举办地现代服务业的发展。二是利用公租房改造运动员村，通过销售赛会门票、吉祥物、纪念品等，助推了举办地经济的发展。三是举办全国民运会，为举办地提供了一个宣传城市的契机、转型发展的机会，展现了城市形象，提升了城市品质，使鄂尔多斯走上了由“黑马”变成“骏马”之路。

2. 是带动民族体育事业和民族体育文化产业发展的重要手段

民族的发展需要依托自身优秀的民族文化资源。一是为举办第十届全国民运会，鄂尔多斯市改造了总建筑面积达53万平方米的运动员村，新建了民族体育场、改建了体育馆、修建了武术竞赛馆，建设了9个设施完备的比赛场馆，引领和带动了民族体育事业的发展；二是举办全国民运会，有助于发展民族传统体育文化相关产业和民族传统体育文化外延产业；三是据统计，第十届全国民运会期间，“鄂尔多斯市迎来游客213.6万人次，实现旅游总收入17.37亿元。其中康巴什新区平均日接待量超过了4.3万人次，乌兰木伦景观湖每日有2万多人次来观光旅游，各项指标均创新高”，促进了民族体育产业链多样化的发展。

（四）社会价值

1. 是增进各民族交往、交流、交融，加强中华民族大团结的重要举措

为举办好民族的“奥运会”，各民族高举民族团结大旗，手

足相亲、守望相助。全国民运会是各民族群众共享体育和文化的盛宴。在运动会赛场上，各民族运动健儿相互切磋、结下友谊。第十届全国民运会，首次将所有代表团集中安排在同一个运动员村（大家同吃、同住、同行、同乐），首次有56个民族的歌舞表演、56个民族的火炬手同点圣火、56个民族的运动健儿同台竞技、56个民族大联欢，展现了中华民族大团圆的景象，书写了民族大团结的新篇章，勾画了民族大融合的美丽画卷，展示了各民族和睦相处、和衷共济、和谐发展的良好局面。同时，增进了各民族间的交往、交流、交融，联络了内地与港澳台地区人民的民族情感。

2. 是推动全民健身活动广泛开展的重要途径

第十届全国民运会，是国家贯彻落实《全民健身计划（2011—2015年）》的集中体现。一是第十届全国民运会的新增项目民族健身操，掀起了全民健身的体育热潮，丰富了全民健身活动的内容。二是提高了对民族体育资源的开发与利用，带动了全民健身事业的发展。为举办民运会，鄂尔多斯市投入经费修建了许多体育场馆、全民健身活动中心和全民健身示范点，其中政府投资建设的体育场地设施已全部实行免费开放。三是全国民运会中的许多体育项目对场地和活动器材的要求不高，具有广泛的群众基础，深受各族群众的喜爱。它们既符合我国全民健身的需要，又能满足我国国民体育生活的需求。

三、全国少数民族传统体育运动会又好又快发展的几点思考

在我国全面建成小康社会的关键阶段，如何更好地推动少数民族传统体育事业的发展，提高全国少数民族传统体育运动会的水平，需要我们共同努力。

（一）进一步扩大少数民族传统体育运动会的影响力

第一，全国民运会整体水平要有新提高、新突破。竞赛类项目，要增强竞争机制，向更高更快更强的方向努力；表演类项目，要向吸引更多社会大众参与的方向推进。第二，各省市要定期举办民运会，做好规划、优化项目、培养人才，营造人人支持体育、参与体育、热爱体育的氛围。第三，各市、县要把开展民族体育作为体育工作和民族工作的一项重要任务来抓，依托节日庆典，开展好形式多样的民族传统体育娱乐和比赛活动，人人是参与者、传承者、受益者，为民族传统体育文化的传承和弘扬打下坚实的群众基础。

（二）进一步抓好学校体育工作，调动各民族学生参与的积极性

"学校由于地缘和民族资源优势，往往因在学校教育中开设某一类民族文化课这一传承方式，能更好地增加青少年学生的学习热情和参与程度，从而更好地保护和传承本土民族传统文化资源和维护民族传统文化的命脉。"第一，将具有健身、教育功能的民族体育项目引进中小学，作为教学资源，增强中小学生作为文化享有者的意识。第二，将具有传承性、趣味性的民族体育项目引入高校，促进传统体育与现代体育的接轨，增强大学生积极参与和主动传承民族体育的自觉性。第三，发挥民族高校作为少数民族传统体育文化研究基地的优势，培养民族体育专门人才。

（三）大力开发多样化的民族传统体育文化产业

第一，开发民族传统体育旅游产业。民运会期间，结合景区打造具有地域性的民族传统体育文化特色品牌，开展专项民族传统体育旅游和综合性民族传统体育旅游，实现景区旅游与民族文化传承的"共赢"。第二，开发民族传统体育文化产业。搭建平台、拓宽渠道，开发具有地方特色、民族特色和市场潜力的民族体育文化产品，将资源优势转化为产业优势。如开发少数民族传统体

育文具、光碟，设置少数民族传统体育竞技体验区等。第三，开发民族传统体育文化服务产业。如修建一些少数民族传统体育娱乐、健身场所，吸引更多的人参与其中。

（四）拓展少数民族传统体育运动会向科学化、社会化、特色化、全民化方向发展

第一，要坚持科学发展。用科学原理和方法指导民族体育项目的挖掘、整理、普及和推广，建立科学的训练机制，努力做到顺应时代发展新要求。第二，要积极推进社会化。充分发挥各级政府部门的主导作用，推动政府牵头、部门负责、协会协作、公众参与、社会推动的格局形成。第三，要努力彰显民族特色。充分发挥少数民族传统体育基地在民族体育事业中的支撑作用，以基地化促特色化，以活动训练人才。第四，要营造全民健身、人人参与的氛围。大力推广喜闻乐见的体育项目，推进全民健身活动，构建具有多元化、地方化的全民健身体系。

（五）推动少数民族传统体育运动会走现代化和世界化发展之路

“不同文明之间的交流过去已经多次证明是人类文明发展的里程碑，希腊学埃及、罗马借鉴希腊、阿拉伯参照罗马帝国，而文艺复兴时期的欧洲则效仿拜占庭帝国。”第一，借举办 2022 年北京冬奥会和杭州亚运会的契机，将民族体育项目融入中国民族特色节目作为开幕式前的表演项目，让世界领略中华民族文化的魅力，增强中华文化的影响力。第二，借举办 2019 年第二届篮球世界杯的契机，开展珍珠球展演活动，吸引世界的目光，扩大中华文化的传播力。第三，借助“一带一路”的契机，开展少数民族传统体育非物质文化遗产会演活动，让更多少数民族传统体育走上世界的大舞台。

2015年民族关系专题会议和第十届全国民族理论研究生研讨会综述

李　臻*

一、中国人类学民族学2015年年会民族关系专题会议暨第四届全国民族关系学术研讨会在贵阳召开

2015年10月9日至10日，中国人类学民族学2015年年会民族关系专题会议暨第四届全国民族关系学术研讨会在贵州省贵阳市贵州民族大学隆重召开。本次专题会议由中国人类学民族学研究会民族关系专业委员会、中央民族大学中国民族理论与民族政策研究院、国家民委人文社科重点研究基地当代民族问题与中国特色民族理论研究基地共同主办。来自中央民族大学、北方民族大学、河南大学、宁夏大学、西北政法大学、石河子大学、贵州民族大学、贵州师范大学、新疆师范大学、内蒙古农业大学、云南师范大学、佳木斯大学、西藏民族大学、甘肃政法学院、大理大学、唐山师范学院、中共广西区委党校、中共青海省委党校、吉林省民族干部学校、临沧市佤族文化研究院民族研究所、中国民族报社、中国友谊文化促进会等22所高校和科研单位的46位专家学者参加了本次会议。

本次会议围绕着"'一带一路'倡议与民族关系发展",从"'一

* 李臻，男，1988年生，辽宁省抚顺市人，中央民族大学中国民族理论与民族政策研究院2014级博士研究生。

带一路’倡议与政治互信建设中的民族关系”“‘一带一路’倡议与经济交往发展中的民族关系”“‘一带一路’倡议与文化交融发展中的民族关系”“‘一带一路’倡议与中华民族共有精神家园建设中的民族关系”“‘一带一路’倡议与各民族嵌入式社区建设中的民族关系”等五个方面展开了深入的探讨。会议开幕式由中央民族大学乌小花教授主持，民族关系委员会主任、中央民族大学金炳镐教授为大会致辞。

研讨会共分两场，第一场由中央民族大学学生处处长乌小花教授主持。甘肃政法学院马进教授认为“一带一路”周边国家提倡的处理国家关系的原则对于构建政治互信的西北民族关系也同样适用。他指出，政治互信中的西北少数民族关系应该通过协商民主方式达成。河南大学田烨副教授基于对马克思主义民族交往理论的分析，认为“一带一路”对我国民族关系的发展具有重要的影响。从短期看，“一带一路”将加快民族交往，从而使民族关系面临新情况；从长期看，“一带一路”为各民族成员的交流交融提供了契机，有利于民族关系的良性发展。宁夏大学孙振玉教授认为，“一带一路”的基本目标是沿线各国经济发展与区域合作，将要求我国各族人民作为一个整体在其中承担引领性、创造性的角色，正是这一情况，为进一步增强中华民族凝聚力又提出了新的时代课题，这是一个进一步构建中华民族一体性的时代课题。中央民族大学陈延斌副教授认为“一带一路”开始于中国推进改革开放三十多年经济迅速发展，各族人民群众生活水平不同程度地得到了改善这样一个历史背景下，中国民族经济关系的形态将经历一个“质”“量”双飞的时期。中共青海省委党校赵英副教授基于对青海民族地区的审视，认为“新丝绸之路经济带”的沿线地区在处理民族关系问题中，须对依法治理与维护社会稳定、构筑各民族共有精神家园、民族团结进步教育等问题予以高度关注。西北政法大学王烨认为，跨界民族关系作为民族关系的一个重要方面，在"一带一路"建设中，不仅关系到国家内部的各个领域，而且涉及与周边邻国的关系和地缘安全。他以内蒙古边境城市中的蒙古、俄罗斯两个跨界民族为例，探讨了在城市化过程中，跨界民族关系对边疆地区经济发展、民族团结与社会稳定等方面的重要意义。西藏民族大学的曹水群教授、崔永亮副教授、胡美娟讲师分别对"一带一路"与我国各民族交往交流交融、跨境民族的中华民族认同、西藏发展的新契机进行了深入的研讨。

第二场研讨会由甘肃政法学院马进教授主持。中央民族大学熊坤新教授指出要增强全体国民的"边疆意识"，对边疆的治理提出了六点思路。河南大学原思明教授提出研究河南省民族关系主要是研究回汉关系历史及发展，不仅对河南省意义重大，对我国中东部散杂居民族地区及我国"一带一路"建设发展，也有十分积极的意义。北方民族大学高梅教授、石河子大学魏国红教授、中央民族大学吴月刚副教授就"民族互嵌"这一学术界热点问题进行了深入的探讨。高梅以吴忠市利通区为例，对宁夏城镇化进程中嵌入式社区回汉民族关系进行研究，她认为需要对城镇化嵌入式的社区功能、社区文化建设以及居民对社区的适应性和认同性进行研究，从而推动城市化进程中嵌入式社区建设的发展。魏国红围绕嵌入式社区建设可能出现的问题及解决办法进行探讨，从社会建构的角度提出嵌入式社区发展中的政府功能在文化交融、生活方式交往、情感融洽、政治互信中的角色和职能。吴月刚提出了民族互嵌的概念与内涵，他指出民族互嵌并不囿于简单的民族杂居或混居，而是指在长期的民族交往与交流过程中形成的思想相和、文化相美、经济相通、生活相近、居住空间相同的一种紧密团结、亲密无间的民族关系状态。唐山师范学院林钧昌教授认为，基层社会组织的介入将会增强少数民族流动人口对城市的认可度，使少数民族流动人口能更快更好地融入城市。以城市社区等社会组织为载体，将少数民族流动人口的服务管理工作触角向基层延伸、向少数民族流动人口的居住与生活区域延伸是开展城市民族工作的基础，也是开展城市民族工作的新模式。贵州民族大学杨昌儒教授和李昭勇副教授认为，民族差异与国家认同之间没有直接的、必然的联系，消除民族差异不是国家认同形成的必要条件。多民族国家中各民族共同形成的国家认同的核心与关键在于，在国家与民族的复杂的双向互动过程中，作为认识客体的国家政权对作为认识主体的民族采取什么样的国家行为、施加何种影响，以及在此基础上民族对国家政权做出何种能动的认识和反应。

综上，本次专题研讨会围绕“一带一路”与民族关系发展的主题，从宏观到微观，从田野到理论，从历史到现实，选题广泛，见解新颖，注重学术对话与理论框架建构，充分展示了学术研究的魅力 。本次会议达成的共识不仅为“一带一路”倡议提供了智力支持，也为民族理论创新发展提供了新的动力。

二、第十届全国民族理论研究生学术研讨会在贵阳召开

2015 年 10 月 9 日至 10 日，2015 年中国人类学民族学研究会年会民族理论专题会议暨第十届全国民族理论研究生学术研讨会在贵州省贵阳市贵州民族大学隆重召开。本次研讨会由中国人类学民族学研究会民族关系委员会、贵州民族大学马克思主义学院、贵州民族大学贵州世居少数民族研究基地、中央民族大学中国民族理论与民族政策研究院、国家民委重点研究基地中国特色民族理论研究基地等联合主办。来自中央民族大学、西北民族大学、中南民族大学、西南民族大学、北方民族大学、贵州民族大学、宁夏大学、新疆大学、石河子大学、新疆师范大学、内蒙古师范大学、内蒙古民族大学、内蒙古财经大学、云南民族大学、青海

民族大学、西藏民族大学等16所高校的马克思主义民族理论与政策专业的73位硕士、博士研究生以及30位研究生导师参加。

会议开幕式由贵州民族大学人事处处长刘吉昌教授主持，贵州民族大学副校长杨昌儒教授、贵州民族大学马克思主义学院院长白明政教授、中央民族大学金炳镐教授分别为大会致辞。为了深入学习2014年中央民族工作会议精神及贯彻落实“一带一路”、推动全国民族理论研究生研究民族理论新课题发展、活跃民族理论研究生的学术活动、提高民族理论研究生的学术水平，本次研讨会主要围绕“‘一带一路’与民族理论新课题研究”展开。参会的民族理论专业硕士、博士研究生就“‘一带一路’与各民族政治互信、经济交往、文化交融发展研究”“中华民族共有精神家园建设研究”“各民族嵌入式社区建设研究”“城市少数民族流动人口研究”等主题进行了论文陈述与探讨。

中央民族大学李辉认为，要重视发挥新疆跨界民族在“一带一路”中的建设性作用，将跨界民族的优势存量充分释放，帮助中国在地区合作中捭阖风云、折冲樽俎；云南民族大学的高蕊以“民心相通”为视角，具体探讨了跨界民族在“一带一路”中的作用；贵州民族大学潘立凤分析了侗族大歌在精神家园中的不可替代性和侗族大歌的保护传承与精神家园建设的一致性，探讨了侗族大歌如何为贵州黔东南构筑中华民族共有精神家园而守“根”铸“魂”；石河子大学的李立杰采用人类学方法，深刻分析了牧工社会变化的全过程，并在此基础上提出了新疆兵团团场社会哈汉互嵌机制；贵州民族大学的宋艳贺以贵州省安顺市镇宁县城关镇为例，探究了嵌入式社区建设在民族地区的实践；中南民族大学的曾君以重庆市秀山县为例，探讨了民族地区城镇流动人口回流问题；宁夏大学的史诗悦以三营镇的田野调查为实例，研究了信息生活中的回汉文化交融发展。参会的30位硕士、博士研究生导师对研究生论文逐一进行了精彩的评议。

本次研讨会为论文评奖，共评出一等奖 3 名，二等奖 31 名，三等奖 29 名。其中李臻、李辉两位同学的论文被评为中国人类学民族学 2015 年年会优秀论文。此次与会的研究生一致认为，通过听取民族理论专业指导教师有针对性的点评，纠正了以往在基础理论层面的认识误区，加深了对自身选题的理解；通过与其他院校民族理论专家学者以及研究生的学术交流，扩展了学术视野和思路，研讨了当前民族理论的前沿问题和热点问题，对毕业论文选题和撰写有很大帮助。

10 月 10 日晚，来自全国 16 所高校民族理论专业的硕士、博士导师参加了第十届全国民族理论研究生教学经验交流会。会上，参会教师就民族理论学科教学研究、研究生培养机制建设以及学科发展等议题进行了经验交流与探讨。最后，大会一致决定第十一届全国民族理论研究生学术研讨将在宁夏大学举办。